国家社会科学基金重大项目"新疆流人史与流人研究"（项目编号：18ZDA190）阶段成果。

中国书籍学术之光文库

清代流放制度研究

王云红 | 著

中国书籍出版社
China Book Press

图书在版编目（CIP）数据

清代流放制度研究/王云红著．—北京：中国书籍出版社，2020.2
ISBN 978-7-5068-7816-6

Ⅰ.①清… Ⅱ.①王… Ⅲ.①流放—研究—中国—清代 Ⅳ.①D929.49

中国版本图书馆 CIP 数据核字（2020）第 027161 号

清代流放制度研究

王云红 著

责任编辑	姚 红 李田燕
责任印制	孙马飞 马 芝
封面设计	中联华文
出版发行	中国书籍出版社
地 址	北京市丰台区三路居路 97 号（邮编：100073）
电 话	（010）52257143（总编室） （010）52257140（发行部）
电子邮箱	eo@chinabp.com.cn
经 销	全国新华书店
印 刷	三河市华东印刷有限公司
开 本	710 毫米×1000 毫米 1/16
字 数	344 千字
印 张	21
版 次	2020 年 2 月第 1 版 2020 年 2 月第 1 次印刷
书 号	ISBN 978-7-5068-7816-6
定 价	99.00 元

版权所有 翻印必究

序 一

王开玺

明德慎刑、为政以德,是中国历史上源远流长、影响深远的社会政治理念。上古时代的帝舜曾告诫皋陶说:"汝作士,明于五刑,以弼五教。期于予治,刑期于无刑,民协于中。"(《尚书·大禹谟》)孔老夫子也说:"为政以德,譬如北辰,居其所而众星共之。"(《论语·为政第二》)

但是,古代圣王、圣人并不完全否定刑罚在维护社会秩序方面的作用。孔子所说:"道之以政,齐之以刑,民免而无耻;道之以德,齐之以礼,有耻且格"(《论语·为政第二》),其主要思想当然是主张国家的统治者应以德化教育为主,不能仅仅依靠国家行政的强制手段和法律的刑罚,但他也是并未完全否认政、刑的威慑作用,强调的是两者互为依存、相辅相成,又有所侧重的关系。在《礼记·乐记》中,更有"礼以道其志,乐以和其声,政以一其行,刑以防其奸。礼、乐、刑、政,其极一也,所以同民心而出治道也"的认识。法家的代表荀子也有"治之经,礼与刑,君子以修百姓宁。明德慎罚,国家既治四海平"(《荀子·成相》)的思想。

在中国的上古时代,伴随着刑罚思想的出现,刑罚制度也逐渐形成。其中,流放是统治者将罪犯押解到远离乡土的荒僻之地,加以惩戒的一种刑罚。《尚书·舜典》中即有"流宥五刑"的记载,而流放刑罚的具体实施,则应比古史记载还要早许多。到了隋唐以后的各朝,逐渐形成了以笞、杖、徒、流、死五刑为主的刑罚体系。其中的笞、杖、徒、死四刑,司法的实践较为简单,历朝历代的变化也不大,但是,流放刑的诸多司法实践内容,则不断递延变迁。迄至清代,已经发展成为包括流刑、迁徙、充军和发遣等在内的多种类型的综合性刑罚。

云红同学从我攻读硕士学位时,主攻的是晚清政治史,其硕士学位论文也属晚清政治史的范畴,且获学界好评。其后,云红又考取博士研究生,继续从我学习。本来，我希望他能继续晚清政治史的研究。但经过一段时间的学习和思考后，他决定以清代刑事法律制度作为博士学位论文的研究选题。对此，我深感遗憾，但最后还是同意了他的选择。原因有三：

第一，云红改攻刑事法律制度的研究，对他本人来说，必会面临诸多的困难，对于他的这种敢于自我挑战的学术精神应该鼓励；同时，对清代刑事法律史的浓厚兴趣与热爱，必可成为他克服种种困难的精神动力，我相信他经过艰苦的努力后，一定可以取得良好的学术成果。

第二，清代的流放作为一种刑罚制度，涉及政治史、法律史、社会史和文化史等多个相关领域，具有相当丰富的历史内涵。例如，流放刑罚的具体实施，需要动用从中央到地方的整个国家机器，流放人员也处在与流放地社会的不断交互影响过程中。因此，流放制度的研究，对于重新认识传统法律制度，乃至传统社会的某些方面，都是一个很好的视角。又如，作为清代重要刑罚之一的流放制度，经过数千年的历史流变，自身已经呈现出流放类型的多样性、流放法规的复杂性、流放对象的普遍性和流放历史情境的独特性等特点。所有这些都是颇为值得研究的。

但至目前为止，学界研究的重点主要集中在被清廷流放的人物，尤其是知名人士，如大家所熟悉的乾隆朝侍读学士纪晓岚、嘉庆朝翰林院编修洪亮吉、道光朝两广总督林则徐、光绪朝洋务名臣张荫桓、《老残游记》作者刘鹗等的流放方面，即集中于"流人史"，而不是全面深入的"流放制度史"。云红同学如能对清代的流放制度进行多层次的综合性研究，其学术意义是不言而喻的，甚至可以在某种程度上填补相关领域的研究空白。

第三，清代流放制度在中国历史上具有极其独特的历史地位。清王朝统治时期，既是中国封建专制制度高度成熟和最为完善的时期，又是中国封建专制制度最后覆亡的时期。清代的流放制度也是这样。云红同学在对中国历代的流放制度进行简略的历史回顾后，对清代流放制度的各个层面，及其在中国国内环境变迁和西方法律文化的双重冲击下，逐渐走向终结的历史轨迹进行了详细的分析考察。这样的专题研究，不但为中国法制史、刑罚史从传统到近代的转型提供历史的借鉴与思考，对于中国整体社会转型的研究，亦不无独特的学术借鉴意义。

云红经过自己的努力，如期完成了博士学位论文。毕业后，他又继续对其进行了认真的章节调整、内容增删和文字修订，形成了目前呈现给大家的这部书。该书征引了大量的清廷典制文件、清实录、地方志，以及档案资料等，从制度层面较为全面地阐述了清代的流放类型、流放法规、流放对象以及流放地点的选择等问题，比较清晰地勾勒出清代流放制度的基本框架。同时又从司法实践的层面，深入考察了流放制度下从人犯的审理、判决、佥发到在配管理、流人出路等一系列相关问题，展现了一幅清代流放过程的真实图景，基本做到了对研究对象的学术构造。本书还较为全面地梳理了清代以前流放的历史，重点考察了清代流放制度存在的种种弊端，遭遇的体制性困境，及其被最终废止的全过程，基本达到了制度史研究的目的。

云红来电说，他的书稿将被出版，希望我能为其作序。学生的论文能够经过专家的严格评审得到认可，并给予出版的机会，当然是一件值得庆贺的事情。作为老师，我也为他的学术成长与进步感到由衷的欣慰和高兴，聊作此文，以志祝贺。

人人都知道"学无止境"的道理，却并非人人都能真正达到这一思想境界。望云红以此为新的学术起点，继续努力，以取得更大的学术成绩，回报社会。

序 二

李兴盛

30 余年来，本人在我国著名学者安阳谢国桢教授启迪、鼓励与支持下，对我国历代流人这种特殊的社会群体与社会现象，做了全方位、多层次、系统化、理论化的深入研究与完整论述，撰写并出版了我国最早的流人通史之作《东北流人史》《中国流人史》，及最早的流人理论之作《中国流人史与流人文化论集》等书，并发出了创建流人史、流人文化，乃至流人学这种新体系的倡议。在这种研究实践中，我深刻认识到流放制度（即流刑）对流人问题研究的价值与作用，即认识到流放制度研究的必要性与重要性。正是基于此，王君云红在其大作《清代流放制度研究》即将出版之际，请我为之撰序。

我国流放制度之产生与发展源远流长，近百余年来，相关研究之作不在少数。其中涉及清代者也为数甚多，但仅从法制史角度对清代流放制度作专题研究之作，基本都是论文，至于相关专著则前所未有。有之，当自王君云红此作始。本书近30万言，除绪论、余论外，分六章。绪论部分概述本书写作缘起与意义、学术之回顾，以及相关资料、研究思路等；第一章为清代以前流放史之概述；第二至第六章为清代流放刑罚的类型、法规与对象，流放地的选择，流放实践（审理、判决、定配、佥发、管理等），流放中的问题与困境，流放制度的终结。余论为对清代流放制度之评价。全书论述周详全面，分析深刻透彻，评价正确公允，作为专著，可称是这方面研究中的开创之作。本书是作者尝试重建"法律帝国"的产物，它的出版，不仅会深化清代流放制度之研究，而且对于人们深入认识有清一代政治、经济、文化和社会生活的某些方面，对于人们进一步认识中华民族的历史传统、文化及其在遭受西方文化挑战后的适调性是有益的。更为重要的是它会将我国法律史、政治史、社会史与文化史，尤其是流人学这种新体系的研究引向深入。此外，对于我国当前的法治建设也有许多可资借鉴之处。

王君云红沉潜好学，自攻读博士学位以来，就致力于清代流放制度的研究，并曾就其研究中的某些问题向我请教。我们还曾将日本与台湾地区某些学者的相关论文互相交换，以期互通有无。数年来，一直穷年矻矻，刻苦钻研，继续查找新的史料，广搜博采，钩沉致远，不断地修改自己的博士论文，不断地深化自己的这种研究。这种好学与钻研的精神，与当前学界浮躁成风、许多学者坐不住冷板凳的现象成为鲜明对比。2008年5月在我受聘单位黑龙江省文史研究馆举办的首届全国流人文化学术研讨会上，他就曾告知我正在修订自己的博士论文，并请我将来为该书撰序。不意别后五年，其书修订已经成功，将要出版，再次请我撰序。我听后至为欣慰。全部书稿复印件是去年7月底寄来，但由于当时我正全力以赴忙于撰写220万字的国家出版基金项目新版《中国流人史》，冗务纷繁，焦头烂额，实在无暇读稿与写序。该书结束后，另有三四部本应于去年交稿之书，也值出版社在催稿之中，但由于王君之作近日即将付印，不能再拖，于是我放下手头工作，将王君大作细读几遍，理清思路后撰写了此序。

目前流人问题研究，已由学界冷遇正向逐渐被认同转化，相关研究人员与研究成果正在逐渐增多，流人学这种新体系也在我国著名学者来新夏教授大力支持下得以创建与发展。相关学者在深化流放制度研究的同时，应该拓展研究空间，开展流人问题其他方面的研究，以期将流人学的研究引向纵深。鼓其余勇，再立新功，王君其有意乎？

王君大作付梓在即，余喜其成，故为之序。

目 录
CONTENTS

绪　论 ··· 1

第一章　清代以前流放的历史 ································ 16
第一节　流放源流 ·· 16
第二节　秦之流放 ·· 20
第三节　流入五刑 ·· 24
第四节　后世流刑的发展 ··· 28
小结 ·· 32

第二章　清代流放刑罚总论 ···································· 34
第一节　清代的律典与条例 ······································ 34
第二节　清代的流放类型 ··· 46
第三节　清代的流放法规 ··· 76
第四节　清代的流放对象 ··· 89

第三章　流向何方？清代对于流放地的选择 ············ 111
第一节　清代以前流放地的选择 ······························· 111
第二节　清初的流徙东北 ··· 115
第三节　《道里表》的制定及视表配发 ······················· 132
第四节　新疆的开辟及发遣新疆 ······························· 156
小结 ·· 165

第四章　清代流放的司法实践 ································ 167
第一节　审理与判决 ··· 167

  第二节　人犯佥发 …………………………………………… 172
  第三节　在配管理 …………………………………………… 199
  第四节　流人出路的解决 …………………………………… 223
  小结 …………………………………………………………… 237

第五章　清代流放的问题及困境 ……………………………… 239
  第一节　清代流放实践问题的考察 ………………………… 239
  第二节　清代流放体制性困境探析 ………………………… 252

第六章　清代流放制度的终结 ………………………………… 267
  第一节　国内社会形势的影响 ……………………………… 267
  第二节　国外法律文化的挑战 ……………………………… 272
  第三节　清末法制改革和流放制度的废除 ………………… 276

余　论 …………………………………………………………… 285
附录　清代流放大事年表 ……………………………………… 292
参考文献 ………………………………………………………… 310

后　记 …………………………………………………………… 320

绪　论

一百多年前，西方国家利用坚船利炮打开了中国尘封已久的大门。西势东渐，使得中国这一具有数千年独立发展历史的国度，开始自觉不自觉地离开自己传统的发展轨迹，逐步融入西方所构筑的文明之中，并愈走愈远。正如有学者所指出的："今日的中国人并非生活在三千年一以贯之的世界之中，而是生活在百年以前的知识与制度体系大变动所形成的观念世界和行为规范的制约之下。"①

就法律制度而言，近百年来我国现行的法律体制继受西洋（欧陆）法律的经验，逐渐形成了一套与传统法律体系迥异的法律制度。历史的流走和材料的湮没，使今天的我们对中国传统法制的许多方面都倍感生疏，甚至是缺乏认知的。对于传统法律制度的研究，也往往因为学科训练的关系，局限于法律条文的解释与说明，对于法规所形成的社会、文化因素的分析与执行方面的探讨，或因为缺乏史料或囿于对传统法制的偏见，也显得不周延。②

近年来，大量清代法制文书的出版，中央和地方司法档案的开放和整理，使我们有机会看到一个完整的、结构紧密的清代法律制度，为我们重新认识中国传统法制提供了可能。从该视角出发，本人选取清代流放作为自己的研究课题。流放作为传统法系刑罚的重要组成部分，在传统法律制度中有其十分独特的代表意义。本书通过对清代流放制度的考察，以期重新认识传统法律制度，尝试某种程度上重建清朝的"法律帝国"（Law's Empire）。③

---

① 桑兵：《晚清民国的知识与制度体系转型》，《中山大学学报（社会科学版）》2004年第6期，第90页。该文为已经出版的"近代中国的知识与制度转型丛书"的解说。
② 陈惠馨：《重建清朝的法律帝国：从清代内阁题本刑科婚姻奸情档案谈起——以依强奸未成或但经调戏本妇羞忿自尽案为例》，台北《法制史研究》2004年第5期，第125页。
③ 台湾政治大学法律系陈惠馨先生根据美国法理学者德沃金（Ronald Dworkin）所著《法律帝国》一书的用语，提出了"重建清朝的法律帝国"的响亮口号，这也是法制史研究在新的时代契机中对研究者所提出的新的要求。参见陈惠馨前揭文。

学者余秋雨在其《流放者的土地》一文中曾指出："中国古代列朝对犯人的惩罚，条例繁杂，但粗粗说来无外乎打、杀、流放三种。打是轻刑，杀是极刑，流放不轻不重嵌在中间。"① 这是对于我国古代刑罚体系的很好概括。古代中国法律体系，"诸法合体，以刑为主"，刑罚在其中占据着十分重要的地位。自隋唐以来，便形成了以笞、杖、徒、流、死五刑为主的刑罚体系，历代递衍变迁，相互承袭，自成一体。笞杖刑是属于打的刑罚，基本上临事决罚，历代变化不大；死刑则主要指绞、斩监候和立决两种，从审判到执行，虽然程序烦琐，然而历代变化也不大。另外还有徒刑，一般在本省地方按照年限服役，年满释放。作为徒刑与死刑之间的一种过渡刑罚的流放刑，则自从其产生以来，为了解决其降死一等的作用，一直处于不断变化之中，花样翻新，迄至清代，已经发展成为一个具有多种类型的综合性刑罚。

清代的流放制度，在承袭以前各代制度的基础上又有所创新，可以说是既有前代的因循又有当朝的发挥，其复杂性超出了前代。清代法规律后附例，在清律的全部条例当中，规定流放刑罚的条例约占总数的近四分之一。② 清代流放除了传统的军、流、迁徙之外，另有发遣刑。流、军、遣虽均为异地安置，但各不相同，或流放边远，或发戍地充军，或遣往边疆为奴。我们要对中华法系的刑罚制度有一个通观的认识，就必须对传统社会，尤其是清代的流放制度进行深入的考察。从法律制度史的角度来说，由于历史的风烟迷漫，清代流放制度复杂性因素的存在，昔日的制度建构今人已经模糊难辨，也为本书的研究提供了必要性和拓展的空间。

清代流放刑罚的行用极为普遍，遭受流放的人极多，数量超过了以前各代。清代流放主要针对一般刑犯，这一部分数量极大；也有所谓名人因罪遭流的，数量虽然不多，也不下300人。③ 如顺治朝江南名士吴兆骞、乾隆朝侍读学士纪晓岚、嘉庆朝翰林院编修洪亮吉、道光朝两广总督林则徐、光绪朝洋务名臣张荫桓、《老残游记》作者刘鹗等都遭受过流放，甚至有所谓宗室人物遭受流放者，如允禵、苏努和载漪、载澜兄弟等人。可见，有清一代流放刑罚极具普遍性。流放普遍性地存在，对清代的政治、文化和社会生活都产生了重要的影响。对于流放制度的研究，也有助于更加深入地认识有清一代的政治、经济、文化和社会生活的某些方面。

---

① 余秋雨：《山居笔记》，文汇出版社2002年版，第35页。
② 张铁纲：《清代流放制度初探》，《历史档案》1989年第3期，第80页。
③ 来新夏：《〈清宫流放人物〉序》，《清史研究》1993年第2期，第109页。

中国传统的法律制度至清代达到了其发展的最高峰，其体制成熟和完备超越了之前诸代。之后，有着数千年发展历史的中国传统法律面对西方的冲击开始急剧衰落，最终与清王朝一起成为历史的陈迹。流放在清代的成熟和繁盛也成为历史的绝响。流放制度在清代这种特殊的情境之中，发生了巨大的变化，这也决定了流放制度在这种特殊历史情境之中的典型性。对于清代流放制度盛极而衰历史轨迹的考察，也能够为我们对中国法律的传统与近代转型提供一些思考。① 19世纪的历史法学派认为，一个民族的法乃是该民族以往历史和精神的产物，一如其语言和习惯。本书也希望通过对中国古代法律体系和历史某一方面的重新考察，进一步认识中华民族的历史传统和文化及其在近代遭受西方挑战后的调适。

中国古代刑罚体系长期以徒流刑为中心，我们对流放刑罚的研究在重视法制史的今天，对于重新认识传统法制，尤其是其刑罚制度意义重大。清代的流放具有其制度建设的复杂性、刑罚实施的普遍性和所处历史情境的典型性，对其进行深入研究涉及法律史、政治史、社会史和文化史均颇为感兴趣的议题，必将有力促进上述领域的探讨。②

清代流放制度的研究对我国当下的法治建设也具有重要的现实意义。任何一项法律制度都有其深厚的制度背景或本土资源，如果脱离其制度背景或本土资源，其必将是空中楼阁。从这种意义上来说，对于今日的法治建设，我们并不提倡因循守旧，但也反对言必称欧美。对于本土资源，我们唯有进行充分的研究，并以之为资鉴，才是睿智的选择，而清代流放制度的研究正是这样基础性的工作。同时，在司法实践中，会出现司法变通立法、司法背离立法的现象，通过对流放制度的产生、发展、实施状况以及相关背景的分析研究，也可为我们当下进行有效的立法、司法以及两者之间良性的互动提

---

① 有关传统法律近代转型的研究可参见张晋藩《中国法律的传统与近代转型》（法律出版社2005年版），只是该书过多关注的是法律文化方面，对于制度方面，尤其是刑罚制度关注不足。

② 流放作为一种刑罚制度，既是法制史研究的重要内容，又属于传统政治制度史的研究对象；同时关于清代大量政治名人的流放，传统政治人物的研究也往往涉及流放刑罚的内容。由于流放实施的过程，动用了封建王朝从上层到下层的整个国家机器，通过对流放刑的考察，也可以使我们有机会洞察传统国家权力在地方的运作过程，以及中国古代一项法律制度如何在实施过程中因地制宜、因时整合的不断调整以适应司法实践的需要，这又是社会史十分关注的方面。近年来东北李兴盛先生提出了"流人文化"的概念，流放制度的研究也成为文化研究不可回避的内容（参见李兴盛：《中国流人史与流人文化论集》，黑龙江人民出版社2000年版）。

供可资借鉴之处。另外，流放制度涉及对犯人的管理、犯人的生活及出路等问题，这些对我国当前狱政管理的完善也不无裨益。

一、相关学术史

作为中华传统法系刑罚类型之一的流放，很早就受到国内外相关研究者的关注。最早对于清代流放立论著文的是美国传教士迈克哥温（MacGowan, Daniel Jerome, 1814—1893 年）。他在中国生活了几十年，1859 年以自己在中国的见闻，主要是作者本人在中国中部的浙江省，尤其是在其港口城市——宁波的见闻，在《皇家亚细亚协会北华分会杂志》上发表了《论中国对刑犯的流放》一文，对清末的流放进行了颇为细致的描述并提出了自己的见解。① 不久之后，英国伦敦会教士麦高温（MacGowan, John, 1922 年）也在 1909 年于上海出版了一本名为《中国人生活的明与暗》（Lights and Shadows of Chinese Life）的书，该书中也有着对于清代流放制度的独特观察。②

民国以来流放制度被废止，以新式监狱互为表里的徒刑成为主要刑罚。然而，监狱改良不善，人满为患，日益受到诟病，遂有恢复流刑之议。③ 为此，1914 年学者蒯晋德先后作《论流刑与移囚制度》和《〈徒刑改遣条例〉摘疑》，探讨传统流刑制度的法律功用，从而质疑袁世凯政府所实施的徒刑改遣恢复流刑的尝试。④ 1925 年《法学杂志》刊登百川《清末军流徒刑执行方法之变迁与吾人应有之认识》的论文，首次对流放刑罚做了单独剖析与评述。1933 年，律师刘陆民发表《流刑之沿革及历代采用流刑之基本观念》，粗略梳理了传统流刑从先秦到清代的发展过程，以为关心恢复流刑问题者参考。⑤ 1934 年国立武汉大学毕业生戴裕熙针对当时监狱人满为患，有恢复流刑之议，

---

① D. J. MacGowan, M. D. On the banishment of criminals in China. Journal of the North China Branch of the Royal Asiatic Society. 3：293 – 301, 1859.
② ［英］麦高温著，朱涛、倪静译：《中国人生活的明与暗》，时事出版社 1998 年版，第 164—166 页。
③ 相关倡议可参见董康：《匡救司法刍议》，《庸言》1914 年第 2 卷第 1、2 号合刊，第 8—9 页；梁启超：《条陈改良司法意见留备采择呈》，《庸言》1914 年第 2 卷第 4 号，第 4—5 页。
④ 蒯晋德：《论流刑与移囚制度》，《法政杂志》1914 年第 2 卷第 7 号；蒯晋德：《〈徒刑改遣条例〉摘疑》，《法政杂志》1914 年第 2 卷第 9 号。
⑤ 刘陆民：《流刑之沿革及历代采用流刑之基本观念》，《法学丛刊》1933 年第 2 卷第 2 期；近载《法律文化研究》第六辑，中国人民大学出版社 2011 年版，第 576—585 页。

特作了《流刑制度之研究》的论文，从流刑的意义、吾国流刑之沿革、外国流刑之沿革、流刑之弊和流刑之利几个方面展开宏观的论述。① 文章多是从法理方面的分析讨论，文献的考察和论证极为不足。吴景超的《论恢复流刑》也是这一期的代表作，代表了反对恢复流刑者的声音。② 总之，这一时期，针对时事问题的关心，形成了一个研究流放问题的小高潮。不足之处是，研究多就事论事，论证不够深入，学术性不够强。

又有相关流人的研究成果，如日本学者有高岩的《清代满洲流人考》，全文近4万言，除序言、结束语外，分七部分，依次论述了清代流放制度、清初流徙概况、清中叶以后的流徙概况、流人保卫边疆、促进边疆文化开发与产业开发的历史作用、吴兆骞评传。这是有关清代流人研究的第一篇论著。③ 国内谢国桢先生20世纪40年代完成《清初东北流人考》，这是本时期流人研究中的力作，约6万言，分十节。著作在引论中详述清代流刑种类、东北戍所与流放原因等，并在结论中述及流人的历史作用，其他部分则对部分流人和流放群体进行考证性论述。该书可称是一部初具规模的流人专题史。④

新中国成立后流放的研究逐渐受到国内外越来越多研究者的关注。有关流放的人物和制度研究中，流人史的研究最先纳入研究者的视野，其中对此卓有成效的研究者是东北的李兴盛和西北新疆大学的周轩二位先生。

李兴盛受谢国桢先生启迪和鼓励，自1980年就致力于流人研究，他立足东北，在逐一考证东北流放名人的基础上，于1990年写出了《东北流人史》一书（该书2008年又推出了增订本）。之后，李先生又以此为起点，扩大研究范围，取精用宏推出了他的第二部大著《中国流人史》。《中国流人史》全书分5编32章207节，110万言，系统地阐述了近四千年来历代流人的概况及其开发边疆，传播中原文明的业绩和作用，其撰写体例是将中国流人史分成若干时期，有的时期又分成若干阶段，在每个时期或阶段中，先阐述其历史背景、介绍流人的概况及特点（包括流刑、戍所和流人类型等），而后有针对性地对各个时期的著名流人进行考证性叙述。⑤ 这是我国第一部全国性的流

---

① 戴裕熙：《流刑制度之研究》，国立武汉大学第三届毕业论文，1934年。
② 吴景超：《论恢复流刑》，《独立评论》1933年第66号。
③ ［日］有高岩：《清代满洲流人考》，《三宅博士古稀祝贺论文集》，1929年版。
④ 该书谢国桢先生初完成于1947年12月，初名《清初东北流人考》；1948年10月上海开明书店以《清初流人开发东北史》为名出版；1981年1月复版于北京，收入谢氏论文集《明末清初的学风》一书。今可参见谢国桢《明末清初的学风》，上海书店出版社2004年版。
⑤ 李兴盛：《中国流人史》，黑龙江人民出版社1996年版。

人通史专著。李先生还在《中国流人史》自序、绪论中明确提出创建流人史新体系的倡议，以期创建流人史、流人文化此种新体系、新学科。之后，他在《中国流人史与流人文化论集》一书中，对于有关中国流人的问题进行全方位、多层次、各区域的完整论述，开创了流人史研究的新体系。①

新疆大学周轩先生从对林则徐诗词选注开始，由诗走向历史，走向林则徐流放新疆的那一段峥嵘岁月，转向新疆流放人物的研究，先后出版了《清宫流放人物》（北京紫禁城出版社，1993年）、《清代新疆流放名人》（新疆人民出版社，1994年）两部研究清代新疆流人的专著，并发表了相关论文近百篇，对于清代新疆的流放名人进行了系统的考证和整理。近来他对于清代新疆流放研究的论文集《清代新疆流放研究》（新疆大学出版社，2004年）又得以出版，周轩的流放研究逐渐受到国内同行的瞩目。

在李、周两位先生流人研究的同时，大量的研究者也加入其中，相关的论文也比较多。现就我查阅所得相关流放的论文有近三十篇。然而，以上的研究多是以流放人物为中心来展开的，其中虽然也有涉及相关流放制度的问题，但是论述都比较简单。

侧重于流放制度的研究始自张铁纲在《历史档案》1989年第3期发表《清代流放制度初探》一文。20世纪90年代相关的研究逐渐增多，主要有马新《中国历史上的流放制度》（《文史知识》1992年3期）、叶志如《清代罪奴的发遣形式及其出路》（《故宫博物院院刊》1992年1期）与《从罪奴遣犯在新疆的管束形式看清代的刑法制度》（《新疆大学学报》1994年4期）、苏钦《清律中旗人"犯罪免发遣"考释》（《清史论丛》1992年第九辑）、吴吉远《试论清代州县政府管理在配人犯的职能》（《辽宁大学学报》1998年第4期）、尤韶华《明清充军同异考》（韩延龙主编：《法律史论集》第二卷，法律出版社1999年10月版）、林乾《清代旗、民法律关系的调整——以"犯罪免发遣"律为核心》（《清史研究》2004年第1期）、刘炳涛《清代发遣制度研究》（中国政法大学中国法制史硕士论文，2004年）、范蓉《中国古代流刑的演变及其原因分析》（南京师范大学法律硕士论文，2011年）等文章。这些论文不再局限一人一事的烦琐考证，而是以制度考察为重心，力图探索有关清代流放刑罚的制度性建构及其与社会生活之间的关系。张铁纲《清代流放制度初探》为清代流放制度研究的开创性文章，惜篇幅有限没有充分展开。其他的研究也主要局限于流放制度的某一方面，缺乏整体性的建构性研究。

---

① 李兴盛：《中国流人史与流人文化论集》，黑龙江人民出版社2000年版。

另外，中国社会科学院近代史研究所吴艳红的近著《明代充军研究》，是其以在北京大学 1997 年提交的博士论文基础上修改而成的。① 《明代充军研究》虽然考察对象是明代，但其对于充军刑在清代的延续也有所涉及。更为重要的是其对于明代充军的研究以及充军与军政关系的探讨，促使制度的研究关联社会，对于未来的制度研究不无启示。②

港澳台地区和国外也有部分相关的研究成果。新中国成立后港澳台地区和国外最早对于清代流放进行关注的是日本学者川久保悌郎与台湾地区学者杨合义。川久保氏在 20 世纪 50、60 年代先后发表《清代配流边疆的罪徒》（弘前大学《人文社会》15 号，1958 年）和《清代满洲的边疆社会》（弘前大学《人文社会》27 号，1962 年）两篇文章，合编为《清代的流刑政策与边疆》，全文共五、六万言，通过对有清一代流放政策、流放地点及其流放变迁情况的探讨，论述了相关流放的种种现象以及边疆社会形成的问题。③

1973 年杨合义在日本《东洋史研究》第 32 卷发表的《清代东三省开发的先驱者——流人》一文，全文共分两部分。其一，将清初至乾隆分成三个时期，分别论述各时期流人服役内容的实况及其业绩；其二，评述流人在东三省开发中的地位。关于流人这种作用，杨氏稍后又在《清代活跃于东北的汉族商人》（台湾《食货月刊》1975 年第五卷）中做了补充与展开，该文第一节"流人商贾"即专门探讨流人商贾经商的各种方式及其作用。

在台湾除了杨合义先生文章外，台中私立东海大学历史研究所林恩显教授的硕士生廖中庸先生，著名清史专家庄吉发教授在台湾政治大学指导的两位学生吴佳玲女士与温顺德先生，三位的硕士论文都涉及清代流放的研究。

台湾东海大学历史研究所廖中庸的《清朝官民发遣新疆之研究（1759—1911）》（该所硕士论文，1988 年），共分六章十五节，论文试图透过发遣政策的背景、演变及新疆地区复杂的自然、人文环境，探讨清朝废员、遣犯发遣新疆所扮演的角色与功能，了解发遣措施转变的关键，并进一步窥知新疆地区的民族和社会文化受发遣政策所造成的影响。本论文的资料来源以清朝官方文献为主，再配合国内外专家学者的记述和研究成果，采取历史学、社会科学的观点加以观察分析。

---

① 吴艳红：《明代充军研究》，社会科学文献出版社 2003 年版。
② 相关评论参见邱彭生：《刑罚如何关连社会？——评吴艳红〈明代充军研究〉》，《法制史研究》第五期，第 347—359 页。
③ 部分译文内容参见郑毅、孔艳春摘译，那志勋校：《清代向边疆流放的罪犯——清朝的流刑政策与边疆》，《吉林师范学院学报》（社会科学版）1986 年第 2 期，第 89—96 页。

吴佳玲之《清代乾嘉时期遣犯发配新疆之研究》（台湾政治大学民族研究所硕士论文，1992年），共分六章十四节，约17万言。此文以清廷势力稳固掌握新疆地区的乾嘉两朝为范围，讨论清朝罪犯发遣新疆制度的形成、执行及对新疆的影响。研究方法上，大量运用台北故宫博物院清代档案文献，配合清代官书，以历史学的方法，论述遣犯发配新疆的问题，讨论清朝发遣新疆制度的形成、执行及对新疆的影响。

温顺德之《清代乾嘉时期关内汉人流移东北之研究》（台湾政治大学边政学系硕士论文，1993年），共分六章十三节，13万余言。论文涉及流放和流人的篇幅很大，在第四章强制性的人迁徙中先就发遣条例的更订，来探究乾嘉时期遣戍政策之演变概况，并将遣往东北的内地罪犯，依其性质区分为一般性案犯、洋盗案犯和秘密社会案犯等项，加以说明。第五章移民在东北境内活动及其影响论及流人在配所的生活状况与管理和对东北经济生活与文化生活所产生的影响与冲击等诸问题。该文立论精确，论述周详，同样以大量运用了台北故宫研究院珍藏的清代档案文献为特点。

其他国外研究有代表性的是美国耶鲁大学（Yale University）Joanna Waley－Cohen博士（中文名：卫周安）1987年的博士论文《流远：清代中期新疆的流放》（*The Stranger Paths of Banishment*: Exile to the Xinjiang frontier in mid－Qing China. Yale University），该文经过作者加工润色于1991年由耶鲁大学出版社（Yale University Press）以《清代中期的流放：放逐新疆（1758—1820）》（*Exile in Mid－Qing China*: Banishment to Xinjiang, 1758－1820）为题出版。① 本书至今未有中文译本，笔者有幸从国家图书馆得到该书的复印件。该书作者通过大量从中国台北和北京搜集来的文献资料，全面展示了清代中期新疆流放的各个方面。全书共分为十章，以考察新疆的流放为对象，对于清代的流放法规和政策、新疆流人的类型、流放过程以及流放的出路诸多问题，都有相关的论述。

综上相关流放的研究综述，可以看出，有关清代流放的研究已经经历了几代人，涵盖了国内外一批学者，其研究势头也呈现出了逐渐繁荣的势头。然而，我们也可以看到相关的研究仍旧不够深入，研究领域和研究方法的拓展空间仍旧比较大。

本时期的研究重点主要集中在东北（东三省）、西北地区（新疆），研究

---

① Waley－Cohen, Joanna. Exile in Mid－Qing China: Banishment to Xinjiang, 1758－1820. Yale University Press, 1991.

方向则是以流人史和流人文化的研究相对比较成熟，也已经渐成体系。除此之外，其他地区的研究就相对薄弱，整体性的比较研究尚未形成。上述诸种研究无疑均需要制度研究作为基础，但作为传统中国重要的刑罚制度，学界还没有对于这一课题的全面深入的研究成果。本书以清代流放制度作为研究对象，综合利用宏观和微观的视角，力图在研究的广度和深度两个方面均能有所突破。

二、主要资料介绍

翔实可靠的资料是历史学的生命线，也是一篇史学论文得以圆满撰写的重要保证。本书所用资料，以清代官方典章制度为主，兼采时人笔记、地方志及相关档案等史料。由于本研究采用资料庞杂，不可能——加以介绍，今拟对其中主要部分加以说明。

（一）律例

研究清代刑罚，当首重清代律例，另外注释律学和案例汇编也是本主题研究所参考的重要资料。有学者曾指出律例注释学、法庭实务学和案例汇编专书并称为明清时代影响司法审判的三类"法学"，可见注释律学和案例汇编对于清代司法制度的影响及其重要的史料价值。[①] 因此，本书所采用清代律例资料，除大清律例之外，也包括清代的注释律学和相关案例汇编。

1. 大清律例

清初沿用明律。清世祖顺治三年（1646年）年，完成清代入关后第一部成文法典《大清律集解附例》，顺治四年颁行。该律多承袭明律，很多方面并不适合清初的实际情况。雍正初年改订名为《大清律集解》，是书共分六类，三十门，律文四百三十六条，附例八百二十四条，律后又附"比引条例"三十条。乾隆即位之初，即于元年（1736年）命三泰等人对清代律例"逐条考正，重加编辑"，最终于乾隆五年（1740年）编订出《钦定大清律例》，完成了清代最为系统、最具代表性的成文法典。

《大清律集解附例》（《顺治律》），今可参见杨一凡、田涛主编《中国珍

[①] 邱澎生：《法学家的形成：略谈明清时代影响司法审判的三类"法学"》，2004年度台湾"中央研究院"史语所"审判：理论与实践"研读会。

稀法律典籍续编》（第五册），王宏治、李建渝点校《顺治三年奏定律》（黑龙江人民出版社 2002 年版）。《大清律例》（乾隆五年律），今可参见田涛、郑秦点校《大清律例》（法律出版社 1999 年版）。

2. 注释律学

清代在法制建设逐步成熟和完善的同时，私家的注释律学也十分繁盛，流派纷呈，名家辈出。这些注律作品作为时人对于当时法律制度的研究，已经成为我们今天法制史研究重要的史料和参考工具。这些作品主要是王明德撰《读律佩觿》、沈之奇撰《大清律辑注》、吴坛撰《大清律例通考》和薛允升撰《读例存疑》。

其中，吴坛著《大清律例通考》现有马建石、杨育棠主编《大清律例通考校注》本（中国政法大学出版社 1992 年版），该书着重考释清代律例，特别是例文的增删修改情况。吴氏的《通考》，考证到乾隆四十四年（1779 年）为止，自此以后直到光绪年间律例的考证，则由薛允升的《读例存疑》来完成。《读例存疑》也是按照《通考》的体例，对全部律例条文发展变化逐条加以考证，正好与《通考》相衔接，因此可以视为《通考》的续编。薛氏《读例存疑》五十四卷于光绪二十六年（1900 年）成书，成为晚清法律改革时期删修律例的重要参考准绳。1970 年在美国亚洲协会中文研究资料中心的资助下，台北成文出版社出版了由黄静嘉先生独立编校的《读例存疑重刊本》，该书不仅对于正文点校精当，而且还花费巨大精力，对于律文、例文加以编号，方便检索。今国内又有胡星桥、邓又天主编的《读例存疑点注》本（中国人民公安大学出版社 1994 年版）。本书为方便起见，采用《读例存疑点注》本。

3. 《刑案汇览》

《刑案汇览》为清人编纂的刑案汇集，包括《刑案汇览》60 卷、《续增刑案汇览》16 卷、《新增刑案汇览》16 卷和《刑案汇览续编》32 卷四种。收录的案件的起止时间，自乾隆元年（1736 年）至光绪十一年（1885 年）。其中，《刑案汇览》收录乾隆元年（1736 年）至道光十四年（1834 年）的案例约 5600 余件，《续增刑案汇览》辑入道光四年（1824 年）至十八年（1838 年）的案例共计 1670 余件，《新增刑案汇览》收录道光二十二年（1842 年）至光绪十一年（1885 年）的案件 291 件，《刑案汇览续编》收入道光十八年（1838 年）至同治十年（1871 年）案件 1696 件。四种汇览共收入案件 9200 余件。

《刑案汇览》自其问世以来，就一直成为古今中外法学家研究中国法制史的重要资料。沈家本称赞该书的价值："《汇览》一书，固所有寻绎前人之成说为要归，参考旧日之案情以为依据者也。"美国著名汉学家布迪、莫里斯称《刑案汇览》为"所有中文案例汇编中篇幅最大、内容也最精良"的作品，并从中精心选出190个案例，译成英文，二人据此写就的《中华帝国的法律》一书成为国外学者研究中国传统法律的重要作品，至今为人们所称道。① 笔者所用为由张晋藩、林乾先生作序，北京古籍出版社2004年4月出版的4卷《刑案汇览三编》本。

（二）实录

《清实录》全称《大清历朝实录》，是清代历朝的官修编年体史料汇编。它依年、月、日进行编次，体例严整，记载了清朝政府处理重大事件的始末。其内容主要是选录各时期上谕和奏疏，皇帝的起居、婚丧、祭祀、巡幸等活动亦多载入，各朝实录记事细目多寡不均，但主要类别大多相同，举凡政治、经济、文化、军事、外交及自然现象等众多方面的内容皆包罗其中，是研究清代历史的基本史料。《大清历朝实录》卷帙浩繁，1933—1936年伪满洲国影印的清朝历代实录加上《宣统政纪》，共4484卷，中华书局影印本也有4433卷，60大册。实录是清史研究十分重要的第一手资料，诸多重大事件和体制变革都能从中窥其堂奥，它也是本书稿的基本史料之一。

（三）政书

1. 五朝会典及其事例

五朝会典是康熙、雍正、乾隆、嘉庆、光绪五个朝代所修会典的总称。会典的体例是"以官统事，以事隶官"，即以政府机构为纲，隶以各样政事，记载政府各部门的职掌、百官奉行的政令，以及职官、礼仪等制度。

《大清五朝会典》详细记述了清代从开国到清末的行政法规和各种事例，反映了封建行政体制的高度完备。会典五朝首尾相连，内容翔实繁复，体例严谨，在我国乃至世界都是最为完备的行政法典。与《清会典》相辅而行的，还有《清会典则例》或《清会典事例》和《清会典图》。《清会典则例》或《清会典事例》具体叙述清历朝官制的沿革损益和递迭嬗变的详细情况；《清

---

① 参见［清］祝庆祺、鲍书芸、潘文舫、何维楷编：《刑案汇览三编》，北京古籍出版社2004年版，出版说明。

会典图》则是对于坛庙、礼器、乐器、仪仗、銮舆、冠服、武备、天文、舆地、刑具等的附图说明。全书涉及有清一代的政治、经济、文化、社会、军事、法令、民族、宗教等各个方面，为我们研究清代的政治体制和典章制度提供了全面、系统而又详备的史料。

会典相关兵部和刑部的内容是研究清代流放制度沿革不可或缺的资料，尤其是光绪朝《大清会典事例》其中相关制度以部分类，按年编排，对于本书的研究，起到了关键的作用，是本研究的重要资料。

2. 《清朝文献通考》

《清朝文献通考》三百卷中分为田赋、钱币、户口、职役、征榷、市籴、土贡、国用、选举、学校、职官、郊社、群祀、宗庙、群庙、王礼、乐、兵、刑、经籍、帝系、封建、象纬、物异、舆地、四裔等二十六类。《清朝文献通考》刑考门，是清代前期法制史的重要史料，对于本书的研究有着十分重要的价值。

3. 《清朝续文献通考》

《清朝续文献通考》四百卷，清末进士刘锦藻所撰，记事起于乾隆五十一年（1786年），止于宣统三年（1911年），材料亦很丰富，其刑考门对于研究清代中后期法制史很有参考价值。

（四）集志与档案

本书资料是以官方文献为主，以上的律例、大清历朝实录、各类政书，均属于官方文献的范围。官方文献是制度研究的基础资料，我们能够从中梳理出王朝制度构建的全貌。然而，官方文献从自身立场出发，专意宣传官方的权威性和正当性，在记录的过程中往往有意无意根据官方立场剪裁历史，这就使得仅仅从官方文献出发进行的研究具有相当的局限性。对此一些私人集志的记录，也正好对于官方文献的记载起到了十分有益的补充。

这部分作品的作者主要是清代流放东北或西北地区的文人和官员。作为当事人，他们作品多偏重对流放过程、流放生活、风俗人情和制度细微之处的记载，都是弥足珍贵的第一手资料。东北地区的代表性作品有吴兆骞《秋笳集》、吴桭臣《宁古塔纪略》、方拱乾《绝域纪略》（《宁古塔志》）、杨宾《柳边纪略》和西清《黑龙江外记》等；西北地区的代表性作品有纪晓岚《阅微草堂笔记》和《乌鲁木齐杂记》、洪亮吉《遣戍伊犁日记》和《天山客话》、祁韵士《万里行程记》和《濛池行稿》、七十一《军台道里表》、和瑛

《三州辑略》、林则徐《荷戈纪程》以及王庆保、曹景郿《驿舍探幽录》等。

与此同时,通过官方文献我们往往只能够得到静止的制度性规定,而要进行制度的实效性研究,探求制度在地方的实践过程,这就要通过现存的大量中央和地方档案资料。本书的研究所运用的中央档案资料来自中国第一历史档案馆,主要包括宫中朱批奏折、军机处录副奏折、刑部档案和内阁刑科题本;而地方档案则是中国第一历史档案馆所藏顺天府宝坻县档案和部分已经结集出版的四川巴县档案。

三、研究思路与章节安排

笔者出于对清代法律制度的浓厚兴趣,在前辈已有研究的基础上,希望能够通过对清代流放制度的整体性比较研究,具体考察清代流放制度的形成发展及其实际的运作状况,以期全面认识清代流放刑罚,进一步推动清代法律与社会的研究。

流放制度是清代刑事法律制度的主要内容,对于清代流放制度的研究,涉及历史和法律两个社会学科。从史的视角来讲,流放制度从属于政治史的典章制度;从法的视角来讲,流放制度也是法制史所关注的重要内容之一。本书的研究拟以史为经,以法为纬,注重从史的视角考察清代流放制度形成、发展和变化,并探究其形成、发展和变化的社会、经济、文化等历史原因;与此同时,从法的视角考察清代流放制度在特定历史时期的制度规范及其实施情况。

在时段的选取上,研究拟运用长时段的考察方式,选取整个有清一代为考察对象,以便能够全面考察清代流放制度的形成及其变迁,以及流放制度作为传统的刑罚制度在近代所遭遇的困境,从而为中国传统刑罚的近代化提供理论思考。

鉴于制度法令并不总是被遵守,文字记载与现实实践之间经常是有差距的,本书对于清代流放制度的研究,力图能够超越制度及法律典章来勾画实际运行中流放的轮廓。在研究过程中,不仅仅关注典章律条等制度层面的东西,也注意运用文人笔记、方志等地方资料,考察清代流放制度在地方上的司法实践情况及其存在的问题。这种考察制度渊源与实际运作及其反映的做法,被一些学者称之为"近代制度沿革研究的上佳途径"①。

---

① 桑兵:《晚清民国的知识与制度体系转型》,《中山大学学报(社会科学版)》2004年第6期。

本书从八个部分展开论述。绪论部分概述写作的缘起和意义、学术史回顾以及交代相关研究资料和研究思路。清代流放类型的多样性、流放法规的复杂性、流放对象的普遍性和流放历史情境的独特性等特点使得对于清代流放的研究极具学术意义和现实价值，这也正是促使本书研究的原动力。

第一章"清代以前流放的历史"：总括性地考证流放的源流，为进一步研究清代流放制度奠定基础。我们认为流放刑罚源于原始氏族的族内放逐，已经有了上万年的历史，即使是从流入五刑的南北朝时期算起，也有一千多年的历史。为适应时代的需要，流放刑罚不断被加以调整，从而创造了花样翻新的流放制度。

第二章"清代流放刑罚总论"：该部分从清代法律典章制度出发，全面梳理了清代的流放类型、流放法规和流放对象。在流放类型上，清代不仅承袭了传统的流刑、迁徙、充军等刑罚，还首创了极具特色的发遣刑罚。与此同时，为适应清代社会发展的需要，清廷还通过附加刑和替代刑对于流放刑罚加以调节。在流放法规上，清代通过不断增修条例，完善流放制度，其相关流放法规条数约占清代条例总数的四分之一。清代流放刑罚实施极为普遍，流放人数众多。惩治对象划分极为细致，不仅区分旗人、汉人，还有男、女之别，另有官、常之分，从而使得清代的流放制度充满民族性和等级性。

第三章"流向何方？清代对于流放地的选择"：清代流放政策的变迁，主要体现在对于流放地的选择方面。清代在流放制度发展过程中对于流放地点的选择经历了一个不断调整的过程。从清初的流徙东北，之后逐渐形成内地行省和边疆地区通发的格局。其中，军流刑通过制定《三流道里表》和《五军道里表》，视表配发内地各行省；而发遣则主要发往东北吉林、黑龙江和西北新疆地区。二者还通过与云贵、两广烟瘴之地的相互调发，共同构成了清代的边疆之间以及边疆与内地之间相互协调的流放体系。这一体系的形成突破了以往就偏就远的流放原则，从而把流放的实用性和合理性惩治结合起来。

第四章"清代流放的司法实践"：该部分从中央和地方档案文献资料出发，详细论证了清代流放人犯从审理判决、定配、金发、行程、配所管理到出路解决等一系列司法实践问题。清代流放在实践中常常能够因时因地制宜，极具有调适性。流放过程通过中央和地方的互动来完成，以修订条例的方式来确定。清代通过不断地增修条例，使得流放制度逐步趋向完善，达到了历史上的最高峰。

第五章"清代流放的问题及困境"：本章运用社会史的研究视角，考察了清代流放实践中存在的问题，并进一步探析导致清代流放弊端丛生的体制性困境。其中，流放问题在清初流徙东北时期就已显现，清中后期流放问题更是积重难返，而清代流放的制度困境和财政困境正是导致清代流放问题的主要根源。

第六章"清代流放制度的终结"：主要论证了清末流放制度被废除的过程。清代流放在问题不断的同时，又遭遇到国内环境变迁和西方外来文化冲击的双重挑战，已经不再适应社会发展的需要。在清末法制改革中，流放制度被废除，走向了它的终结。

余论部分：在对清代流放制度全面总结的基础上，加以评价，指出流放作为刑罚制度，既有进步积极的一面，也有反动消极的一面。在古代中国社会，流放制度正是因适应时代的需要而形成并长期存在的，近代流放也因不再适应新的时代需要而逐渐被废止。不过，流放制度对于中国法制的影响仍存在了相当一段时间。

第一章

清代以前流放的历史

第一节 流放源流

流放是统治者将罪犯以流远的方式加以惩戒的一种刑罚。它的主要功能是通过将已定刑的人押解到荒僻或远离乡土的地方,对案犯进行惩治,并以此维护社会和统治秩序。

流放刑出现,可追溯到尧舜时期。《尚书·舜典》有"流宥五刑"的记载,并规定了"五流有宅,五宅三居"①。据传舜与周边部族大战,胜利后"流共工于幽州,放驩兜于崇山,窜三苗于三危,殛鲧于羽山,四罪而天下咸服"②。这里,流、放、窜、殛,都是流放、驱逐的意思。③

中国流放刑罚的具体实施应该比古史记载还要早得多,鉴于"上古之世,若存若亡"(王国维语),传说之史,似是而非,因此试图从传说时代的云雾之中来探寻流放究竟起于何时,实在是一件十分困难和"冒险"的事。在中国历史上,国家的产生经历了"氏族——部落(部落联盟)——国家"这样一个过程,法律的产生相应地经过了"氏族习惯——习惯法——成文法"这样三个阶段。流放从其产生到成为古代中国的一种固定刑罚,并位列五刑之一,也应大致经历了上述此一过程。

---

① 《尚书·舜典》。有学者鉴于《舜典》系《伪古文尚书》从《尧典》中分出的,因此也把《舜典》合入统称为《尧典》。
② 同上。
③ 孔颖达在对于《尚书》注疏中表达了同样的意思,疏曰:"流者,移其居处若水流,然罪之正名,故先言也;放者,使之自活;窜者,投弃之名;殛者,诛责之称。俱是流徙。"而孔安国传曰:"殛,窜,放,流,皆诛也。"此说将四罪归为死刑,然在当时的社会条件下被流放则无异于死刑了。

根据有关法律史家所提出的刑罚起源二元论，即"族外制裁"与"族内制裁"的说法，我们一般认为死刑和肉刑起源于"族外制裁"，而流放刑罚则起源于"族内制裁"①。在远古时代，一方面，各部族之间经常有各种流血冲突，部族之间残酷的军事斗争，使各部族出于对敌斗争的需要逐渐产生了死刑和肉刑，这些刑罚都是作为对付异族人而发明的；②另一方面，流放，则主要是针对氏族内部成员违反社会禁忌、风俗习惯所做的一种惩戒手段，这二者共同构成了古代刑罚体系的起源。

人类是群居的动物，尤其是当他们力量弱小的时候。在远古时代个人的力量是渺小的，如果一个人在本氏族内部犯了错误，违反了氏族的禁忌，就会被流放出其部落或氏族。这种古老的观念，最初可能与某种宗教因素有关。北美印第安的切依因纳人（Cheyenne）认为：杀死本部族人的行为会玷污部族的崇拜物（神箭）及整个部落，因此凶手必须离开本部落。③美国文化人类学家莫菲曾指出："在有的原始部落中，一个人如果杀了人，就会被认为不洁，需要经过宗教仪式才能使他洁身重返社会。"④伴随着人类文明的演进，人类的这种宗教观念也随着淡化，代之而起的则是更具有现实意义的部族"无害化"观念。这种观念把上古的"放""流"看成是依据绝交之盟，把受

---

① 日本学者小岛佑马最早提出了中国刑罚起源的二元论，即"族外制裁"与"族内制裁"两个来源。兵刑同一作为其一个线索，刑罚具有镇压异族的功能，五刑（即死刑与肉刑）原来是作为对异族人适用的刑罚而产生的；而对同族人的制裁，则另有一个由放逐刑与赎刑构成的刑罚体系。参见滋贺秀三：《中国上古刑罚考——以盟誓为线索》，《日本学者研究中国史论著选译》（第八卷），中华书局1992年版，第22页。梁启超也提出同样的观点，参见梁启超：《论中国成文法编制之沿革得失》，载范忠信编《梁启超法学文集》，中国政法大学出版社2000年版，第109页。吕思勉先生也认为，中国之本族内无肉刑，只有流、象刑。参见吕思勉：《先秦史》，上海古籍出版社1982年版，第422—430页。学者江山则进一步指出：中国法自然之刑政观念有两大起源，其一是"刑以待外族"即肉体刑的起源；其二是精神、人格惩罚的起源，亦是非肉体刑的起源，源于原始时代对氏族内犯罪行为和犯罪氏民的制裁，包括诛、诘、鞭扑、窜、流、放、苦役、不齿、明刑、象刑、雕题以及法等。参见江山：《中国法理念》，山东人民出版社2000年版，第131页。
② 《国语·鲁语》即有"大刑用甲兵，其次用斧钺；中刑用刀锯，其次用钻凿；薄刑用鞭扑，以威民也"的记载。相关古代中国兵刑合一，刑起于兵的历史考察，参见陈顾远：《军法起源与兵刑合一：中国法制史上一个观察》，载陈氏《中国文化与中国法系——陈顾远法律史论集》，中国政法大学出版社2006年版，第495—503页。
③ [美] E. A. 霍贝尔著，周勇译，罗致平校：《初民的法律——法的动态比较研究》，中国社会科学出版社1993年版，第175—176页。
④ [美] 罗伯特·F. 莫菲著，吴玫译：《文化和社会人类学》，中国文联出版公司1988年版，第123页。

到众人一致非难的为恶者驱逐到共同体之外，使其不能再对社会造成危害。根据刑罚的原理，我们知道流放刑、死刑和肉刑，原来都具有相同的目的。可以说，把为恶者驱逐出社会之外，这是人类刑罚的起源。①

从"法"的语源和词义上分析，"法"的古体为"灋"，该字由三部分组成：（1）氵；（2）廌；（3）去。《说文解字》对"灋"的解释是："灋，刑也，平之如水，从水；廌，所以触不直者去之，从去。"② 传统观点以对"法"的这种解释，认为汉字的"法"在语源上兼有"公正、公平"的意思，一如其他语族中"法"的古义。这种说法不确切。著名法制史家蔡枢衡先生在其《中国刑法史》中已经指出，"平之如水"四字乃"后世浅人所妄增"，不足为训。考察这个字的古义，当从人类学角度入手。这里，"水"的含义不是象征性的，而是纯粹功能性的。它指把罪者置于水上，随流漂去，即今之驱逐。③ 徐朝阳先生曾考证指出，将犯罪人流之于水的流水之刑，"世界法制史上实不乏其例，如巴比伦法典流犯人于由富兰知斯河，其他如印度流诸额基斯河，罗马流诸太伊拔河，皆是也"④。这就从语源学的视角为我们揭示了流放这一古老刑罚的发生原理。近年来学者大多赞同此说，并有进一步发挥。如武树臣先生认为"水"的原始功能是"禁忌与流放"，并无公平义。"法"的本义是（通过流放）消除犯罪和确保平安。⑤

我们可以想象，在原始时代，一个部族聚群生活在一个狭小的空间，河流则是人们生活空间的终点，对于违背部族行为习惯的人，常常对他们处以"流放"的刑罚，即把罪者置于水上，随流漂去或者迫使其泅水到河的对岸，永远不能回来。这样做的结果是被流放者不再为部族所承认，也不再为本部族的神灵所佑助，将成为一个没有神灵保佑的孤独的人。原始社会生产力十分低下，生存环境恶劣，每个人必须依靠集体（氏族）的力量才能生存。一个人如果失去了群体力量的保护，无异于是宣布了他的死刑，只是让犯人多了一点苟延残喘的时间。受人憎恶的单身远行者，很容易成为捕猎者的目标。

---

① ［日］滋贺秀三：《中国上古刑罚考——以盟誓为线索》，《日本学者研究中国史论著选译》（第八卷），中华书局1992年版，第18页。
② ［东汉］许慎：《说文解字》，中华书局1963年影印版，第202页。
③ 参见蔡枢衡：《中国刑法史》，中国法制出版社2005年版，第159页。书中指出《说文解字》训法为刑，实际是春秋以后的新义。古法都是流弃的意思。
④ 徐朝阳：《中国刑法溯源》，上海商务印书馆1934年版，第211页。
⑤ 武树臣：《寻找最初的"法"：对古"法"字形成过程的法文化考察》，《学习与探索》1997年第1期，第87页。

在盎格鲁-撒克逊时代，猎杀被流放的人甚至还是一项受到鼓励的活动。① 因此，我们应该认识到：在原始社会，将犯罪者逐出氏族事实上是最可怕的惩罚之一。

"流放"的"流"字，《说文解字》解释是："流，水行也。"本义是指水的运动，法律借用"流"字作为刑罚的名称，从而使得与流放的原始意义相符合；同时"流"又引申为"流失、流散"，从而也表示受刑者与其亲属和邻里的分离与流散。"流放"的实施，使犯人与所处的社会隔离开来，一方面起到了安定社会的作用，另一方面也起到了改造惩戒罪犯的作用。

图1-1 玉玦图 "玦"，有缺口的环形玉器，用作礼器和佩饰，其主要功能之一便是，君主赐玦于被流放的臣子，以示不能回来。"玦如环而有缺，逐臣待命于境，赐环则返，赐玦则绝，义取诀。"（《广韵》）

上古时代，流放刑与肉刑、死刑共同使用。流放刑作为族内放逐的一种形式，后来逐渐演变为氏族内部或氏族之间以强制力确认氏族部落首领权力地位，调整古老民族关系的一种规范。人类进入奴隶社会以后，建立起了以肉刑和死刑为中心的刑罚体系。流放作为一种辅刑，虽然没有制度化，但仍被广泛使用。钩沉中国史籍，上古时代有关"流放"刑罚的记载很多。"庸城氏时代放逐季子（《路史·前纪》卷五），东里子时代放逐敖昏勒氏（《路史·前纪》卷六），黄帝放逐茄丰（《路史·后纪》卷五），颛顼时代男女不相避于道路者，拂之于四达之衢（《淮南子·齐俗》），同胞兄妹结婚，也要

---

① ［英］凯伦·法林顿著，陈丽红、李臻译：《刑罚的历史》，希望出版社2003年版，第3页。

放逐（《博物志·人物传》），尧放驩兜和丹朱（《尚书·舜典》《竹书纪年》），都是著名的事例。汤放桀（《孟子·万章》），春秋时卫国放宁跪于秦，放公子黔牟于周（《左传·庄公六年》），以及楚放屈原"①，都可以说是中国古代流放刑罚的初期雏形。

第二节　秦之流放

流放与其他刑罚有个较大的区别，那就是国家需要有较为广阔的地域。被判流刑者要被流放到偏远的地区去服劳役，如果国土很小就根本无法实施流刑，也就不可能产生流放之刑了。秦代以前，虽屡有相关流放的记载，但因长期处于分裂状态，地域又比较狭小，流放并没有形成制度。② 秦始皇统一中国以后，国土空前广阔，"东至海暨朝鲜，西至临洮、羌中，南至北向户，北据河为塞，并阴山至辽东"③。这里羌中指临洮西南古羌族活动的地带，北向户在今越南境内。当时的中国已是世界上最大的国家，这样辽阔的领域，都在中央集权政府的控制之下，第一次真正具备了刑罚意义上流放的条件。流放在秦代开始被大量地运用，流放之刑，施用很广，或迁豪，或徙民，或谪戍。依照流放刑罚的不同类型，大致有"迁""谪""逐"之分。

一、迁

罪迁是指将罪人迁离故土，遣往边地，令开垦荒地，以充裕国家财源，具有惩罚和实边的双重意义。《云梦秦简·法律问答》规定："五人盗，臧（赃）一钱以上，斩左止，有（又）黥以为城旦；不盈五人，盗过六百六十钱，黥劓以为城旦；不盈六百六十到二百廿钱，黥为城旦；不盈二百廿以下到一钱，（迁）之。"④ 可见，秦朝的"迁刑"，是轻于劳役刑"城旦"的。迁刑在秦代虽为轻刑，然而人犯被迁至边远、荒芜之地去过刀耕火种的生活，其惩罚力度也是很大的。

---

① 蔡枢衡：《中国刑法史》，中国法制出版社2005年版，第50页。
② 据有学者考证：对于流放之刑，商周时期一般称之为"放"或"播"；春秋时期，晋、齐、郑、楚等诸侯国均有放刑，战国时期始称为"流"。参见李力：《出土文物与先秦法制》，大象出版社1997年版，第53页。
③ 《史记》卷六，秦始皇本纪第六，以下所引二十四史均为中华书局点校本，不再赘述。
④ 睡虎地秦墓竹简整理小组编：《睡虎地秦墓竹简》，文物出版社1978年版，第150页。

早在商鞅变法时期迁刑就已经有所行用。据《史记·商君列传》记载："秦民初言令不便者有来言令便者，卫鞅曰：'此皆乱化之民也。'尽迁之于边城。"① 商鞅将那些原来反对变法，但随着变法的深入，又来赞誉变法的人称之为"乱化之民"，都迁移到边远地区。其后秦为争霸称雄，不断掠取六国土地与人民，而迁民之举更是频繁发生。自秦惠王继位（前337年）始，至秦末百十年间，有记载的迁民之举多达十四五次。如秦惠王迁民四次，昭襄王迁民一次，秦始皇则迁民九次。其中如始皇八年（前239年），"王弟长安君成蟜，将军击赵，反，死屯留，军吏皆斩死，迁其民于临洮"。始皇九年（前238年），处置嫪毐叛乱一案，"夺爵迁蜀四千余家"。始皇十二年（前235年），吕不韦饮鸩死，门人"窃葬"，"秦人六百石以上夺爵，迁；五百石以下不临，迁，勿夺爵"。而迁民规模尤大者为始皇二十八年（前219年），"徙黔首三万户琅邪台下"；始皇三十五年（前212年），"徙三万家丽邑，五万家云阳"；始皇三十六年（前211年），"迁北河榆中三万家"。② 至秦末世，犹"迁不轨之民于南阳"，其迁民多少，虽不得知，然而当也不在少数。③

秦代屡屡行用迁刑，大量人民被迁往边远或新辟疆土，用以开发边地。自秦始皇统一六国之后，多迁六国人民，一方面利用他们开发边地，另一方面也置他们于军事力量的严密监视之下，借以削弱六国旧有力量，使迁徙之民，离群索居，实起到一举两得的功效。

二、谪

谪，有"谪戍"之称，谪戍者被发往边地，补充兵源，参与征战，戍守边疆，更具有军事上的意义。可以说，谪戍乃是一种带有刑罚色彩的边防制度。

以谪罪戍边是秦代正式律法，窥之史籍，屡见记载。如秦始皇三十四年（前213年）有："适治狱吏不直者，筑长城及南越地。"④ 又："始皇使蒙恬将十万之众北击胡，悉收河南地，因河为塞，筑四十四县城临河，徙適戍以充之。"⑤ 秦二世元年（前209年）又有："七月，发闾左適戍渔阳，九百人

---

① 《史记》卷六八，商君列传第八。
② 《史记》卷六，秦始皇本纪第六。
③ 《史记》卷一二九，货殖列传第六九。
④ 《史记》卷六，秦始皇本纪第六。
⑤ 《史记》卷一一〇，匈奴列传第五〇。

屯大泽乡。"① 秦代把大量罪人发往军伍，守边服役，用以补充兵力的不足。

秦王朝不仅把大量罪人充发军伍，也往往出于政策需要，充发诸多无罪之人入伍。如《史记·秦始皇本纪》记载："三十三年（前214年），发诸尝逋亡人、赘婿、贾人略取陆梁地，为桂林、象郡、南海，以适遣戍。"② 这里的"赘婿、贾人"都不是犯罪之人。所谓"赘婿"，乃是婚姻制度下从妇居的一种形式，用以指嫁到女方立家的男子，大多数因女方家中有女无男，招婿是为生孙以承继家业；也有因钟爱女儿不愿其出嫁，或招女婿奉养自己使就其妇家为赘婿的。所谓"贾人"就是指商人。秦代把这些人也当作罪人流放到边疆军中充伍作战。

谪戍者主要任务，或为征战，攻城略地，或从事军务劳役，或为守边，其所承担之工作，非仅艰苦繁重，且又危险，而谪戍役期较其他戍卒又长，甚而长达十余年。在漫长谪戍期间，从事于艰困、危险之劳役，并须随时防止敌人之侵袭，且又因物质生活条件差，水土不服，故谪戍者死于边城不计其数。故汉代晁错曾上书说："秦之戍卒不能其水土，戍者死于边，输者偾于道，秦民见行，如往弃市。"并进一步指出："今秦之发卒也，有万死之害，而亡铢两之报，死事之后不得一算之复，天下明知祸烈及已也。陈胜行戍，至于大泽，为天下先倡，天下从之如流水者，秦以威劫而行之之敝也。"③ 可以看出，秦代之谪戍几乎被时人等同于死刑，人们往往避之而犹不及，一旦被谪戍，赴边充伍犹赴刑场。这也反映了秦代谪戍者地位的卑下，谪戍边疆生还的可能性就很小了。以后，陈胜、吴广等戍卒揭竿而起开启了秦末农民大起义的序幕，可以说，秦的谪戍制度也成为秦亡的一个主要原因之一。

三、逐

"逐"，指"驱逐"，对象是居住在秦国的外国人，是把犯罪的外国人驱逐到秦国之外的一种刑罚。往往同一刑罚，对秦人用"迁"，对秦人以外的外国人则用"逐"，两者于刑之轻重亦因客卿身份相区别。如据《史记·秦始皇本纪》记载：（秦始皇）十二年（前235年），"文信侯不韦死，窃葬。其舍人临者，晋人也逐出之；秦人六百石以上夺爵，迁；五百石以下不临，迁，

---

① 《史记》卷四八，陈涉世家第一八。
② 《史记》卷六，秦始皇本纪第六。
③ 《汉书》卷四九，爰盎晁错列传第一九。

勿夺爵"①。可见,同样是私自安葬吕不韦之罪,其舍人、晋人被"驱逐出境",用"逐"的刑罚;秦人则处以"迁"刑,并根据不同情况,又有加以"夺爵"的惩处。

"逐"刑在有秦一代施用并不是很广泛,这与秦之后统一六国、宇内化一,无所谓外国有关;另一个重要的原因是秦很早就认识到了驱逐客卿的弊端。秦始皇十年(前237年),韩国派水工郑国赴秦劝秦王修建水利(即后来的郑国渠),目的是用浩大的工程消耗秦国的财力,借以削弱秦的国力、阻遏秦国东扩,这就是历史上有名的"疲秦计"。可是在水渠修建过程中,"疲秦计"被识破,秦始皇大怒,要将一切非秦国之人驱逐出境,其中包括从六国投奔来的"游士"。李斯为了说服秦王收回成命,便上了历史上著名的《谏逐客书》。在《谏逐客书》中,李斯列举了游士对于秦国的历史功绩,分析了留客逐客的利弊,动之以情,晓以利害,最终使得秦始皇打消了逐客的念头,并恢复李斯的官职,加以重用。秦始皇因李斯上书而停止逐客,并意识到客卿对于秦国的贡献,因此以后逐刑虽未废止,也很少行用。

秦代流放或迁、或谪、或逐,动辄将罪犯迁至边地蛮荒之境,或入伍参战,或垦荒力田,在当时的生产力条件下,已是十分严厉了。然而,秦代流放刑尚属于对轻罪的处罚,尚无明确的量刑与执行标准,流放地点多是根据国家的实际需要,而不是根据犯罪情节轻重量刑发配的。即使如此,秦代的流放政策和流放理念对于后世影响也极为深远。

徐朝阳先生在《中国刑法溯源》中指出:"流刑之名称甚繁,有放、迁、窜、谪、逐、屏,诸种。"② 事实上,化约观之,不过两种方式:其一是将罪人驱逐出社会共同体,而不问其去向,但不允许其回来;其二是将罪人驱赶到本社会或社会之外的某一固定地区,加以管制。我们一般称第一种形式为"放逐",第二种形式为"流放"。两种形式在中国刑罚史上都不同程度存在过,至秦已经基本定型和完备,只是第二种形式成了之后刑罚的主流,并于南北朝之际成为正刑,位列五刑之一。

---

① 《史记》卷六,秦始皇本纪第六。
② 徐朝阳:《中国刑法溯源》,中华书局1992年版,第211页。

第三节 流入五刑

中国古代刑罚按种类可以分为正刑和闰刑两种。正刑是指所谓的"五刑",即对犯罪者所使用的五种主要刑罚,"五刑"之外的则为闰刑。"五刑"究竟源于何时,众说纷纭。从文献记载和考古发掘来看,中国从夏代进入阶级社会,就开始有了刑罚。《国语·鲁语下》有"昔禹致群神于会稽之山,防风氏后至,禹杀而戮之"的记载,《汉书·刑法志》也说"禹承尧舜之后,自以德衰而制肉刑",说明禹时已开始大量运用刑罚手段。商代的刑罚记载略详于夏代,墨、劓、刖、宫、大辟等在古文献和甲骨文中都有记载。"五"是满掌之数,古人以"五"为数概括主要的刑罚,也包含完备之意。先秦以前的五刑是指墨、劓、刖、宫、大辟。① 汉代以后随着流放刑罚的不断发展,其地位不断提升,至南北朝时期流刑正式纳入正刑"五刑"之中。自隋律起,正式形成了笞、杖、徒、流、死的新五刑体系,这种体系稳定下来,并一直延续到清末。

两汉时期,流放之刑虽仍然属于辅刑系列,但由于这一时期流放刑已渐次升级为死刑之下的"减死罪一等",广泛适用于上层官吏及其家属,因此与秦代相比,有了较大的变化。

汉代流放作为降死替代刑罚的出现,与文景帝的法律改革有着密切关系,也可以说是解决文帝、景帝时期法律改革遗留问题的一个尝试。

肉刑,在中国历史上,伴随着王权政治,至少已经实施了近两千年。"夏有乱政,而作禹刑"②,其中当然包括了肉刑。商立"汤刑",至纣王时肉刑达到了极限的程度,不光有割鼻、断手、刖足,更有炮烙、剖腹、活埋等刑罚。至秦,"专任刑罚,劓鼻盈累,断足盈车"③,导致天下多事,国无宁日,这也是最终导致秦亡的重要原因之一。

---

① 已有学者通过对甲骨文、青铜铭文所见刑罚的考察,认为商周刑罚体系并没有形成一个规范的模式,文献以"五刑"概括其刑罚体系明显与当时史实不符,所谓墨、劓、刖、宫、大辟的"五刑"不过是后世学者受战国阴阳五行说影响而形成的。参见:李力:《出土文物与先秦法制》,大象出版社1997年版,第62页。笔者同意此说,然"五刑"之制对于中国传统刑罚影响则毋庸置疑。
② 《左传·昭公六年》。
③ 《盐铁论·刑德》。

图1-2 缇萦上书救父图 据史料记载汉文帝刑制改革的直接动因即是源自一次著名的"缇萦救父，孝感动天"的义举。

西汉初年，高祖汲取秦王朝的历史教训，改变秦"严刑苛法"的做法，实施"文武并用，德刑兼施"的国策，主张"罚不患薄"来安抚人民，稳定社会。汉文帝时鉴于当时仍继续沿用传统的肉刑，不利于政权的稳固，开始考虑改革刑制。后文帝通过诏令宣布废止了黥刑（墨刑）、劓刑及刖刑，把黥刑改为髡钳城旦舂（去发颈部系铁圈服苦役五年）；劓刑改为笞三百；斩左趾（砍左脚，刖刑的一种）改为笞五百，斩右趾改为弃市死刑。这样使刑罚从"断肢体，刻肌肤，终身不息"过渡到了只是使罪犯忍受一时的皮肉之苦。尽管改革还有缺陷，但同周、秦时期广泛使用肉刑相比，无疑具有历史性的进步，在法制发展史上具有重要的意义。

这项重大的刑制改革的缺陷一开始就体现在司法实践的过程中。一方面，废肉刑将斩右趾改为弃市（死刑），扩大了死刑范围，实际上是加重了刑罚，这不符合文帝改革的初衷；另一方面，因笞数太多致使许多罪不当死者饱受折磨而出现"率多死"的现象，时人因此指责文帝废肉刑是"外有轻刑之名，内实杀人"[①]。更为严重的是文帝改革后建立起来的刑罚体系因缺乏惩治"中罪"的"中刑"，"死刑既重，而生刑又轻"[②]，由生刑向死刑的合理性过渡出现了断档，即由徒刑直接上升为死刑这一跨越未免给人以突兀之感，导致不

---

① 《汉书》卷二三，刑法志第三。
② 同上。

同刑种之间轻重失衡、罪刑失当。汉景帝继位后曾主持重定律令，将文帝时剭刑笞三百，改为笞二百；斩左趾笞五百，改为笞三百。又特别颁布《箠令》，规定笞杖尺寸，以竹板制成，削平竹节，以及行刑不得换人等。景帝的改革并没有解决死刑之下刑罚的断档问题，肉刑废除后死刑与徒刑的衔接仍然存在问题。在此种情况之下，降死替代刑罚的出现也就顺势而生了。

汉代起初为守边计，把一些罪犯流放到边远地区称为"徙"或"流徙"。"徙刑"成为死刑的临时替代刑，犯人多是死罪减等，不忍诛杀而减免者。① 西汉元、成二帝以后"减死罪一等"屡见史载，如元帝时淮阳宪王舅张博、博弟张光家属，成帝时解万年、陈汤等均为著例。② 汉哀帝时，丞相薛宣之子薛况因博士申咸诋毁其父不忠不孝，雇人在宫门外毁伤申咸面目，因此被朝廷判减死罪一等，徙敦煌。③ 及至东汉，封建统治者本着"以全人命"的原则，将"减死罪一等"规定为一种法定的固定刑罚。王公、官员犯死罪，皆减罪一等，诣军营，屯戍边地如五原、安定、敦煌、伊吾、楼兰、车师等地，称为"减死徙边"或"减死诣戍"。东汉朝廷还多次下诏将死罪囚犯迁至边地，或屯，或戍。如公元65年，汉明帝"诏三公募郡国中都官死罪系囚，减罪一等，勿笞，诣度辽将军营，屯朔方、五原之边县"④。第二年，"诏郡国死罪囚减罪，与妻子诣五原、朔方"⑤。73年，"诏令郡国中都官，死罪系囚减死罪一等，勿笞，诣军营，屯朔方、敦煌"⑥。82年，汉章帝"诏天下系囚减死一等，勿笞，诣边戍"⑦。84年，诏"郡国中都官系囚减死一等，勿笞，诣边县"⑧。87年，"令郡国中都官系囚减死一等，诣金城戍"⑨。96年，汉和帝"诏郡国中都官系囚减死一等，诸敦煌戍"⑩。115年，汉安帝"诏郡国中都官系囚减死一等，勿笞，诣冯翊、扶风屯"⑪。124年，安帝"诏郡国中

---

① ［清］沈家本著，邓经元，骈宇骞点校：《历代刑法考》，中华书局1985年版，第254页。日本学者大庭脩将汉代此种刑罚称之为"徙迁刑"，并有专题研究，见大庭脩著、林剑鸣等译，《秦汉法制史研究》，上海人民出版社1991年版，第136—164页。
② 分别参见《汉书·淮阳宪王钦传》《汉书·成帝纪》《汉书·陈汤传》。
③ 《汉书》卷八三，薛宣朱博列传第五三。
④ 《后汉书》卷二，明帝纪第二。
⑤ 同上。
⑥ 同上。
⑦ 《后汉书》卷三，章帝纪第三。
⑧ 同上。
⑨ 同上。
⑩ 《后汉书》卷四，和帝纪第四。
⑪ 《后汉书》卷五，安帝纪第五。

都官死罪系因减罪一等，诣敦煌、陇西及度辽营"①。以上死罪减等案例皆出自皇帝诏令，大多都规定"妻子自随，占著所在"，"父母同产欲相从者，恣听之"。②

可见，至西汉末年，死罪之下为徙刑，已不再是徒刑。徙刑与后世的流放刑有着诸多相似之处，成为徒刑、死刑向流刑、死刑转变过程中的过渡刑罚。但徙刑尚未列入主刑，应用也不十分普遍，其种类、量刑、适用、执行等都还缺乏系统、明确的规定。

魏晋南朝时期由于战乱频仍，政权及地域疆界不稳定，流徙或徙边之刑一度萎缩。至北朝，随着北魏统一黄河流域，北朝诸代统治者总结了迁徙刑施用七百余年的经验，始将"赦死从流"确定为量刑原则，流刑遂作为法定刑名被正式列入国家常用法典，成为封建五刑之一，介于死、徒之间。

北魏流刑升格为主刑，是鲜卑政权立足实际，在探索用刑经验中逐步完成的。北魏前期刑罚结构失衡，死刑的比重比较大，而且三年徒刑以上即为死刑，中间缺乏调节，其弊端日益暴露出来。高宗统治时期，大抵死刑罪犯也获得减死为流，他们都被发遣边防充兵。太和十六年（492年），孝文帝总结用刑经验，亲自勘定流刑各种"限制"，标志着流刑正式跻入主刑系列。③北魏的流刑，实质是流刑加兵役，并附加鞭和笞，一罪数刑。流刑确立为主刑，是北魏对封建刑罚体系的重大改造。

北魏流刑的勃兴是多种原因促成的。鲜卑法本就有将部落有罪之人放逐于荒僻远地致死的惯例。流刑被用作死刑的替代刑，用于惩治重罪犯人，统治集团心理上无纵奸感，流刑遂被大量使用，地位也冉冉上升。同时，战争时代需要及时补充兵源和运力，增加了保存罪犯生命，使之提供无偿兵役和劳役的必要性，流刑所带来诸多的好处，它无损户口，无损王役，可以高效率地利用当时宝贵的人力资源，既符合经济规律，又能借以标榜德政，渲染恤刑，这也刺激了流刑的发达。再者，把流远作为降死一等刑罚的主要惩治内容，其中应当与魏晋之际法律儒家化的背景有密切的关系。④

北齐五刑：一曰死，二曰流，三曰刑，四曰鞭，五曰杖。北齐流刑等同北魏，仅一等。《隋书·刑法志》云北齐流刑："论犯可死，原情可降，鞭笞

---

① 《后汉书》卷五，安帝纪第五。
② 《后汉书》卷三，章帝纪第三。
③ 《魏书》卷七，孝文帝本纪第七。
④ 参见邓奕琦：《北朝法制研究》，中华书局2005年版，第151—152页。

各一百，髡之，投之边裔，以为兵卒，未有道里之差。"北齐对被处流刑而出于种种原因不能执行流刑，即"不合流"的男女犯人，改为可以服六年徒刑。①

北周流刑拘守《周礼》，按道里远近划分为五等，自距离皇畿二千五百里起，每加五百里为一等，分别为卫服、要服、荒服、镇服、藩服，依等各加鞭笞，数量有差。② 但是由于北周的国土过于狭隘，这些规定仅仅是拘于虚文，无裨于实际。但与北魏、北齐的流刑不分远近里数相比，其里数的划分毕竟有一定的进步意义。

至南北朝时期，流刑正式列入了五刑之中，而且渐渐趋完备与成熟，从而标志着流放制度的完全形成与正式确立。

第四节 后世流刑的发展

隋代在北周流刑的基础上对于流刑加以改定，北周流刑为五等，并且规定最远达到四千五百里，实际上是不可能实现的。隋代采取务实的做法，把流放等级由五等减为三等，流放距离也分别减为一千里、一千五百里、二千里，并分别加劳作二年、二年半、三年。③ 这样比较从实际出发，具有可操作性。与此同时，还取消了附加的鞭笞刑，体现了刑罚由重而轻的发展趋势，表明人类历史不断向较为文明阶段的进化。

唐朝流刑基本上从隋制，但也几经改进，武德修律，流刑仍定为三等，里数比隋增加，三流分别为二千里、二千五百里、三千里，而服役期限减少，"诸犯流应配者，三流俱役一年"④。实施流刑的目的就是既要防止罪犯再去犯罪，又要警戒社会上那些有犯罪可能的危险分子，防止他们以身试法，走向犯罪的歧途。要实现刑罚的这一预防和警诫目的，就必须正确地运用刑罚，做到以罪论刑、刑罚相当。否则"杀人者不死，伤人者不刑"，"罪至重而刑至轻，庸人不知恶矣，乱莫大焉"，⑤ 势必会影响到整个社会的安定。唐代作

---

① 《隋书》卷二五，刑法志第二〇。
② 参见[清]沈家本：《历代刑法考》，中华书局1985年版，第38页。
③ 《隋书·刑法志》虽说隋朝更定新律"多采后齐之制"，但其流刑更定道里之制显然是受到了后周的影响，对此，沈家本也指出，隋之流刑"实因于魏、周"，见沈家本前揭书，第270页。
④ 刘俊文点校：《唐律疏议》卷三，名例律，犯流应配，中华书局1983年版，第66页。
⑤ 《荀子》正论篇第十八。

为降死一等的流放刑罚在执行的过程中,就遇到了惩治力度不足的问题,从而迫使统治者不断对流刑做进一步的完善。

早在武德年间定律时曾将规定的一部分死刑,约五十余条,减等改为"断右趾"。从刑罚轻重看,是将死刑减为肉刑;从刑罚体系看,又将刚刚建立起来的刑罚体系——五刑制度打乱,在死刑与流刑之间夹杂一肉刑。贞观六年（632年）,唐太宗除断趾法,改为加役流,即在流刑的最高等级,三千里上加居役三年。①

三流与加役流多为有期流放,但也有一少部分为无期,如:因反逆缘坐而流者即为无期流放,称"长流"。长流虽《唐律》未载,但在唐代史传中常常出现,如李义府之长流巂州、韦坚之长流临封、高力士之长流巫州均是。长流人犯非遇特赦不得返还。

隋唐以后,五刑制基本为以后各朝代继承,成为官方明文规定的刑罚体系。随着流刑刑级地位的提升,为了解决流刑的名重实轻、惩治力度不足和与其在五刑制中的地位不相符合等问题,历代王朝,都费尽心力来解决这个问题,从而在流刑的正刑之外,又出现了花样翻新的各类流放之刑。

宋立国之初,宋太祖施行宽仁之治,"洗五代之苛",制定了"折杖法"。折杖法的出现是宋代刑罚制度上的一个重要变化,突出体现了宋初轻刑省罚的思想,对于缓和五代以来的社会矛盾,稳定社会起到了一定的积极作用。折杖法对于流刑规定:"加役流,决脊杖二十,配役三年。流三千里,决脊杖二十,配役一年。流二千五百里,决脊杖十八,配役一年。流二千里,决脊杖十七,配役一年。"② 折杖之后,流刑和加役流犯人被杖脊后,不必流徙远地,其一年或三年的劳役刑就地服役即可。

折杖法改变了传统的封建五刑制度,使得刑罚的行用基本局限在杖刑和死刑之间,这就使得流刑的有关规定几乎成为具文。然而,折杖法逐渐暴露出惩治"时轻时重"的问题,很难做到刑罚得当,无法满足宋统治者惩治犯罪、镇压民众的需要了。正是在这样的形势下,宋统治者经过探索,发明了独具特色的刺配法,并得到了充分发展。所谓"刺配",就是集刺、杖、流于一身的刑罚,是指脸上刺字,外加杖脊而后流配充军。正如明朝人丘浚在《大学衍义补》中说:"宋人承五代为刺配之法,既杖其脊,又配其人,而且

---

① 参见[清]沈家本:《历代刑法考》,中华书局1985年版,第49页。
② 薛梅卿点校:《宋刑统》卷一,名例律,法律出版社1999年版,第4页。

刺其面，是一人之身，一事之犯，而兼受三刑也。"①

自宋初作为免死的刑种出现以后，法规日渐繁密，行用逐渐频繁，为司法者所倚重以至于出现滥施的局面。配刑的类别也不断丰富，北宋哲宗时有"配本州、邻州、五百里、千里、二千里、广南州军、远恶州军、沙门岛"等八种不同等次。②到了南宋孝宗时则增加至："不刺面配、刺面配本州本城、刺面配本州、配邻州、五百里、千里、一千五百里、二千里、二千五百里、广南州军、远恶州军、海外州军、永不放还者"等十四种。③刺配起到的其实是五刑制中流刑本应承担的任务，成为流刑的一个变种。宋代通过附加刑罚来调整流放刑罚不足的做法对于后世影响深远，流放的复合式惩罚成为日后流刑发展的一种趋势。

此后由北方游牧民族建立的辽、金诸朝，或因于传统民族习惯，或囿于战事频仍的社会条件，在立法及司法实践中对流刑做了较大的变通。金人明言流刑"非今所宜"，而以徒四年以上并附加决杖代替之，即二千里比徒四年，二千五百里比徒四年半，三千里比徒五年。④《大金国志》载："徒者，实拘役也。徒止五年，五年以上，皆死罪也。"⑤传统的五刑制下，徒刑从一年至三年分为五等，《大金国志》称金代徒刑至于五年，又言五年以上为死罪，传统流刑为徒刑所代已成为事实。

蒙元流刑在制度设计上仿照宋制，又带有辽金流刑的烙印。初期曾沿用金律数十年，此间流罪处罚是对金代流刑制度进行折代变通。⑥之后，包括了出军在内的流远刑从蒙古族古老的惩治方式中脱胎而出，成为一种新的流刑，并正式代替了五刑制中传统流刑的位置。元代流远刑与唐宋流刑的明显区别在于道里和服役期限不同。蒙元流刑律条多从习惯法而来，失之笼统，虽有流放方向和地点，但并无道里、服役期限的规定，只是遇赦可以放还。

出军与流远的去所，多在素为"瘴疠"之地的湖广与北鄙的辽阳。罪犯一般是南人发北，北人发南。出军的罪犯到达配所之后，主要是"从军自

---

① [明]邱浚：《大学衍义补》，慎刑宪，明流赎之意，《四库全书·子部》辑本。
② [南宋]李焘：《续资治通鉴长编》卷四百九十九，元符元年六月丙戌。
③ [元]马端临：《文献通考》卷一百六十八，刑考七，徒流，配没。
④ 《金史》卷四五，刑法志第二十六。
⑤ [南宋]宇文懋昭：《大金国志》卷三十六，商务印书馆，国学基本丛书本。
⑥ 有关蒙元援用金律的期限，曾代伟在《蒙元流刑考辨》(《内蒙古社会科学》2004 第 5 期) 一文中通过考证认为至迟应在 1234 年灭金时即开始援用，直到至元八年 (1271 年) 十一月，即忽必烈正式将国号"大蒙古国"改为"大元"朝之后，司法审判才不再援引金律旧例。

效",以增强边方镇戍军伍的实力,流远的罪犯似以屯种为主。原则上,除了大赦,出军与流远的罪犯要终老发配之地。与传统流刑相比,其惩治力度之强不言而喻。出军与流远起初并行,至元仁宗、英宗年间,出军逐渐融入流远刑,使流远成为一种包括多种惩治方式,具有多种层次的刑罚,并进而进入了国家法定的刑罚体系。《经世大典·宪典》规定的五刑制中,流刑被正式界定为"流则南之迁者之北,北之迁者之南"①。

有关明代的流放刑罚,已有学者论证指出:早在明初洪武一朝,传统流刑已经基本废而不用。《大明律》定以流罪的条目基本以"宽""减"的形式,以徒役或以赎免的方式得到落实。而流刑所承担的司法任务则由五刑之外的口外为民与充军,主要是充军来完成的。②

明代是"充军"正式形成制度并大规模行用的时期。隋唐以后流刑的惩治力度不足,是每个以五刑制为国家刑罚体系的朝代都曾经面对的问题。明初朱元璋高举"祖述唐宋",尽革胡风的大旗,却承继了元代的出军,发展出了明代的充军。③

明代,军事上实行卫所制度。卫所制度是明初太祖时期模仿北朝隋唐的府兵制而创建的一种军屯性质的军事制度,是明朝军队的重要组成部分。军人世袭为兵,列为军籍。最初,每个军士受田15亩以维护生活。之后,某些地区增加到50亩。这样,使得军队能够自给自足,从而使朝廷无须从国库按月拨发粮饷便能维持一支庞大的边防力量。军人独立成籍,并世代负有服军役的义务。自明初确立军籍与军户之后,国家再无新定军户之事。也就是说,明初确定军户以后,在正常的渠道内,明代的军户一直没有增加土地的机会。

为了维持卫所制度,保证军伍的充实,首先要维持军伍本身的实力,即保证军官军人的惩治在军伍之内实行,从而保证军伍本身的力量不至流失。因此,充军制度最先在军伍内部实施。《大明律》制定"军官军人犯罪免徒流"文,规定:

> 凡军官军人犯罪,律该徒流者,各决杖一百。徒五等,皆发二千里内卫分充军;流三等,照依地里远近,发各卫充军。该发边远充军者,依律发遣,并免刺字。若军丁、军吏及较尉犯罪,俱准军人拟断,亦免

---

① [元]陶宗仪:《南村辍耕录》卷二,五刑,中华书局1959年版,第25页。
② 参见吴艳红:《明代流刑考》,《历史研究》2000年第6期,第38—39页。
③ 有关明代充军的研究见吴艳红:《明代充军研究》,社会科学文献出版社2003年版。

徒流刺字。①

这样做既保证了对军人犯罪的惩处,又免除了由于对于军人惩处造成的军人的流失,是一个一举两得的好办法。

然而,自从15世纪后期开始,卫所制度便呈现出衰败的征兆。地方将领贪污腐化,把卫所军官当作有利可图的职位,以便中饱私囊;士兵被拼命压榨,使得他们一有机会便极力摆脱军户身份。据史载,到了16世纪初,一些卫所的逃亡军士甚至达到了其总数的80%。② 兵户数量的持续减少,无疑导致了国家兵源的紧张。

为了解决国家兵源的不足,缓解兵源紧张,就必须想办法补充军伍人数。在这一思路下,充军的对象便扩大开来,把大量非军籍的平民罪犯发往军伍为兵,以补充军伍人数的不足,从而持久地为国家提供更多的兵士。

明代充军的实施前后虽有较大的变化,其惩治的力度则基本相同。《明史·刑法志》指出:"明制充军之律最严,犯者亦最苦。亲族有科敛军装之费,里递有长途押解之扰。至所充之卫,卫官必索常例。"③ 对于军官军人而言,明初充军所体现的对军官军人的优待和实用特征是相对而言的。从具体实践来看,军官在充军以后,官职毕竟处于被剥夺状态,一般也要南北调卫,以示惩戒;军人充军,除了杖一百,也同样根据所在地南北易置于边方卫所,而且承担更为艰苦的兵役。原则上,军官军人若无军功,充军也都有终身的特征。可见,充军对于军官军人的惩治强度还是比较明显的。对于非军籍之人而言,罪犯改变其习惯的生活方式与生活环境,终身甚至世代承担兵役或军中劳役,而常刑之下,徒役的年限最高不超过五年,而且若为有力之家,还可赎免。两相对照,充军之重十分明显。正因为如此,充军刑在惩治的力度上,被认定足以与徒流刑的地位相当,可以承担惩治降死一等的重罪。

小结

通过以上对历代流放制度的考察,我们可以看出流放刑罚在中国有着悠

---

① 怀效锋点校:《大明律》卷一,名例律,法律出版社1999年版,第6—7页。
② [美]魏斐德著,陈苏镇、薄小莹等译:《洪业:清朝开国史》,江苏人民出版社1995年版,第26页。
③ 《明史》卷九三,志第六十九,刑法一。

久的历史。如果从上古时期的族内放逐开始算起,流放刑在中国有上万年的历史,就是从流入五刑的北朝时期开始计算,也延续了一千多年。长久以来,流放刑罚被历代承袭沿用,作为五刑之一,在古代中国封建刑罚中占有十分重要的位置。可以说,流放正是适应了古代中国刑罚的需要而产生的,并且顺应中国古代刑罚的需要而存在了一千多年。历代之间在前后袭用的同时,也为了适应时代的需要及时调整,作出了制度性的创新,从而创造了花样翻新的流放刑罚。

作为最后一个封建王朝,清代在刑罚制度,尤其是流放制度方面,不仅有着对前往各代的继承,而且还有所创新。对于清代流放制度的研究,将有助于我们深入了解清代社会的历史和文化,还助于全面认识整个传统社会的刑罚制度。清代流放刑罚历经几经调整之后,最终在清末被废除,成为历史的陈迹。清代流放制度的这种典型性,也为我们关注清代流放制度提供了独特的视角。

第二章

清代流放刑罚总论

公元1644年，曾经经历过多次政权更迭的古老中国，再次发生改朝换代的社会巨变。清军趁明末农民起义之势挥师十余万入关，迅速占领了明王朝的统治中心——北京。当年八月，顺治帝出盛京（沈阳）迁都北京，清朝统治从中国的东北转向中原广大汉族地区，并开始逐步确立对全国范围的统治，从而建立了中国历史上最后一个封建王朝。

清王朝以异族入主中原，虽然一度给当时的中国社会带来了极大的社会震荡和文化冲击，但随着清朝统治者明智地采用"以汉治汉"的方略，大量任用汉官辅助，从而使得在文化上处于弱势地位的满族势力很快在中原站稳脚跟，成功实现了对一个拥有众多人口、悠久历史文化的汉民族的统治，而且创造了康、雍、乾"盛世辉煌"。在此一过程中，以明朝制度和文化为主体的汉文化不仅被全面继承，而且还得到了进一步的创新和发展。

在法律制度方面，清王朝在全面承袭《大明律》的基础上制定清律的同时，也根据清朝入关初期的社会背景进行了相应的改革和创新。在刑罚制度方面，这种变化以流放制度的变化最为显著。在对于清代流放展开论述之前，我们有必要先对承载流放制度规定的清代律典和条例加以说明。

第一节 清代的律典与条例

一、清初法律制度的演变

早在关外时期，清王朝就在努尔哈赤与皇太极两代人的苦心经营下，国家建制已经初具规模。清王朝通过对于明王朝的学习和仿效，初步建立了一套相对完整的制度，包括法律制度①。然而，当清军挥师入关之后，清统治者很快发现这套在关外建立起来的法律制度很难适应被迅速占领的广大中原地区统治的要求。这就使得在明清交替之际，清统治者为加强对于全国的统治而在法律制度方面进行一系列的调整。这种调整的结果，也势必影响到刑罚制度及其执行。

1. 入关初期的法律实践

清军入关初期，虽然兵革未息，南方仍处于战争状态，但出于维护已占领地区社会安定的需要，清统治者一开始就把适用于关外的法律制度推及关内，饬令各衙门行用。顺治元年（1644年）六月，摄政和硕睿亲王多尔衮曾下谕规定："各衙门应责人犯，悉遵本朝鞭责旧制，不许用杖。"②

可见，清朝在入关之初，并没有马上订拟新律的意图，仍拟沿用其在入关前的法律制度。只是这套用于统治满洲一隅的法律制度，刑制实在过于简单。对此，《清史稿·刑法志》指出："清太祖、太宗之治辽东，刑制尚简，重则斩，轻则鞭扑而已。"③ 顺治帝本人也说："朕惟太祖、太宗创业东方，民淳法简，大辟之外，惟有鞭笞。"④ 如此简陋的法律建制对于统治新占领的以汉族为主体的中原地区，显然是不能适应其社会需要的，这必然造成一定程度的司法混乱。针对这种情况，顺天巡按柳寅东在六月诠选官吏时上书指出：

盖闻帝王弼教，不废五刑。鞭责不足以威众，明罚乃所以敕法，宜速定律令，颁示中外，俾民不敢犯，而祸乱自清矣。

书上后，当时统摄大清内外政务的和硕睿亲王多尔衮很快作出了回应："此后官吏犯赃，审实立行处斩。鞭责似觉过宽，自后问刑，准依明律，副予刑期无刑之意。"⑤ 至此，清代法制从使用旧律逐渐转向暂用明律。

此后不久，七月初八日，摄政王多尔衮发布《清摄政王多尔衮安民令旨》有：

---

① 有关清朝入关前的法律制度，请参见张晋藩、郭成康：《清入关前国家法律制度史》，辽宁人民出版社1988年版。
② 《清世祖实录》卷五，顺治元年六月乙丑，中华书局1985年影印本。
③ 《清史稿》卷一百四十三，志第一百十八，刑法二，中华书局1977年点校本。
④ 顺治三年五月《〈御制大清律〉序》。
⑤ 《清世祖实录》卷五，顺治元年六月甲戌。

养民之道，必省刑罚，薄赋敛，然后风俗醇而民生遂。自明季祸乱以来，刁风日竞，间阎细故轻渎，间以越讼为等闲，以诬告为常事，教唆健讼，败俗伤财，予甚痛之。自今以往，嘉与维新。凡五月初二日昧爽以前，不拘在京在外，事无大小，已发觉未发觉，已结正未结正，悉行宥免，如违旨兴讼者，即以所告之罪罪之。官司听受者并治。以后斗殴婚田小事，止就道府州县官听断归结，重大事情方赴抚按告理。在京仍投通状，听通政司查实转送刑部问拟。其五城御史有例应受理送问者，照旧送问。非系机密重情，不许入京越讼，倘奸棍讼师沿习恶俗陷害良民，定加等及坐，以挽挠风。①

清朝统治者从入关之初沿用入关前旧制，惩罚主要以大辟、鞭责为主，迅速根据时势转变到采用《大明律》进行审断，并进而大赦天下以安天下民心，宣布"五月初二日昧爽以前，不拘在京在外，事无大小，已发觉未发觉，已结正未结正，悉行宥免"。通过此一系列措施，可以说是大大减轻了初入中原的清统治者的司法负担。这样同时也可以做到"嘉与维新"，重整世风，从而割断与前朝的纠葛和联系。

然而，清廷这种为适应对于新占领的以汉族为主体的地区的治理而采取的措施，在执行的过程中并不顺利。由于多尔衮"准依明律"的上谕和入关前满族人的法律习惯存在着巨大的差异，一开始便遭到了满族贵族势力的抵制。在这种情况下，被归附的汉臣所推崇的明律规定的五刑体系就无法抵抗满洲人的斩、鞭二法，这一时期初来乍到中原的满洲的传统势力仍然是十分强大的。这就使得在当时的法律实践虽然表面上要求用明律审断，但在刑罚执行的过程中仍是以重罪则斩，轻罪鞭杖为主的。

司法实践中的这种混乱局面遭到了诸多朝臣的批评，纷纷上疏各陈管见，以求解决当前面临的司法实践问题。刑部右侍郎提桥对于斩、绞和笞杖刑的执行情况进言：

---

① 转引自孙文良、张杰：《1644中国社会大震荡》，江苏教育出版社2005年版，第109页。此件藏辽宁省档案馆，与《清世祖实录》卷六所载，文字有所不同。另见杨一凡、田涛主编《中国珍稀法律典籍续编》（第五册），王宏治、李建渝点校《顺治三年奏定律》（黑龙江人民出版社2002年版）前附顺治元年榜文，据悉此文现藏于中国印刷博物馆，原系著名藏书家傅增湘先生旧藏，此文文字有所脱落，与上文基本雷同。

> 五刑之设，所以讦奸除乱，而死刑居二，曰绞曰斩。明律分别差等，绞、斩互用，我朝法制罪应死者，俱用斩刑。臣以为，自今以后，一切罹于重典者，仍分别绞、斩，按律引拟。至于应笞之人，罪不至死，若以板易鞭，或伤民命，宜酌减笞数，以三鞭准一板，庶得其平。伏恳敕下臣部，传示中外，一体遵行。①

疏入，从之。同年十月，刑部左侍郎党崇雅针对当时刑制混乱、滥杀无辜的情况奏言指出："在外官吏，乘兹新制未定，不无凭臆舞文之弊，并乞暂用明律，候国制画一，永垂令甲。"疏入，得旨：

> 人命至重，岂容一概即行杀戮，以后在京重大狱情，详审明确，奏请正法。在外仍照明律以行，如有恣意轻重等弊，指参重处。②

顺治二年（1645年）二月，刑科都给事中李士焜奏言：

> 古帝王制律，轻重有伦，情罪允协。今者律例未定，止有杖、决二法，重者畸重，轻者畸轻。请敕部臣早定律法，务期援古酌今，详明切当，分别杖、流、绞、斩之例，凡有罪者先期具奏，必俟宸断遵行，则法得其平，而刑当其罪矣。③

不久，原任淮扬参议道杨槚也上奏道：

> 立国之初，定律为先。乞敕法司衙门，酌古准今，按罪定刑。务令斩、绞流、配、各分其等，三谳五奏，悉得其情。④

直到是年五月，福建道试监察御史姜金允仍奏言：

> 明慎用刑、重民命也。我朝刑书未备，止用鞭辟，臣以小民无知犯

---

① 《清世祖实录》卷八，顺治元年九月丙申。
② 《清世祖实录》卷十，顺治元年十月乙亥。
③ 《清世祖实录》卷十四，顺治二年二月己未。
④ 《清世祖实录》卷十四，顺治二年二月丙子。

法，情有大小，则罪有重轻。斩之下有绞、徒、流、笞、杖，不忍尽死人于法也。斩有立决，复有秋决，于缓死中寓矜全也。故历朝有大理覆奏，有朝审，热审，又有临时停刑，盖死者不可复生，恒当慎之。今修律之旨久下，未即颁行，非所以大邵皇仁也，请敕部速行定律，以垂永久。①

又有陕西道试监察御史马兆煃的奏言：

辇毂之下，盗贼窃发，及至捕获，少长尽置之法。臣以为奸厥渠魁，胁从罔治。其老稚不能弯弓操刃者，望加矜宥，以广罪人不孥之意；若户婚土田、宜早定律令，兼用笞、杖、流、徒，开其一面，俾得自新。②

"准依明律"的上谕颁布未久，就有这么多的朝臣针对刑制发表议论，并或"乞暂用明律"，或"乞按罪定刑"，或请"早定律法（令）"，或"请速行定律"。可以显见，明律刑罚的五刑体系并没有得到很好地贯彻执行，徒、流及绞等刑基本被入关初期的满族势力忽视，刑罚仅仅以斩、杖两种形式得以实施。

清廷针对明律不能得到贯彻执行，刑罚"重者畸重，轻者畸轻"的情况，也不得不进行政策上的调整。根据朝臣的奏言，调整除了重申"准依明律"，加强执行外，另一个重要举措便是：尽早制定新的刑罚制度。在这一背景下，一部具有临时过渡性质应急型的法规先于顺治二年被制定出来，作为当时已经开始制订的《大清律集解附例》的临时过渡条例而使用。这一法规便是颇受现代法制史家关注的《大清律附》③。

---

① 《清世祖实录》卷十六，顺治二年五月戊子。
② 同上。
③ 日本学者岛田正郎《清律之成立》（载刘俊文主编，姚荣涛、徐世虹译：《日本学者研究中国史论著选译》：第八卷　法律制度，中华书局 1992 年版），国内郑秦《顺治三年律考——律例的继承和变化》（载郑秦《清代法律制度研究》，中国政法大学出版社 2000 年版），苏亦工《明清律典与条例》（中国政法大学出版社 2000 年版）以及王宏治、李建渝《〈顺治律〉补述》（《法律史学研究》第一辑，中国法制出版社 2004 年版）都不同程度地对于《大清律附》进行研究和讨论，从而这一清初的法规的内容逐渐明朗化。近王宏治、李建渝点校《顺治三年奏定律》（载杨一凡、田涛主编《中国珍稀法律典籍续编》第五册，黑龙江人民出版社 2002 年版）将《大清律附》于卷前全文刊出，使这一颇受争议的法规重新问世。

上述顺治二年二月，刑科都给事中李士焜奏言整顿刑制，疏入后得旨："修律官参酌满汉条例，分别轻重差等，汇成一编进览。"① 这一"参酌满汉条例，分别轻重差等"汇成一编进览的法规，便是《大清律附》。该法规可以说是在新律未颁布之前为调整司法混乱状况而临时出台的，正如法史学家郑秦先生所言："律附"带有"临时紧急治罪法"的性质，显然是一种急就章。②

据郑秦、王宏治等先生的考证，《大清律附》是直接移植于《大明律集解附例》卷首所附的两种条款：一是明弘治十年（1497年）奏定的《真犯杂犯死罪》306条；一是明万历十三年（1585年）奏定并新续题的《真犯死罪充军为民例》309条。可以说，这两种条款，概括了律和例的主要内容。与此同时，又吸收明律的《比引律条》69条，合在一起成为《大清律附》。③

《大清律附》在编订之时，除了根据满文条例删除明代的年号及与体制不符者外，其余基本并无大的更改。该法规针对当时刑罚执行中的简陋情况，规定了死罪斩、绞以及"充军""为民"诸种刑罚。

律附进呈之后不久，清廷便命内院传谕：凡各部所审事情，务将满汉条例，逐一开列，移送刑部定拟具奏。④

可以看出，《大清律附》在极短的时间内编订并已经被责成运用到具体的司法实践中去了。其目的在于以前朝的五刑和充军等刑罚取代当时简陋的刑制，以达到刑罚适中。这一法规，仅仅是作为过渡性的刑法行用，新律制定颁布后很快就将其替代了。⑤

2.《大清律例》的制定

清廷入关初期，在对于司法实践进行不断调整的同时，也开始积极筹备制定新律，以适应入关之后的新局面。

早在顺治元年六月，其时清军占领北京仅一个月，顺天巡按柳寅东便进言摄政王多尔衮"速定律令，颁示中外"⑥。八月，刑科给事中孙襄陈刑法四

---

① 《清世祖实录》卷十四，顺治二年二月己未。
② 郑秦：《顺治三年律考——律例的继承和变化》，载《清代法律制度研究》，第18页。
③ 郑秦：《顺治三年律考——律例的继承和变化》，载《清代法律制度研究》，第17页；王宏治、李建渝：《〈顺治律〉补述》，《法律史学研究》第一辑，第130页。
④ 《清世祖实录》卷十四，顺治二年二月丁卯。
⑤ 顺治三年制定的《大清律集解附例》将《大清律附》置于了篇首，康熙年间重新校正顺治律仍保留了《大清律附》，直到雍正修律时，才正式将其删除。
⑥ 《清世祖实录》卷五，顺治元年六月甲戌。

事，在其一"定刑书"之议中对于"准依明律"之不行，进一步进言修律，指出："刑之有律，犹物之有规矩准绳也。今法司所遵及故明律令，科条繁简，情法轻重，当稽往宪，合时宜，斟酌损益，刊定成书，布告中外，俾知画一遵守，庶奸慝不形，风俗移易。"疏上，摄政王谕令法司会同廷臣详绎《明律》，参酌时宜，集议允当，以便裁定成书，颁行天下。①

顺治二年，开律例馆，特简王大臣为总裁，以各部院通习法律者，为提调、纂修等官，以刑部尚书吴达海主其事，修律工作全面展开。经过两年多的筹备，有清第一部完整的成文法典《大清律集解附例》于顺治三年（1666年）刊成，并于同年五月请皇帝作序，顺治四年三月颁行中外。② 在《明律》的基础上，修成的这部《大清律集解附例》共7篇，30卷，30门，律文459条。③

但由于当时立国未稳，四海未靖，编纂仓促，这部法典篇目、分卷均沿袭《大明律》，与明律律文出入者也十分有限。④ 故时人也议论说："《大清律》即《大明律》改名也，虽刚林奏定，实出胥吏手。如内'允依大诰减等'，盖明初颁大诰，各布政司刊行，犯者呈大诰一本服罪，故减一等，其后不复纳，但引大诰，溺其旨矣。今清朝未尝作大诰，辄引之，何也？"⑤

之后，伴随着司法的实践对于新定律例的修订工作也在持续进行之中。顺治十三年（1656年），复颁行满文《大清律》，此律乃是《大清律集解附例》的满文译本。⑥

康熙继位以后，也非常重视律例的修订，针对顺治律的弊端，力求制定

---

① 《清史稿》卷一百四十二，志第一百十七，刑法一。
② 有关顺治律制定颁布时间法史界曾有争论，今亦趋同于完成于顺治三年，颁行于四年之说，参见王宏治《〈顺治律〉制定颁布时间考释》，《2006法律史学科发展国际学术研讨会文集》，中国政法大学出版社2006年版。
③ 有关《大清律集解附例》的律文条数争论颇多，《清史稿》、瞿同祖文（《清律的继承和变化》，《历史研究》1980年第4期）以及岛田正郎文均认为是458条。而雍正三年律和乾隆五年律的卷首凡例以及清代律学家吴坛在其《大清律例通考》所定数均为457条。此据郑秦《顺治三年律考——律例的继承和变化》之说。
④ 对照《清史稿》及今人研究，顺治律文在《大明律》460条的基础上，仅仅是将《公式》门之信牌移入《职制》，漏泄军情移入《军政》，于《公式》门删漏用钞印，于《仓库》门删钞法，于《诈伪》门删伪造宝钞。后又于《名例》增入边远充军一条，于户律户役门下增入隐匿满洲逃亡新旧家人一条。
⑤ 谈迁：《北游录·纪闻》，中华书局1960年版，第378页。
⑥ 《清史稿》卷一百四十二，志第一百十七，刑法一。近郑秦先生根据《清实录》认为满文律颁布的时间应该是顺治十二年，参见郑秦《顺治三年律考——律例的继承和变化》，载《清代法律制度研究》，第4页。

一部好的律书。康熙九年（1670年），命大学士对喀纳等，会同都察院、大理寺又将《大清律集解附例》的满、汉文义进行校正。其中除仍保留了大量《明律》的成分外，相应增加了对于逃人、逃旗等与当时民族征服相关的一些规定，侧重于解决满、汉律文之间对译问题。

清代法律继承明律，包括律文与附律条例两部分。律文多沿袭明律，而条例则依据不断变化的情势随时增删修订。因此，清统治者在对于律例进行修订的同时，在司法实践中也根据各种不同的情况，创造了大量的新例出来。康熙十八年（1679年），康熙针对近年来出现的条例混乱的情况，命刑部等衙门对于大量的条例进行修改整理。第二年四月修订完毕，正式刊刻通行，这就是《刑部现行则例》，收例文264条。①

康熙二十八年（公元1689年），御史盛符升奏请将《刑部现行则例》载入《大清律》条例内，以归画一。九卿议准后命大学士图纳、张玉书等为总裁整修律例，因律文辞简义赅，易致舛讹，遂于每篇正文后增用总注，疏解律义。次第酌定名例46条，康熙三十四年（公元1695年），先行抄录进呈。其间对于律例的修订断断续续，直到康熙四十六年（公元1707年）六月，复辑四十二本进呈，但康熙皇帝"留览未发"。②

可以说，终康熙一朝，也没有完成康熙皇帝修订一部完善律书的愿望，所行用的乃是经修订的顺治朝颁布的《大清律集解附例》和《刑部现行则例》两部法律。

雍正时期，清代律例逐步趋向定型。雍正元年（1723年），胤禛命大学士朱轼等为总裁官，将律例进行"逐年考证，重加编辑"，厘定成书。雍正三年（1725年）八月，书成名为《大清律集解》，"刊布中外，永远遵守"③。是书仍分7篇，30卷，30门，惟律文删减为436条，并终清之世不再增删，附例824条④，律后又附"比引条例"30条。律首列有"律分八字之义""六赃图""五服图""狱具图""丧服图"等多种图表。

---

① 郑秦：《康熙现行则例考——律例之外的条例》，载《清代法律制度研究》，第22—33页。据称则例今存有《古今图书集成·祥刑典》本。
② 《清史稿》卷一百四十二，志第一百十七，刑法一。
③ 雍正三年九月初九日《世宗宪皇帝御制〈大清律集解〉序》，一般认为雍正律乃是三年奏定，五年刊成，六年颁行，其发行年代也颇有争论。
④ 此据光绪《大清会典事例》卷七百四十记载，824条附例被分成三项：曰原例，系历代相沿旧例，凡321条；曰增例，系康熙年间现行例，凡299条；曰钦定例，系钦奉上谕及内外臣工条奏，凡204条。另据《清史稿·刑法志》卷一四二记载为815条，其中增例为290条，其他同。

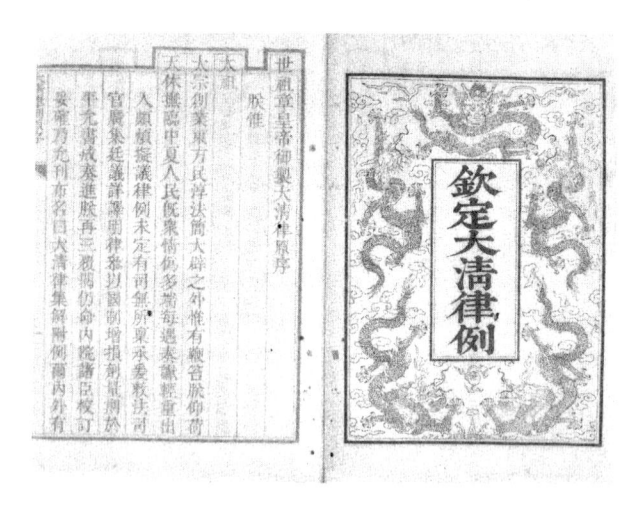

图 2-1 《大清律例》书影

继自乾隆朝,修律仍在进行。乾隆即位之初,即于元年(1736 年),命徐本、三泰等人"取律文及递年奏定成例,详悉参定,重加编辑",最终于乾隆五年(1740 年)完成,并定名为《钦定大清律例》。①《钦定大清律例》47 卷,律文 436 条,附例 1049 条②,亦依旧沿袭《大明律》分 7 篇,30 门,唯是书从卷 40 至卷 47 为总类。所谓总类,就是把律、例条款,按照笞、杖、徒、流、死等刑罚类项分门别类列出。③ 卷 47,即最后一卷为比引律条 30 条。

《钦定大清律例》颁布以后,完成了清代最为系统、最具代表性的成文法典。清代律文经历了入关以来近百年的不断推定修改,到了乾隆朝已经趋于稳定。清廷不仅多次重申其稳定性,并严厉斥责要求改律的条奏,规定律文为"祖宗成宪",不可变动。之后一直到清末法制改革之前,清代律例的律文不再有所变化,而对于清代法律制度的调整则主要通过增改例文的形式来进行。因此,要想对于清代法律制度,尤其是流放制度的变迁过程进行探索,

---

① 乾隆五年仲冬月《御制〈大清律例〉序》。
② 此据乾隆五年修律总裁官三泰等《大清律例》附记;田涛、郑秦点校本《大清律例》点校说明称该条例数为 1409 条应为误;光绪《大清会典事例》卷七百四十称条例数有 1042 条,此说不知何据。
③ 据笔者所见雍正三年《大清律集解》亦有总类本,原书藏中科院文献中心,目录题名《大清律集解附例》,内题名《钦定大清律》,共四函 20 册,第四函为总类部分,详见后文列表。

必须先对于清代条例的变化及其对清代法制的影响进行深入了解。

二、以例辅律定制的形成

古代中国自从成文法出现以来，就一直以律典的形式出现，律典一直是中国历史上各王朝法律的核心，凡有关国家生活的重要事项、基本原则和制度，一般都规定在律典中。然而，中国历代的法律形式从来都不是单一的"律"，而是多种形式并存，形成了一个严密的法网体系。如秦有令、制、诏、程、课、式、廷行事，汉有令、科、比，唐有令、格、式、敕、典、例，宋有敕、令、格、式、断例、指挥、申明、看详，明有令、诰、例、诏等，都是对基本成文法"律"的补充。随着历史的发展，这些补充性法律的形式、地位也不断发生变化。自明代开始，条例以其开放的姿态和灵活的方式在调整社会关系中发挥了越来越积极的作用，逐渐受到重视。只是有明一代，据《明史·刑法志》记载的修例不过五次，整个明代，条文不过数百条。

清代沿袭明代，在法典结构方面采取律例合编的方式，条例特别发达，逐渐形成了以条例补充律文的定制。在清代，律例之间的关系更为成熟、清晰和稳定，律文至雍正朝确立为 436 条后，沿袭自清末不曾改订，而面对不断变化的社会需要，只有"以万变不齐之情，欲御以万变不齐之例"①。所谓"律为一定不易之成法，例为因时制宜之良规，故凡律所不备，必藉有例，以权其大小轻重之衡，使之纤悉比附，归于至当"②。条例的不断增修，客观上弥补了律文的疏简，从而保证了法操自上、有法可依，有利于防止各级法司上下其手，随意裁量。

乾隆元年，就确定了每隔三年增补纂修条例一次的原则。十一年（公元1746 年），内阁等衙门议改五年一修，成为定制，五年一小修，十年一大修。③ 对于律例的修纂是通过专门的律例馆来进行的。律例馆创设于顺治二年，最初为独立的官厅。乾隆七年（公元 1742 年）隶属于刑部。但该馆并非常设。每到条例纂修年限，由刑部官员临时任命馆员，纂修完了即刻废止。后来改作常设机关，承担不断纂修条例的准备工作。自乾隆五年《钦定大清

---

① 《清史稿》卷一百四十二，志第一百十七，刑法一。
② 胡星桥、邓又天主编：《读例存疑点注》，总论，中国人民公安大学出版社 1994 年版。
③ 《清史稿》卷一百四十二，志第一百十七，刑法一。而实际上由于多种原因并没有完全按照当初的设计施行，即使在乾隆时期，第一次是在乾隆八年，第二次即在十一年，第三次在十五年。

律例》颁行后，嘉庆、道光、咸丰、同治诸朝均有条例纂修，直到清朝末期，前后修例约计三十余次。条例的数量，康熙初年为 321 条，雍正三年为 824 条，至同治九年（公元 1870 年），则增至 1892 条之多。①

可以看出，例文作为清律的补充，通过不断地修订，与相对固定的律文相互并用，相互补充、完善，使整个法律体系既有相对稳定性，又有一定灵活性，更好地发挥了法律作为社会调节器，维护社会稳定的作用。

然而，清代频繁修例，致使例文迅速增加，从而使得清例流于烦碎，造成适用上的参差、歧异。《清史稿·刑法志》对此指出：

> 清代定例，一如宋时之编敕，有例不用律，律既多成虚文，而例遂愈滋繁碎。其间前后抵触，或律外加重，或因例破律，或一事设一例，或一省一地方专一例，甚且因此例而生彼例，不惟与他部则例参差，即一例分载各门者，亦不无歧异。辗转纠纷，易滋高下。②

在清代司法实践过程中，对于律例的适用原则上从新，律例无正条时，则允许比附相当的条例科断。③ 光绪朝《大清会典》指出：

> 凡五刑之属三千，著于律，律不尽者著于例。凡引律必全引其本文，例亦如之。有例则置其律；例有新者，则置其故者。律与例无正条者，得比而科焉，必疏闻以候旨。④

关于律和例在清代司法实践中是否得到严格贯彻的问题，学术界的认识并不一致。最近法史家何勤华先生通过对清代判例文献的研读，归纳出了清代律例适用的七种情况，即：

第一种情况是，律文被严格遵守。

第二种情况是，没有律文可引时，审判机关一般以例文为准。

第三种情况是，既适用律，又适用例。

第四种情况是，既无合适的律文，又无相应的条例可以适用时，审判机

---

① 参见苏亦工：《明清律典与条例》，中国政法大学出版社 2000 年版，第 201 页。
② 《清史稿》卷一百四十二，志第一百十七，刑法一。
③ 自乾隆朝后律例附有《比引律条》30 条，迄自清末修例未改，以此作为比附援引的原则。
④ ［清］德宗（昆冈等奉）敕撰：光绪《大清会典》卷五十四，刑部，尚书侍郎职掌二，中华书局 1991 年影印本。

关一般会寻找最为接近的律例,类推比照适用。

第五种情况是,对律文做扩张解释,以扩大法律的适用范围。

第六种情况是以例改律、以例破律。由于律文变化很小,有时确实不能适应社会发展的需要,故通过例来对其进行补充或修正的情况也是很多的。这也可以理解为以例改律、以例破律。

第七种情况,是以新例破旧例。①

与此同时,我们还可以在清代的司法档案中看到一些援引成案的判例。所谓成案,《刑案汇览》"凡例"指出:"成案俱系例无专条、援引比附、加减定拟之案。"② 虽然在清代的法律规定中,成案的适用原则上是被禁止的。《大清律例》"刑律·断罪引律令"所附条例规定:"除正律、正例而外,凡属成案,未经通行著为定例,一概严禁,毋得混行牵引,致罪有出入。如督抚办理案件,果有与旧案相合,可援为例者,许于本内声明,刑部详加查核,附请著为定例。"③ 这里虽然规定严禁援用成案,但后半部分又规定,假如各督抚引用了合适的成案,那么,就应当声明,并请刑部详加核查后著为定例。可见,由于成案往往作为条例的前奏,《大清律例》对于成案的态度是十分暧昧的。

由此,我们可以看到清代律例在司法实践过程中各种错综复杂的运行情况。总体来说,清代面对不断变化的社会形势,通过不断的修例活动,适时地完成了对于清代法律制度的调整。④ 因此,我们在考察清代的法律制度时,一定特别关注条例的变化过程,谨慎地运用条例。对此,法史家郑秦先生告诫我们:在援引时一定要辨明你所引述的条例在当时是否有效,如果引了一条已被删除过时的或是尚未增修的,那就贻笑大方了。⑤

正是由于清代条例的增修变化造成律例的烦碎化,给我们对于清代法律制度的考察带来了极大的难度。本书对于清代流放的研究在注重制度宏观把握的同时,也尽量对于制度变迁的微观层面予以关照,同时力求做到把上层的制度表述与基层的司法实践结合起来。

---

① 何勤华:《清代法律渊源考》,《中国社会科学》2001 年第 2 期,第 115—133 页。
② [清] 祝庆祺、鲍书芸、潘文舫、何维楷编:《刑案汇览三编》,凡例。
③ 田涛、郑秦点校:《大清律例》卷三十七,刑律,断讼下,断罪引律令,法律出版社 1999 年版,第 596 页。
④ 对于律例关系的详细辨析可参见苏亦工:《明清律典与条例》,中国政法大学出版社 2000 年版。
⑤ 郑秦:《乾隆五年律考——律例定型与运行中的条例》,载《清代法律制度研究》,第 56 页。

第二节 清代的流放类型

古代中国的法律体系以笞、杖、徒、流、死五刑为正刑，除此之外的刑罚则称之为闰刑。由于五刑体系自隋唐形成以来一直沿用至清末，变化并不大，因此历代对于刑罚的调整多集中在闰刑方面。历代统治者针对各自所面临的社会条件，创造了花样翻新的刑罚，其中流放刑罚的变化尤为明显。流放以流刑为正刑，新增的各类其他流放刑罚则称之为闰刑。

清代流放刑罚承袭前往各代，除了有正刑流刑之外，在闰刑方面既继承了传统的迁徙、充军等刑罚，又独自有所创获，发明了一种更为严厉的流放刑——发遣。与此同时，清代统治者还针对自身特点，结合历代经验，在流放刑罚执行的过程中配合以各类附加刑和替代刑，从而使得清代的流放制度呈现出繁复和多变的色彩。

一、正刑

正刑流刑在中国传统法律体系之中是与笞、杖、徒、死并列的五刑之一，位于徒刑之上，死刑之下。清代流刑因袭明代，与唐代流刑一脉相承，自古以来变化不大。对此，《清朝续文献通考》论述颇详：

> 流者，不忍加诛，则放流之，使之一去不反也。《虞书》曰：五流有宅。又曰：流宥五刑，所谓五刑之流，各有所居，大罪四裔，次九州之外，次千里之外。《禹贡》又曰：五百里流。可见流罪不止一处也。殷周不详其法，然殷之移郊、移遂，《周礼》之避诸海外、避诸千里之外，亦可见当日流罪之遗意。《汉律》改流为徒，分徒远郡、徒边二等。六朝互有变易，隋始定为三等，曰流一千里、流一千五百里、流二千里。唐改为二千里、二千五百里、三千里。宋因之。元变其法，改为流辽阳，流湖广，流迤北。明虽改从唐律，而三流，均加杖一百，则又与唐略有不同。国朝因之不改，三流之外，又有杂犯流罪准徒四年，及流罪加徒之法，亦即唐律加役流之制，此流之沿革也。①

---

① ［清］刘锦藻：《清朝续文献通考》卷二百五十，刑考九，徒流，军遣附，商务印书馆1936年版。

可见，清代流刑仍处于死、徒之间，即"罪莫重于死，死罪之次即为流"，分二千里、二千五百里、三千里为三等，并规定三流并杖一百，到配折责。① 值得注意的是，清代流刑还有两个变种，即杂犯流罪准徒四年及流罪加徒之法。② 二者仍然属于正刑流刑的范畴，只是流刑在特殊情况下的一种变异。

清代流刑沿袭隋唐以来分为三等的定制，所不同的是三等流刑又往往根据犯罪情节轻重程度的不同被分为杂犯流和实犯流。对于杂犯通常被特准代之以较轻的徒刑，杂犯三流则允准"总徒四年"。然而，并非所有三流杂犯都可以"准徒四年"的。我们从道光和光绪年间的《大清律例》总类可以看出，虽然相关杂犯的律例条数极多，但是具体规定"总徒四年"律例条数却只有2条。③ 在具体的司法实践中，"总徒四年"的例子就更少了。而针对情节较重的流犯，清代又有流罪加徒之法，如同唐律加役流之制。由于流放闰刑的出现，也只是在特殊情况下偶尔行用。

二、闰刑

清代流刑仍然遵循"以路之远近，别罪之轻重"的原则，所以虽然有到配杖责的规定，传统流刑惩治力度不足的问题在清代依然存在。这就使得清统治者借鉴传统的方法，在正刑流刑之外，寻求以增加闰刑的方式来解决司法困境。以下我们就把清代的流放闰刑按照惩治程度从轻到重的顺序分别加以介绍。

1. 迁徙

这里的"迁徙"是就刑罚意义上而言的，是古代流放的一种，而与历史上多次出现的人口大规模流动，如明代山西人口大量移往山东、河南，清代以来的"湖广填四川"和清末以来"走西口""闯关东"（前往河套地区、新疆和东三省垦殖）不同。作为流放刑罚之一的"迁徙"比流刑为轻，是指将犯人及其家属或受株连的人一起迁离乡土的一种刑罚。

"迁徙"作为刑罚在中国起源很早。秦代时期就有"迁刑"，是轻于劳役

---

① 同上。
② 唐律即有真犯与杂犯的区别，明律因之，清律有实犯与杂犯的区别。
③ 参见中科院文献中心藏：《大清律例总类》，雁门郎汝琳、石珊增辑，道光三十年刊；光绪《大清会典》卷五十四，刑部，尚书侍郎职掌二，中华书局1991年影印本。

刑"城旦"的一种刑罚。汉代有"徙刑"，犯人多是由死刑犯人遇赦减等而来。① 但无论是秦代的"迁刑"还是汉时的"徙刑"，都尚未列入主刑，其量刑、适用、执行等都还缺乏明确、系统的规定，应用也不十分普遍。后世的"迁徙"刑曾一度萎缩，很少行用了。

到了清代，"迁徙"一般只用作惩治西南少数民族的犯罪，具体的行用并不是很多。往往迁徙者要离开家乡千里之外安置。系土司所辖地方，要发至县份安置；系流官所辖地方，要发至土司所辖地方安置。土司应迁徙者，则要携家口安置在内地省城。正如《清史稿·刑法志》中所说：

> 迁徙原于唐之杀人移乡，而定罪则异。律文沿用数条，然皆改为比流减半、徒二年，并不徙诸千里之外。惟条例于土蛮、瑶、僮、苗人仇杀劫掳及改土为流之土司有犯，将家口实行迁徙。然各有定地，亦不限千里也。②

清人王明德在《读律佩觿》中对于迁徙刑有着精辟的考证论述：

> 挈此置彼曰迁，舍此之彼曰徙。孟氏曰：迁其重器。又曰：死徙毋出乡。观此，则迁徙之义可概观见矣。若律中所云迁徙之法，一则曰迁离乡土一千里之外，一则曰准流减半，杖一百、徒二年。细为备虑，乃知迁徙者即不出本省之流法耳。盖五徒发配，近在隔府邻封，不出五百里之外；而流则不独出乎本省，且以越乎他省或更越数省而远之；若迁徙，则止以千里为限。虽云亦系遣之远去，实仍在本省乡贯之中，得毋仍取死徙毋出乡之义乎？因即所迁之地而较之，其于徒也则倍增，固不可以徒名；而较之一等流则倍减，更不可以以流著，乃其一去不返也，又复符。是此迁徙之法，实介乎似徒非徒，似流非流之界。既不得列之于三流之中，复不得隶之于五徒之列，故前贤特别而名之曰迁徙。③

---

① 日本学者大庭脩将汉代此种刑罚称之为"徙迁刑"，并有专题研究，见大庭脩著，林剑鸣等译《秦汉法制史研究》，上海人民出版社1991年版，第136—164页。
② 《清史稿》卷一百四十三，志第一百十八，刑法二。据沈家本考证，迁徙法实定于元天历年间，明因于元，清复承之，见沈家本：《历代刑法考》，中华书局1985年版，第259页。
③ [清]王明德：《读律佩觿》，何勤华等点校，法律出版社2001年版，第144—145页。

2. 充军

充军比流为重，清初充军刑名沿用明制。因卫所裁撤，清代虽然继续采用充军之名，但因兵制不同，与前代充军相比，性质已发生根本变化。① 清代废止永远充军之名，又分充军刑为五等，即附近、近边、边远、极边、烟瘴，称为"五军"，于满流以上，为节级加等之用，附近二千里，近边二千五百里，边远三千里，极边、烟瘴俱四千里。②

明代施行卫所制度，充军作为明代兵制的一个重要组成部分，让一些罪犯着伍为兵，并使其中一部分军犯的子孙永远为兵，以便补充军伍。对此清初律学家沈之奇给予了明确解释："军官军人，已隶戎籍，罪犯徒、流，不便拘役发遣"，并进而指出"军官有世勋，军人有定额。若犯罪者皆充徒、流，则军伍渐空，且改军籍为民矣。故止定里数，调发充军"。③

清初沿用明代的律例，承袭了充军这一罪名及其相关的法规，但由于明代的军户制与卫所制都已取消，有明以来的卫所被逐渐裁撤归并为州县。④ 清代军队分八旗军和绿营军，前者由八旗子弟充当，分布在京师和全国各战略要地；后者为满族入关后，收编归附明军而建立起来的军队，兵源以招募为主，分散驻防于全国各地。这样清代充军与军政的关系不再存在，充军的犯人，虽然仍注军籍，实际上只是在各州县当差而已，并无真正的入伍之举。对此，清代律学家吴坛在《大清律例通考》中说："今军罪虽较重于流，但别

---

① 有关明代充军的研究可参见吴艳红《明代充军研究》；有关明清充军刑的比较研究，可参见尤韶华《明清充军同异考》（韩延龙主编：《法律史论集》第二卷，法律出版社1999年版）与《同名异刑论充军》（网络版见中国法学网，http://www.iolaw.org.cn/showNews.aspx? id=2763）。
② 《清史稿》卷一百四十三，志第一百十八，刑法二。
③ ［清］沈之奇：《大清律辑注》（上），怀效锋、李俊点校，法律出版社2000年版，第30页。
④ 卫所制度在清初保留了一段时间后才陆续被裁撤。早在20世纪40年代，中国学者君约就利用《大清会典》等正史典籍，结合方志材料，对清代卫所的变迁过程进行了宏观的勾勒，逐一列出各都司卫所在清代的裁改时间（君约：《清代卫所因革录》，《中和月刊》1942年第3卷第5、6、7期）。日本学者楢木野宣在1950年也做了类似的工作，他依据光绪《大清会典事例》卷五五六"兵部""官制""卫所"，作成"清代卫所裁汰一览表"。据他统计，明清交替之际，全国卫所数目是卫432、所206、守御所100，顺治年间裁汰了卫181、所131、守御所2，康熙年间又裁汰卫135、所52、守御所31（楢木野宣：《卫所的行方》，《东京教育大学东洋史学论集》1954年第3号，转引自于志嘉《清代江西卫所的沿革与人口分布》，《郑钦仁教授荣退纪念论文集》，台北稻乡出版社1999年版，第295页）。到了乾隆中期，除漕运卫所仍旧保留外，其余卫所已基本被裁完。

其籍贯之外，并无另有差徭及勾丁补伍之例，实与流罪无别。"① 清代律学家薛允升进一步发议论道：

> 前明军人分隶各卫，统于五军都督府，所谓世隶军籍者也。罪犯充军本非军人，而发往军卫充当逃缉瞭哨各差，以听军官之役使，犹今例所云充当苦差也。其永远充军者，又有勾丁补伍之法，最为烦扰。本朝于各卫所裁汰者，十分之八九，即军犯亦系由州县官管束，不与卫所相干。有军之名，并无其实，而犹存有此律何也？若以为各犯俱由兵部定地发配，自应归兵部主政，乃到配后如何安插，如何管辖，即脱逃被获如何惩处，兵部均无从过问，则又何也？夫古昔所用皆肉刑也，后以为残刻，改为徒流，则满流以上，即属罪无可加，乃复增为充军之法，外遣之条，又与罪止满流之律意不符，必何如而后得其平耶？②

到了19世纪军流的这种区别更是微乎其微，当时曾在中国的美国传教士迈克哥温通过自己在华十几年的观察指出："实际上，普通流刑与军流刑之间的区别今天已近于无；那些被判处了军流刑的人，不过是被从他们所在的地方送往另一个遥远的省份而已。"③

3. 发遣

发遣作为流放刑的一种，乃清代所独创，且极具有民族特色。"发遣"一词，出现很早，《后汉书》中就已经出现，不过最初只是一个普通的动词，含义为"发送"，并不是专门的法律名词，更不是一类专门的刑种。④ 明律中开始出现"发遣"一词，其含义也是"发配、流放"的意思。⑤ 直到清代"发遣"才演变成为一种正式的刑罚用语，并成为流放刑罚的一种，指把罪犯发往东北或新疆地区分别当差、为奴、种地的一种惩罚，而被发遣的罪犯则称

---

① [清]吴坛撰，马建石、杨育棠主编：《大清律例通考校注》，中国政法大学出版社1992年版，第228页。
② 胡星桥、邓又天主编：《读例存疑点注》卷六，名例律，充军地方，中国人民公安大学出版社1994年版，第123页。
③ D. J. MacGowan, M. D. On the banishment of criminals in China. Journal of the North China Branch of the Royal Asiatic Society. 3：293－301, 1859.
④ 如《后汉书》卷一，帝纪第一，光武帝下有："发遣边民在中国者，布还诸县，皆赐以装钱，转输给食。"
⑤ 如《大明律》卷一，名例律，"军官军人犯罪免徒流"条有："该发边远充军者，依律发遣，并免刺字。"参见怀效锋点校《大明律》，法律出版社1999年版，第6—7页。

为遣犯。

发遣制度在清代的出现，绝非偶然，而是经历了一个从无到有逐步完善的过程，有着特定的政治和社会背景。

发遣比充军还要重，其残酷性主要体现在我们通常所说的"发遣为奴"上。清代的发遣，尤其是其发遣为奴的制度，是清代前期奴隶制残余的体现。① 清在入关之前后仍存在一个人数众多的奴仆阶层，其奴仆分为从事农田耕作的阿哈（Aha）和承担家内劳动的包衣。"阿哈"是满语，汉语就是"奴隶"的意思。他们大部分来源于被俘获的汉人和朝鲜人，被分发到田庄负责耕作，并不追随主人征战。而包衣则是满人的家内奴仆，与主人同处，从事家务劳动，还要追随主人征战沙场。在入关前，随着满族社会外部明朝、朝鲜两大强邻逐步走向衰弱，为其发展创造了前所未有的有利契机。占领辽沈地区的后金政权，曾多次对明朝辽东地区的汉民进行屠杀，并大量掠夺明朝和朝鲜民人作为奴隶以供役使。对于明王朝的人口掠夺，根据史料记载较大规模的就有：清天聪九年（1635年）八月，清军略明山西北部，"俘人畜七万六千二百有奇"②；崇德元年（1636年）九月，清军在畿辅"获人畜十八万有奇"③；崇德四年（1639年），清军在直隶、山西、山东一带俘获人口近五十万④；崇德八年（1643年）六月，清军在山东"俘人民三十六万九千口"⑤。可以显见，清军通过不断地深入明朝境内，掳掠了大量的人口，这些人口多被分发给八旗子弟充当奴仆。

崇德三年（1638年）正月，皇太极遣大学士范文程等谕都察院官员时曾说过："前得辽东后，其民人抗拒该杀者，已戮之二三次，各自情愿为阿哈

---

① 有关清入关前社会性质的论述，参见郑天挺《清入关前满洲族的社会性质》（《清史探微》，北京大学出版社1999年版，第404—417页），文章认为入关前的满族社会经过了原始氏族社会、奴隶社会和封建社会。1616年努尔哈赤所建立的政权是封建制政权，满洲族已进入封建社会。但还在封建制的初期，除了封建主义生产关系以外，还有氏族制度和奴隶制度的残余，这种残余为当时的社会所承认，并持续存在影响。
② ［清］蒋良骐：《东华录》，中华书局1980年版，第38页。
③ 同上书，第39页。
④ 关于此次清军入关作战俘获的人口数量的记载，一处是左翼多尔衮军奏报俘获人口"二十五万七千八百八十"；一处是右翼杜度军奏报俘获人口"二十万四千四百二十三"，合计为四十六万二千三百三，因此此处称近五十万。参见蒋良骐：《东华录》，中华书局1980年版，第43页。
⑤ ［清］蒋良骐：《东华录》，第58页。据《清实录》的相关记载，这几次俘获人口的记载大都是人畜合计，实际人数应不足此数，但也足以反映出清军俘获人口之众。

者，准其为阿哈。"① 清人昭梿在其笔记《啸亭杂录》中亦曾指出："国初时，俘掠辽沈之民，悉为满臣奴隶。"② 其实，早在清朝入关之前的明宪宗成化十三年（1477年），就有到过东北的朝鲜官吏说："野人（指建州女真）剽掠上国（指明朝）边氓，做奴使唤，乃其俗也。"③

清王朝入关统一全国之后，满族的这种蓄奴之风并没有马上革除，它既保存了历代封建王朝实行过的奴婢制度，还顽固推行满洲贵族入关前在主奴关系上采用的一些做法，即将奴隶社会的主奴关系移植过来，形成了清代独具特色的奴婢制度④。由于不能再通过俘虏取得奴隶，便通过刑罚的方式得以弥补。清代正是在发罪人为奴的基础上，创立了发遣制度。

其实，发罪人为奴的惩罚方式，在清朝入关之前的很早一段时间就已经开始施行了。据《清实录》记载，早在天聪四年（1630年）明清对峙阶段，大贝勒阿敏就曾以榜示方式谕众："今后有藏匿奸细者，全家论死，妻子为奴。"⑤ 在这里指出要把藏匿明朝奸细者，全家论死罪，妻子沦为奴隶。不过，这一法令是在战争状态下以榜示的方式发布的，还不属于正常刑罚的范畴，只能说是一种军事性质的临时法规。

不久，天聪七年（1633年），出现了属于刑罚范畴的发罪人为奴案例：

> 董纳密，与库尔缠同往朝鲜时，离众五里驻宿，与巴都礼察哈喇同往时，私带义州通事随行，复离众驻宿又私带所获朝鲜一人，并伊子托塞同往，又私以大凌河蒙古一人，令为厮卒带往，其人从江边窃马而逃。至是议董纳密罪，削其职，籍家产为奴。⑥

之后，作为正式刑罚的发罪人为奴的案例不断出现。如：

> 梅勒章京丁启明，为其家人孟色所讦。言启明将上所赐人百口，耗费殆尽，又以上赐貂裘，质于典库，并贷于义银百两。法司审问皆实，

---

① 季永海、刘景宪译：《崇德三年满文档案译编》，辽沈书社1988年版，第23页。
② ［清］昭梿：《啸亭杂录》卷二，中华书局1980年版，第39页。
③ 《朝鲜成宗实录》八年，缩印本16册，第59页。转引自郑天挺《清入关前满洲族的社会性质》，前揭书，第405页。
④ 有关清代奴婢制度的研究，参见韦庆远、吴奇衍、鲁素：《清代奴婢制度》，中国人民大学出版社1982年版。
⑤ 《清太宗实录》卷六，天聪四年二月乙丑。
⑥ 《清太宗实录》卷十三，天聪七年七月丙午。

论死。奏闻，上命免死，褫其职，给本贝勒为奴。①

又如：

宁完我，原属贝勒萨哈廉家人。因通文史上擢置文馆，参预机务，授二等甲喇章京，准袭六次，赐庄田奴仆。大军征燕京，令完我留守永平，以好博，为李伯龙、佟整所首。审实，上宥其罪。然以其素行不检，屡诫谕之，不改。复与大凌河归附甲喇章京刘士英博，为士英家人所首。谕罪，革世职。凡钦赐诸物，俱没入，解任，仍给与萨哈廉为奴。籍刘士英家，发尚阳堡为民。②

不仅仅入关前的清王朝，就是当时的明朝也有籍没罪人为奴的制度。比如明朝有把罪犯给功臣之家为奴的规定。至明末，甚至出现了把对清作战中被擒或降服的将帅的妻子籍没为奴的现象。对此，崇德七年间（1642年），皇太极曾与当时刚刚投诚的洪承畴有过一段十分有趣的对话：

（上）问洪承畴曰："朕观尔明主宗室被俘，置若罔闻。至将帅率兵死战，或阵前被擒，或势穷降服，必诛其妻子，否则没入为奴者，何故？此旧规乎，抑新制乎？"洪承畴奏曰："昔无此例，今因文臣众多，台谏纷争，各陈所见，以闻于上，遂致如此。"上曰："今日之文臣固众，昔之文臣亦岂少耶，特今君暗臣蔽，故多枉杀，似此死战被擒，势蹙归降之辈，岂可戮彼妻子，即其身在敌国，可以财币赎而得之，亦所当为，何至坐妻子以死徙之罪乎？其无辜冤滥亦甚矣。"洪承畴垂涕叩首奏曰："皇上此谕，真至仁之言也。"③

对话中皇太极一语"君暗臣蔽，故多枉杀"，可谓道出了君主专制时代发罪人为奴刑罚的实质。可以说，当时的这种刑罚并无一定的法律依据，仅仅是统治者个人的意志，也并没有形成固定的制度。

正是由于清军入关前明、清两朝都普遍地行用，为以后发罪人为奴刑罚

---

① 《清太宗实录》卷二十一，天聪八年十二月庚戌。
② 《清太宗实录》卷二十七，天聪十年二月庚寅。
③ 《清太宗实录》卷六十，崇德七年五月癸酉。

的制度化提供了契机。在清王朝入关之后，如前所述，由于军制的变化，处于"降死一等"地位的充军刑发生了巨大变化，其惩治力度与明代已经无法相比。"然名为充军，至配所并不入营差操。第于每月朔望检点，实与流犯无异。"① 为了解决由此出现的流放刑罚惩治力度不足的问题，需要有一种新的刑罚来取代充军。在此种背景下，原来行用已久的发罪人为奴的规定便被逐渐制度化下来。

清初统治者采取满洲本位政策，大量圈地圈人，许多汉人沦为满族人的奴隶。与此同时，清廷还制定了逃人法，严防奴隶的逃亡，并对逃人和窝主严厉打击。《逃人法》对于窝主的惩治变化很大，先是正法，后特减等充军，后又将窝主并家口、俱给本主为奴，后复免其为奴、仍充军。② 究其实质，不过是清初统治者维护满族统治集团利益的一种手段。

顺治年间，还出现了较为典型的发遣为奴的案例，据《清实录》记载："内大臣巴图鲁公鳌拜等，会审广东雷州道王秉乾，以地方僻远，希图规避，贿嘱内监吴良辅，彻回另选，得实，拟立斩。得旨：王秉乾著免死，革职，籍没，鞭一百，发宁古塔给披甲人为奴。"③

康熙十九年（1680年），清廷颁行《刑部现行则例》共264条，发遣为奴条例6条，主要涉及仓库、市廛、贼盗等门，都是规定把犯人发宁古塔给穷披甲之人为奴的。④ 这是在立法上首次正式确认了发遣这一惩罚方式。之后，有关发遣的条例和案例都在不断增多，乾隆五年制定的《大清律例》最终确立了发遣在刑罚中降死一等的重刑地位。

清初发遣的地点主要集中在王朝的东北部地区。康熙年间，北部的喀尔喀、科布多、乌兰固木等地方也成为发遣地。乾隆年间，清政府平定了天山北路准噶尔部的叛乱，天山南路结束了征讨大小和卓的战事，新疆纳入清政府的版图。为了便利于驻扎新疆军队的物资和粮食供应，清政府在新疆各地大兴屯田。清政府在大力组织军队屯田（兵屯）和内地农民到新疆屯田（民屯）的同时，也把内地各省大批重罪罪犯发遣到边疆种地服役，从事各种生产。例又有发往"伊犁、乌鲁木齐、巴里坤各回城分别为奴、种地者"。⑤ 对

---

① 《清史稿》卷一百四十三，志第一百十八，刑法二。
② 参见吴志铿：《清代的逃人法与满洲本位政策》，《台湾师范大学历史学报》第24期，1996年6月，第122—143页。
③ 《清世祖实录》卷一百十九，顺治十五年七月甲辰。
④ 刘炳涛：《清代发遣制度研究》，中国政法大学中国法制史硕士论文，2004年，第6页。
⑤ 《清史稿》卷一百四十三，志第一百十八，刑法二。

于发遣新疆,律学家指出:"今发新疆遣犯,本罪原系军流,初则因垦种而改发,后则不因垦种而酌量改发,初则仍系军流本罪,后直定为外遣专条。"① 可见,发遣制度的形成经历了一个逐渐发展的过程。

在整个有清一代,发遣与流刑、充军、迁徙一起,构成了清代完整的流放体系。清代军流到配所后,官府只是对其稍加约束,多听其自谋生计,没有太多实际的管理手段。与军流相比,遣犯到配所后要当差,给士兵为奴役使,实际上就是服劳役刑,有具体的刑罚执行内容。另外,有关发遣与充军的区别,《清朝续文献通考》还指出:

> 军罪虽发极边烟瘴,仍在内地,遣罪则发于边外极苦之地,所谓屏诸四夷不与同中国者,此军与遣之分别也。且同一遣罪又分数等,有到配种地者,有当折磨差使者,有给披甲人为奴者,有遇赦准释回者,又有终身不准释回者,皆系教案及反叛案内之子孙等项也。此外,又有官犯一项定章,凡职官犯罪按民人应拟徒者,职官从重发往军台效力,按民人应拟流者,职官从重发往新疆效力,以其知法犯法,故较民人加重数等,以警官邪,此遣罪中之分别也。凡律文止有流罪而无军罪,例中军罪多于流罪数倍,定章有例不准引律,故办案拟军遣者甚多,而拟流者寥寥,是流虽正刑,渐为军遣所夺矣。②

可见,发遣刑罚与军流相比,更能够有效地惩治罪犯,因此受到清统治者的青睐,成为常用刑,适用范围很广。从乾隆朝开始,发遣新疆、发遣东北与内地军流相互协调,共同构成了清代完备的流放体系。

4. 其他刑

清代流放除了上述流刑、充军、发遣、迁徙等主要的刑罚形式之外,据清人王明德所著的《读律佩觿》的记载与流放相关的刑罚形式还有:不杖流、安置、边外为民、边远为民、原籍为民、黜革为民等。③ 这些刑罚形式大都沿袭前代典章,很少见有行用的记载,因此并没有太大的影响。

对于不杖流,律学家王明德指出:

---

① 胡星桥、邓又天主编:《读例存疑点注》卷六,名例律,充军地方,中国人民公安大学出版社1994年版,第123页。
② [清]刘锦藻:《清朝续文献通考》卷二百五十,刑考九,徒流,军遣附。
③ [清]王明德:《读律佩觿》,法律出版社2001年版,第142—152页。

> 流从徒增，流必加杖，定律也。故律内凡属流罪，必冠之以杖一百。乃律中复有止曰流若干里，而并不冠以杖若干者，则其为不杖流可知。流而不杖，得毋异乎其为流也欤？异乎其为流，则不容不详乎其为目。

可见，由于王明德认为流必加杖乃是定律，因此对于律例内有不杖而流者应该是"异乎其为流，则不容不详乎其为目"。那么不杖流是否就是一种独立的流放刑罚类型呢？从律例内"不杖流"的律例条文来看，不杖流仅仅在吏部的职制律"交结近侍官员"条，刑部的贼盗律"谋叛"条与人命律"杀一家三人、支解人、采生折割人及造畜蛊毒杀人条"等中有所规定，共计八条，所针对的对象乃是案犯的妻子及同居家口，这些人都是由于案犯罪大恶极，而对妻子家口施行的缘坐。对于缘坐家口，虽罪及流远，但不加杖，不过是根据流放对象不同流刑所进行的适度调整。因此，我们并不认为不杖流能够构成独立的流放刑罚，它仍然属于流刑的范畴。对此，王明德也有清楚的认识："三流各杖一百，法所必然，此独不加杖，其义何居？曰：罪由缘坐，罪非其罪，无所为应杖之情故也。夫既不加杖矣，乃复不在收赎之限，更重之以常赦不原，会赦犹流者何？正犯恶备穷凶，虑遗余孽，故重其法以遣之。"①

其实，不仅仅缘坐问流者不杖，发遣者也不加杖，对此，《大清会典》有明文指出：

> 流罪三等皆杖一百，各于配所决之。惟缘坐问流者不杖；发遣新疆、黑龙江当差、为奴者，到配时照例安插，俱不决杖。若问拟五军及总徒、准徒罪，即俱于逐案引律出语内，声名至配所杖一百，折责发落。②

发遣重于军流，遣犯发往边疆，长途跋涉已经备受折磨，到配后还要分别当差、为奴、种地，都有特定劳役任务，不再决杖，这样才能够保证他们很快投入特定的生产劳动中去。应该说，发遣不再决杖的规定是相当符合情理的。

安置，则是指把应流的人送往指定地区居住，不准别移，为三流以外的

---

① [清]王明德：《读律佩觽》，法律出版社2001年版，第141—142页。
② 嘉庆《大清会典》卷四十一，沈云龙主编：《近代中国资料丛刊三编》第六十四辑(636)，文海出版社有限公司，第1932页。

一种罚法。被执行的人，都是因家属犯了重罪，致自己连同得罪，其情况与前述不杖流同。安置虽与一般流刑有所区别，但仍不过是流刑的变异而已。清律安置沿袭自明律，行用极少。清代律学家王明德认为，安置与流刑应该在配所的待遇有所不同，安置可能会有现成的栖身之处，或配给口粮，或不须执役，只是稽考月日，不许离开当地而已，这样"方与安置之义允符"①。王明德的这种说法应该是比较属实的。即使如此，安置与清代的军流的区别仍然是微乎其微的，清代中期之后几乎不再有相关安置的记载了。

边外为民，即明之口外为民，是把流罪犯人发往口外（即辽东、蓟州、宣府、大同、太原、榆林、宁夏、固原、甘肃九处边防重镇以外）为民。发往口外，不再分地里远近，县与三流不同。又犯人到了口外，不属军卫而属地方有司为民，显与充军不同。② 清初沿用明律，仍承袭之。

对于此类犯罪，一般"属军卫者发边远充军，属有司者发边外为民"③。边外为民在清初行用了很长的一段时间，史籍内相关案例的记载颇多。如乾隆十二年（1747年），江苏徐州府属宿迁县革生王育英，因"地方赈济，希图普赈，缮写罢市知单，嘱令穷民喊叫罢市，因天色尚早，各铺原未开张，经知县查拿，俱各奔逸，实属罢市未成"，审拟"应照刁徒直入衙门挟制官吏例，发边外为民"。④

又有，乾隆十三年（1748年），据原署江苏巡抚安宁奏称，西洋路西亚国人王安多尼、意大利亚国人谭方济各，在江苏昭文县行教，往来江苏、安徽、浙江三省各属，煽惑男妇，事发拿获，将王安多尼、谭方济各，照化外人犯罪律，拟绞；窝顿之昭文县民唐德光、常熟县民妇沈陶氏，照左道惑人为从律，发边外为民；听从入教，混称会长之尤元长等，照违制律，杖枷；附教载送之唐兴周等，杖笞有差；失察之地方官，参处。后经议定："除王安多尼、谭方济各及从犯唐德光，俱在监病故，毋庸议外，沈陶氏系妇人，照例收赎，余俱如所拟。"⑤

此案中，窝顿之昭文县民唐德光、常熟县民妇沈陶氏，照左道惑人为从律，发边外为民。沈陶氏系妇人，照例收赎外，唐德光被发边外为民。针对

---

① ［清］王明德：《读律佩觽》，法律出版社2001年版，第142—143页。
② 高其迈：《明史刑法志注释》，法律出版社1987年版，第18页。
③ ［清］德宗（李鸿章奉）敕撰：光绪《大清会典事例》卷七百六十四，刑部，户律钱债，中华书局1991年影印本。
④ 《清高宗实录》卷二百八十七，乾隆十二年三月戊午。
⑤ 《清高宗实录》卷三百二十七，乾隆十三年十月乙巳。

雍正年间以来便层出不穷的邪教案件，到了乾隆二十三年（1758年）还规定"请嗣后凡邪教内首犯及传播徒众，除本犯明正典刑外，妻子人等，比照左道惑众从犯，俱发边外为民"，并进而指出由于"流毒无穷，究其萌蘖复生，皆由根株未尽"，将案犯妻子人等发边外为民便是要"以净根株"。①

可以看出，清初以来的发边外为民的刑罚是以流放传统的"无害化"为宗旨的。② 只是以后随着卫所的裁撤，充军人犯也开始发至州县，不再注军籍。乾隆三十六年（1771年），指出"其有分别军民定拟者，应将为民字样删除，一体改发充军"，"边外为民条款，与现在断狱事宜，不甚允协"，终被删除。③

其他如边远为民、原籍为民、黜革为民等，均为沿袭明代典制，清初几乎是存而未用，又因其非严格意义上的流放刑罚，这里略而不述。

三、附加刑

中国古代的流放刑罚，自从其产生以来，就出现了罪刑相适应的问题，为了确立其"降死一等"的地位，历代统治者在流放的主刑之外，往往又增设有附加刑。附加刑是附属于主刑而额外施加的刑罚。清代流放刑罚的附加刑包括刺字、杖刑、徒刑、追赃和追赔埋葬银等，下面分别论述之。

1. 刺字

刺字，源自上古五刑之一的"墨刑"。墨刑是上古时期惩戒轻罪者的一种刑罚，施行的方法是在人的脸上或身体的其他部位刺字，然后涂上墨或别的颜料，使所刺的字成为永久性的记号。

墨刑自尧舜时开始兴起，到了西周时其刑法已规定"墨罪五百"④。奴隶主们常把受过墨刑的人充作守门人，即"墨者使守门"。⑤ 因为受墨刑者的四肢都是健全的，不影响劳动，而且这些人的脸上带有记号，走到哪里都会被认出来，他们一般都不会逃跑。

春秋战国时，许多受墨刑者都被用作修护城墙的苦役工。秦国商鞅变法

---

① 《清高宗实录》卷五百六十三，乾隆二十三年五月甲寅。
② ［日］滋贺秀三：《中国上古刑罚考——以盟誓为线索》，《日本学者研究中国史论著选译》（第八卷）法律制度，中华书局1992年版，第18页。
③ 《清高宗实录》卷八百八十三，乾隆三十六年四月庚子；另参见光绪《大清会典事例》卷七百二十三，刑部，名例律，五刑。
④ 《周礼·秋官·司刑》。
⑤ 《周礼·秋官·掌戮》。

时用法严酷，有一次太子犯法，不便加刑，商鞅就把太子的师傅公孙贾黥面，以示惩戒。在秦末农民大起义的队伍中，就有许多受过墨刑的囚徒。汉初被刘邦封为淮南王的英布，就在年轻时因犯小罪而受墨刑。墨刑在秦汉时又称"黥刑"。《说文解字》云："黥，墨刑，在面也。"汉初文帝废除肉刑，以髡钳城旦舂代替黥刑。魏晋南北朝时期间或适用，隋唐律典无此制。

五代后晋天福年间，石敬瑭（936—942年在位）创刺配之法，黥刑作为正刑徒流杖的附加刑被重新恢复，改称"刺字"，重点用于惩治盗窃犯。宋代承袭，有刺字之法，行用更滥。对此，马端临在《文献通考》中指出："流配，旧制止于远徙，不刺面。晋天福中始创刺面之法，遂为戢奸重典，宋因其法。"① 实际上，有宋以来直到清朝的各个朝代都无一例外地援用了刺字之刑，直到清末光绪三十二年（1906年）修订《大清律例》时才被彻底废除，沿用时间长达数千年，成为中国古代社会使用时间最长的一种肉刑。正如沈家本在奏请删除刺字之刑时所说："夫肉刑久废，而此法独存。"②

《大明律》中刺字附加刑的运用只限于强盗、窃盗两种犯罪。《大清律例》关于刺字的规定基本上沿袭了《大明律》，有所不同之处即是增加了许多刺字的条例，因此比之明朝，清朝对刺字附加刑的使用范围又呈现出扩大的趋势。正如《清史稿·刑法志》指出的："刺字，古肉刑之一，律第严于贼盗，其后条例滋多。"③

对于刺字的实施，《清稗类钞》这样记载："凡重囚应刺字者，旗人刺臂，奴仆刺面。平民，犯徒罪以上刺面，犯杖罪以下刺臂，再犯者亦刺面。逃犯刺左，余犯刺右，初犯刺左者，再犯累犯刺右；初犯刺右者，再犯累犯刺左。字方一寸五分，画阔一分有半。"④《大清会典》则更为详尽地指出：

> 凡犯刺字者，各刺于其面与臂而涅之：刺面在鬓之下颊之上；刺臂在腕之上肘之下，字方一寸五分，画阔一分有半，并不得过限。初犯杖罪以下，刺右臂；徒罪以上刺右面；再犯三犯，不论罪之轻重，并刺左面。窃盗者、抢夺者、监守常人盗官物及官粮、官银者、积匪滑贼者，均以所犯之事刺之。事由刺左者地名刺右，事由刺右者地名刺左。发遣

---

① ［元］马端临：《文献通考》卷一百六十八，刑考七，徒流、配没。
② 《清史稿》卷一百四十三，志第一百十八，刑法二。
③ 同上。
④ 徐珂编撰：《清稗类钞》（第二册），兵刑类，中华书局1984年版，第761页。

新疆人犯有执持军械殴人等项，例不应刺事由者，令起解于该犯右面刺"外遣"字，解赴甘省酌量分发补刺地名。由新疆改发内地者，面刺"改发"字，应刺事由者仍刺之。由烟瘴改发极边者，面刺"烟瘴改发"字。军犯脱逃者刺"逃军"字。流犯脱逃者刺"逃流"字。兵丁脱逃者刺"逃兵"及"脱逃余丁"字。运粮旗丁中途潜逃者刺"逃丁"字。粮船水手聚众滋事者刺"不法水手"字。勾引赌博者刺"诱赌匪犯"字。长随索诈地方者刺"赃犯"字。蠹役犯赃者刺"蠹犯"字。发掘坟冢者刺"发冢"字。未殡埋者刺"盗棺"字。私入木兰等处围场偷窃者，已得刺"盗围场"字；未得刺"私入围场"字。威远堡等处附近围场偷窃者，分别刺"偷窃木植牲畜"字。回民犯窃者刺"窃贼"字。偷挖人参者，刺"盗宝参"字。兴贩硝磺者，刺"硝"字。广东省打单匪徒刺"打单匪犯"字。陕西省签匪、会匪，分别刺"签匪""会匪"字。旗人背主脱逃者，刺"逃人"字。凡旗人刺字即销除旗档，另户刺臂，家奴刺面。旗人正身脱逃者，官员犯侵盗者，准窃盗论者，犯罪自首减罪者，妇人犯罪者，老幼及残废者，皆免刺。惟强盗自首例应外遣者，仍刺地名不刺事由。命盗案内重犯，督抚于具题日交按察使先行刺字，然后收禁。系强盗，面刺"强盗"字；系人命，面刺"凶犯"字，将已经刺字之处于本内声明。其戏杀、误杀、斗殴杀俱免刺。凡发遣人犯，其原刺字及现事同者不重刺。不同者仍另刺左面。凡窃盗刺字后，责令充当巡警，能改过擒捕盗贼，即与起除刺字，复为良民。其私自销毁者，枷示杖责，补刺原字。①

以上规定包括刺字的对象、刺字的内容、免刺的标准和起除刺字、补刺等内容。不仅如此，清代还辑有专门的《刺字条款》对于刺字的执行进行规范。据笔者在国家图书馆古籍部见到题有光绪乙未春三月排印于黔南抚署的《刺字条例》，乃是清刑部制定，长白嵩昆清光绪二十一年（1895）年印行。内容包括《刺字章程》《免刺条款》《漏误刺字》，书末并附有斩绞军流徒准减不准减及窃盗免刺不免刺条款。②《刺字章程》收录了律例所规定的各类刺

---

① 光绪《大清会典》卷五十三，刑部，尚书侍郎职掌一。
② 乾隆朝即辑有《刺字条款》，见杨一凡、田涛主编《中国珍稀法律典籍续编》第七册（黑龙江人民出版社2002年版），该条款分六十六款四百五十二条。笔者所见有光绪朝刑部制订：《刺字条例》，长白嵩昆清光绪二十一年黔南抚署；另在社会科学院法学所图书馆见到更为详尽的同治朝镌刻的《刺字统纂》（棠荫山房藏版），除上述内容外，还附有"应刺事由名目"及"应刺清汉事由地名字样"。

字条款，并以小注的方式指出条款出处。如章程第一条规定"刺字每字各方一寸五分，每画各阔一分五厘，上不过肘，下不过腕"，其注文有"见监守自盗律注"。其《免刺条款》对于各类免刺的规定，如：

一、职官生监犯该发遣，概免刺字。乾隆三十六年例，见职官有犯高头注。
一、文武生员犯侵盗者，均免刺字。见监守自盗仓库钱粮例。
一、妇人犯罪皆免刺字。见工乐户、妇人犯罪律。
一、营兵、保甲诈赃与蠹役诈赃有间均免刺字。乾隆四十八年江苏案，见起除刺字。
一、蒙古犯罪补刺字。见蒙古例。
一、犯事到官年七十以上、十五以下及残疾者，照例收赎，毋庸刺字。见起除刺字例。
一、钱谷、误杀、斗杀俱免刺字。见同上……①

《漏误刺字》则规定了对于各类应刺字而漏刺和不应刺字而误刺的惩罚，如：

一、凡官员将不应刺人犯，违例刺字者，罚俸三个月。
一、凡官员将例应刺字人犯遗漏刺字者，罚俸六个月。
一、凡例应刺面而刺臂及左右臂错误者，罚俸一个月。
一、凡官员将应赦逃人误行刺字，罚俸一年。
一、凡刺字错误，将不谙之经承，依不应重律杖八十。
一、蠹役犯赃应刺字，若该管官将应刺之犯不行刺字，计其犯赃数目不及十两，降一级留任；二十两以上，降二级留任。其婪索多赃者，

图 2-2 清代《刺字统纂》书影

---

① ［清］刑部制定：《刺字条例》，长白嵩昆清光绪二十一年黔南抚署，第14页。

照明知故纵例革职。

　　以上各条见起除刺字高头注。①

　　清代刺字目的有两个。一是起到标志作用，便于追逃和对再犯罪者定罪量刑，就如沈家本在《刺字集序》说的那样："其间或有逃亡，既可逐迹追捕；即日后别有干犯，诘究推问，亦易辨其等差。"② 二是起到侮辱和警示作用，通过这种贬损人格、丧失尊严的侮辱刑，希望罪犯能够"畏威而知耻，悔过而迁善……是所以启其愧心而戢其玩志者，意至深也"③。

2. 杖刑

　　杖刑，是指用大竹板或大荆条拷打犯人脊背臀腿的刑罚。杖的本意是拐杖。古时候，儿子不孝，父亲可以用拐杖打他，《尚书·舜典》就有"鞭作官刑，扑作教刑"的说法。后来杖作为一种刑罚，据说是沿袭了古代父亲打儿子那种教诲、训诫的含义，所以古人也称笞杖这样的刑罚为教刑。

　　杖刑的起源也很早，汉、魏、晋都设有鞭杖的刑罚。至南北朝梁武帝（502—549年在位）时，才把杖刑列入刑书，作为一项正式的刑罚手段。梁颁有"篁杖令"，规定："杖皆用生荆，长六尺。有大杖、法杖、小杖三等之差。大杖，大头围一寸三分，小头围八分半。法杖，围一寸三分，小头五分。小杖，围一寸一分，小头极杪。"④ 北魏开始把杖刑与鞭刑、徒刑、流刑、死刑并列，为五刑之一。北齐、北周沿袭魏制，北齐杖刑分三等：三十、二十、十；北周杖刑分五等：十、二十、三十、四十、五十。北周、北齐均允许以金赎杖刑。

图 2-3　杖刑

　　隋代废止鞭刑，以杖刑代之，另立笞刑，以代替原来的杖刑。隋杖刑分

---

① 同上书，第22页。
② ［清］沈家本：《刺字集》，江苏书局重刊本，第3页。
③ 同上。
④ 《隋书》卷二五，志第二〇，刑法。

五等：六十、七十、八十、九十、一百，凡所犯重于五十笞者，则入于杖刑。唐代杖刑同于隋。宋沿唐制，杖刑亦分五等。宋代杖刑的特点是广泛用它作为附加刑，流刑、徒刑甚至杖刑、笞刑都加杖。明代杖刑依唐、宋制，其数自六十至一百，以十为差。杖以大荆条为之，削去节目，长三尺五寸，大头径三分二，小头径二分二。流刑以杖作为附加刑，流刑二千里、二千五百里、三千里皆加杖一百。又行折杖之制，以五折十。①

清代杖刑沿袭明制，其不同者：杖用大竹板，长五尺五寸，大头阔二寸，小头阔一寸五分，重不过二斤。清初沿明代以五折十之制，康熙年间颁布的《刑部现行则例》改为四折除零，即杖六十除零折二十板，七十除零折二十五板，八十除零折三十板，九十除零折三十五板，一百折四十板。②

杖刑作为流放刑的附加刑，自宋刺配开始，一直沿用到清末。一般的做法是，犯人经过定罪，解部或经县发配，到达配所首先要根据律例折责行杖。然而，并不是所有的流放都要附加杖刑，如前所述，对于缘坐流放和发遣的犯人都是不须加杖的，因此，清代的流放刑罚中只有军流才附加杖刑。

另外，根据《大清会典》记载："凡徒流之等八，其差各杖二十。徒包杖一百，如徒一年者，包杖一百加杖二十；至满杖，共折杖二百。流包杖一百徒三年，流二千里者，包杖二百加杖二十，共折杖二百二十；至满流，共折杖二百六十。"这就说明，有时徒刑与流刑可以折以杖刑而加以变通。不过，会典还规定"逾满杖则减杖而加徒焉，凡杖无过一百，徒不至五年"，因此徒、流刑虽然可以与杖刑互相折算，但在实际执行的过程中，大都不能以杖

---

① 《明史》卷九三，志第六九，刑法一。
② 《清史稿》卷一百四十三，志第一百十八，刑法二。《清史稿》称此种笞、杖执行量的变化乃是"法外之仁"，对此，美国法律史家D. 布迪和C. 莫里斯在其所著的《中华帝国的法律》（江苏人民出版社1998年版）中认为：清代之所以屡次减少笞、杖刑的实际执行量，其原因并不在于统治者具有更多的人道主义，而在于行刑工具尺寸的增大。因为在这种情况下，如果继续执行原定的行刑量，被刑者就极有可能被打死（第78页）。沈家本在《历代刑法考》（中华书局1985年版，第1218页）中也指出："唐讯杖大于隋杖二厘，而常行杖大头二分七厘，小头一分七厘，笞杖大头二分，小头一分半，视隋制更小。明之笞及杖，与唐之笞杖及常行杖同，而讯杖大于唐一分三厘，然亦止大头径四分五，小头径三分五而已。今之小竹板，大头阔一寸五分，小头阔一寸；大竹板，大头阔二寸，小头阔一寸五分，不知定于何年？视前代之笞杖，大数倍矣。"笔者赞成上述说法，并认为这种面对变化了形势，宁愿折中办理也不愿改变成法的作风，乃是古代传统文化的一大特色。

刑代替徒、流。①

3. 徒刑

徒刑属于正刑五刑之一，是指剥夺罪犯一定期限的自由并强制其服劳役的刑罚。早在《周礼》中就已有徒刑的记载："司圜掌收教罢民。凡害人者……任之以事而教之，能改者，上罪三年而舍，中罪二年而舍，下罪一年而舍。"② 另还有无期徒刑的记载，但往往是作为肉刑的附加刑，被处肉刑的罪犯要为官府终身服劳役，所谓"墨者使守门，劓者使守关，宫者使守内，刖者使守囿，髡者使守积"③。春秋战国以后，使用徒刑的记载逐渐增多，且多于肉刑复合使用。秦代刑徒众多，大多为官府的奴隶。出土的秦代竹简里有大量关于"候、司寇、隶臣妾、鬼薪白粲、城旦舂"等记载，这些均属于早期徒刑的范畴。

汉代文帝废肉刑后，徒刑逐步确定了刑期，期限也逐步缩短。到了隋唐时，徒刑正式成为五刑之一，分为五等，罪人关押在本地监狱，为当地官府服役劳作一年至三年，每半年为一等。到了明代，被处以徒刑的人将被送至外省，在确定的时间之内，从事炼铁或制盐等苦役。"徒役各照所徒年限，并以到配所之日为始，发盐场者，每日煎盐三斤；铁冶者，每日炒铁三斤，另项结课。"④

清初徒刑沿用明律。雍正三年（1725年）奏准："今各省惟云南有煎盐、熬铅二项，余俱发本省驿递。"⑤ 之后清代徒刑犯都被发派到省内的驿站服役，或作挑水夫，或作伙夫。没有驿站的州县就发派到衙门充当其他苦力。云南省是当时唯一将犯有重罪而被处以徒刑的犯人发配去制盐和炼铅的地方，但这一做法在乾隆五十二年（1787年）也被取消了。清代徒刑的执行并不严格，《钦定州县事宜》指出："五刑之中，徒罪列于三等，其去军流不远，皆系作奸犯法之人。摆站拘役，原有年限释放，未尝禁锢终身。乃各驿中或驿丞专司，或系本管代管，在驿丞官职卑微，惟图营利。而知县地方事冗，不复经心。此等奸黠犯徒，每多夤缘贿买，私放归家。或请人顶替，本犯潜回，

---

① 光绪《大清会典》卷五十三，刑部，尚书侍郎职掌一。律例中也偶用流刑折杖之法，见《大清律例》前附《诬轻为重收赎图》，此处按语指出"凡被告之人，本系近流，而诬人远流未决者，俱准此（流罪折杖之法）科算。"
② 《周礼·秋官·司圜》。
③ 《周礼·秋官·掌戮》。
④ 怀效锋点校：《大明律》卷一，名例律，徒流迁徙地方，法律出版社1999年版，第23页。
⑤ 光绪《大清会典事例》卷七百四十一，刑部，名例律徒流迁徙地方一。

枭犯仍然卖盐，窃盗依然作贼。或遇旁边首告，在未经拿住者，则星夜逃回原驿，以为并未远离。倘连人捕获，则该驿倒提年月，捏报脱逃在先，借以掩饰，甚至随到卖放，从即报逃，有一驿而连逃数人者。"① 对此，薛允升亦感叹道：

> 徒犯系在配所拘役，即古城旦鬼薪之类。前明改为煎盐、炒铁，雍正年间改为发本省驿递，均系拘役之意，是以有徒囚不应役分别治罪之律。此例改为严加管束，并无拘役字样，殊与律意不符。盖徒流原系古法，近俱有名而无实，而各州县俱以此辈为苦累之事，不加管束，在配脱逃者遂比比皆是，而凶顽者益无所忌惮矣。②

流入五刑之后，流犯到达流放地，往往都要服一定期限的劳役刑。可以说，从这一时期开始，徒刑作为流刑的附加刑已经开始出现。唐律规定，流放的罪犯到流放地要为官府服役一年，役后在当地落籍为民。由死刑减轻的加役流，服役年限为三年。后代的为了保持流放刑"降死一等"的地位，徒刑的服役期有所增加，甚至有终身服役的，如清代的发遣刑，为奴和种地的服役都是终身的，只是在具体执行上又具有其灵活性。然而，清代的流刑，流犯到配安置而已，并没有服役的规定。充军也是"名之为军，乃不属于军，而管束责诸州县。既无可供之役，更无可食之粮。各州县名为管束，而竟无管束之术，不过空文一纸，发充看役而已。居处听其自主，衣食听其自谋"③。可见，到了清代军流中附加劳役徒刑的制度基本已经废弛未用，劳役的附加刑则主要体现在发遣制度之中。

与此同时，由于徒刑和流刑在制度规定上有许多相似性，自古以来人们常常把徒刑和流刑合并统一叙述，统称为"徒流"，由此可以看出二者之间密切的关系。④ 尤其到了清代，劳役制度的废弛，使得徒刑本身也变得有名无实，从而使得徒刑和流刑之间除了流放道里的区别之外，其他的区分就更加

---

① 蔡申之：《清代州县故事》，第31页，沈云龙主编《近代中国史料丛刊》第五十辑，文海出版社1960年版。
② 胡星桥、邓又天主编：《读例存疑点注》卷六，名例律，徒流迁徙地方，中国人民公安大学出版社1994年版，第102页。
③ [清]沈家本：充军考（下），载《沈寄簃先生遗书》，中国书店1990年影印本，第546页。
④ 如马端临《文献通考》及清代续修《清朝文献通考》《续文献通考》都设有"徒流"篇，将徒刑和流刑合并加以介绍。

微乎其微了。这就难怪不断有人把徒刑也当作一种流放刑罚。如当时在华的美国传教士迈克哥温即称徒刑为"一种省内的流放"（intra - provincial exile）。① 法学家英国人斯坦顿和法国人鲍莱在翻译《大清律例》的过程中曾分别把"流刑"翻译为"永久性的流放"（permanent banishment）和"永久性放逐"（exile perpetual），而把"徒刑"翻译为"临时性的流刑"（temporary banishment）或"短暂的放逐"（exile temporaire）。②

我们虽然不同意上述的说法，因为该刑罚并不是通常意义上的流放刑。但我们并不能否认徒流之间的密切的关系。在清代，徒刑与流刑即在佥发递解、到配安置等方面有着相似的规定。同时凡流罪死罪之杂犯者皆通以徒：杂犯三流皆总徒四年；斩绞皆准徒五年。迁徙亦如之，迁徙准徒二年。③ 即犯了三流的杂犯，可以改为徒四年；这里的杂犯是指某些罪刑较轻的犯罪。清律中对于某些过失杀人、误杀人，以及职务上的某些罪名应处死刑者，称为杂犯死罪，其死刑并不执行，照例减等改为徒五年，称之为"准徒五年"。迁徙刑也往往准减两年的徒刑。很多时候流放刑罚遇赦减等，流犯也往往被降为三年徒刑递回原籍，限满释放。因此，我们不仅仅作为附加刑要对徒刑进行了解，即使研究流放刑罚本身也无法回避徒刑，对于流放刑罚的研究也有助于我们加深对徒刑的认识。

4. 追赃与追赔

清代流放刑罚的附加刑除了刺字、杖刑和徒刑之外，有些时候还要对于贪污、抢劫、欺诈和部分人命案件进行追赃和追赔。

有关追赃，《大清律例》名例律"给没赃物"条规定：

> 凡彼此俱罪之赃［谓犯受财枉法、不枉法，计赃，与受同罪者］，及犯禁之物［谓如应禁兵器及禁书之类］，则入官。若取与不和，用强生事，逼取求索之赃，并还主［谓恐吓，诈欺，强买卖有余利，科敛及求索之类］。④

---

① D. J. MacGowan, M. D. On the banishment of criminals in China. Journal of the North China Branch of the Royal Asiatic Society. 3：293 - 301，1859. 同时该文还把流刑称之为"流往省外的流放"（extra - provincial exile）。
② 参见瞿同祖：《清代地方政府》，法律出版社 2003 年版，第 15 页注 33。
③ 光绪《大清会典》卷五十三，刑部，尚书侍郎职掌一。
④ 田涛、郑秦点校：《大清律例》卷五，名例律下，给没赃物条，第 108 页。

对此，清代律学家薛允升在《读例存疑》中指出："追赃名目虽多，总不外还官、入官、给主三项，凡监守挪移、抢窃、诈欺等项，均在其内。"①

对于入官，沈之奇在《大清律辑注》中指出："本系私家之物，今收取在官，故曰入官也。"② 赃之入官，分为资财和家口两种。资财入官，是对于罪人而言，是为除了主刑之外，附加所科之刑，是为附加刑；而家口之入官，则是正犯之至亲，因缘坐而被没入官贱，这已经不再是对于正犯的附加刑，已经成为因正犯遭受刑罚牵连到家口，对于家口的独立科刑。因此，这里的追赃是指对于犯赃等犯人追回财物入官而言。

对于还官，与入官还有不同，"入官本系私物，追收入官也；还官者，原是官物，追征还官也"③。

另有赃不没官而应还主者，亦称之为给主。即上述恐吓、诈欺，强买卖有余利，科敛及求索之类。这些都是违反物主本意，而被盗、被抢、被欺诈胁迫交出或意外遗失者，因此物主仍不失对于财物的所有权。

威逼人致死，及车马杀人等项人命案件则要对案犯进行追赔，清代称之为"埋葬银"。埋葬银，从字义可以看出其主要功能乃是作为对于埋葬犯罪被害者的费用补贴，律以十两银子为准，从案例来看，也有二十两，甚至是三十两银子的。④

清朝律例追赃之法甚严。清律规定：凡在京在外应行追赃人犯，除监守盗及抢夺窃盗之赃，并过失杀人应追埋葬银两，仍照本例分别办理外；但有还官赃物值钱十两以上，盖监追半年，勘实力不能完者，开具本犯情罪轻重，监追年月久近、赃数多寡，按季汇题，请旨定夺。其入官赃二十两以上，给主赃三十两以上，亦着监追半年。不及前数，着监追三个月，勘实力不能完，俱免着追。一面取结请豁，一面定地解配发落，毋庸听候部覆。其应监追半年者，除人犯先行发落外，在内由刑部，在外由该督抚，仍各于岁底汇题一次。还规定：命案内减等发落人犯，应追埋葬银两，勒限一个月追完，有物产可抵者，亦着于限内变交，如审系十分贫难者，量追一半给付尸亲收

---

① 胡星桥、邓又天主编：《读例存疑点注》卷四，名例律，给没赃物，中国人民公安大学出版社1994年版，第65页。
② [清] 沈之奇：《大清律辑注》（上），第68页。
③ 转引自张溯崇：《清代刑法研究》，台北华冈出版部1974年版，第109页。
④ 有关埋葬银的研究见陈郁如《埋葬银性质之研究——以乾隆时期刑科题本中"调奸本妇致本妇羞忿自尽类型案件"为研究》，见中国法律文化网，http：//www.legal-history.net/articleshow.asp? id=1487&c_page=1。

领。若限满勘实力不能完，将该犯即行发配，一面取具地邻亲族甘结，该地方官详请督抚核实，咨请豁免，如有隐匿发觉者，地邻人等均照不应重律治罪，地方官照例议处。①

清代有关军流人犯的追赃追赔，如果案犯不在原籍，必须发回原籍进行，这就必然导致人犯辗转递解，拖延时日；如果案犯无力完赃的话，辗转稽候时日更是遥遥无期。对此，乾隆九年（1744年）江西按察使翁藻举例指出：

> 就臣江西而言，有赣州府长宁县民何凤游，在广东揭阳县犯罪减流，其候追埋葬银两，已经揭阳县移准长宁县查无家产，若照江西流犯发解广西，则粤东界联粤西，道路甚便，今于广东解回江西，复从江西取道广东递至广西。又有广东民陈亚二，在赣州定南县犯窃拟军，该犯并无妻室，赃已追完，若按广东军犯发解湖广，则湖广与江西接壤，路亦甚捷，今必解回广东定地仍由江西转递湖广。由此类推，则各省之辗转互递者不知凡几，既多往返拖累之苦，且有去来疏失之虞。②

江西按察使翁藻上奏很快得到了朝廷的重视，此后例文按照翁藻的建议得以修订：

> 各省民人在别省犯军流并免死减等各犯，除供有妻室例候金遣并情愿携带，及还官、入官、给主赃数在一十、二十、三十两以上讯有家产可变并本犯自愿还乡转递者，仍照例解回原籍追金发解外，其供无妻室与虽有妻室不愿携往，及候追还官、入官、给主赃不及前数与虽及前数并埋葬银两讯明委无家产者，止令犯事之地方官移查原籍，结复分别请豁免金，即按本犯原籍应流候军地方起解，毋庸将犯递回发配。③

虽然条例有无力免追，毋庸递籍的规定，但是制度的规定并没有得到严

---

① 胡星桥、邓又天主编：《读例存疑点注》卷四，名例律，给没赃物，中国人民公安大学出版社1994年版，第66页。这里所谓"不应重律"，就是"不应为"律中之重者。《大清律例》规定："凡不应得为而为之者，笞四十。事理重者，杖八十。"其下小注云："律无罪名，所犯事有轻重，各量情而坐之。"
② 《江西按察使翁藻为请更定军流递回原籍发配之例事奏折》，乾隆九年四月二十七日，载哈恩忠编：《乾隆朝管理军流遣犯史料（上）》，《历史档案》2003年第4期，第21—22页。
③ 同上。修订例文的情况见光绪《大清会典事例》卷七百四十一，刑部，名例律，徒流迁徙地方一。

格执行。能够豁免者仍是少数，多数犯人还是要解回原籍进行追赃追赔的。有时"即使正犯发遣，仍拘的亲家属监追，无的亲家属，仍将正犯监追"；有时案犯无力完赃，依旧"展转羁候，几及二年"。① 这些人不仅要受到辗转跋涉之苦，巨大的追赔数额也是他们所不能承受的，往往致使他们家财散尽，家破人亡。

四、替代刑

古代中国的刑罚往往因人因事而异，为了提高刑罚的灵活性，常常在一定的刑罚之外，又辅设有替代之刑，用彼刑来替代此刑以示接受处罚。通常来说，用来替代的刑罚相对于原来的刑罚是比较轻的，因此，能够享用替代刑的对象一般也就比较特殊了。清代流放刑罚的替代之刑主要有枷号和赎刑。

1. 枷号

"枷"一字最初是表示一种脱粒用的农具。《释名·释器用》指出："枷，加也。加杖于柄头，以过穗而出其谷也。"作为一种刑具，枷应该早在商、周之际就开始使用了。② 但直到北魏时，朝廷才正式颁定枷为官方刑具之一。这之后很长一段时间内，枷仅仅是作为限制犯罪活动的刑具，并没有成为一种独立的刑罚。枷作为刑具，是一种用很重的木头做成的矩形刑具，中间有圆孔，犯人被枷号时，将枷套在犯人的颈脖上；矩形的长边顺着犯人的前后走向，矩形的短边则顺着犯人的左右走向。犯人戴上枷之后，双手就无法触摸到自己的头脸。将犯人枷项后绑在衙门之前或闹市之中示众，除了惩戒的功效外，还有

图 2-4 戴枷的人犯

---

① 胡星桥、邓又天主编：《读例存疑点注》卷四，名例律，给没赃物，中国人民公安大学出版社 1994 年版，第 65 页。
② 据沈家本考证周代桎梏而坐诸嘉石乃是枷号刑的最早渊源，不过这只是借助权舆并没有形成定制，"至多以旬有三日为限，少者三日而已"。参见沈氏《历代刑法考》，中华书局 1985 年版，第 327 页。

羞辱的意味。明代太祖朱元璋首创枷号刑。《清史稿·刑法志》指出："枷杻，本以羁狱囚。明代问刑条例，于本罪外或加以枷号，示戮辱也。"①

清代枷号刑沿袭明代并进一步发展，清初，凡"窃盗""犯奸""赌博""逃军""逃流"等犯罪行为，都可以酌量加枷。这一时期，枷号往往作为附加刑或法外之刑被行用。康熙八年（1669年），"部议因禁人犯止用细链（铁索），不用长枷"。之后，枷号刑被滥用的情况被禁止，"而枷号遂专为行刑之用"，即枷号作为刑罚，凡旗人犯军、流、徒罪，免于发遣，只带枷数十日即可释放。②因此，使得枷号成为旗人犯流放之刑的一种替代刑。清律犯罪免发遣条规定：

> 凡旗人犯罪，笞、杖各照数鞭责，军、流、徒免发遣，分别枷号。徒一年者，枷号二十日，每等递加五日。流二千里者，枷号五十日，每等亦递加五日。充军附近者，枷号七十日，近边、沿海、边外者八十日，极边、烟瘴者九十日。③

对此，《清史稿·刑法志》指出："原立法之意，亦以旗人生则入档，壮则充兵，巩卫本根，未便离远，有犯徒、流等罪，直以枷号代刑，强干之义则然。"④可见，这是少数民族统治者对于自己"龙兴之地"子民的一种优待。旗人折枷发落的具体办法是在城镇的各门戴枷示众。被枷号的犯人，在城门旁边有专门为他们修建的房屋，名为门监。在规定的枷号期限内，犯人食宿均在这里，并有专门的兵役守管，同时准许犯人跟随一名亲属在内照管。

对于枷的重量由法律规定，各地方司法机关不得随意变动。但在清代的不同时期，法律关于枷的重量的规定却有过变化。《清史稿·刑法志》有：

> 始制重者七十，轻者六十斤。乾隆五年，改定应枷人犯俱重二十五斤，然例尚有用百斤重枷者。嘉庆以降，重枷断用三十五斤，而于四川、陕西、湖北、河南、山东、安徽、广东等省匪徒，又有系带铁杆石礅之例，亦一时创刑也。⑤

---

① 《清史稿》卷一百四十三，志第一百十八，刑法二。
② 同上。
③ 田涛、郑秦点校：《大清律例》卷四，名例律上，犯罪免发遣条，第91页。
④ 《清史稿》卷一百四十三，志第一百十八，刑法二。
⑤ 同上。

50. 立　枷

图 2-5 清代的立枷　始创于明代万历年间，用以枷示轻刑犯人，以羞辱警示，因多枷人致死，几成为"不用呈报上宪"即能执行的死刑。清代经过改进，在木笼中枷示犯人，用刑较普遍，亦俗称站笼。

尽管枷号在清代通常作为旗人犯流放之刑的一种替代刑，但是枷号也常常作为其它刑罚的附加刑或作为独立刑而存在，适用范围不断扩大。如有"窃盗再犯加枷，奸犯加枷，赌博加枷，逃军逃流加枷"。枷号的时间从数日、数月、一年、二年、三年，且有永远枷号者。如各项邪教案内应行发遣回城人犯，有情节较重者，发往配所，需永远枷号。

2. 赎刑

"赎刑"是指犯人可以用财物或劳役代替或抵销其所判刑罚的一种换刑制度。它只是为特定的当事人设计的一种刑罚转换方式，并不是一个独立的刑种。《说文解字》："赎，质也，以财拔罪也。"法史家陈顾远先生也称赎刑为"一易科之刑"①。可见，赎刑是一种替代刑。

赎刑最早见于《尚书·舜典》的"金作赎刑"，但适用范围较窄，仅适用于罪犯被判处可以从宽处理的"鞭""扑"之刑。西周时期，赎刑的适用范围扩大到墨、劓、剕、宫、大辟等奴隶制五刑。针对可能被判处奴隶制五刑但案件事实存在可疑情形的嫌疑人，可适用赎刑制度。两汉间也频开赎例，但也并没有形成定制。晋律，赎死罪金二斤，老小笃疾及女徒皆收赎。② 隋律有官当及赎铜之制。唐代赎刑制度更加完善。唐律对于官人官亲有议请减赎及除免当赎法；又有过失犯、老小废疾、疑罪收赎之法。唐律规定："诸疑罪，各依所犯，以赎论。"③

宋、元、明、清的刑罚深受唐朝的影响，赎刑制度在唐的基础上进一步发展，明代赎刑始分为收赎、纳赎、赎罪三种。清代沿袭明制，有收赎、纳赎、及赎罪，律外又有捐赎之制。

收赎源于明代的律赎，相对比较稳定，实施对象为老幼废疾、天文生及妇人折杖等项以及部分过失犯罪者。清律规定："凡年七十以上、十五以下，及废疾，犯流罪以下，收赎"；④ "凡钦天监天文生，习业已成，能专其事者，犯军、流及徒，各决杖一百，余罪收赎"；⑤ "其妇人犯罪应决杖者，奸罪去衣受刑，余罪单衣决罚，皆免刺字。若犯徒流者，决杖一百，余罪收赎"；⑥ 对于部分过失犯罪，"若过失杀伤人者，各准斗杀伤罪，依律收赎，给付其[被杀伤之]家"。⑦

纳赎源于明代的例赎，实施对象更广，非常灵活。事实上，官员犯笞杖徒流和杂犯死罪等一般都可纳赎。惟贪赃、真犯死罪、十恶、常赦所不原、干名犯义、受财故纵、奸、盗、杀伤人等罪，都不许纳赎。清制纳赎分为有力、稍有力、无力三种，即有财力的可以照例赎罪；无财力的则依律决配；

---

① 陈顾远：《中国法制史》，商务印书馆1959年版，第289页。
② 程树德：《九朝律考》（下册），台湾商务印书馆1965年版，第392页。
③ 《唐律疏议》卷三十，断狱，疑罪，第575页。
④ 田涛、郑秦点校：《大清律例》，法律出版社1999年版，第106页。
⑤ 田涛、郑秦点校：《大清律例》，法律出版社1999年版，第102页。
⑥ 田涛、郑秦点校：《大清律例》，法律出版社1999年版，第103页。
⑦ 田涛、郑秦点校：《大清律例》，法律出版社1999年版，第433页。其小注指出凡初无害人之意而偶致杀伤人者，皆准斗殴伤人罪，依律收赎，给付被杀、伤之家，以为营葬及医药之资。

稍有力者则纳工价，每做工一月，折银三钱。①

赎罪是把明代例赎中对官员正妻、例难的决及妇人有力者等一些特殊规定单独归类，以区别于其他赎刑制度。一般妇人折杖收赎是赎余罪，即徒流等加杖以外的刑罚，笞杖刑并不能免除；而对于官员正妻及例难的决妇人，赎罪则既可以赎徒流以下的笞杖之刑，又可以赎徒流加杖的所有刑罚。

作为替代刑的赎刑，很多时候起到替代流放刑的作用，如对妇女一般不流，妇女犯流罪，一般决杖一百，余罪收赎。三种赎刑的银数可参见下表：

表2－1　五刑赎刑表

赎刑（五刑中俱有应赎之款，附列于此，以便引用）	笞一十	笞五十	杖六十	杖一百	徒一年	徒三年	流二千里	流三千里	绞斩
纳赎（无力依律决配，有力照律纳赎）	银二钱五分	银一两二钱五分	银三两	银五两	银七两五钱		二十两	二十两	
收赎（老幼废疾，天文生及妇人折杖照律收赎）	银七厘五毫	银三分七厘五毫	银四分五厘	银七分五毫	银一钱五分	银三钱	银三钱七分五厘	银四钱五分	银五钱二分五厘
赎罪（官员正妻及例难的决并妇人有力者，照律赎罪）	银一钱	银五钱	银六钱	银一两	银一两七分五厘	银一两二钱二分五厘	银一两三钱	一两三钱七分五厘	银一两四钱五分

注：参照薛允升：《读例存疑》卷一，名例律上之一，五刑，光绪三十一年京师刊本制成（《读例存疑点注》，第5—6页）。

可见，其中收赎银数最少，其次是赎罪，纳赎银数最大。对此薛允升在《读例存疑》中也指出："赎罪是照例赎其罪，其赎重。收赎，是依律赎其情可矜疑者，其赎轻"，"收赎，银数甚微，惟老幼、废疾、天文生、妇人等，

---

① 田涛、郑秦点校：《大清律例》，法律出版社1999年版，第47页。

得以原照，所以悯老恤幼、矜不成人、宽艺士而怜妇人也"。① 各赎刑之中，也以收赎为最重要，《清史稿》指出："收赎名曰律赎，原本唐律纳赎。赎罪名为例赎，则明代所创行。顺治修律，五刑不列赎银数目。雍正三年，始将《明律赎图》内应赎银数斟酌修改，定为《纳赎诸例图》。然自康熙《现行例》定有承问官滥准纳赎交部议处之条，而前明纳赎及赎罪诸旧例又节经删改，故律赎俱照旧援用，而例赎则多成具文。"②

另外，清代又创立有捐赎一项。捐赎是清代为筹措军饷或其他款项，对罪犯实行的捐款赎罪制度。《大清会典》曰："不著于例者曰捐赎，必叙其情罪以疏请，得旨乃准焉。"③ 可见，这是清代在律赎、例赎之外，别自创立的一种赎刑制度。刑部设有赎罪处，专司其事。据《清史稿·刑法志》载：

> 其捐赎一项，顺治十八年，有官员犯流徒籍没认工赎罪例；康熙二十九年，有死罪现监人犯输米边口赎罪例；三十年，有军流人犯捐赎例；三十四年，有通仓运米捐赎例；三十九年，有永定河工捐赎例；六十年，有河工捐赎例。然皆事竣停止。其历朝沿用者，惟雍正十二年户部会同刑部奏准预筹运粮事例，不论旗、民，罪应斩、绞，非常赦所不原者，三品以上官照西安驼捐例捐运粮银一万二千两，四品官照营田例捐运粮银五千两，六品官照营田例捐银四千两，七品以下、进士、举人二千五百两，贡、监生二千两，平人一千二百两，军、流各减十分之四，徒以下各减十分之六，俱准免罪。④

乾隆八年（1743年），经刑部议准，将雍正十二年（1734年）所定"预筹粮运捐赎例"，行文全国，无限期施行，捐赎自此成为定制。此后，又经过乾隆十七年（1752年）和乾隆二十三年（1758年）两度修订或补充，相关内容一直行用到清末。被流放实发的军流人犯可以通过捐赎的形式提前结束刑期。对于军流罪犯的捐赎，薛允升更为详尽地指出：

> 三品以上官捐运粮银七千二百两；四品官，捐运粮银三千两；五、

---

① 胡星桥、邓又天主编：《读例存疑点注》卷一，名例律，五刑，中国人民公安大学出版社1994年版，第6页。
② 《清史稿》卷一百四十三，志第一百十八，刑法二。
③ 光绪《大清会典》卷五十六，刑部，尚书侍郎职掌四。
④ 《清史稿》卷一百四十三，志第一百十八，刑法二。

六品官,捐运粮银二千四百两;七品以下进士、举人,捐运粮银一千五百两;贡、监生,捐运粮银一千二百两;平人捐运粮银七百二十两,俱准其免罪。……仍照例请旨。再,军流人犯已经发遣者,照西安驼例,捐运粮银六百两。……准其免罪回籍。仍照例请旨。乾隆八年,经刑部通行各省在案。二十三年,钦奉谕旨,将斩绞各犯纳赎之例永行停止,而军流以下罪名仍准捐赎。①

与一般赎刑相比,捐赎有以下几个方面的特点:其一,捐赎尽管已经形成定制,长期行用,但由于具有临事筹财的目的,且与我国固有刑律重视伦理道德的基本精神扞格不入,因此始终被视为"暂行章程",并未入清代刑制;其二,捐赎的适用较为宽松,其限制仅为常赦不原或实犯死罪,从平人到各品官员均可捐赎,并按身份区分为不同等次,品级越高,赎银越大;其三,捐赎赎罪需要的银钱数额巨大,以赎死为例:收赎为银五钱二分五厘;赎罪为银一两四钱五分;纳赎有力者为银二十五两或稍有力者为银十八两;捐赎银则从一般平人的一千二百两到三品以上官的一万二千两。

一般赎刑主要针对普遍人犯,对官员的影响不大。捐赎为一些犯罪官员开启了免罪之门,但由于对不同等级的官员赎银数额巨大,也不是一般官员所能够负担得起的。罚锾重在敛财,官府当然不希望职官以贪墨之资逃脱法律制裁。通过相关案例的考察,也可以看出,清代捐赎的主要对象是民间的殷实之家。如康熙年间流徙宁古塔的江南士子吴兆骞就曾以捐输城工之费二千金而被于康熙二十年(1681年)循例放归。② 顾殿宾系江西赣州府信丰县人,于乾隆十三年十一月内发山西长治县安置。顾殿宾之子生员顾泰交亲赴长治县,按定例情愿捐银六百两为伊父赎罪。③ 士子吴兆骞的赎银为京城好友集资捐助,平人顾殿宾的赎银则为其子所出。官员捐赎不仅银数巨大不易筹措,还很难得到最高统治者的批准。④ 如嘉庆十七年(1812年),武清县知县孙戚褒因高六毒毙韩贵兴一案误判,部议褫革发遣,因其居官清正、爱民有

---

① 胡星桥、邓又天主编:《读例存疑点注》卷一,名例律,五刑,中国人民公安大学出版社1994年版,第9页。
② 李兴盛:《江南才子塞北名人吴兆骞年谱》,黑龙江人民出版社2000年版,第151页。
③ 中国第一历史档案馆藏:《宫中朱批奏折》档号04-01-08-0135-004,山西巡抚阿思哈奏为长治县流犯顾殿宾循例请准捐赎事,乾隆十六年六月二十二日。
④ 根据方华玲的研究,犯斩绞罪的捐赎较早已经弃用,相关案例史料中很少见到;发遣官犯也仅"以亲老为由"呈请捐赎才有机会,诸多情境下都是"不准",见其《乾嘉时期新疆官犯的"捐资赎罪"》,《历史档案》2015年第2期。

素，县民一百余人捐资罪银二千两，公递呈词代为赎罪，却遭到最高统治者以"若竟徇所请，此后官员获罪者，或诡托效尤，其弊亦不可不防"而拒绝。①

第三节 清代的流放法规

如前所述，清代法规律例合编，这些法规的承载形式便是不断定期修订的《大清律例》，因此，要想探究清代的流放法规，必须深入到不同版本的《大清律例》之中去。

清代律例沿袭明律，其体例分为7篇，30门。7篇即名例律和吏律、户律、礼律、兵律、刑律、工律②；30门是指上述各律篇又加以细分，如吏律分为职制和公式两门；户律又分为户役、田宅、婚姻、仓库、课程、钱债和市廛等七门。清代律例这种按照部门分类的方法，承袭自明律，这样显然有利于看出各相关部门按照皇权赋予的权力对于人民进行的统治。然而，由于清代法律的执行机关是各级衙门，其他部门往往只是配合司法的相关实践，因此，律例的上述分类不过是封建统治者的一种理想形式，仅具象征意义，并不尽合理。为了实际运用的方便，清廷很早就有按照笞、杖、徒、流、死等刑罚类项分门别类对于律例重新加以排列，我们称之为"总类"。"总类"往往附在律例正文之后，如乾隆五年《钦定大清律例》共47卷，其中卷40至47为"总类"部分。也有单独辑纂成书的，如笔者所见到的藏于中科院文献中心的雁门郎汝琳、石珊增辑，道光三十年刊《大清律例总类》。

不同时期的大清律例总类对于当时的律例按照笞、杖、徒、流、死等刑罚进行分类，并明确了其律例规定具体条数。因此，通过不同时期律例总类的分析，我们可以十分清晰地看到当时不同刑罚的变化过程。这里，我们主要关注的是流放刑罚在封建五刑中的地位及其各种类型的变化过程。下面我们主要选取雍正、乾隆、道光和光绪四个时期四种《大清律例》总类进行列

---

① 《清仁宗实录》卷二百六十一，嘉庆十七年十一月甲午。
② 大明律篇目打破了唐律十二篇目的框架，仿效元典章，改用七篇，除首篇仍为名例外，其余六篇均按中央六部官制编目，分别为吏、户、礼、兵、刑、工。对此近代学者沈家本评说：大明律"以六曹分类，遂一变古律之面目矣"。参见沈家本：《历代刑法考》，中华书局1985年版，第1129页。

表分类比较如下：

表 2-2 雍正年间《大清律集解》总类刑罚分布表

刑名	分类	律例数	合计	百分比
笞	一十	31	318	14.7%
	二十	46		
	三十	39		
	四十	99		
	五十	103		
杖	六十	108	636	29.4%
	七十	64		
	八十	161		
	九十	63		
	一百	240		
徒	一年	51	333	15.4%
	一年半	40		
	二年	52		
	二年半	51		
	三年	139		
流徙	迁徙（比流减半，准徒二年）	4	197	9.1%
	杂犯流二千里	2		
	杂犯流两千五百里	2		
	杂犯流三千里者	9		
	实犯流两千里	39		
	实犯流两千五百里	16		
	实犯流三千里	125		

续表

刑名	分类	律例数	合计	百分比
军遣	发遣	36	241	11.2%
	边外为民	15		
	烟瘴为民	1		
	充军	4		
	附近充军	37		
	边卫充军	88		
	边远充军	27		
	极边充军	5		
	烟瘴充军	8		
	极边烟瘴充军	1		
	边卫永远充军	17		
	边远永远充军	1		
	烟瘴永远充军	1		
死	杂犯绞	6	408	18.9%
	杂犯斩	7		
	实犯绞监候	135		
	实犯斩监候	125		
	立绞	22		
	立斩	97		
	凌迟处死	16		
比引律条		27	27	1.3%
合计		2160	2160①	100%

注：根据雍正三年《大清律集解》制定，原书藏中科院文献中心，目录题名《大清律集解附例》，内题名《钦定大清律》，共四函20册，第四函为"总类"部分。

---

① 这里律例数的合计并非律例律文和条例总数之和，因为总类是按照刑罚来分类的，这就必然使得每一条律文或条例被分割成数条分别列入各类刑罚中来计算，因此这里的合计数目相比律例之和是要大得多的。以下各表亦同。

表2-3 乾隆年间《大清律例》总类刑罚分布表

刑名	分类	律例数	合计	百分比
笞	一十	31	328	13.7%
	二十	46		
	三十	40		
	四十	101		
	五十	110		
杖	六十	109	732	30.6%
	七十	64		
	八十	184		
	九十	65		
	一百	310		
徒	一年	59	378	15.8%
	一年半	43		
	二年	52		
	二年半	59		
	三年	165		
流徙	迁徙（比流减半，准徒二年）	5	213	8.9%
	杂犯流二千里	2		
	杂犯流两千五百里	2		
	杂犯流三千里者	8		
	实犯流两千里	41		
	实犯流两千五百里	13		
	实犯流三千里	142		

79

续表

刑名	分类	律例数	合计	百分比
军遣	发配	28	271	11.3%
	边外为民	14		
	烟瘴为民	1		
	充军	4		
	附近充军	36		
	边卫充军	98		
	边远充军	48		
	极边充军	7		
	烟瘴充军	28		
	极边烟瘴充军	7		
死	杂犯绞	6	442	18.5%
	杂犯斩	7		
	实犯绞监候	145		
	实犯斩监候	139		
	立绞	25		
	立斩	103		
	凌迟处死	17		
比引律条		30	30	1.2%
合计		2394	2394	100%

注：根据乾隆五年《大清律例》卷四十至四十七"总类"部分制定。

表2-4 道光年间《大清律例》总类刑罚分布表

刑名	分类	律例数	合计	百分比
笞	一十	31	361	9.5%
	二十	49		
	三十	43		
	四十	117		
	五十	121		

续表

刑名	分类	律例数	合计	百分比
杖	六十	123	1046	27.4%
	七十	77		
	八十	261		
	九十	96		
	一百	489		
徒	一年	87	687	17.9%
	一年半	62		
	二年	79		
	二年半	112		
	三年	343		
	总徒四年	2		
	准徒五年	2		
流徙	迁徙（比流减半，准徒二年）	8	389	10.2%
	杂犯流二千里	2		
	杂犯流两千五百里	2		
	杂犯流三千里者	11		
	实犯流两千里	69		
	实犯流两千五百里	19		
	实犯流三千里	278		
军遣	发配	131	588	15.4%
	充军	6		
	附近充军	50		
	近边充军	114		
	边远充军	100		
	极边充军	65		
	烟瘴充军	28		
	极边烟瘴充军	94		

81

续表

刑名	分类	律例数	合计	百分比
死	杂犯绞	6	720	18.8%
	杂犯斩	6		
	实犯绞监候	262		
	实犯斩监候	207		
	立绞	95		
	立斩	115		
	凌迟处死	29		
比引律条		30	30	0.8%
合计		3821	3821	100%

注：根据雁门郎汝琳、石珊增辑道光三十年刊《大清律例总类》制定，原书藏中科院文献中心。

表2-5 光绪年间《大清律例》总类刑罚分布表

刑名	分类	律例数	合计	百分比
笞	一十	31	363	9%
	二十	49		
	三十	42		
	四十	118		
	五十	123		
杖	六十	124	1071	26.7%
	七十	77		
	八十	267		
	九十	98		
	一百	505		

续表

刑名	分类	律例数	合计	百分比
徒	一年	95	721	17.9%
	一年半	63		
	二年	83		
	二年半	119		
	三年	352		
	总徒四年	2		
	准徒五年	2		
	准徒二年	5		
流徙	迁徙安插①	3	400	10%
	杂犯流二千里	2		
	杂犯流两千五百里	2		
	杂犯流三千里者	11		
	实犯流两千里	71		
	实犯流两千五百里	21		
	实犯流三千里	290		
军遣	发遣	143	619	15.4%
	附近充军	56		
	近边充军	123		
	边远充军	105		
	极边充军	65		
	烟瘴充军	27		
	极边烟瘴充军	100		

---

① 这里的"迁徙安插"指迁徙实发的条例，并没有把迁徙比流减半，准徒二年的5条计算在内（该表归入了徒刑内），因此只有3条。也就说，迁徙条例到了道光年间增加至8条后，并没有发生变化。本表按照会典叙述所列，并没有强合一起处理，特此说明。

续表

刑名	分类	律例数	合计	百分比
死	杂犯绞	6	813	20.3%
	杂犯斩	6		
	实犯绞监候	266		
	实犯斩监候	212		
	立绞	71		
	立斩	222		
	凌迟处死	30		
比引律条		30	30	0.7%
合计		4017	4017	100%

根据光绪《大清会典》卷五十四制定。

通过以上四表，我们可以看出清人对于流放刑罚一般分为"流徙"和"军遣"两大类。其中，"流徙"又分为"迁徙"和"杂犯流"及"实犯流"各三等；"军遣"则又分为"发遣"（亦有称"发配"）和"充军"多等。如光绪《大清会典》对于当时的流放刑罚这样记载：

> 迁徙安插者三。杂犯流二千里者二，流两千五百里者二，流三千里者一十一；实犯流两千里者七十一，流两千五百里者二十一，流三千里者二百九十，凡流徙之属四百。发遣者一百四十三。附件充军者五十六，近边充军者一百二十三，边远充军者一百五，极边充军者六十五，烟瘴充军者二十七，极边烟瘴充军者一百，凡军遣之属六百一十九。①

上述各类刑罚的律例条数不同时期各有变化。流放刑罚的律例条数由雍正三年《大清律集解》的 438 条、乾隆五年《大清律例》的 484 条，逐渐发展到道光三十年刊《大清律例总类》的 977 条、光绪《大清会典》所记载的 1019 条，总数翻了一倍还要多。统计各个时期流放刑罚的律例条数占刑罚律例条数总和的比例，我们可以看到雍正三年《大清律集解》占有 20.3%，乾

---

① 光绪《大清会典》卷五十四，刑部，尚书侍郎职掌二。

隆五年《大清律例》占有20.2%，道光三十年刊《大清律例总类》占有25.6%，光绪《大清会典》占有25.4%。可知，清代的流放刑罚律例条数从清初的占有整个律例条数的五分之一，到清代后期有上升的趋势，达到了四分之一。虽然我们并不能从中完全断定流放刑罚在清代的实际实践情况，但是我们也能够从中看出清统治者对于流放刑罚的重视以及流放在清代刑罚中的重要地位。

"凡五刑之属三千，著于律，律不尽者著于例。"① 清统治者通过律例尤其是条例的不断调整，从而使得清代的流放体系逐渐形成并日臻完备。各类流放刑罚在有清二百多年的时间内不断发生变化，这种变化不仅表现在律例条数方面，还表现在分类和名称各方面，情况比较复杂。下面将分别加以论述。

首先是迁徙刑。对于迁徙刑前面已经加以介绍过，需要说明的是，一般的迁徙刑都被注明"比流减半，准徒二年"。对此，D. 布迪和 C. 莫里斯在《中华帝国的法律》一书中指出，"迁徙比流减半，准徒二年"是一个刑种混合物，其原始来源应为明代的"迁徙"刑，并认为这种刑罚在执行中仅仅保留"迁徙"的名称，都是"减半准徒"，仅服两年苦役，与普通"徒二年"没有任何区别。②

笔者认为清代的迁徙刑虽然很少行用，但并不像上文所说的那样简单。从上表看，雍正年间的迁徙刑的律例仅仅有4条。从内容看，其实这四条律例基本上都是沿袭自明律。明律迁徙刑亦包括律例4条，即《明律》卷二吏律滥设官吏条、卷四户律禁革主保里长条、卷七户律收粮违限条和卷二十三刑律官吏受赃条。③ 通过以上四条我们可以看出，明代的"迁徙"刑有着明显的惩治地方奸顽的特征，对此已有学者加以论述。④ 清初迁徙沿袭自明律，也有着同样的作用。只是由于明清社会条件的变化，其中的一些条例如户律收粮违限条等已经废而不用，迁徙刑在清初的法律实践中也不常用。

雍正年间对西南少数民族地区进行改土归流，出于安定当地社会秩序的需要迁徙刑开始适用于这些地区。因此，乾隆朝《大清律例》中迁徙刑不仅在雍正朝律例的基础上删除了久已不用的户律收粮违限律条，条例还增加了

---

① 光绪《大清会典》卷五十四，刑部，尚书侍郎职掌二。
② ［美］D. 布迪、C. 莫里斯：《中华帝国的法律》，江苏人民出版社1998年版，第80页。
③ 参见怀效锋点校：《大明律》，法律出版社1999年版。
④ 吴艳红：《明代充军研究》，社会科学文献出版社2003年版，第187页。

一些具体适用于西南地区少数民族的内容。如名例规定将"土蛮、瑶、僮仇杀劫掠及聚众捉人讹禁,本犯正法者之父母、兄弟、子侄,本犯系军流等罪,其父母、兄弟、子侄,初犯治罪后仍不改恶,其亲属家口"迁徙;兵例规定"土人潜往外省生事为匪,除实犯死罪外,徒罪以上者同家口、父母、兄弟、子侄一并迁徙安插"。① 从而使得迁徙刑的律例条数达到了 5 条。

到道光年间有关迁徙律例增至 8 条。迁徙刑虽然规定"比流减半,准徒二年",但并非所有的迁徙刑都能被转换为两年的徒刑。从光绪《大清会典》可以看出,迁徙刑中有 5 条律例可以"准徒二年",其他 3 条则要实发"迁徙安插"。

其次是流刑。清代流刑沿袭隋唐以来分为三等的定制,所不同的是三等流刑又往往根据犯罪情节轻重程度的不同被分为杂犯流和实犯流。如前所述,唐律即有真犯与杂犯死罪的区分,明律因之,清律始有实犯与杂犯的区别。②《大清律例》名例律"常赦所不原"条规定:"凡犯十恶,杀人,盗系官财物,及强盗,窃盗,放火,发冢,受枉法、不枉法赃,诈伪,犯奸,略人,略卖、和诱人口;若奸党,及谗言左使杀人,故出入人罪;若知情故纵听行,藏匿,引送,说事过钱之类一应实犯(皆有心故犯),虽会赦并不原宥。"③这里指出了实犯的类型,并规定"一应实犯,皆有心故犯,虽会赦并不原宥"。清代不仅区分实犯与杂犯死罪,还有实犯和杂犯流罪的区别。对于杂犯通常被特准代之以较轻的徒刑,杂犯死罪通常允准"准徒五年",杂犯三流则允准"总徒四年"。然而,无论是杂犯死罪的"准徒五年"还是杂犯三流的"总徒四年",都并非是针对所有杂犯犯人的。我们从上表道光和光绪年间的《大清律例》总类可以看出,虽然相关杂犯的律例条数极多,但是具体规定"总徒四年"和"准徒五年"的律例条数却各自只有 2 条。在具体的司法实践中,"总徒四年"和"准徒五年"的例子就更少了。

再次是充军刑。充军刑于明代正式确立并由于与军事制度相配合而达到了高峰。清代充军沿袭自明代,在清初的很长一段时间内还保留有前明的许多痕迹。上表雍正年间《大清律例》总类充军刑就有边外为民 15 条,烟瘴为民 1 条,充军 4 条,附近充军 37 条,边卫充军 88 条,边远充军 27 条,极边

---

① 田涛、郑秦点校:《大清律例》总类,法律出版社 1999 年版,第 794 页。
② 有关真、杂犯死罪的区分见吴艳红《明代充军研究》,社会科学文献出版社 2003 年版,第 174—175 页。
③ 田涛、郑秦点校:《大清律例》卷四,名例律上,常赦所不原条,第 97 页。

充军5条，烟瘴充军8条，极边烟瘴充军1条，边卫永远充军17条，边远永远充军1条，烟瘴永远充军1条。在这里不仅沿袭有明代的边外为民和烟瘴为民，还沿用明律军犯充发各卫所有边卫充军，并且把明律所规定的原犯亡故子孙勾补之例原版搬用，有边卫永远充军和边远永远充军。

有关"边外为民"前已论述，其在清初被行用了很长一段时间。直到乾隆三十六年（1771年），因充军已经"有名无实"，"边外为民条款，与现在断狱事宜，不甚允协"，终被删除。① 对此，清末律学家沈家本在《充军考》中有较为详尽的论述："明代军与民分其治罪，亦不尽同，故有属军卫者充军，属有司者为民之例，凡二十二条。国朝雍正以前尚仍其旧，迨乾隆三十六年将名例边外为民之语删除，凡例内为民者，悉改充军，不复分别军民矣。"②

烟瘴为民只是在兵律私出外境及违禁下海例中有1条，规定：各边将官并管军头目私役及私出境外钓豹捕鹿、砍木掘鼠等项，并守把之人知情故纵，该管里老兵目、军吏扶同隐蔽，除实犯死罪外，属有司者。③ 这一条例适用很少，乾隆朝以后便被废止。

清军入关之初，明代的卫所制度曾被全面保留，卫所仍然发挥着管理充军发配人犯的司法功能。充军人犯在被发配至卫所后，即属军籍，由卫所官员收管，责令当差服役。按规定，军犯应该全部发配到卫所服役，但随着清代卫所政策的调整，卫所或裁并或改设州县，军犯开始发配至地方州县。雍正四年（1726年）覆准，"各省卫所有改为州县，及裁汰归并州县者，嗣后充发军犯，即发于改设归并之府州县管辖，仍注军籍当差"④。到了乾隆中期，除漕运卫所仍旧保留外，其余卫所已基本被裁完。在这种情况下，乾隆三十二年（1767年）十二月，兵部向朝廷奏明，"各处卫所系专司挽运漕粮，并不收管军犯，应将边卫充军改为近边充军"，此后充军人犯便全部交由地方州县管理，《大清律例》也相应做了修改，将"定卫发遣"改为"定地发遣"。⑤ 清代卫所的司法职能也随之结束。与此同时，"因现今无勾补之例"，

---

① 《清高宗实录》卷八百八十三，乾隆三十六年四月庚子。
② ［清］沈家本：充军考（下），载《沈寄簃先生遗书》，中国书店海王邨古籍丛书1990年影印本，第546页。
③ 田涛、郑秦点校：《大清律例》卷四十五，总类，充军烟瘴为民条，第827—828页。
④ 光绪《大清会典事例》卷七百二十一，兵部，发配，军流，外遣。
⑤ ［清］吴坛撰，马建石、杨育棠主编：《大清律例通考校注》，中国政法大学出版社1992版，第336页。

沿自明代的"勾补"制度于雍正三年被奏明删除。① 及至乾隆五年修律之时，鉴于"永远充军"已改为极边烟瘴，特废止"永远充军"之名。②

至此，清代对于沿袭自明代的充军刑已经基本改造完成。上表道光年间的充军刑分为附近充军、近边充军、边远充军、极边充军、烟瘴充军和极边烟瘴充军六大类，这一分层虽不尽合理（下文将另有论述），但却达到了与清代的体制相适应，已与明代的充军刑有着极大的区别。

最后是发遣刑。发遣乃是清代所独创的一种极具民族特色的刑罚制度。清代发遣的出现并非偶然，而是经历了一个从无到有逐步发展的过程。已如前述，直到康熙十九年（1680年）清廷颁布《刑部现行则例》，才在立法上正式确认了发遣这一新的惩罚方式。当时所颁布则例264条，其中发遣为奴的条例有6条，之后有关发遣的条例日见增多。上表雍正三年《大清律集解》所载有关发遣的律例就已达到了36条。

乾隆继位以后，对于这种能够有效打击犯罪的新的惩罚方式更加重视，并借以博得"仁政"的美名。从乾隆初年开始，清廷就逐步对于发遣刑进行调整。由于朝廷的重视，发遣制度在乾隆朝逐渐得以完备。乾隆五年《大清律例》告成，从上表看，总类中所列有关发配的律例有28条，似乎比雍正朝有所减少。实际上，尽管乾隆初年曾对发遣条例进行调整，但相关例文并没有因此减少，只是乾隆五年《大清律例》总类中没有把如留囚家属门对于发遣所做的一些规定计算在内，如果统计所有的发遣例文大概会有四十余例。③ 随后，清代的发遣条例逐年增多，发遣在刑罚体系尤其是流放体系中的地位也日益上升。道光三十年刊《大清律例总类》所载发配例文有131条，光绪《大清会典》所载发遣例文则达到了143条之多。在具体的司法实践中，发遣刑行用更为广泛，正如刘锦藻在《清朝续文献通考》中所说："办案拟军遣者甚多，而拟流者寥寥，是流虽正刑，渐为军遣所夺矣。"④

---

① 光绪《大清会典事例》卷七百四十六，刑部，名例律，徒流迁徙地方六，充军地方。
② 光绪《大清会典事例》卷七百二十七，刑部，名例律，军官军人犯罪免徒流，犯罪免发遣，军籍有犯。
③ 参见刘炳涛：《清代发遣制度研究》，中国政法大学中国法制史硕士论文，2004年，第7—8页。
④ ［清］刘锦藻：《清朝续文献通考》卷二百五十，刑考九，徒流，军遣附。

第四节　清代的流放对象

清代流放刑罚的实施十分普遍，遭受流放的人数众多，几至无法统计。他们之中有因刑事犯罪而遭遣者，主要是杀人、窃盗、抢劫、犯奸等；有因反清斗争而遭遣者，如各种类型的农民运动，失败后参与者及其家属大都被流放边疆；有因科场案、文字狱受到牵连而遭遣者，如清初的"南北闱科场案""《明史》案""《南山集》案"等，使得一大批文人罹祸发遣；有因参与清朝统治集团内部的派系斗争，像康熙初年平定三藩，康熙后期储位之争，雍正年间年羹尧、隆科多等案，在这些斗争中许多人因失势而遭到遣戍，成为政治斗争的牺牲品；还有大批官员因作奸犯科、贪污受贿、渎职舞弊、作战不利等而被遣戍的。被流放的人物身份复杂，既有王公大臣，也有一般百姓；有汉人，也有满人和其他少数民族。清代流放作为一种刑罚制度，其适用对象可以说是除皇帝以外的每一个社会成员。由于清代是一个等级森严的社会，各等级在流放制度中所受到的待遇是有差异的，这里我们将对于流放对象按照类别加以分类论述，这些类别包括一般民人、旗人和官员等。

一、民人有犯

清代的普通民人称为良民、平人等。这是清代社会人数最多的一个社会阶层，而且成分比较复杂。它既包括自耕农、佃户、富裕农民、手工业工人、个体劳动者、灶户、店铺伙计、城镇居民等所谓劳动者阶级，也包括没有功名的普通地主、手工业作坊主、店铺老板等拥有相对丰富家业的有产阶级，甚至兵丁、僧尼、乞丐等人也包括在内。清代法律意义上，"民人"是与"旗人"相对应的一个概念。与有特权的旗人相比，他们占了被统治阶级的大多数，处于同等的法律地位。这些人是清政府纳税和应差服役的主要对象，都有应考出仕的权利。清律对其他阶层社会成员的定罪量刑，都是在民人的基础上酌为加减的。流放制度所规定的具体条文就是以他们为主要对象的。清代普通民人遭受流放的犯罪既包括各种窃盗、抢劫、杀人、窃逃、诈骗等作奸犯科的一般刑事案件，又包括因科场案或叛乱等而被遣发的各类政治犯罪，类型极多，范围极广。另外，还有一些我们今天看来仅仅是违犯了社会伦理或民事行为的琐事，当事人也有遭受流放刑罚的。例如清代对于违犯祖父母、父母教令的子孙往往通过"呈请发遣"的方式被流放远方。① 由于清律以民人有犯作为量刑的标准，本研究各章节所规定的各项制度也是以民人为基础的，后文有关流放制度和流放实践的各项规定都是在民人有犯的基础上展开的，这里就不再赘述，而把重点放在民人中比较特殊的群体妇女犯罪上加以讨论。

对于妇女犯罪，清律《名例律》规定："其妇女犯罪应该决杖者，奸罪去衣受刑，余罪单衣决罚，俱免刺字。若犯徒流者，决杖一百，余罪收赎。"② 可见，妇女若犯徒流，其决杖一百，仍应的决，惟徒流地方准其收赎。这是因为我国向来重视礼教，妇女名节，重于性命。女子抛头露面，为礼教所不许，所以妇女犯了流放不予实发，可以用银赎免。当时规定的收赎银数量很少，流二千里缴赎银三钱七分五厘，流二千五百里缴银四钱一分二厘五毫，流三千里为银四钱五分。赎罪也仅仅是流二千里赎银一两三钱，流二千五百里赎银一两三钱三分七厘五毫，流三千里赎银一两三钱七分五厘。③

对于官员正妻，虽有不可收赎之罪，但仍可"赎罪"免刑。故官员正妻犯罪，既可收赎，又可赎罪。可以说，"官员正妻，刑法所不能加"，几乎成为法外之人。④ 对此，清末刘锦藻指出："盖旧律最重名分，凡妇女非犯奸、盗、不孝、寡廉鲜耻之罪，均准赎罪，如家长妻妾致毙婢女及姑杀子媳，以名分攸关，均罪止流徒，准其收赎，所以养其廉耻，使之知所愧悔也。无如法久弊生，凡富贵家之妇女，恃有赎罪之法，以致无所忌惮，长其残忍凶悍之性。"⑤ 有时，罪案本非妇女所为，或系夫男、家长、家属所犯。由于男子与妇女，法律上处罚大不相同，因此，常有辄令妇女顶罪，成为替夫男或家长的避罪之途。

清统治者也逐渐认识到了妇女犯法赎罪的弊端，逐步着手通过修纂条例的方式予以修正。随着条例的不断增加，妇女犯流不予实发的局面也开始改变。

最初，妇女犯罪实发，"旧例止谋反叛逆与奸党乱政之妻妾子女应行缘

---

① 参见王云红：《论清代的"呈请发遣"》，《史学月刊》2007年第5期，第42—50页。
② 田涛、郑秦点校：《大清律例》卷四，名例律上，工乐户及妇人犯罪条，法律出版社1999年版，第103页。
③ 田涛、郑秦点校：《大清律例》卷二，诸图，纳赎诸例图，法律出版社1999年版，第51—52页。
④ [清]刘锦藻：《清朝续文献通考》卷二百五十五，刑考十四，赎刑。
⑤ 同上。

坐，及犯法本系家奴，其妻妾应行调发数条，或以其情罪重大，或以其分本奴婢"。① 之后，又有妇女若是犯奸、犯盗、忤逆不孝者，即予实发。以后条例逐渐增多，清末有律学家薛允升撰、沈家本参订《妇女实发律例汇说》，对此进行了考证归类。该书卷首即指出"律例内妇女犯军、流、徒罪，均准收赎。情重者，始有实发之条。而实发者，又有为奴、不为奴之别"，共辑"现行例内实发为奴者二十一条；实发而不为奴者九条；并有为奴而不实发者一条，略汇前说，逐注条末，存以俟考"。② 对于实发条例，因资料珍贵，特分列如下：

为奴实发者二十一条：

1. 蒙古人犯正法，妻单行发遣者，酌发南省驻防兵丁为奴。名例，流囚家属。

2. 旗下家奴酗酒行凶，经本主送部发遣之犯，妻室子女俱一体发遣，给兵丁为奴。同上。

3. 京城奸媒有犯诱奸、诱拐罪坐本妇之案。如犯该军流，俱实发各省驻防为奴。名例，工乐户及妇人犯罪。

4. 妇女有犯殴差哄堂之案，罪至军流以上者，实发驻防为奴。同上。

5. 妇女犯系积匪，并窝留盗犯多名，及屡次行凶讹诈，罪应外遣者，实发驻防，给官兵为奴。同上。

6. 妇女翻控审虚，系嘉庆二十三年定例，实发驻防为奴。妇女犯盗致纵容之祖父母、父母及夫之祖父母、父母畏罪自尽，系嘉庆十七年定例，发黑龙江为奴。道光二年均改为监禁三年。

7. 官员交结朋党紊乱朝政者，妻子为奴。职制，奸党。

8. 内地奸民私行煎挖硝磺至三百斤以上及合成火药至十斤以上者，妻缘坐。军政，私藏应禁军器。

9. 台湾奸民私煎硝磺至三百斤以上及合成火药至十斤以上者，妻缘坐。关津，私出外境及违禁下海。

10. 太监在宫门及禁门以内吸食鸦片烟者，家属实发新疆给官兵为

---

① [清] 祝庆祺、鲍书芸、潘文舫、何维楷编：《刑案汇览三编》（一），北京古籍出版社2004年版，第90—94页。

② [清] 薛允升撰、沈家本参订：《妇女实发律例汇说》，杨一凡主编《中国珍稀法律典籍集成》丙编（第三册），科学出版社1994年版，第470页。

奴。同上。

11. 反逆案内缘坐妇女发各省驻防，给官兵为奴。贼盗，谋反大逆。

12. 倡立邪教，传徒惑众滋事案内之亲属，照律缘坐。同上。

13. 纠众戕官反狱案内之亲属，照律缘坐。同上。

14. 谋叛者，妻、妾、女给功臣之家为奴。贼盗，谋叛。

15. 纠众行劫狱囚拒杀官兵，将为首及为从杀官之犯依谋反大逆律，亲属缘坐。贼盗，劫囚。

16. 姑谋子媳情节凶残显著者发。改发各省驻防，给官兵为奴。人命，谋杀祖父母，父母。

17. 发遣当差为奴之犯，杀死伊管主一家三人者，凶犯之妻、妾发驻防，给官兵为奴。人命，杀一家三人。

18. 奸妇抑媳同陷淫邪，致媳情急自尽者，改发各省驻防为奴。人命，威逼人致死。

19. 奸妇因媳碍眼毒殴自尽者，发驻防为奴。同上。

20. 父母纵容通奸，因奸情败露愧迫自尽者，妇女发驻防，给官兵为奴。同上。

21. 妇女与人父子通奸，致其子因奸谋杀其父，酿成逆伦重案者，将犯奸之妇实发驻防，给官兵为奴。犯奸。

实发而不为奴者九条：

1. 妇女殴差哄堂犯徒罪者，若与夫男同犯一体，随同实发。名例，工乐户及妇女犯罪。①

2. 官吏与官及近侍人员互相交结，漏泄事情夤缘作弊扶同奏启者，妻流二千里安置。职制，交结近侍官员。

3. 叛案内律应缘坐，流犯发新疆种地当差。贼盗，谋叛。

4. 盛京、乌喇等处居住之人，不详询来历混买人者，系另户连妻发往江宁、杭州披甲。贼盗，略人、略卖人。

5. 杀一家非死罪三、四命以上者，妻女发附近充军地方安置。

6. 采生折割人者，妻流二千里安置。若已行而未曾伤人者，妻流二千里。人命，采生折割人。

7. 造畜蛊毒堪以杀人者，妻流二千里安置。人命，造畜蛊毒。

8. 八旗兵丁因管教将本管官戮死者，妻发遣黑龙江。斗殴，殴制使

---

① 沈氏于此注有：妇女犯徒罪实发，只此一条，因与夫男同犯也。

及本管长官。

9. 呈首子孙发遣，如将子孙之妇一并呈送，与其夫一并佥遣。诉讼，子孙违犯教令。

为奴而不实发者一条：

旗下家人三次逃走，发各省驻防为奴。妇女有犯，亦照此科断，按律收赎。督捕则例。①

以上各条，除家人逃走一条不在实发之内，其余因正凶缘坐者十八条，均非妇女自行犯罪。同夫男佥配者三条，亦不尽系妇女本罪而其应行实发。可见，因妇女本罪而应行实发者不过十余条，其中至犯系积匪，京城奸媒，与人父子通奸，抑媳同陷淫邪四条，系妇女本身犯罪加重实发。惟因奸致父母自尽，姑谋杀子妇，殴差哄堂三条，说帖还多欲改为监禁。②

妇女犯流、充军、外遣之罪，通常是实发给驻防兵丁为奴，并不按照《道里表》所定地方发配。卷尾沈家本对于妇女犯徒流实发有着精辟的解析：

妇女犯罪与男子殊，流成道远，子身难于长行。五徒较轻亦苦于不能任役，是以汉有顾山之制，唐有留住之条，明则徒流俱听收赎，皆所以款妇女示矜恤也。国朝承用明制，妇女徒流准赎，故以流三千里人犯仅赎银一两三钱七分五厘，为数过微，不足以示惩戒，于是遇有情节较重者，军、流、遣罪改为发遣为奴，不准收赎。乾隆以后实发款目日益加多，盖于矜恤之中参以惩戒之意，因时制宜，亦有不得已者。③

另外，妇女在清代还有一种情况，就是随同丈夫佥配。从清初开始，清廷就规定了佥妻之制，丈夫犯了流罪，妻子必须一同发遣。清律规定："凡犯流者，妻妾从之。"④ 凡是律例规定应行佥配的犯人，审判时要将犯人妻的姓氏、年龄、相貌均记载在供书上。如犯人没有妻室，还要取具其邻居亲属甘

---

① 参见［清］薛允升撰、沈家本参订：《妇女实发律例汇说》，杨一凡主编《中国珍稀法律典籍集成》丙编（第三册），科学出版社1994年版，第470—480页。
② 同上书，第480页。
③ ［清］薛允升撰、沈家本参订：《妇女实发律例汇说》，杨一凡主编《中国珍稀法律典籍集成》丙编（第三册），科学出版社1994年版，第483页。
④ 田涛、郑秦点校：《大清律例》卷四，名例律上，流囚家属条，法律出版社1999年版，第95页。

结作保。被佥配的妇女，途中所需费用均由官府支付。到配后由该管衙门同犯人本人一并管束。

这种制度，与缘坐受干连流放不同，缘坐之犯往往是由于主犯犯了反叛大逆之罪，受缘坐者也被视为罪犯，虽是缘坐亦有惩罚之意。亲属同遣制度中同遣的妻子儿女，并不被视为罪犯，亲属同遣的目的主要是为了使得流犯室家能够完聚，借此来体现统治者对流犯虽流犹恤的美名，并以此来安抚流犯在流放地安心服刑。

然而，流犯妻子儿女都是无罪之人，却被强迫流放，其间不少妇女在流犯路途和流犯地遭受了非人的折磨和无尽的屈辱。比较典型的是乾隆三十三年（1768年）的昌吉遣犯作乱，其作乱的主要原因便是在中秋节的那天晚上，管理遣犯的兵士和遣犯及其家属共同饮酒，兵士酒醉调戏遣犯妻女，从而导致了遣犯恼羞成怒，揭竿而起。这场变乱致使数百名遣犯就义，其妻子儿女的命运可想而知，那就更加悲惨了。①

二、旗人有犯

旗人，作为清王朝的统治阶级和法律的制定者，包括八旗满洲、蒙古、汉军，其中以满洲八旗为最重要。清军入关后，对于旗人仍然部分沿用入关前的刑罚习惯。即重罪处死，轻罪鞭扑，并没有所谓的"五刑"等差。

顺治四年（1647年），在《大明律》的基础上修订而成的《大清律集解附例》颁行全国，虽然要求满汉通行，但在新入关的满族内部并没有得到严格执行。十三年（1656年）六月，刑部在议奏更定律例四事时，以"旗下人犯充军流徒罪者，止行鞭责，以致奸宄无所创惩"，明确提出折枷免遣制，即"今后犯军罪者，枷号三月；犯流罪者，枷号两月；犯徒罪者，枷号一月。仍照数鞭责"。顺治帝以所奏"有裨锄奸去恶，著即遵行，永著为例"。② 十八年（1661年），进而对徒、流内的等级如何折枷予以具体规定：旗下人犯徒一年者，枷号二十日；徒一年半者，枷号二十五日；徒二年者，枷号一月；徒二年半者，枷号三十五日；徒三年者，枷号四十日。若犯流二千里者，枷号五十日；二千五百里者，枷号五十五日；三千里者，枷号两月。军罪仍枷

---

① 有关官兵调戏犯妇导致昌吉叛乱记载可参见纪晓岚：《阅微草堂笔记》卷二十，载周轩、修仲一编注《纪晓岚新疆诗文》，新疆大学出版社第2006年版，第259页。
② 《清世祖实录》卷一百二，顺治十三年六月庚辰。

号三月。杂犯死罪准徒五年者，枷号三月十五日。①

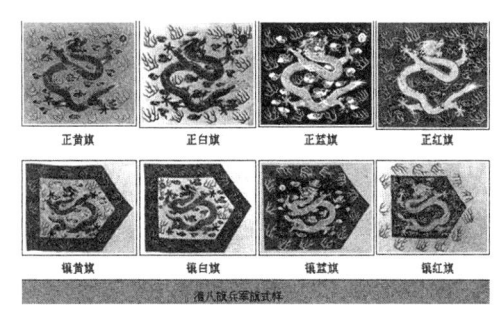

图 2-6 清代八旗甲胄和军旗式样

以上顺治十三、十八年两次议定的"旗下人"犯罪折枷例分别作为"新例""现行例"遵行了六十余年，但并没有入律。

雍正三年（1725年）修律之时，律例馆针对承袭《大明律》的顺治律"军官军人犯罪免徒流"条奏准："各卫所军官，非皆军籍，即军人犯罪，亦应分别轻重，徒罪五等，皆发二千里充军，亦未允协；军人犯盗，今不准免刺字。律文律名，俱应删改。又，旗下人犯徒流等罪，准折枷号，与此律意相符，另立一律于此律之前。"这里经过奏准增定改定律名律文，于"军籍有犯"律之前增入了"犯罪免发遣"律条，规定：

> 凡旗下人犯罪，笞杖各照数鞭责。军流徒免发遣，分别枷号。徒一年者，枷号二十日，每等递加五日；总徒准徒亦递加五日。流二千里者，枷号五十日，每等亦递加五日。充军附近者，枷号七十日；边卫者，七十五日；边远极边烟瘴沿海边外者，俱八十日；永远者，九十日。②

与此同时，还增总徒四年者，枷号四十五日；将准徒五年，枷号三月十

---

① 光绪《大清会典事例》卷七百二十七，刑部，名例律军官军人犯罪免徒流，犯罪免发遣，军籍有犯。

② 雍正《大清会典》卷一百五十，刑部，沈云龙主编：《近代中国资料丛刊三编》第七十八辑（779），文海出版社有限公司，第9554页。至乾隆年间卫所裁撤和废止"永远"充军字样，乾隆五年《大清律例》"犯罪免发遣"律条改定为：凡旗人犯罪笞杖，各照数鞭责。军流徒免发遣，分别枷号。徒一年者，枷号二十日，每等递加五日，总徒准徒亦递加五日。流二千里者，枷号五十日，每等亦递加五日。充军附近者，枷号七十日；近边者，七十五日；边远沿海边外者八十日；极边烟瘴者九十日。

五日改为枷号五十日等项。旗人"犯罪免发遣"入律之后，律文便不再变化，有关旗人犯徒流罪的刑罚变化过程则主要通过条例的变化来体现。

需要说明的是，一般旗人犯徒、流、军、遣罪，折枷号示众，宗室、觉罗则以折圈代替，不示众。清代，以努尔哈赤的父亲塔克世（修《太祖实录》时追封为显祖宣皇帝）为界，塔克世生有 5 子：努尔哈赤、舒尔哈赤、穆尔哈赤、雅尔哈赤与巴雅喇。这 5 子的子孙都属宗室，俗称黄带子，因系黄带子得名。而塔克世弟兄，努尔哈赤的伯叔兄弟的后代则称觉罗，俗称红带子，因系红带子得名。清朝的宗室、觉罗均属"天潢贵胄"，是满洲贵族的核心。清王朝对宗室、觉罗在政治和经济上都是优待的，他们犯罪并不列入一般的司法程序。清律规定："若宗室有犯，宗人府会刑部审理。觉罗，刑部会宗人府审理。"① 宗室、觉罗犯徒流罪，在宗人府的"空房"圈禁。圈禁日期规定：初犯徒一年折圈禁半年，按等递加，徒三年折圈一年，流三千里折圈禁二年，极边充军折圈禁三年。但是，若再犯、三犯则不能折圈，"均拟实发"。② 另外加上帝制时代宫廷斗争的残酷性，因此，宗室、觉罗中被流放者亦不乏其人。③

旗人"犯罪免发遣"，这与明律"军籍有犯免徒流"条的立法用意在于保证兵源，免使军伍空虚"律意相符"。对此，修律大臣沈家本曾在奏疏中曾指出："缘我朝入关之初，八旗生齿未臻繁盛，军伍有空虚之虑，差务有延误之虞，故凡八旗之人犯军流徒者，特设此折枷之制，免其发配，原为供差务实军伍起见。"④

虽然如此，但由于清代犯罪"免遣"的对象是以满族为主体的统治阶层，这便造成了司法层面上满汉畛域的扩大。满人凭借司法特权欺压汉民的现象时有发生；汉人也时时显露出对于满人这种司法特权的不满。"国人不能尽识朝章，往往引为缺憾。从前三藩之变，即藉谓为口实。……粤匪初起，亦藉此以为傲扰之媒。"⑤

针对旗人和宗室觉罗这种法律上"犯罪免遣"的特权对于清代法律秩序

---

① 《清史稿》卷一百四十四，志第一百十九，刑法三。
② 光绪《宗人府则例》卷二九。该条上谕也纂为条例，编入《律例·名例律·应议者犯罪》。转引自郑秦《清代旗人的司法审判制度》，载其《清代法律制度研究》，第 310 页。
③ 详见周轩：《清代宗室觉罗流放人物述略》，《故宫博物院院刊》1994 年第 1 期。
④ 《修订法律大臣沈家本奏旗人犯罪宜照民人一体办理折》，《清末筹备立宪档案史料》下册，中华书局 1979 年版，第 941 页。
⑤ ［清］刘锦藻：《清朝续文献通考》卷二百五十一，刑考十，徒流军遣附，考九九六八。

的破坏，统治者也逐渐予以关注并着手解决。① 解决的方法便是通过不断增修条例的方式对于律文的规定加以限制。对于历年来不断增修的条例，本书参照清代律学家吴坛《大清律例通考》、薛允升《读例存疑》和今学者林乾等人的研究成果，制表如下：

表2-6　"犯罪免发遣"律文的限制性条例

年代	针对"犯罪免发遣"律文的限制条例内容
乾隆十六年	凡八旗满洲、蒙古汉军奴仆，犯军流等罪，除已经入籍为民者，照民人办理外，其现在旗下家奴，犯军流等罪，俱依例酌发驻防为奴，不准折枷。
乾隆十八年	旗人初次逃走一月后，不论投回拿获，即销档发往黑龙江。
乾隆二十一年	有旗人殴死有服卑幼情节惨甚者，不准枷责完结。
乾隆三十二年	有旗人罪名，实系寡廉鲜耻有玷旗籍，削去户籍，依律发遣。
乾隆三十七年	有庄头鹰户、海户人等，如犯军遣流徒等罪，照民人定拟，不得折枷完结。
乾隆四十三年	有庄屯旗人并驻防无差使者，军遣流徒照民人一例办理。
乾隆四十八年	旗人如犯不肖无耻之罪，至于刺字者，销除旗档，照民人办理。
道光五年	定有旗人窝窃、窝娼、窝赌及诬告、讹诈行同无赖，不顾行止等项，销除本身旗档，分别发配，不准折枷。

通过上表可以看出，通过不断增修例文的限制，对于旗人犯罪"折枷"的规定给予了不断限制，甚至使"犯罪免发遣"律几乎成为具文。尤其到了道光五年（1825年），针对嘉庆年间对于旗人犯罪处罚较轻，致使旗人犯罪案件日多。协办大学士英和上《会筹旗人疏通劝惩四条疏》指出：

> 国初旗人尚少，欲其团聚京师，虽有罪不肯轻弃。乾隆年间生齿日繁，虑其败坏风气，将不肖逐渐汰除。此在乾隆年间为因时变通，而在今日则为遵循旧例，无如后来诸臣，往往以姑息为慈祥。自嘉庆二三年间，刑部将逃走发遣之例，改为投回免罪，仍准挑差。嗣后诸例渐次废弛。犯窃者则作百检十，一切例应刺字者，俱为之曲法开脱，以致旗人

---

① 对此的具体论述可参见林乾：《清代旗、民法律关系的调整——以"犯罪免发遣"律为核心》，《清史研究》2004年第1期。

肆无顾忌，窝窃窝娼窝赌，或棍徒无故扰害，或教诱宗室为匪，种种不法，皆由水懦易玩，犯者愈众，甚至托言谋生，廉耻尽丧，登台唱戏，及十锦杂耍，习为优伶下贱之役。接受赏赐，请安叩头，上玷祖父，下辱子孙，实系旗人败类，有伤体制。虽于嘉庆十一年，一经查办发遣，而其事只将本身销档，子孙仍在旗食粮，此等人家子弟，耳濡目染，少成若性，安能亢宗干蛊，改务正业。近年沾染恶习者，更复不少。臣等以为，稂莠不除，嘉禾不生，与其姑容以长浇风，何如渐汰以安良善，应请嗣后旗人犯窃，即行销除旗档。如罪止笞杖，姑念初犯，免其刺字，仍许复为良民。若改入民籍之后，再犯及罪止徒流以上者，再行刺字。逃走初次，或实由病迷，仍准投回挑差。如逾限一月后，无论投回拿获，及二次逃走者，均即行销档。若官员有心逃走，一次即行革职销档，旗人登台卖艺，寡廉丧耻者，免其发遣治罪，连子孙一并销档。该管参佐领，限三月内据实报出，所有以前失察处分，概予宽免。如逾限不报，仍照例分别议处。至窝窃窝盗，及一切诓骗之类，俱销除旗档，照民人例一体问拟，不准折枷。则旧例之应实力奉行，而不当有意从宽者也。①

疏上后，清政府很快作出反映，制定了道光五年例。该例对"折枷"权给予了最大程度的限制，被晚清律学家薛允升称为"刑典中一大关键"。对此，薛允升指出：

旗人犯徒流等罪，本系折枷发落，并不实发。乾隆十九年始有殴死卑幼情节残忍者，发拉林之例。二十七年又有寡廉鲜耻实发之例。三十五、三十九等年，又有分别庄头、屯居发遣之例。然犹与民人有异也。此例行而直以民人待之矣。②

可以说，清政府通过不断地增修相关条例，清中叶以后，满人的司法特权已渐消失，特别是一般满人的司法特权，至清中叶已经凌替无疑了。

---

① ［清］英和：《会筹旗人疏通劝惩四条疏》，载贺长龄、魏源等编：《清经世文编》（中册）卷三十五，中华书局1992年影印本，第878—879页。
② 胡星桥、邓又天主编：《读例存疑点注》卷二，名例律，犯罪免发遣条，中国人民公安大学出版社1994年版，第25页。薛氏所述年代多指案例产生年代，而上表所列乃是条例修订年代，因此多有不符。

三、官员有犯

对于官员犯徒流等罪，因其地位特殊，惩处也与普通军流遣犯不同。《清史稿·刑法志》指出："有清一代，若文武职官犯徒以上，轻则军台效力，重者新疆当差，成案相沿，遂为定例。"① 对此，《清朝续文献通考》进一步指出："官犯一项，定章凡职官犯罪，按民人应拟徒者，职官从重发往军台效力，按民人应拟流者，职官从重发往新疆效力，以其知法犯法，故较民人加重等数，以警官邪。"② 可见，官员犯徒流罪主要包括发往军台效力和新疆当差两种处罚方式。由于这两种方式系对官吏犯徒流等罪的特别处罚，因此并未入刑律，而是在清初至清代中叶很长一段时间的司法实践中逐渐形成的。

清初满族政权的统治重心由关外转移到关内，面对当时复杂的政治形势，既要联合、笼络汉族地主阶级共同剿灭全国各地的农民起义，又要防范和压制汉族地主强烈的复明意识和行为；既要政治、军事上统一中国，剔除各种有碍建立清朝中央集权的游离因素，又要从文化和意识形态方面淡化汉族文人士大夫的民族意识，尽量杜绝不利于满族统治的来自文化和思想方面的各种因素。出于上述考虑，清统治者在清初的一段时间内，除了积极拉拢汉族士人和汉族官员外，还通过法律手段对于他们之中的部分人加以制裁，借以对占领地区的人民加以威慑。这些人大都以流徙的方式与普通人犯一样被流放关外。对此，史籍记载不胜枚举：

顺治四年（1647年），僧函可作私史，事发，流徙沈阳。

顺治十年（1653年），李呈祥以条陈部院衙门，应裁去满官，专用汉人，流徙宁古塔。

顺治十一年（1654年），李裀论严治逃人之弊，免官，安置尚阳堡。陈名夏论留发复明衣冠，论斩，其子掖臣流徙关外。

顺治十二年（1655年），季开生上疏极谏买江南女子入宫，下刑部狱，杖赎流徙尚阳堡。魏琯论窝藏逃人庚毙，应请减等治罪，坐夺官流徙辽阳。

顺治十四年（1657年），南北闱科场案发，顺天考试官李振邺、张我朴等论斩，家属流徙尚阳堡。士子吴兆骞、孙旸、陆庆曾、钱威等俱

---

① 《清史稿》卷一百四十三，志第一百十八，刑法二。
② ［清］刘锦藻：《清朝续文献通考》卷二百五十，刑考九，徒流，军遣附。

著责四十板,家产籍没,父母妻子流徙宁古塔。河南主考黄沁、丁彭等落职,俱著责四十板,流徙尚阳堡。

顺治十五年(1658年),方拱乾以顺治丁酉科场案流徙宁古塔。陈之遴坐贿结内侍吴良辅,夺官流徙尚阳堡。

顺治十六年(1659年),郑成功与张煌言军北抵镇江,事平,成功父芝龙及其弟芝豹发遣宁古塔。

顺治十七年(1660年),浙中人士多预通海之谋,若祁班孙、魏耕、李甲、钱缵曾、杨越诸人重则斩籍没,轻则发遣宁古塔。金坛哭庙抗粮狱起,生员倪用宾、金人瑞等八人论斩,家产籍没,妻子流徙宁古塔。张缙彦编刻《无声画》,自称不死英雄,赀死流徙宁古塔。

康熙二十一年(1682年),平定三藩之乱后,附逆诸人分别治罪,发遣尚阳堡充当苦差。陈梦雷、田起蛟、金镜、李学诗等发往新满洲为奴,遣戍沈阳等地。①

……

显然,清初流放已经成为统治者打击汉族士人的一种手段,因此,其合法与否已经不再重要了。这些士人有些为前明官员,有些虽当朝为官但并不被信任。他们之中多系被怀疑"心存异志",冠以各种"莫须有"的罪名而遭受流放。这些封建士大夫流放的具体地点主要有沈阳、尚阳堡和宁古塔等,以后还有三姓、齐齐哈尔等地也被纳入其中。这一时期,大量对清廷不满或怀有异志的汉族士人被流徙关外,无怪乎时人发出了"南国佳人多塞北,中原名士半辽阳"② 的惊叹。

到了乾隆年间,随着国内大规模农民起义的平息,汉族封建士人的反清复明活动也趋于平静,清代法律对于官员阶层的惩戒也逐渐规范化,主要用于惩罚官员的贪污腐化、失职怠勤、专横骄淫、结党营私等行为,已经不再像清初那样主要用作打击汉族士人的一种手段了。与此同时,由于西北少数民族叛乱,清廷用兵西北,对于西北地区的平乱和经营成为朝廷的要务之一。将犯罪官员遣戍到西北地区效力赎罪,也正是在这一背景下形成的。

---

① 谢国桢:《清初东北流人考》所附年表,载谢氏《明末清初的学风》,第167—169页。其中,函可案被误记为顺治二年,此根据史实更正。
② [清]刘献廷:《广阳杂记》卷二,据传为康熙年间士子丁介所作《送人发遣辽东诗》中联。

对于效力赎罪,《清朝文献通考》指出:"效力赎罪乃是于罚金赎锾及做工驮运等例外,别为一条,皆国家矜全罪人,开以自新之路。凡军台效力赎罪,军前效力赎罪,屯田效力赎罪,堤工城工效力赎罪,及革职余罪人员或留该省效力赎罪,或发往他省效力赎罪等名色,并按罪重轻酌量时事,特奉恩纶,事无定例,是以不概入赎刑一门。"①

最先实行的是发往军台效力赎罪。军台是清朝在边疆地区设置的军事性质的驿递,主要分布在西北和东北地区。清代官犯效力"坐台"一般发往从张家口直抵乌里雅苏台的北路台站。这些台站可以由北京逐站延伸至新疆,所经之处是清准战争的主战场,地理位置重要,受到清统治者的重视。② 这些军台地处偏僻山野,条件十分艰苦,在此服务的官员由抽签决定,一年轮换一次。清代官员犯徒罪多被发往军台效力,据薛允升考证:"官犯发往军台效力,始于乾隆六年,尚书讷钦等钦遵谕旨奏准,原系专指侵贪之案,完赃后减为徒流者而言。谕旨内明言,此辈既属贪官,除参款之外,必有未尽之赃私,完赃之后,仍得饱其囊橐,殊不足以示惩儆等语。是发往军台,本为黜

---

① 《清朝文献通考》卷二百九,刑考十五,赎刑,商务印书馆1936年版。
② 清代除在各行省完备驿站体系外,还逐步在边疆地区建立了军台、营塘和卡伦等交通体系。清代军台始置于康熙年间平定准噶尔叛乱过程中,北自张家口,以抵军营,初有四十九台,以通斥堠,传羽檄。原以武臣主之,后乃用废员管理台务,曰"坐台"。准噶尔平,裁并为二十九台。台站数在不同时期不断有所调整,又有大站和腰站之分。据光绪《大清会典事例》卷689《兵部·邮政·驿程二》记载:自皇华驿至乌里雅苏台,共4960里。430里至张家口,60里至察汉托罗台,50里至布尔嘎素台,60里至哈柳图台,40里至鄂拉呼都克台,70里至奎素图台,60里至扎噶苏台,50里至明爱台,50里至察察尔图台,60里至沁岱台,80里至乌兰哈达台,70里至布母巴图台,70里至锡拉哈达台,50里至布鲁图台,50里至乌兰呼都克台,70里至察哈呼都克台,40里至锡拉木楞台,80里至鄂兰呼都克台,60里至吉思洪呼尔台,50里至奇拉伊穆呼尔台,80里至布笼台,60里至苏吉布拉克台,50里至托里布拉克台,70里至图古里克台,90里至赛尔乌苏台,100里至戈壁和尼奇台,70里至戈壁毕勒克库台,80里至戈壁哈札布巴台,80里至戈壁札拉图台,60里至戈壁卓博哩台,60里至博罗额巴台,65里至库图勒多兰台,50里至他拉多兰台,70里至莫敦台,90里至哈必尔噶台,60里至什巴尔台,70里至罗萨台,70里至哲林穆台,50里至沙克珠尔噶台,70里至察布齐尔台,65里至哈沙图台,75里至哲林台,90里至恩依锦台,70里至乌讷克特台,65里至哈达图台,80里至哈拉尼敦台,70里至嘎噜台,60里至塔楚台,80里至乌尔图额尔呼都克台,100里至沙尔噶勒卓特台,100里至推台,70里至乌尔图哈拉托罗该台,60里至鄂洛该台,120里至乌塔台,90里至都特库图台,100里至札克台,80里至霍波尔车根台,60里至乌兰奔巴图台,120里至鄂伯尔陶寨台,70里至阿鲁陶寨台,70里至呼济尔图台,70里至岱罕得勒台,60里至特木尔图台,60里至舒噜克台,70里至霍克噜图台,60里至乌里雅苏台底台。

货营私者戒。其犯别项罪名，原有应流应徒地方，即不得概行发往军台，自可概见。嗣后办理官犯案件，有奉特旨发往军台者，亦有从重拟发军台者，相沿日久，遂为职官犯徒罪之定例，犹之官员犯军流以上，即行发往新疆也。"①

这里凡发往军台的官犯称为废员，废员多系贪墨侵吞之犯，将之发往军台效力赎罪，一则给他们机会效力于军事驿传，一则让他们交纳一定的台费，缓解国家的财政压力。所缴台费，规定"凡台费在十台内者，每月银四十三两，在十台外者，每月银三十三两"②。一般三年期满，而且台费已经缴清的废员，由军台都统上奏皇帝，请旨是否准予释回。对于台费未能缴齐者，则规定："如不能完缴台费者，文职州县以上、武职都司以上，均由兵部行文各旗籍任所，查明委系赤贫，具结到部，兵部知照该都统，该都统即抄录获罪原案，并声名无力完结台费缘由具奏请旨。如果有隐匿寄顿情弊，发往乌鲁木齐永远充当苦差。其文职佐杂，武职守备以下各员弁，不能完缴台费者，于期满之日，例应杖一百，徒三年。仍令该都统抄录原案声名不能完缴台费，例应改拟杖徒缘由，具奏请旨。此内有即缴、特恩释回者，兵部行文该都统将其释回。其照例改为杖徒者，行令该都统将旗员解交本部照例办理，汉员解交各该原籍督抚定驿充徒。"③ 可见，清廷对于坐台废员追缴台费十分严厉，从而使得军台效力赎罪兼具有流放刑和财产刑的双重性质。

随后由于新疆纳入版图，极需要大量文武官员供职于西北地区，促使清廷把大量废员遣戍新疆效力赎罪。犯罪官员发遣新疆，一方面有利于利用边疆困苦的生活对这些废员加以折磨，以达到惩罚的目的；另一方面，则是为了利用这些有经验的官吏服务于边疆地区，配合清廷对于新疆地区的长期控制和治理。

乾隆二十三年（1758年）开始往新疆发遣人犯之初，即有职官发遣的规定："改发乌鲁木齐等处种地人犯，如旗人另户正身曾任职官，及民人举监生员以上，并职官子弟，俱发往当差，余俱给予种地兵丁为奴。"④ 由此可知，废员发遣新疆与遣犯发往新疆大致是同时开始的。大小文武官员落职后奉旨谪遣新疆，俾效力自赎，其释回年限，恭候恩谕遵行。就乌鲁木齐而言，乾

---

① 胡星桥、邓又天主编：《读例存疑点注》卷六，名例律，徒流迁徙地方，中国人民公安大学出版社1994年版，第113页。
② 嘉庆《大清会典》卷四十一，第1936页。
③ 嘉庆《大清会典》卷四十一，第1936页。
④ 光绪《大清会典事例》卷七百四十一，刑部，名例律徒流迁徙地方一。

隆二十五年开始出现有关废员的记载。① 从乾隆二十五年（1760年）至嘉庆十二年（1807年），册载发往废员就有"三百八十余员"。② 除乌鲁木齐外，废员的发遣地还有北疆的伊犁、巴里坤等地，南疆的叶尔羌、乌什、库车、和阗各城，其中以伊犁和乌鲁木齐为主。应该说，出于开发新疆的需要，有清一代发遣新疆的废员数量是极大的。

清代被革职发遣新疆的官犯来源不一，成分复杂，从上层显赫的宗室觉罗、中央各部院要员及地方总督、巡抚、将军等大员到基层品级较低的县令、典史、都司等一般文武官员，都有罪遣新疆的。对此，嘉庆初被流放伊犁的洪亮吉曾指出："自巡抚以下至簿尉，亦无官不具，又可知伊犁迁客之多矣。"③

清代行政高度中央集权，皇帝对百官掌握生杀大权，官员革职发遣，效力赎罪也都是由皇帝决定的。其被发遣的罪名繁多，据有学者根据乾嘉时期有关废员发遣的判例二百八十余条，归纳出有关罪名十五项，包括：（一）侵贪，包括欺侵、亏空、挪移、贪污等；（二）疏误，包括疏纵、疏失、失察、疏忽、不慎、怠忽等；（三）败检，主要是指官员私生活不检点，如饮酒、奸宿、登台演戏、不孝、私去顶戴游荡等；（四）贻误，主要指贻误战机，或作战失利被俘等；（五）侵蒙，包括蒙混、讳饰、捏报、隐匿、欺隐等；（六）滥刑，包括擅用非刑、监毙人犯、滥监人犯、偏听妄断、斩绞人犯错误、枉法轻纵等；（七）不力，包括废弛营伍、工作不力等；（八）违抗，包括违制、违例、抗令等；（九）营私，包括行贿、逢迎、馈送、卑躬干求等；（十）徇私，包括纵容家人、兵丁、书役等；（一一）规避，包括托病逗留、规避屯防等；（一二）迟玩，包括迟误、迟延、违限等；（一三）失仪，祭祀典礼失职；（一四）信奉天主教，入天主教出教复行礼拜、拒不出教；（一五）乖谬，如妄行入奏、妄拿番目等。其中，贪污、疏失、败检、贻误、欺蒙等项，为官犯发遣新疆的主要过失。④ 当然，这其中也不乏蒙冤受屈而遭受流放的，只是当时立法断罪完全依靠统治意志，欲加之罪，何患无辞，其罪

---

① 据和瑛《三州辑略》卷六"流寓门"记载，首位发遣乌鲁木齐的废员为乾隆二十五年发往的原任归化城通判纳山。
② [清] 和瑛：《三州辑略》卷六，流寓门，成文出版社1968年版。
③ [清] 洪亮吉：《天山客话》，载修仲一、周轩编注《洪亮吉新疆诗文》，新疆大学出版社第2006年版，第250页。
④ 参见吴佳玲：《清代乾嘉时期遣犯发配新疆之研究》，台湾政治大学民族研究所硕士论文，1992年，第94—104页。

名当然也不限于以上的类别。如戊戌时期参与变法的户部左侍郎张荫桓在戊戌政变后被冠以"居心巧诈,行踪诡秘,趋炎附势,反覆无常"的罪名,被"着发往新疆,交该巡抚严加管束"①。而庚子事变后,被各国定为祸首欲置于死地的载漪、载澜流放新疆,仅仅以"系属皇亲,碍难加刑,发往新疆,永远监禁"的说辞加以搪塞。② 可以说,受到皇权政治的影响,清代官员被罪流放的原因是多方面的。

被遣戍到新疆的官员要由将军和都统统一分配差事。一般来说,总督巡抚等大员被遣戍者,多派至伊犁将军公署粮饷处当差,提督等武职废员到营务处等差,其他还有在公署册房、军器库、屯工、铜铁厂等处当差的。③ 他们的生活费用依所支差事的等次给予,有些废员还可能有其他官员和托家人捎来一些银两、什物,以维持塞外苦寒的生活。

图2-7 流放新疆乌鲁木齐的载澜　爱新觉罗·载澜,清末宗室,惇亲王爱新觉罗·奕誴第三子,道光帝之孙,光绪帝堂兄,封辅国将军,晋辅国公。戊戌政变后,载澜与其兄载漪日夕密谋,怂恿慈禧太后废光绪,立载漪之子傅儁,但遭到国内外各种势力的反对未果,载漪、载澜则乘机鼓动慈禧太后利用高举灭洋旗帜的义和团去攻打洋人。之后与联军的议和中,联军指定载澜为"首祸"之一。清廷迫于压力,夺爵严惩,定为斩监候,念皇亲骨肉,特加恩流放新疆,永远监禁。

---

① 王庆保、曹景郕:《驿舍探幽录》,载任青、马忠文整理《张荫桓日记》,上海书店出版社2004年版,第556页。
② 参见毓运:《记祖父端郡王载漪庚子被罪后的二十余年》,《文史资料选辑》第120辑,第119页。
③ 对此,清人洪亮吉在其《天山客话》有:"督抚藩臬大僚谪戍者类,派粮饷处;提镇类,派营务处。余又有军器库及船工、屯工、铜厂等处。军器库事最简,一月止上衙门一次,以优贫老者。船工、屯工则须移驻城外,以便督率。铜厂则更加赔累矣。"

为了表示对于官吏阶层的尊崇，曾为职官及举贡、生监人等有犯发遣者，规定"引例时不得加以为奴字样"①。"效力赎罪"还包含有给予革职废员再生或重新启用的机会。对于遣戍新疆废员的出路，清政府规定："从前所犯仅止革职，及由徒杖等罪加重发遣者，到戍已满三年，听该将军都统及办事大臣居奏，奉旨准其释回者，即令回旗回籍。若原犯军流加重改发者，定限十年期满该将军等遵例奏闻，如蒙允准，亦即令各回旗籍。毋庸照原犯军流再行发配。若三年、十年期满，具奏奉旨，在留几年者，俟所留年限期满日，即行照例释回，不必复奏。"② 因此，官犯发遣罪刑的轻重及到配后的表现决定其在新疆效力赎罪的刑期。

虽说制度规定官犯不准"发遣为奴"，但实践司法实践中对于少数行止败坏、"卑污下贱"之人，仍行照平人例发遣为奴。如乾隆五十六年"据保宁奏请将与属兵之女通奸之守备孟嘉永革职，枷号四十日，发往喀什噶尔等处效力"，即遭到乾隆皇帝的批驳，圣谕"孟嘉永身系守备，胆敢与管辖兵丁之女行奸，甚属卑贱不堪，若仅照保宁所奏完结，不足蔽辜，亦无以警众，俟孟嘉永枷号满日，杖四十，即发往喀什噶尔等处，赏与回子为奴，余照所请行"③。

四、其他犯流者

在清代，流放刑罚的适用对象，除了一般民众和特权阶级的旗人及各级官员外，还有另外一部分身份比较特殊的人，其流放刑罚的处理方式也比较特殊。这部分人包括地位低于一般民众的奴婢，宫中太监以及其他少数民族成员。

1. 奴婢有犯

奴婢，在清代不仅处在社会的最底层，还因其与主人有主仆名分而被列入贱民的等级。清律把这种良贱关系加以确定，使得他们成为特定主人的财产，成为商品。他们没有独立的人格，生产生活的很多方面都要由主人来决定，其主仆名分、等级关系还延续及妻子后代。虽然清律规定贱民中的奴婢也不可以任他人随意杀死，即"贱其人不可贱其命"，但主人对于自己的奴仆却还拥有极大的惩处和处置权。可以说，清代奴婢在法律上处于最卑下的地

---

① 光绪《大清会典事例》，卷七四一，刑部，名例律徒流迁徙地方一。
② [清]刘锦藻：《清朝续文献通考》卷二百五十，刑考九，徒流，军遣附。
③ 《清高宗实录》卷一千三百八十，乾隆五十六年六月丁未。

位。为了维护满族贵族的政治和经济特权，清政府还通过国家政权的力量，制定了一系列严密而又残酷的压迫奴婢的制度。

流放制度对于奴婢的规定，主要表现为量刑的严酷性。不管是奴婢于主人之间的法律纠纷，还是奴婢与普通民人之间的法律纠纷，总的原则是要重判奴婢的一方。主人无故杀死奴婢最重的处罚仅仅是判罚徒刑一年。相反，奴婢对家长若有侵犯行为，清律对其处罚则极为严厉。清律规定："凡奴婢骂家长者，绞［监候］。骂家长之期亲及外祖父母者，杖八十、徒二年；大功，杖八十；小功，杖七十；缌麻，杖六十。"① 奴婢仅仅犯骂詈等小错，就有被可能被绞死的危险。如果奴婢反抗、殴打或杀死家长的，那处罚就更残酷了："凡奴婢殴家长者［有伤无伤，预殴之奴婢，不分首从］，皆斩；杀者［故杀、殴杀、预殴之奴婢，不分首从］，皆凌迟处死；过失杀者，绞［监候］；［过失］伤者，杖一百流三千里［不收赎］"。② 至于有些奴婢"不遵约束、傲慢顽梗、酗酒生事者，照满洲家人吃酒行凶例，面上刺字，流二千里，交与该地方官，令其永远当苦差"。③ 清统治者为了维护这种封建的主奴关系，对奴婢犯罪一般判罚很重，动辄处死，因此能够处以流放罪名的很少。较为典型的例子如乾隆五十三年（1788年），发生塔尔巴哈台守卡侍卫达杭阿家人虎儿，"将伊家主搕推倒地，将头颅额角连殴两三拳一案"，此案经塔尔巴哈台参赞大臣永保审断，将虎儿发遣伊犁，给厄鲁特为奴。结果这一判决经伊犁将军保宁等上奏后，遭到了乾隆皇帝的批斥："凡家下人等，不服家主使令，或酗酒生事者，即应发遣。且虎儿胆敢将伊家主达杭阿搕倒殴打，情殊可恶。若不重加惩治，不足以为新疆恶劣家奴示戒，今永保只将虎儿定以发遣，给厄鲁特为奴，甚属姑息。永保久经外任，岂果不晓此例，永保著加申饬外，虎儿即著照保宁等所请，斩决示众。"④

与此同时，流放制度也是清代产生奴婢的一个重要途径。清代发遣将大批罪犯发遣至东北和新疆地区，给当地驻防兵丁为奴。早在乾隆初年，"查各项发遣为奴之民人，律例载有三十余条"⑤。经过嘉庆以后几朝条例的不断增

---

① 田涛、郑秦点校：《大清律例》卷二十九，刑律，骂詈，奴婢骂家长，法律出版社1999年版，第470页。
② 田涛、郑秦点校：《大清律例》卷二十八，刑律，斗殴下，奴婢殴家长，法律出版社1999年版，第456页。
③ 光绪《大清会典事例》卷八百十，刑部，刑律，斗殴，奴婢殴家长。
④ 《清高宗实录》卷一千三百十八，乾隆五十三年十二月丙申。
⑤ 《清高宗实录》卷四十七，乾隆二年七月丙午。

修，有关例文要远远多于这一数字。一般民人只要触犯了有关上述发遣为奴的条文，不仅要将其流配远方，而且还将被贬入当时广泛存在的奴婢阶层。

2. 太监有犯

太监是被阉割去势后送入宫中的杂役人员，也就是供宫内统治阶层用以驱使的奴仆。宫中太监按系统说，大致可分为两大类，一类是在太后、帝、后、妃身边的太监，一类是其他各处的太监。太监的职务非常广泛，除了伺候起居饮食、随侍左右、执伞提炉等事之外，用《宫中则例》上的话来说，还包括：传宣谕旨，引带召对臣工，承接题奏事件；承行内务府各衙门文移、收复外库钱粮，巡查火烛；收掌文房书籍、古玩字画、冠袍履带、鸟枪弓箭；收贮古玩器皿、赏用物件、功臣黄带、干鲜果品；带领御医各宫请脉、外匠营造一切物件；供奉列祖实录圣训、御容前和神前香烛；稽查各门大小巨工出入；登记翰林入值和侍卫值宿名单；遵藏御宝；登载起居注；鞭笞犯规宫女太监；饲养各种动物；打扫殿宇，收拾园林；验自鸣钟时刻；请发；煎药；唱戏；充当道士在城隍庙里念经焚香；为皇帝做替身在雍和宫里充当喇嘛；等等。① 太监大都出身于社会最下层，或俘虏，或免死囚犯②，或贫农。他们当中有一些地位尊崇的太监，如慈禧太后的总管太监李莲英和隆裕太后的总管太监张兰德等，但大多数都处卑微的地位。

太监本就是因为统治阶级服务的需要而产生的，为了使太监们更好地服务于宫廷，清统治者制度了一系列的章程，以在法律上对太监进行惩罚和限制。太监作为主子的奴仆，主子便是奴仆们的衣食父母，因此主子对不法的太监有着呈送发遣的权力。史籍中我们可以看到许多太监仅仅因为犯了小错而被呈送发遣，如道光年间投雇在禧宅服役的太监刘幅被伊主派管衣服，并不小心照管致被偷窃，迨经伊主查知责处，辄敢嚷称欲行动凶，殊属不法，

---

① 爱新觉罗·溥仪：《我的前半生》，群众出版社1964年版，第72页。
② 清条例规定："杀一家非死罪三四命以上者，凶犯依律凌迟处死，若被杀之家实系绝嗣，将凶犯之子，年未及岁者，送交内务府阉割，奏明请旨分赏"；"逆案律应拟凌迟之犯，其子孙讯明，实系不知谋逆情事者，无论已未成丁，均照乾隆五十四年之例，解交内务府阉割，发往新疆等处，给官兵为奴。其年在十岁以下者，令该省牢固监禁，俟年届十一岁时，解交内务府照例办理"。可见，还有很多因人命、叛逆缘坐被阉割的太监发往新疆等处给官兵为奴。参见光绪《大清会典事例》卷一千二百十二，内务府，刑制。相关清代宫刑的研究可参见魏道明：《清代的宫刑》，《青海社会科学》2011年第4期，第153—157页。

将刘幅比照各旗家奴吃酒行凶送部发遣,发四川省驻防为奴。① 清廷对于太监惩戒的制度规定十分严厉,一些人动辄以小错被发遣到关外或各省驻防给官兵为奴的例子是很多的。这也使得备受压迫的太监逃亡极为严重。对此,清廷有制定章程加以惩治,道光十七年(1837年)所定《逃走太监治罪章程》指出:"太监逃至河南、山东、山西及东三省者,枷号一年,发往黑龙江,给官员为奴,遇赦不赦。如逃至各省,即系越省远扬,永远枷号禁毙。另有案情,从重办理。仍将容留之人治罪。如止逃回顺天直隶本籍者,照旧例办理。逃往别州县、离本籍五百里以外,枷号六个月,发往打牲乌拉给官员为奴,三年释回。如复行逃走,即照逃往河南山东山西东三省之例治罪。"②

3. 少数民族有犯

有清一代,除在《蒙古律例》的基础上制定了带有总纲性质的《钦定理藩院则例》外,还先后编纂制定了针对青海的《钦定西宁青海番夷成例》、针对西藏的《钦定藏内善后章程》、针对西南苗疆的《苗汉杂居章程》和针对新疆南部的《钦定回疆则例》等单项法规,从而建立了一套从中央到地方的完整的民族法规体系。对于少数民族的立法原则,早在清初便已经十分明确,那就是"遐陬之众,不可尽以文法绳之。国家之待外藩也,立制分条,期于宽简,其要归仁厚,将使臻于咸善而已"③。因此,清王朝流放制度对于少数民族的规定和执行与一般普通民人是有所不同的,不同的少数民族之间也有所差异。

清初,针对蒙古人犯罪规定:"边内人在边外犯罪,照内律;边外人在边内犯罪,照外律。八旗游牧蒙古苏鲁克人等,俱照外律治罪。"④ 所谓"外律",即清王朝入关前在蒙古地区颁布的律条,应该与旗人的有关规定略同,刑罚中并没有流放的相关规定。这种情况一直持续到了乾隆年间,对此,乾隆朝《大清会典》指出:"国家控驭藩服,仁至义尽,爰按蒙古土俗酌定律例,以靖边徼。死刑之外,罪止鞭责,不及流徒,统于罚例。"⑤ 乾隆中后期以后,清廷对于边疆地区的统治进一步强化,相关蒙古犯罪的刑罚规定也有

---

① [清]祝庆祺、鲍书芸、潘文舫、何维楷编:《刑案汇览三编》(四),北京古籍出版社2004年版,第32页。
② 《清宣宗实录》卷三百二,道光十七年十月戊辰。
③ 《康熙朝〈大清会典〉中的理藩院资料》,载中国社会科学院边疆史地研究中心编《清代理藩院资料辑录》,全国图书馆文献缩微中心出版1988年版,第22页。
④ 同上书,第22页。
⑤ 《乾隆朝〈大清会典〉中的理藩院资料》,第31页。

所变化。这一时期，有关蒙古人犯流放罪，也开始实发。至嘉庆朝，对于蒙古人犯流罪还有了较为具体的规定："凡蒙古之狱，各以扎萨克听之……凡罪至遣者，遣罪以发河南、山东为一等；发湖广、福建、江西、浙江、江南为一等；发云南、贵州、广东、广西极边烟瘴为一等。令报于院，以会于刑部而决焉。"① 值得注意的是，对于蒙古人犯流所采取的是从边疆向内地的流放。这一做法既改变了蒙古人的生活环境起到了惩罚的功效，又使得犯罪的蒙古人脱离族群有利于驾驭和控制。凡是被流放的蒙古人，大都是在内地的驿站内当差，也有分拨给内地驻防兵丁为奴的。这些蒙古人一旦被发配内地，一般是无望重返家园的。只是规定如果安分守法已逾二十年者，或未至二十年而年过七十岁者，以及因病成废者，遇赦准予释放还乡。

如前所述，对于苗、瑶、彝族等西南少数民族犯流放罪，对其一般处罚为迁徙刑。雍正五年，定土司家口迁徙安插之例。九卿遵旨议覆：云南、贵州、四川、广西、湖广五省改土为流之土司有犯斩绞重罪者，其家口应迁于远省安插；犯军流罪者，应迁于近省安插，饬令地方文武官稽查，不许疏纵生事。② 另外，回民犯流放罪，惩罚大致与普通民人相同，即照《道里表》定地发配。但发配一般要避免将其发往有回民聚居的地方。

清统治者还因地制宜将清律的有关规定加以改造，使得清代刑罚的地域特色显著。如新疆纳入清版图之后，统治者曾根据新疆的实际情况，制定了适用于新疆地区汉人和少数民族的流放制度。按清律，"内地情罪较重之犯，俱改发新疆"，如果内地民人在新疆地方触犯刑律，该怎样处罚，刑律并无规定。乾隆三十六年（1771年），哈尔沙尔地区发生了一件来疆的内地汉民因债务争斗杀伤他人的案件，"民人岳生梅在哈尔沙尔地方，因刘士彦索债争闹，用所佩小刀，扎伤刘士彦耳轮等三处，伤痕限内平复"，案发后当地官员判定"将岳生梅从重定拟，枷号三月，满日解交山西巡抚，定地流三千里"。③ 事后清政府认为这样判决实际上是宽赦了在疆犯案者，"内地情罪较重之犯，俱改发新疆，今以内地民人在新疆犯法，转得令其复还中土，何以准情法之平？"所以清帝指示："内地民人于新疆地方，犯至军流之罪，如在乌鲁木齐一带者，即发往伊犁等处；其在伊犁一带者，即发往乌什、叶尔羌等处；而在乌什各城者，亦发往伊犁等处，并视其情罪，量为酌定，轻者发

---

① 《嘉庆朝〈大清会典〉中的理藩院资料》，第117—119页。
② 《清朝文献通考》卷二百三，刑九，考六六八□。
③ 光绪《大清会典事例》卷七百四十五，刑部，名例律，徒流迁徙地方五。

各处安插编管，重者给厄鲁特及回人为奴。如此明示区分，庶众人共知炯戒，而立法更为详妥。"① 英国人福赛斯通过19世纪中后期对于新疆的考察指出："中国人有一套流放制度，让那些人受到流放的处罚，在流放地，罪犯按照条例受到军队的监视和管理。"② 可见，清朝中后期以后，流放制度已经扩展到中国的边疆地区，《大清律例》的相关规定不仅适用于满汉民人，对各少数民族也起着同样的效力。

另外，清代理藩院还行使职权，对于当时在华的外国人实行司法管辖。据《清实录》记载：乾隆年间，就曾有俄罗斯人律棍德伊、完伊斯土、板米纪忒三名，由理藩院发往西安，与官员为奴。③ 还有嘉庆十一年（1806年）清政府规定："川楚教匪缘坐犯属，其十一以上，十五以下者，仍监禁，俟成丁时，发往新疆安插。"④ 此后对于匪徒叛乱缘坐犯属的年幼者，多以此法行事。

---

① 《清高宗实录》卷八九二，乾隆三十六年九月甲辰。
② [英] T. D. 福赛斯：《1873年出使叶尔羌报告》，加尔各达1875年版，第102页。转引自王东平《清代回疆法律制度研究》，黑龙江人民出版社2003年版，第179页。
③ 《清高宗实录》卷一千一百五十七，乾隆四十七年五月甲寅。
④ 《清仁宗实录》卷三十九，嘉庆四年二月甲辰。

第三章

流向何方？清代对于流放地的选择

流放，作为中国传统社会中的一项重要刑罚，为了起到降死一等重刑作用，历代统治者煞费苦心地变换流放的方式，创造了花样翻新的流放类型。与此同时，在中国广袤的国土上，统治者对于流放地的选择也费尽心机，西北绝域、西南烟瘴和东北苦寒之地以及一些海岛都先后成为过流放地，形成了不同的流放标准，造就了诸多著名的流人聚居处。这些地方也因为有了流人的开发，呈现出了生机和活力。清王朝在完善和规范各类流放制度的同时，在流放地的选择上也用力最多，体系最为完善。

第一节 清代以前流放地的选择

在中国古代舜帝时就有"流共工于幽陵，以变北狄；放驩兜于崇山，以变南蛮；迁三苗于三危，以变西戎；殛鲧于羽山，以变东夷，四罪而天下咸服"①的记载。一般认为，"幽陵"或作"幽州"，在今冀北、辽南一带；崇山，在今湘西地区；三危，在今甘肃省境；羽山在今苏鲁交界处。这四个地方，被认为是当时天下的"四极"，也就是最偏远的地方，所以《左传》记载这件事说是将四凶"投诸四裔，以御魑魅"②。显然，舜帝把"四凶"流放于国家的边远四极，以使他们与中国有所区别。

流放地点，各朝代因时而异，一般是在势力范围之内就偏就远。上古时期的流放往往把流放者放逐出统治区域之外，并没有等差的区别，这也是上古的流放与后世流放的一个重要区别。虽然《舜典》也有"五流各有所居之差，有三等之居，大罪四裔，次九州之外，次千里之外"③的记载，但这只是

---

① 《史记》卷一，五帝本纪第一。
② 《左传·文公十八年》。
③ 《尚书·舜典》。

一种理想状态,流刑真正的分级还要等到"流入五刑"成为正刑之后。

秦汉时期,流放之刑,还没有完全制度化,只是偶尔行用。流放地的选择,也大致以偏荒之地或帝国新近征服的地方为主。大致说来,主要有以下三大区域。一是鄂西北的房陵(今湖北房县)、上庸(今湖北竹山县)地区。秦灭赵国之后就把赵王流放到房陵;两汉时仍把这里作为囚禁有罪废黜的诸侯王的地点。这里地处崇山峻岭之间,交通闭塞,与世隔绝距离都城却又不太远;将被废黜的诸侯王安置在这里,既便于严密监视又可防止他们东山再起。二是岭南地区,主要集中在合浦(今广西合浦市北)、日南(今越南中部顺化市北)、九真(今越南中部清化附近)。三是西北边疆地区主要包括河西走廊、河套平原地区。秦始皇三十三年(前214年),蒙恬"西北斥逐匈奴。自榆中并河以东,属之阴山,以为三十四县,城河上为塞。又使蒙恬渡河取高阙、陶山、北假中,筑亭障以逐戎人。徙谪,实之初县"①。两汉时期谪戍流放的地点逐步扩大到河西五郡(金城、武威、张掖、酒泉、敦煌),很多大臣获罪后其本人与家属都被流徙河西。阴山、河套地区在汉代属朔方刺史部,河西五郡属凉州,所以我们在文献中看到很多流徙朔方、凉州的记载。

上述一、二两个地区都在南方古人所谓的"烟瘴之地",开发比较晚,最早被用来作为惩罚犯人的场所。而西北的苦寒绝域,自从纳入版图以后随即便成为历代统治者理想的流放场所。日本学者辻正博指出,这一时期零星出现的"流",多是将犯人流至边方,其实施的重心仍在劳役,而非流远本身。②

魏晋南北朝是传统意义上流刑形成的时期。北朝随着北魏统一黄河流域,流刑升格为主刑,至北周复有道里等差,但执行并不严格。这一时期北方的曹魏和其后一统三国的晋王朝以辽东为主要的流配地点。而南方六朝流徙地主要以交、广、越等岭南地区为主,其次则是扬州、江州等地区。一般而言,流徙地的选择与所犯罪行的严重性,有某种程度的关联性。流徙岭南者多半所犯罪行严重;相较于此,流徙扬州地区者,通常所犯较轻,其目的主要是将人逐出建康的权力中心,而非加以严惩。汉代的迁徙刑尚具有经济开发和解决兵源等作用。六朝流徙刑则似乎只具有法律和政治层面的作用而已。③

---

① 《史记》卷六,秦始皇本纪第六。
② [日]辻正博:《唐代流刑考》,见梅原郁编《中国近世の法制と社会》,京都大学人文科学研究所1993年,79—80页。
③ 参见陈俊强:《三国两晋南朝的流徙刑——流刑前史》,《政治大学历史学报》2003年第20期,第1—33页。

隋唐乃至宋代流放地的选择多考虑到经济、政治、军事等方面的原因，流放地分南、北两地。惩罚或预防以及大多数的政治犯多流于南方边荒地方。这一地区虽然多蛮荒而没有开发，但毕竟是在国家的控制之下。而北方地区，自秦汉以来一直在游牧少数民族的控制之下，因此这一地区的流放多与少数民族的战争形势相关。政府往往将罪犯流于北方边地以戍守实边，北方这类带有军事意义的流放是其独特的地理位置和历史原因造成的。

　　元代的出军与流远不以里数，主要去所在素为"烟瘴"之地的湖广与北鄙的辽阳。罪犯一般是南人发北，北人发南。正如《元史·刑法志》中所说："南人迁于辽阳迤北之地，北人迁于南方湖广之乡。"① 这里的辽阳指元代的辽阳行省，实质上就是指代整个东北，从而首次明文规定向东北地区流放罪人。元代东北的流放地主要是奴儿干，其次是肇州和水达达路。

　　明代军制施行卫所制度，军犯是明代的重要兵源，因此流放以充军为主。明代执行充军，用于实边，是把犯人发往军事设施——卫所，充军按照路途远近及地域把罪至充军者，强迫安置到各地卫所充当军户。

　　可以看出，历代流放地的选择标准，一般来说都是就偏就远。不过，并不是越偏越远就越好，而是要求流放地还必须在中央政权的掌控之下，以便政府对于流人能够更加有效地进行管理。因此，历代的流放地一般都是分布在南北两个边区，很少有像西方的流放那样把犯人流放到海岛。但也有例外，中国历史上也曾把一些海岛作为流放地，不过，这些海岛是完全在中央政府控制之下的，其中，最为典型的就是海南岛了。

　　海南岛，位于中国南海，与大陆有琼州海峡相隔。海南开发很早，早在秦始皇三十三年（公元前 214 年）便在海南设郡。然而，由于秦代统治时间短暂，海南岛并没有完全进入秦的控制之下。直到汉代时海南才正式纳入中国的版图。汉武帝元封元年（前 110 年），开始在海南设官驻兵，治理其地方，时称"珠崖郡"。汉元帝初元三年（前 46 年），珠崖郡反叛，元帝与群臣朝议后，曾宣布放弃其地。直到 80 年后，汉光武帝建武十九年（43 年），才再度平定该地的叛乱，恢复珠崖之名。但终汉一代，海南也很少有汉人移入，仅在其北部，有少许汉人。到了三国时代，孙权曾派兵征服其地，然基本上没有派兵驻守。据史料记载，自汉代在海南设置郡县之后，曾向该地流徙过罪人，但这些流人姓氏均已无考。可以考知姓氏的第一人是隋代的杨纶，而海南岛也是从这时起成为我国第一个被辟为流放地的岛屿，因此杨纶可称是

---

① 《元史》卷一〇二，志第五〇，刑法一。

我国第一个可以考知姓名的海岛流人。从此以后，海南岛成为著名的流放之地，开始有大量罪人流入。海南岛之所以在隋朝成为流放地的主要原因是：自汉代设朱崖、儋耳两郡后，海南还是时叛时附，隋朝政权虽说短命，但是隋朝的冼夫人收服了整个琼崖，真正将海南纳入中央集权的严格控制之下。与此同时，隋朝之后，海南的经济也已经发展到了一定程度，有利于中央政府派官管理。

著名的流放海岛地，还有登州的沙门岛。沙门岛大约在今山东长岛县西北的大黑山岛，于五代时期开始作为重犯的流放地。据《容斋三笔》卷七载：后唐明宗天成三年（928年）京师巡检军使浑公儿，因谎奏致使杀人，被削官"杖脊，配流登州"①。后周广顺三年，内衣库使齐藏珍因"奉诏修河，不于役所部辖，私至近县止宿，及报堤防危急，安寝不动，遂此横流"，被除名，配沙门岛②。至宋代沙门岛人数逐渐增多，一些贪官和重要的刑事罪犯大都被流往

图3-1 登州沙门岛 图为沙门岛跨海大桥正向大海延伸。如今的沙门岛已经修造了通向大陆的大桥，情况真是今非昔比。

该地。对此，《文献通考》指出："（宋）国初以来犯死罪获贷者，多配隶登州沙门岛、通州海岛，皆屯兵使者领护。"③ 如宋真宗大中祥符九年（1016年）六月，"知齐州范航坐受财枉法，免死，杖脊，黥面，配沙门岛"。④ 由于宋代流放沙门岛者，大都属于犯罪性质或情节特别严重者，绝大多数遇赦亦不得赦免，须终身服役，因此配沙门岛者，实等于死刑。他们"昼监夜禁，与死为邻"，活着出岛者极少。

综上所述，历代以来对于流放地的选择一般来说都是就偏就远，以起到统治阶级打击犯罪，维护统治的需要。这些地区一般分布在南北两个边区，

---

① ［北宋］洪迈：《容斋三笔》卷七，五代滥刑。
② 《旧五代史》卷一一三，齐藏珍传。
③ ［元］马端临：《文献通考》卷一百六十八，刑考七，徒流，配没。
④ ［清］毕沅：《续资治通鉴》卷第三十二，宋纪三十二。

南部主要指充满烟瘴的西南地区，北部则有较早作为流放地的绝域西北地区和相对晚出的苦寒东北地区。另外，一些受到中央王朝控制的海岛如海南岛和沙门岛等，也因其控制罪犯的方便，逐渐被用作流放地。

第二节　清初的流徙东北

清朝统治者在入关之前，就曾经多次派军深入明境，在山西、直隶、山东等地，掠去人口百万之多，充作满人奴仆。清军入关之后，法律制度逐渐完善。对于流放制度而言，清统治者也逐步建立了一套较为完备的遣戍制度，把大批反抗其统治及触犯刑律的人员发配到边疆。而从清军入关起，大批人犯都被流放到了东北地区，这种状况一直持续到乾隆初年。①

清初发往东北的流放，一般称之为"流徙"，"流徙"初即为流刑，只是没有流放里数的限制。以后以此为基础，清代创造了发遣刑，对此，清代律学家薛允升曾指出："尔时之流徙，即后来之外遣也。"② 有关清初东北流徙的情况，魏声龢《鸡林旧闻录》一文记载颇详：

> 清兵入关之初，流徙罪犯多编管于吉、江两省。及康熙时云南既平，凡附属吴三桂之滇人，悉配戍于上阳堡，在今开原县边门外，满语称其地为"台尼堪"，"尼堪"者，汉人之谓。《松漠记闻》金太宗弟粘罕本名尼堪，言其类汉人也。近人谓此二字奴隶之称，实误。既又为罗刹之乱，关外遍设军台，饬是等流人分守各台，称为"台丁"。其后拨与田地，令耕种自给，今屡议丈放变卖之站地问题，即属于此。故沿柳条边门，沿嫩江以北，俱有台丁。踪迹二百数十年来，污辱困穷，直是无告之民族。其余则为宁古塔城，关内缙绅获文字之祸，或罹党狱，恒流放于此。顺治丁酉科场狱，吴江吴汉槎塞上秋笳其尤著者。又一路为伯都讷新城，康熙中叶，李方远为定王案牵连编管于此。又一路为齐齐哈尔城，雍正初吕留良之子孙即发配于此。又一路为黑龙江城，时将军尚未

---

① 有关东北地区流人和流放的情况黑龙江社科院的李兴盛先生早在20世纪80年代开始就有过深入的研究，参见其《东北流人史》，黑龙江人民出版社1990年版（增订本，2008年）；《中国流人史》，黑龙江人民出版社1996年版。

② 胡星桥、邓又天主编：《读例存疑点注》卷六，名例律，徒流迁徙地方，中国人民公安大学出版社1994年版，第120页。

移镇齐垣，黑龙江城即今爱珲也。桐城方登峄谪此曾赋《老枪行》一篇。"老枪"即老羌，指当时之罗刹，今俄罗斯人也。中言中外互市情形颇悉，并言其人行必挟枪，至则官令人监之，因思现在吾人呼俄币曰"羌帖"，犹沿此号，而爱珲则书艾珲。约计顺康雍三朝，遣戍关东，盖凡五处。及乾隆帝继位，谓汉人放逐既多，满洲纯朴风俗，将逐渐染丧失，于是只有罪因发黑龙江披甲为奴之例，而申平常汉人拦出柳边之令。有发见者，罪及守台官弁。而已编管在宁古塔等地之闻人，亦陆续赐环返国，否则已久葬冰天。其为台丁隶奴籍之人，自乾、嘉以后则亦转徙关东有改隶乌枪、水师营者，有仍耕台地者，遂不可究诘矣。①

该文有利于我们认识清初流徙大致状况和地点变化。那么，是什么因素促使清政府向东北地区大量流徙人犯，流徙东北如何制度化，以及制度又经历了怎样的变迁，则是我们要进一步探讨的问题。

一、清初流徙东北原因探析

东北地区作为清王朝统治者的"龙兴之地"，在清初的很长一段时间内被用作最主要的流放地，这是由多种因素造成的。

其一，东北地区由于特殊的地理位置和气候条件，很早就成了中国传统的流放地之一。相传，舜时流放"四凶"，将共工放逐至幽州。据《周礼·职方》云："东北曰幽州。"可见，共工放逐之地与东北地区有着某种联系。只是这属于传说故事，未必可信。东北真正作为流放地，据可靠记载，是在东北被纳入中央王朝控制之后的汉代。

西汉时，汉武帝征服了朝鲜半岛的卫氏王朝，在该地设立四郡，同时在东北地区新设沧海郡，从而把东北地区牢牢控制在自己的统治之下。之后，东北一直作为历代统治者惩罚罪人的流放之地。但在元代之前，并没有形成制度，没有法律的依据，所谓的东北流放，只是历代统治者偶尔行用的一种统治手段，多有军事目的。从元代开始，在我国封建刑法史上才第一次有了将流犯遣戍东北的制度性明文规定。

到了明代，明统治者是通过其在东北地区设立两个最高地方统治机构辽东都司和奴儿干都司及在该地区广设卫所来进行统治的。明代流放以充军为

---

① [清]魏声龢：《鸡林旧闻录》，载《吉林地志·鸡林旧闻录·吉林乡土志》，吉林文史出版社1986年版，第89—90页。

主，流犯一般被发往各卫所充军。明统治者对于辽东地区采取了充军以实边的政策，把大批罪犯流徙到东北各卫所。因奴儿干都司各卫实际上不过是一种羁縻卫所，"因其部族，官其酋长为都督、都指挥、指挥、千百户、镇抚等职，给与官印，俾各仍旧俗，统其属以时朝贡"。① 这与明朝通过派官、驻军直接控制的辽东都司及其他地方所属各卫不同，所以明代东北的流放地主要集中在辽东都司各卫。对此，郭熙楞指出："关东流放罪臣，不自清廷始也。明代永乐以后，文臣武将迁谪于此实多……但见于《明史》，悉以铁岭卫为戍所。"② 但实际上，明代流放的区域并非仅以辽东地区为限，已经扩展到今吉林、黑龙江地区。据《明实录》嘉靖十二年（1533年）十二月初七日记载："兵部复辽东守臣奏：'辽东地区，不过千里，军犯发配，近则易逃，尺籍为虚。自今情重者，发海西等卫便。'从之。"③ 当时海西即指松花江阿勒楚喀（今阿城）一带，可见至少从嘉靖十二年，已经有流犯被发往黑龙江地区了。

明代不断往东北各卫发配罪犯，势必将对入关之前满族统治者，产生一定的影响。努尔哈赤等满族贵族虽不愿臣服于大明王朝，但无不仰慕中华制度，他们在建立政权的过程中，也在不断吸取明王朝的制度性构建，包括典章制度和法律法规。顺治元年（1644年）清兵入关，定鼎北京，并于顺治三年在《大明律》的基础上，修成《大清律集解附例》，更是几乎全盘搬抄明制。④ 因此，历史上，尤其是明代对于东北的流放应该是清初流徙东北的文化基础。

其二，清王朝于入关之前在东北地区就已经有了一些有关流放的司法实践。据史籍记载，清代遣戍东北的制度始于天聪七年八月。当时后金赫图阿喇城守将曾"遇明人盗参者，斩二十四人，生擒四十九人，获参一百六斤以献。命斩所俘百总一人，以十八人赏从行军士，余三十人发尚阳堡"⑤。对此，《柳边纪略》也指出，尚阳堡"安置罪人，始于天聪七年八月，后以为例"⑥。之后有关发尚阳堡安置的例子不断出现。天聪九年四月，"驻防揽盘岫岩、喀迩喀玛、贾木苏、锡翰，沿海边缉访，获捕鱼船二只，汉人二十一名，杀一人，生擒二十人来献，命即以所获人发尚阳堡居住"⑦。同年十二

---

① 天顺《大明一统志》卷八十九，女真。
② 郭熙楞：《吉林汇征》，附录，谪戍人物考，1917年铅印本。
③ 《明世宗实录》卷一百五十七，嘉靖十二年十二月乙亥。
④ ［清］谈迁：《北游录·纪闻》，中华书局1960年版，第378页。
⑤ 《清太宗实录》卷十五，天聪七年八月乙丑。
⑥ ［清］杨宾：《柳边纪略》卷一，载《龙江三纪》，黑龙江人民出版社1985年版，第15页。
⑦ 《清太宗实录》卷二十三，天聪九年四月甲辰。

月，又有"驻守揽盘边城萨哈连及哨探官南都，往皮岛躡踪获捕貉汉人六名，送至鞫讯之，发尚阳堡安置"①。

只是这一时期的安置尚阳堡，多以俘获汉人发往，还不具有法律的性质。直到崇德三年（1638年）东北地区才出现了有关流放的案例。是年八月，礼部承政、镶红旗甲喇章京祝世昌疏称，俘获中良人之妻不可令其为娼妓。奏闻，皇太极命固山额真石廷柱、马光远集众汉官会审祝世昌，议罪："尔身在大清国而心犹在明国，策应明国，显系奸细，祝世昌应论死，籍家。"后经皇太极开恩，"免祝世昌、祝世荫（世昌弟）死，发遣席北地方安置"。② 这里"席北"又作西北、西伯、锡伯，应指当时锡伯部之属地。③ 案例中发遣席北虽然仅是针对汉人的一种惩罚手段，但毕竟开启了清代采用流放刑罚的序幕。因此，有学者指出："清军入关，犯人流放关外，仍循旧例。"④

其三，自从崇德年间清军征服朝鲜之后，朝鲜作为大清的属国，也入关前的清朝法制产生了一定的影响。⑤ 据《清实录》崇德六年十二月记载，杨善、刚林等自朝鲜议罪还，奏言与朝鲜边司衙门及平安监司官会审情况，指出："平安监司官审拟遣戍者共十七人，宣川李义和发配阴山城；益州李思敬发配博川，白若桂发配芥川，崔守俭发配贵城；金成邑寿楠发配奚川，张裕极发配贵城；龙川张斗发配丽山城，白天贤发配顺川城，文孟震发配宁远城，安克解、安克进发配张盖城，张奇、张林、张玉发配昌城，何三益进、东一

---

① 《清太宗实录》卷二十六，天聪九年十二月辛卯。
② 中国人民大学清史研究所、中国第一历史档案馆编辑部合译：《盛京刑部原档》，群众出版社1985年版，第55—56页。
③ 有关"席北"在今何处，有不同的说法：张晋藩、郭成康在其《清入关前国家法律制度史》中认为在"外藩蒙古科尔沁境内"（辽宁人民出版社1988年版，第38页）；李兴盛在其《中国流人史》中认为在"内蒙古呼盟南部"（黑龙江人民出版社1996年版，第641页）；《龙江三纪》一书的注释中则指出在"今辽宁省的沈阳、义县、凤城、吉林省扶余一带"（黑龙江人民出版社1985年版，第37页）。笔者更倾向于瀛云萍著《八旗源流》所认为的在"今黑龙江省西南部泰来县塔子城（清绰尔城）为中心的广大地区"（大连出版社1991年版，第184页），其地多沼泽、湖泊（泡子）河流等。对此，清代何秋涛在《朔方备乘》也指出："鲜卑音转为锡伯，亦作席北，今黑龙江南，吉林西境，有锡伯部落，即鲜卑遗民。"
④ 廖中庸：《清朝官民发遣新疆之研究（1759—1911）》，台中私立东海大学历史研究所硕士论文，1988年，第21页。
⑤ 参见《清史稿》列传三百一十三，属国一，"朝鲜 琉球"记载：有清龙兴长白，抚有蒙古，列为藩封。当时用兵中原，而朝鲜服属有明，近在肘腋，屡抗王师。崇德二年，再入其都，国王面缚纳质，永为臣仆，自此东顾无忧，专力中原。

家里发配平乡城。"① 奏文对于朝鲜的遣戍制度记述颇详，流放地并非仅仅限于一地，而是分布在边区的多个地方。与此同时，这一时期还出现了向朝鲜流放罪臣的记载，崇德六年元月，金尚先等五臣被发往朝鲜义州拘置。为此据（朝鲜）议政府启称："金尚先等蒙皇上宽宥之恩，发回我国，五臣死而复生，仰荷好生之德，超乎寻常万万矣。随将金尚先等交付平安道观察使节制使收管，合将感戴情由，移咨达部，转为奏上。窃思五臣被执其所犯情罪，皇上已明知之矣，今蒙圣德如天，春生秋肃，免其拘系，释归本国，诚莫大之恩也。其发回五臣，已付平安道拘置，义州迄理合移咨贵部，转奏施行。"② 可见，入关前的清朝不仅介入了朝鲜的司法活动，还曾把朝鲜作为流放地，这势必对清朝的司法制度有所影响。

其四，顺治元年清军入关，八旗兵丁家口纷纷"从龙入关"，造成了辽沈地区人口急剧减少，劳动力奇缺，大量土地荒芜，以致清初一段时间辽沈地区的经济处于停滞状态。因此重建辽东成为清初罪犯发遣东北的最主要的推动力。

顺治元年四月，清军告庙出师，在吴三桂的帮助下于山海关大败李自成的农民军并乘胜夺取了京畿地区。六月摄政王多尔衮与在京的各王贝勒大臣等定议，建都北京。八月，顺治帝离开盛京，正式迁往北京。这次迁都并不仅仅是皇室的普通迁移，而且是一次大规模的举国搬迁。从辽沈地区迁往北京的不仅包括完整的国家机器，还包括几乎全部的臣民。这便造成了清军入关后辽沈地区人口的急剧下降。有关清军入关前东北人口的统计数字，历来有不同的说法。今据张士尊博士的考证，从清朝兴起到清军入关，东北地区经历了一次南北人口向辽沈地区集聚这样一个变化过程，在这六十余年里，辽沈地区移入了大约100多万人口，从而使得辽沈地区的人口达到了历史上的高峰。③ 这种情况由于明末不断的战争有所削弱，但人口总量还保持在一个很高的水平，这也是清军入关逐鹿中原战斗力的保证。然而，随着清军的挥师入关，关外的人口数量发生了骤然的变化。大量人口被迫随师入关，关外的人口急剧减少。顺治初年，盛京地区仅存人口3万余，而整个东北人口总量也不足40万。其分布以东北西部热河、科尔沁和黑龙江等沿边地区为多，而东北南部腹地则相对空虚。④ 针对辽东地区土地荒芜，农田破坏，城镇破败

---

① 《清太宗实录》卷五十八，崇德六年十二月壬子。
② 《清太宗实录》卷五九，崇德七年三月戊戌。
③ 张士尊：《清代东北移民与社会变迁：1644—1911》，东北师范大学中国古代史博士论文，2003年，第56页。
④ 同上文，第75页。

的情景，清初流徙沈阳的函可和尚指出："牛车仍杂沓，人屋半荒芜"。①

作为祖宗肇兴之地的辽沈地区毕竟是清朝统治的大后方和根据地，无论兵源还是财源，清廷还不能不依赖辽沈地区。因此，为了迅速恢复辽沈经济，朝廷必须增加辽沈地区的劳动人口。

对此，清初统治者对关外地区实行了明智的开放政策。对于关内各省汉族人民来辽沈地区垦荒种地实行招徕政策。顺治六年（1649年），清廷首先下令，动员先年入关在内地各省居住的原关外辽沈汉人"愿还乡者"返回辽沈。顺治八年（1651年），"时山海关外荒地特多"，清廷谕令："民人愿出关垦地者，令山海关造册报部，分地居住。"②顺治十年（1653年）颁布《辽东招民开垦条例》，规定："辽东招民开垦，有一招至百名者，文授知县，武授守备；六十名以上，文授州同、州判，武授千总。五十名以上，文授县丞、主簿，武授百总。招民数多者，每百名加一级。所招民每名每月给口粮一斗，每地一晌，给种六升，每百名给牛二十只。"③对于招民开垦实行奖励政策，鼓励民众出关垦地。然而，战祸之余，百废待兴，民人愿意出关者极少，这一政策收效不大。因此，直到顺治十八年（1661年）奉天府尹张尚贤在奏疏内言及辽东、辽西地区时仍认为是"荒城废堡，败瓦颓垣，沃野千里，有土无人"④。

在此种情况下，清廷则开始着手修订律例，将大量罪犯和反抗者流徙关外充当苦差，开垦土地。另外，顺治初年，辽沈地区的大量人口迁移入关，主要目的在于控制京畿和稳定全国政局。清军入关后，虽然很快击溃了李自成的农民军，并迅速向江南推进，先后扑灭了张献忠部、南明弘光小朝廷和唐王、鲁王政权等，基本控制了全国政权，但直到康熙年间，东南沿海的郑氏集团依然存在，江南地区的反清情绪仍然很强烈。在兵燹未靖的情况下，出于安定全国和打击汉族反抗势力的需要，清廷把大量罪犯和反清势力发配到东北地区来，实有不得不然之形势。

二、流徙东北政策的形成

上述多种因素，促使清廷把大批士人和罪犯流放关外，但流徙东北政策

---

① ［清］函可：《千山诗集》卷六，"初至沈阳"。转引自李兴盛《中国流人史》，黑龙江人民出版社1996年版，第672页。
② 《清朝文献通考》卷一，田赋考。
③ ［清］宋筠等修：《盛京通志》，卷二三，户口志，乾隆元年刻本。
④ 《清圣祖实录》卷二，顺治十八年三月丁巳。

的形成也有一个渐进的过程。清军入关之初，因要全力经营中原，在战争状态下，司法制度的建设并没有马上列入日程。直到顺治三年《大清律集解附例》制定完成，四年颁布，清廷才算有了一部完整的适用全国范围的法典。然而，这部法典基本沿袭《大明律》，而且并没有得到很好地行用，因此，清初的很多制度大都以谕令和条例的形式得以施行。

最初流徙东北的多是不满或是反抗清廷的士人，后也有已经入仕新朝的官员。这些人或心系故明，做抗清运动；或心怀不平，致触犯文网；或甘为臣仆，因言获罪；或跻身是非，牵连遭遣，他们人数众多，导致流徙东北的原因也莫衷一是。同时也因为这类人的身份特殊，所以他们流徙的罪名并非一般刑事法规所能涵盖，我们姑且称之为"政治犯"。在中央集权政治制度之下，统治者对臣民有着生杀大权，把于其统治有威胁的人发配到边疆往往不需要什么理由，只需要君主的一道谕旨就足够了，对此"政治犯"的流徙更是如此。

早在顺治四年（1647年），就发生了僧函可作私史，案发流徙沈阳的事件。函可（1612—1660年），俗名韩宗騋，广东博罗人，是明故礼部尚书韩日缵的长子。他27岁时因明末腐败成风、宦官专权，愤然出家皈依佛门，法名函可，字祖心，法号剩人。顺治二年（1645年）春天，函可和尚自广州来南京，刷印藏经，正赶上清军南下，大举攻破了南京的南明弘光王朝。由于回广东的道路受阻，函可等僧人就只能久居南京，清军南下时，他目睹人民饱受战乱之苦，看到杀身成仁的明代遗臣，写下了纪传体的《再变纪》。顺治四年（1647年）九月，函可通过与其父有师生关系已是清朝大员的洪承畴的帮助，取得了回广东的印牌。然而，当函可与他的四个徒弟出城的时候，他的《再变纪》和所托带福王弘光帝的书信被清兵查获。之后，他被押解到了北京受审。清廷对他从轻发落，敕发盛京"慈恩寺"，以示大开"慈恩"。①函可被流放到了冰天雪地的盛京对佛思过，可以说，他是身陷清朝文字狱而遭遣戍的第一人。之后，有关士人流徙东北者络绎不绝。谢国桢先生《清初东北流人考》曾将清初流徙东北的"政治犯"，归纳为以下几种：

一、顺治丁酉十四年（一六五七）科场狱案。自从顺治入主中原，已经有十余年，河北和江南的士夫稍稍出来，应试新朝。又因科场通关节的缘故，加以罪名，致遭惨祸，流徙辽左，吴兆骞、孙旸等，都是在

---

① 《清世祖实录》卷三十五，顺治四年十一月辛亥。

121

这一案的人物。

二、清初史狱及文字狱。如南浔庄廷鑨私修明史狱及戴名世《南山集》狱，以及查嗣庭、胡中藻的文字狱，皆属于这一类。

三、清初通海案。当清顺治间，虽然平定中原，但是黔、滇一带永历王朝尚抗守南服，郑成功踞守台湾，在顺治十八年（一六六一）间，张煌言和郑成功的兵直窥镇江，远及芜湖、太平，江南人民欣欣望治。及事平之后，清廷迁怒士民，诬以通海之罪，若祁理孙、杨越之谪戍辽海，就属于这一类。

图 3-2 函可和尚画像

四、平定三藩案。三藩既平之后，凡附属吴三桂之滇人，悉配戍于尚阳堡；凡与三藩通谋之人若陈梦雷、金镜、田起蛟、李学诗等，俱从宽免死，发给披甲新满洲为奴。

五、清顺治间之朋党案。清初满汉本不融洽，满洲人与满洲人为党；而汉人、北人与南人各自为党，冯铨为北人之党，陈名夏、金之俊、陈之遴为南人之党，彼此攻讦。名夏被诛，之遴之谪戍辽左，即属于这一类。

六、雍正间年羹尧、隆科多狱案。自从康熙废立储君，雍正入继帝位，不久就有年羹尧和隆科多狱案发生。隆科多禁锢终身，其子玉柱发往黑龙江当差，门生故吏若汪景祺、查嗣庭被罪论斩，妻子兄弟发往宁古塔为奴，就属于这一类。①

以上所举不过是清初相关遣戍几次重大的案子，其他因各种原因而被流徙关外者更是不知凡几。这些人多是清朝统治者打击汉族士人的牺牲品，虽然多是因罪发往，但大都罪无所据。

而与此同时，清廷对于一般刑事犯的流徙，其法规也逐渐发展并日益完善，

---

① 谢国桢：《清初东北流人考》，载谢国桢《明末清初的学风》，上海书店出版社 2004 年版，第 103—104 页。

因之发往关外的如窃盗、杀人、窃逃、诈骗等一般刑犯数量也不在少数。① 顺治十一年（1654年），清廷规定："凡窝家（指窝藏逃人之家）不准断给为奴，并家属人口，充发盛京。"② 同年又议准："凡现任汉文武官员，并有顶戴闲散官员、进士、举人、贡生、监生及休致回籍闲居各官，窝隐逃人者，止将本身并妻子，流徙尚阳堡。"③ 这是清廷入关以后首次规定把罪人流徙东北，流放的地点是盛京和尚阳堡，流徙的对象虽然包括一般民人和官员及其他有功名者，但仅仅是限于窝隐逃人之窝家而言的。

有关规定内地应流人犯拟流徙东北的具体条例，则是于顺治十二年（1655年）颁布的。该年题准："凡一应流罪，皆照律例所定地方发遣，其解部流徙者，改发尚阳堡。"④ 这里把普通流犯解刑部流放者改发尚阳堡，从而使得罪犯发遣到东北，有了明确的法律依据。但这次规定流徙关外者，仍仅限于流罪之中解部流放者而言，并非所有军流罪人都发往关外。然而，顺治年间军流等罪大都未能按照律例执行，内地安插军流者极少，多数军流等罪则拟加"解部"字样发往关外。早在顺治九年（1652年）刑部尚书刘余佑上书指出：

流、徒之律各设有等，流则地分远近，徒则限分年月。凡应流者，除隐东人应提到部类发外，其余流罪今俱加"解部"二字；徒者鞭责之外，竟放不充，则轻重两失之矣。窃思流者以罪不至死，故量定三等，且里数亦就本犯之地论也。今如一概解部而后流、徒，则远者跋涉押解多至数千里，其不死于道路饥寒者寡矣。查律文原无"解部"字样，应行改正。⑤

至康熙十八年（1679年），清廷更是放开限制，把内地军流等罪犯悉数流徙关外安置。该年议定："凡军流及免死拟流者俱发乌拉地方；其照常流

---

① 嘉庆年间学者西清仍把东北流人的罪状分为"书案"和"花案"，并指出"书案以文字得祸，殃及子孙，禁锢塞垣，有至四五代者；花案则狂且荡子之流，所谓自作孽也"。参见西清《黑龙江外记》卷六，清光绪广雅书局刻本。
② 光绪《大清会典事例》卷八百五十五，刑部，督捕例。
③ 同上。
④ 《清朝文献通考》卷二百三，刑考九，徒流，配没。
⑤ [清] 刘余佑：《画一法守疏》，《皇清奏议》卷5，转引自苏亦工：《明清律典与条例》，中国政法大学出版社2000年版，第121—122页。

罪，发奉天等处地方。"① 这使得清初流徙东北的制度得以完成，并达到了高峰。为了明晰清初流徙东北法规的形成和发展过程，特列表如下：

表3-1 清初东北相关流放法规表

时间	流放法规	资料来源
顺治十一年	凡窝家不准断给为奴，并家属人口，充发盛京。凡现任汉文武官员，并有顶戴闲散官员、进士、举人、贡生、监生及休致回籍闲居各官，窝隐逃人者，止将本身并妻子流徙尚阳堡。	《大清会典事例》卷八百五十五，刑部，督捕例
顺治十二年	凡一应流罪，皆照律例所定地方发遣，其解部流徒者改发尚阳堡。	《清朝文献通考》卷二百三，刑考九，徒流，配没
顺治十四年	凡卖钱经纪铺户兴贩掺和私钱者，流徙尚阳堡。	《大清会典事例》卷七百四十四，刑部，名例律，徒流迁徙地方四
顺治十六年	贪官赃至十两者，免其籍没，责四十板，革职流徙席北地方。	《清朝文献通考》卷二百三，刑考九，徒流，配没
康熙五年	定贪赃衙役赦免后仍行充役者，流徙宁古塔。	同上
康熙十八年	凡军流及免死拟流者俱发乌拉地方；其照常流罪，发奉天等处地方。	同上
康熙十九年	死罪减等者，仍照例发遣乌拉；其余军流俱充发奉天等处。	同上
康熙二十一年	乌拉地方，风气严寒，由内地发遣安插人犯，水土不习，难以资生，念此辈虽干宪典，但既经免死，原欲令其全生，若仍投畀穷荒，终归踣毙，殊非法外宽宥之初心，以后免死人犯，俱发往尚阳堡安插；其应发往尚阳堡人犯，改发辽阳安插；至反叛案内应流人犯，仍发乌拉地方当差，不必与新披甲人为奴。	同上
康熙五十二年	定发遣人犯俱发三姓地方之例。	同上
康熙五十六年	定强盗为从者，免死发往黑龙江等处为奴。	同上

---

① 《清朝文献通考》卷二百三，刑考九，徒流，配没。

从上表可知，清初流徙东北的制度是随着相关条例的颁布而逐步完善的，并随着条例的改变而屡有变化。总体而言，最初流徙者多为政治犯以及窝逃、贪赃之人，后来各类强盗、杀人、窃逃等罪也相继发往，品类开始不一。

三、流徙的发展及流放地点的变化

条例的变化多体现在流放地的改变上。大体来讲，东北流徙人犯最初大都遣戍盛京、铁岭、尚阳堡，后来渐次发往吉林乌喇、宁古塔等处，最后扩展到黑龙江城、齐齐哈尔一带。流放地由辽沈地区向北部的推移，从中我们也可以看出清初统治者对于东北逐步开发的进程。东北的流放地除上述外，还有辽阳、抚顺、席北、墨尔根、三姓、伯都讷、拉林、阿勒楚喀、珲春等地（有关清初东北的戍所，详见图表所示）。

表3-2 清代东北地区主要戍所表

序号	名称	异名	今地
1	盛京	奉天	辽宁沈阳市
2	尚阳堡	上阳堡、靖安堡	辽宁铁岭市清河区境内
3	铁岭		辽宁铁岭市
4	辽阳		辽宁辽阳市
5	宁古塔		旧城黑龙江海林市长汀镇旧街 新城黑龙江宁安市
6	席北	锡伯、西伯、席伯	清锡伯部属地
7	抚顺		辽宁抚顺市
8	吉林乌喇	乌拉、兀喇、船厂	吉林市
9	伯都讷	白登讷、新城	吉林扶余县
10	黑龙江城	瑷珲、艾浑、艾浒、艾河	黑龙江黑河市南爱辉乡
11	墨尔根		黑龙江嫩江县
12	金州		辽宁金县
13	三姓		黑龙江依兰县
14	打牲乌喇	大乌喇虞村	吉林市北乌喇街
15	阿拉楚喀		黑龙江阿城市

续表

序号	名称	异名	今地
16	拉林		黑龙江五常市
17	锦州		辽宁锦州市
18	珲春		吉林珲春市
19	卜魁	卜奎、齐齐哈尔	齐齐哈尔市

资料来源：李兴盛：《中国流人史》，黑龙江人民出版社1996年版，第641—642页，有所修订。

其中，最著名的流放地是尚阳堡、宁古塔和卜魁等三处，下面将分别加以介绍。

尚阳堡，明时称靖安堡，清朝改称尚阳堡，也作上阳堡，在今辽宁省铁岭市清河区境内。① 这里"安置罪人，始于天聪七年八月，后以为例"②，是清朝第一个遣戍人犯之地。清廷入关之初，这里成为全国最重要的流人戍所。满语称其地为台尼堪，尼堪者，汉人之谓，清康熙时平吴三桂叛乱，附属吴三桂之滇人，悉配戍于此。后相关流徙东北条例，多处规定尚阳堡为流放地。如顺治十二年（1655年）题准："一应流犯，俱照律例所定地方发遣，其解部流徙者，改流尚阳堡。"③ 又，十四年（1657年）议定："凡卖钱经纪铺户兴贩掺和私钱者，流徙尚阳堡。"④ 康熙二十一年（1682年）又

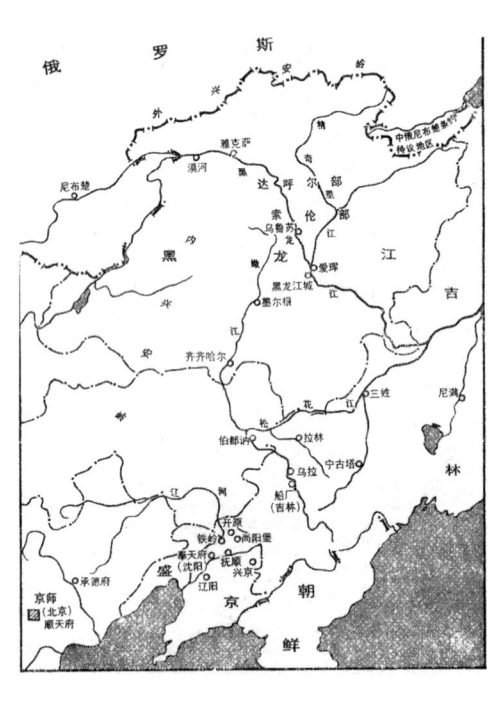

图3-3 清代东北地区主要戍所示意图

---

① 1958年，政府为修建清河水库，处于库区的尚阳堡迁移后改称清河镇公社，古城遗址被深埋水下，如今要重访尚阳堡故地，只能在由清河水库改称的尚阳湖上泛舟凭吊了。
② [清]杨宾：《柳边纪略》卷一，载《龙江三纪》，黑龙江人民出版社1985年版，第15页。
③ 《清朝文献通考》卷二百三，刑考九，徒流，配没。
④ 光绪《大清会典事例》卷七百四十四，刑部，名例律，徒流迁徙地方四。

规定:"以后免死人犯,俱发往尚阳堡安插。"① 后来由于清廷在东北增设了宁古塔等许多戍所,所以"即有仍照旧例发尚阳堡者,亦止居于奉天府城(即盛京),而尚阳堡为墟矣"②。

图 3-4　清河尚阳湖　1958 年,政府修建清河水库,尚阳堡成为"淹没区",居民迁出,于是,尚阳堡所有的遗迹也随着水库工程的进展而逐渐没于水底,从此,湖隐尚阳堡。

宁古塔是中国清代统治东北边疆地区的重镇,有新、旧两城,相距约 25 千米。旧城位于牡丹江左岸支流海浪河南岸,在今黑龙江省海林市长汀镇旧街;康熙五年(1666 年)迁建新城,位于今黑龙江省宁安市,均属今牡丹江市辖区。对于宁古塔之名,据学者考证,本是山名,后逐步演变成地名。清初流徙该地的方拱乾曾指出:"宁古塔,不知何方舆? 历代不知何所属? 数千里内外,无寸碣可稽,无故老可问。相传当年,曾有六人坐于阜。满人呼六为宁公,坐为特,故曰宁古特,一讹为宁公台,再讹为宁古塔矣。固无台、无塔也,惟一阜如陂陀,不足登。"③ 这里即以宁古塔为山,在旧城东约五里处,今名龙头山。宁古塔地区以此为中心建城,山名便逐渐演变成了宁古塔城城名。顺治十年(1653 年),宁古塔设昂邦章京(意为总管),统辖盛京(沈阳)以北黑龙江、吉林的广大地区。康熙元年(1662 年)更昂邦章京为镇守宁古塔等处将军。十五年(1676 年),将军移驻吉林乌拉(今吉林)城,以副都统镇守此地。清初宁古塔自然条件恶劣,据吴兆骞在上父母书函中描

---

① 《清朝文献通考》卷二百三,刑考九,徒流,配没。
② 同上。
③ [清]方拱乾:《绝域纪略》(《宁古塔志》),流传,载李兴盛、张杰点校:《黑龙江述略》,黑龙江人民出版社 1985 年版,第 107 页。

述道："宁古苦寒，天下所无，自春初到四月中旬，日夜大风，如雷鸣电激，咫尺皆迷。五月至七月，阴雨接连。八月中旬，即下大雪。九月初，河水尽冻。雪才到地，即成坚冰，虽白日照灼，竟不消化。一望千里，皆茫茫白雪。"① 宁古塔属边远地区，交通也很困难，"自京师至宁古塔，凡二千八百七十八里"②，清初该地尚未开化，行人皆视为畏途。遥远冰冷的宁古塔是清初遣戍流人的主要场所。

卜魁，一作卜奎，后改称齐齐哈尔。清初为达斡尔、锡伯诸部弋猎游牧之地，设副都统衔打牲总管驻守。康熙十三年（1674年）为抵制沙俄入侵，清政府自吉林乌拉调水师编为齐齐哈尔水师营驻此，并设总管。由于当时"满汉兵不习水性"，而流人以"闽广两湖原籍居多"，"其中不乏驾舟熟手"，因而齐齐哈尔水师营水手多由流人充役。③ 雅克萨之战后，齐齐哈尔的战略位置越来越重要，康熙三十年（1691年），齐齐哈尔建城，设城守尉。三十七年（1698年）移墨尔根副都统驻此。次年（1699年），黑龙江将军亦移驻此城。今为黑龙江省齐齐哈尔市所在地。清初以来有大量流人被流放齐齐哈尔，其中可考证的知名流人即有一百多位。④ 这些流人对于该地区的历史和文化产生了重大的影响。

图3-5 清宁古塔将军驻地旧城遗址

清廷根据生存环境不断对流放地进行灵活性调整。康熙九年（1670年）十二月，曾有上谕给刑部等衙门指出："流人多有贫者，衣装单薄，无以御寒，以罪不至死之人，冻毙道途，殊为可怜。"⑤ 可见，当时的流犯，在途中

---

① ［清］［清］吴兆骞撰，麻守中校点：《秋笳集》附录一，《归来草堂尺牍》，上海古籍出版社1993年版，第289页。
② ［清］杨宾：《柳边纪略》卷二，载《龙江三纪》，黑龙江人民出版社1985年版，第42页。
③ ［清］徐宗亮：《黑龙江述略》，李兴盛、张杰点校：《黑龙江述略》，黑龙江人民出版社1985年版，第71页。
④ 参见张守生编著：《齐齐哈尔流人研究》，中国文化出版社2009年版。
⑤ 光绪《大清会典事例》卷七百四十四，刑部，名例律徒流迁徙地方四。

的死亡率是很高的。到了目的地之后，犯人是否能服水土，是否可以找到维持生命的工作，都是不可知的，至于精神上的安慰，更谈不到。针对流人在道途多冻毙死亡的问题，是年规定："以后流徙尚阳堡、宁古塔人犯，十月至正月终及六月，俱停其发遣，余月照常发遣。"① 这就改变了原来仅仅在六月和十二月才停遣的先例，从而使遣戍制度变得更加符合流徙东北的要求。

康熙十八年（1679年），曾规定"凡军流及免死拟流者俱发乌拉地方；其照常流罪，发奉天等处地方"，把大量人犯发往乌拉地方。② 但清廷很快发现，该地生存环境恶劣，致使大量发往人犯死亡。对此，康熙十九年（1680年），左都御使郝浴奏请要求以后"死罪减等者，仍照例发遣乌拉；其余军流，俱充发奉天等处"，得到了朝廷允准。③ 然而，之后死罪减等者仍旧被发往环境恶劣的乌拉地方。直到康熙二十一年（1682年）五月，康熙帝巡行边塞，咨询民间疾苦，东至乌拉地方，仍然观察到：

> 今谒陵至彼，目击方知，此辈既无屋栖身，又无资力耕，复重困于差徭，况南人脆弱，来此苦寒之地，风气凛冽，必至颠踣沟壑，远离乡土，音信不通，殊可悯恻。④

为此，康熙帝"念此辈虽干宪典，但既经免死，原欲令其生全。若仍投界穷荒，终归踣毙，殊非法外宽宥之初念，朕心深为不忍"，便以谕旨的形式著刑部改遣，要求"即遵谕行"，规定：

> 以后免死减等人犯，俱著发往尚阳堡安插；其应发尚阳堡人犯，改发辽阳安插；至于反叛案内应流人犯，仍发乌喇（拉）地方令其当差，不必与新披甲之人为奴。⑤

至此，条件恶劣的乌拉地方只是作为反叛案内应流人犯发往的地区，并且仅仅是发往"令其当差，不必与新披甲之人为奴"，这也体现了清初流徙慎刑和关注民命的特点。

---

① 光绪《大清会典事例》卷七百四十四，刑部，名例律徒流迁徙地方四。
② 《清朝文献通考》卷二百三，刑考九，徒流，配没。
③ 《清朝文献通考》卷二百三，刑考九，徒流，配没。
④ 《清圣祖实录》卷一百二，康熙二十一年五月壬子。
⑤ 《清圣祖实录》卷一百二，康熙二十一年五月丙辰。

康熙三十年（1691年）左右，流放的地点已经扩展到黑龙江地区。对此，康熙皇帝曾于三十七年（1698年）指出："朕数年以来，将为盗者止诛首恶，为从者从宽免死，发往黑龙江。"① 可见，在此之前已有盗犯为从者免死发往黑龙江地区了，只是此时并没有形成定例。至康熙五十六年（1717年），该规定最终形成定例："强盗为从者，免死发往黑龙江等处为奴。"② 之后，流放地开始逐渐超出东北的范围，漠北原来一些名不见经传的地方成为新的流放地。这一方面是由于黑龙江地区遣犯渐多，不易约束；另一方面则是为了适应这一时期清廷北路用兵的需要。康熙五十四年（1715年），策妄阿拉布坦遣军犯哈密，清廷与准噶尔的战事重起，清廷在北路建立军营的同时，还需要坚实的后勤保障，加派人员在当地屯种，这使得把一些原拟发往东北的罪犯调剂到漠北为军事服务理所当然地被提上日程。③ 康熙五十七年（1718年）出台了改发黑龙江、三姓地方例，指出：

> 发往黑龙江、三姓地方之人，俱因凶恶发遣，若发在一处，人犯日多必致生事，此后停其发往。著后发喀尔喀科布多、乌兰固木地方。彼处水土甚好，著筑城安插，令其开垦耕种。八旗每佐领派护军、披甲各一名，于八月内马匹肥壮之时，前去驻防看守，二年一换，其沿途驿站，应备车辆，毋致犯人劳苦。④

这是遣犯发往漠北之始。之后，不断有罪犯被发往北路屯种，直到雍正十年（1732年），办理军机大臣在遵旨议奏中仍然指出："发遣黑龙江罪犯，蒙恩旨仍前改发北路军营屯种，予以自新之路。请嗣后此等人犯，改发于军营附近之处，一切衣食，照康熙五十八年酌定条例，著该处给发，由京城派弁兵递送军前。"⑤ 可见，康熙五十七年改发黑龙江、三姓地方上谕，已于次年定为条例，从而大量本应发往东北的遣犯，被改发北路科布多—乌兰固木屯区。北路遣犯发往之地，见于史册记载的还有莫岱察罕瘦尔、鄂尔昆、扎

---

① 《清圣祖实录》卷一百八十八，康熙三十七年四月己酉。
② 《清朝文献通考》卷二百三，刑考九，徒流，配没。
③ 据《平定准噶尔方略》卷三记载，早在康熙五十五年二月就已经有罪犯发往军前效力赎罪，只是从记载来看这些"赎罪人"应该是发往军前效力赎罪的革职官员。
④ 《清朝文献通考》卷二百三，刑考九，徒流，配没。
⑤ 《清世宗实录》卷一百二十五，雍正十年十一月癸卯。

克拜达里克等三处。① 清朝的流放地开始从东北地区向西北地区扩展。

雍正二年（1724年），西路地区也开始有罪犯发往。是年抚远大将军年羹尧平定青海和硕特蒙古罗卜藏丹津之乱，奏青海善后十三事，其一为"请发直隶、山西、河南、山东、陕西五省军罪当遣者，尽行发往大通河、布隆吉尔垦种"②。后经总理事务王大臣议奏，决定大通河沿岸令驻军子弟亲属及民人开垦耕种，"布隆吉尔地方现在修筑城垣，请将直隶、山西、河南、山东、陕西五省军罪犯人除贼盗外，尽行发往该处，令其开垦"③。布隆吉尔在今嘉峪关以西安西境内，是东西交通的要道，在西路军入青海平叛的过程中，是大军运饷的必经之路。事后五省遣犯发往该处屯田，也主要是为当地的驻军提供军粮。

罪犯向西北地区发遣的同时，清廷也逐渐认识到大量带罪之人聚集东北的弊端，不断有改遣之议。雍正三年（1725年），"上以盛京为开基之地，宁古塔、黑龙江、三姓等处，俱为接壤，向来遣犯安插于此，日积渐多，恐引诱渐染废坏风俗，且将来发遣之人多于本地兵丁，亦有未便，因命嗣后遣犯分发内地边远之区，令地方官严加管束"④。雍正四年（1726年），则议定"各省卫所有改为州县及裁汰归并州县者，嗣后充发军犯，即发于改设归并之州县管辖"⑤。雍正五年（1727年），定奉天遣犯发配之例，规定："奉天习俗不好，凡犯罪发遣之人，若发往相近边地，必致逃回生事。嗣后犯法应枷责发遣者，著解送来京，照例枷责，满日发与西安、荆州等处满洲驻防兵丁为奴。"⑥ 流放的地点也开始推进到内地边远地区州县及各省八旗驻防。

乾隆继位之初，更是因为"黑龙江、宁古塔、吉林乌拉等处地方，若概将犯人发遣，则该处聚集匪类多人，恐本处之人渐染恶习，有关风俗"，谕令"嗣后如满洲有犯法应发遣者，仍发黑龙江等处；其汉人犯发遣之罪者，应改发于各省烟瘴地方"⑦。乾隆二年（1737年）则着手定遣犯佥发、改发之例，规定嗣后民人有犯强盗免死减等"九项遣犯，查明有妻室子女，照旧例佥发宁古塔、黑龙江等处，给披甲人为奴；如无妻室子女者，伊等无家可恋，只

---

① 参见王希隆：《清代西北屯田研究》，兰州大学出版社1990年版，第117页。
② 王钟翰点校：《清史列传》卷十三，年羹尧传，中华书局1987年版。
③ 《清朝文献通考》卷二百三，刑考九，徒流，配没。
④ 同上。
⑤ 光绪《大清会典事例》卷七百二十一，兵部，发配，军流，外遣。
⑥ 《清朝文献通考》卷二百三，刑考九，徒流，配没。
⑦ 光绪《大清会典事例》卷七四四，刑名，名例律，徒流迁徙地方四。

131

身易逃，难于使用，应将此等无妻子之遣犯并其余各项遣犯，悉照乾隆元年定例，改发云贵、四川、两广等省，分别极边烟瘴与烟瘴少轻地方，交地方官严行管束"。① 此后，随着流放制度的不断发展和新流放地的开辟，东北虽然仍是清廷重要的罪犯流放地区，但清初以来形成的罪犯仅仅流徙东北一隅的局面已经基本结束。

自清军入关至乾隆初年近百年间，到底有多少人遭清廷流徙关外？据刘选民估计，合三省之数，当在十万左右；② 如果包括各类政治犯及其家属，据谢国桢先生推测，清初谪戍到东北去的人，至少也要在数十万人以上；③ 李兴盛更是对于有清一代流徙东北的人口加以统计指出：清代的东北流人，清廷入关前在 110 万之上，入关后约为 40 余万人，估计总数在 150 万以上。④ 刘选民的估计过于保守，而李兴盛先生是把战俘亦归入流人之列来计算的，与此同时也没有注意到《清实录》和《东华录》中对于入关前几次俘虏汉人数量的记载大都是人畜合计，所以笔者认为他对于入关前流人的估计有些过高，对于入关后流人的统计则过多关注政治性流徙而对于刑事流放统计过少。因此，本人相对赞同谢国桢先生之说，百余年来流徙东北的人数应在数十万以上。然而，流人数量如恒河沙数，又缺乏统计资料，因而要得出具体统计数字是很难的。

第三节 《道里表》的制定及视表配发

清代流放制度在承袭前代的基础上，不断发展和完备，形成了以三流为正刑，迁徙、充军、发遣等为闰刑的流放体系。由于清初特殊的政治背景和社会条件，律例所规定的制度并没有完全得以贯彻实施，在流放形式上多以"解部流徙"的方式把罪犯发往东北地区，这便是前述清初独特的流徙东北现象。之后因国内局势稳定以及流徙东北发展过程中问题的呈现，促使清廷在流放地的选择上重新加以考量，把目光从"龙兴之地"的关外转向内地，在内地寻找合适的流放地。在此一过程中，制定出《军卫道里表》《五军道里

---

① 《清高宗实录》卷四十七，乾隆二年七月丙午。
② 刘选民：《清代东北三省移民与开垦》，《史学年报》第 2 卷第 5 期，第 68 页。
③ 谢国桢：《清初东北流人考》，载谢国桢《明末清初的学风》，上海书店出版社 2004 年版，第 159 页。
④ 李兴盛：《增订东北流人史》，黑龙江人民出版社 2008 年版，第 385 页。

表》和《三流道里表》，并坚持视表配发。

一、《军卫道里表》的制定与实施

清代沿袭明代，仍设充军之刑。我们知道，充军刑是在卫所制度的基础上建立起来的，罪犯要被充发各卫所为军。朱元璋在明初建立卫所制度，以军隶卫，以屯养军。对此，《明史·兵志》指出："明以武功定天下，革元旧制，自京师达于郡县，皆立卫所。"① 1644年清朝入关后，清朝统治者对前朝遗留下的庞大卫所系统予以全部接收。顺治元年（1644年）十月初一，顺治帝即位之初就为此颁诏："在京锦衣等卫所，及在外卫所官员已经归顺者，俱准照旧供职。"② 随着全国各地的次第平定，清政府相继颁定了各省卫所的经制，通过对明代卫所制度的改造和调整，重建了新的卫所制度。卫所官员由世袭改为任命，卫军改为屯丁和运丁，专事屯田与漕运，其职能从原先的军事、经济相结合转变为纯粹的经济职能。在此期间，明中期以来卫所的"民化"过程基本完成，卫所制度虽然得以保留，但卫所与州县已经无大区别。③

尽管如此，清代仍然沿用了明代在卫所制度上建立起来的充军之制，其军犯定卫发配的制度也全部袭用《大明律》。《大明律》"边远充军"条相关军犯定卫发配的情况详见下表：

表3-3　《大明律》"边远充军"规定军犯充发情况表

军犯原籍	定发卫所
直隶府州，江南	定辽都指挥使司，北平都指挥使司所辖永平卫，山西都指挥使司，陕西都指挥使司所辖兰州卫、河州卫
直隶府州，江北	广东都指挥使司辖海南卫，四川都指挥使司所辖贵州卫 雅州千户所
福建布政司	北平都指挥使司所辖永平卫
浙江布政司	定辽都指挥使司
江西布政司	山西都指挥使司

---

① 《明史》卷八十九，兵志一。
② 《清世祖实录》卷九，顺治元年十月甲子。
③ 有关卫所制度在清代变化的论述，参见顾诚：《卫所制度在清代的变革》，《北京师范大学学报（社会科学版）》1988年第2期，第15—22页。

续表

军犯原籍	定发卫所
湖广布政司	山西都指挥使司
河南布政司	广西都指挥使司所辖南宁卫 太平千户所
山东布政司	广东都指挥使司所辖海南卫
山西布政司	广东都指挥使司所辖海南卫
北平布政司	广西都指挥使司所辖南宁卫 太平千户所
陕西布政司	广西都指挥使司所辖南宁卫 太平千户所
广西布政司	陕西都指挥使司所辖兰州卫、河州卫
广东布政司	山西都指挥使司
四川布政司	广西都指挥使司所辖南宁卫 太平千户所

注：参考怀效锋点校：《大明律》卷一，名例律，徒流迁徙地方条，法律出版社1999年第1版制定。

该"边远充军"条，据吴艳红考证，乃是明洪武六年（1373年）修律的成果。① 从中可以看出，当时军犯原籍与定发卫所之间存在着省省对应，一般北人发南，南人发北。军犯充发仍是遵循传统"就偏就远"的原则。

《大明律》确定此条后，历次修律都未曾改动，一直保持到明末。然而，在实际司法实践中，军犯的充发情况很早就已经发生了很大变化。据吴艳红考证，从明初以来，一直存在着"从宜编发"的现象，并不严格按照《大明律》"边远充军"条规定的"就偏就远"原则定卫发配，而"从宜编发"基本上是以就近编发为主要特征的。嘉靖初年更是出现了"以罪之轻重权地之远近"的原则取代明初以来《大明律》"边远充军"所体现的"就偏就远"原则。在具体实施上，舍弃了原发地与发往地省份地区的具体对应，而是以原发地为中心，以罪情轻重决定充军的远近距离，向外层层递发。具体而言，是以省为单位，罪在充军附近者，即定本省附近卫分充军；罪在充军边卫者，可定本省或隔省之边方卫所编发；充军边远者，可定隔省或再隔省卫分充发；

---

① 参见吴艳红：《明代军犯定卫考论》，韩延龙主编《法律史论集》第二卷，法律出版社1999年版，第211页。文中指出，"边远充军"条中发充地有"定辽都司"一词，明代曾于洪武四年设定辽都司，至洪武八年已改为辽东都指挥使司；此外，设立于洪武十五年的云南都司本是有明一代重要的军犯充发地，"边远充军"也没有包括在内，从而断定《大明律》此条"边远充军"的规定应该是洪武六年修律的成果。

极边可在边远的基础上再隔省编发。①

　　崇祯十一年（1638年），崇祯帝曾谕令兵部，"编遣事宜，以千里为附近，二千里为边卫，三千里为边远，其极边烟瘴以四千里为率"②。首次对于军犯编发规定了等级，并定每等里数。只是此时，危机四伏的明王朝已经四面楚歌，直到王朝覆亡也未来得及实施上述规定。对此，清末律学家沈家本在其《充军考》中也指出："是明之充军，本是从宜编发，其初但分南北，其后始分远近，而亦无里数。"③

　　清代顺治初年，制定《大清律集解附例》，全盘引用《大明律》，该"边远充军"条也被全数照搬。④ 然而，这一在明代的大部分时间内都未能按照设计施行的方案在清代更难行得通。

　　在清初很长一段时间内，充军刑罚基本上存而未用，多数军犯和流犯一样，被以流徙的方式发往关外或被改判为其他刑罚。如笔者在第一历史档案馆便查得一例顺治初年军罪改为绞刑的记载。据官员高歧凤顺治四年（1647年）五月初七日题本所述：

> 招详积蠹犯人汪启英，系江南太平府繁昌县人，充当本县粮科书手，经承一应钱粮，不合胜官作弊……将启英改拟军罪。详道于四年三月初四日转详到臣批阅，如此积蠹，若远遣遐荒，军改屯丁，徒苦长解，本犯反得生全，批行兵备参议，高歧凤将启英改照新例受财枉法计赃科断，无禄人一百二十两绞罪，秋后处决。⑤

本案犯人汪启英因贪赃拟军，后改为绞罪，其给出的理由有"军改屯丁，徒苦长解"，从中可以看出"卫军改为屯丁"后，卫所司法功能的逐渐丧失。不久之后的顺治四年（1647年）七月，清廷以广东初定颁布的"恩诏"，又

---

① 参见吴艳红：《明代军犯定卫考论》，韩延龙主编《法律史论集》第二卷，法律出版社1999年版，第208—230页。
② 《明史》卷九十三，刑法一。
③ ［清］沈家本：充军考（上），载《沈寄簃先生遗书》，中国书店海王邨古籍丛书1990年影印本，第536页。
④ 唯根据实际情况删除定辽都指挥使司，将其归并北平都指挥使司，同时改北平为直隶。参见杨一凡、田涛主编《中国珍稀法律典籍续编》（第五册），王宏治、李建渝点校《顺治三年奏定律》，黑龙江人民出版社2002年版，"边远充军"条相关规定。
⑤ 中国第一历史档案馆藏：《内阁汉文题本》（北京大学移交部分），第1盘2全宗27目录1721卷9号。

重申"卫军已改屯丁,永不勾补,官吏人等谪成到卫者,悉放回原籍"①。可以说,清初以来,虽然在律典中继承了充军之制的相关内容,由于定卫发配相关内容不符合实际和卫所性质的变化,充军刑罚很少落实到实践中去。

直到顺治十六年(1659年),刑部问拟充军人犯,咨送兵部,发兵马司羁候。兵部"始照依《邦政纪略》内开载卫所,定卫发遣。附近充军者,发二千里;边卫充军者,发二千五百里;边远充军者,发三千里;极边充军者,发四千里;烟瘴充军者,发烟瘴地方,亦四千里。如无烟瘴地方,照极边例发遣"②。这是对于崇祯十一年所规定军犯编发等级和里数的继承,只是在编发道里里数上有所不同,附近由原来规定的一千里增至二千里,边卫由二千里增至二千五百里,其他都没有变化。

本次对于军犯的定卫发遣,是依照《邦政纪略》内开载卫所约略编定。根据现存的资料看,并没有规定发遣的具体地点,并仅限于刑部问拟人犯而言。可以说,这一时期,清廷出于司法实践的需要,开始参照明代定卫发配的实际情况探索自己的发配方式。其所依据的《邦政纪略》,乃是前明编定之政书。因笔者遍查明代政书资料,未见有关该书的记载,只能存留以俟备考。根据清代记载推断,《邦政纪略》当为军政之书,所记军卫之典制必甚详。③

雍正三年(1725年),律例馆修订律例,始据兵部题定《中枢政考》④及《邦政纪略》内发遣道里省份校正增入,将律文改为"凡问发充军者,附近发二千里,边卫发二千五百里,边远发三千里,极边、烟瘴俱发四千里。如无烟瘴地方,即以极边为烟瘴,定卫发遣"。另立"充军地方"律目,编入律内,代替原有的"边远充军"条。⑤ 这是在顺治十六年兵部对于刑部问拟充军人犯约略编定的基础上,首次对于全国军犯编定等次和道里,并以编定的"充军地方"取代早已不符合实际的"边远充军"律目。从而,使得律例

---

① 《清世祖实录》卷三十三,顺治四年七月甲子。
② 雍正《大清会典》卷一百四十七,兵部,沈云龙主编:《近代中国资料丛刊三编》第七十八辑(779),文海出版社有限公司,第9217—9220页。
③ 明人李材曾著《兵政纪略》五十卷,不知是否为该书待考。参见《明史》卷九十八,志第七十四,艺文三。
④ 《中枢政考》,清代军政之书,包括八旗和绿营在内的现行规章典制,五年一小修,十年一大修。见知有康熙二十九年,雍正十三年,乾隆七年、二十九年、三十九年、五十年、五十九年,嘉庆八年、十三年,道光五年多种不同的版本。其中保存了清初顺、康、雍三朝军制规模,对研究清初军事制度颇有价值。
⑤ 参见[清]吴坛撰,马建石、杨育棠主编:《大清律例通考校注》,中国政法大学出版社1992版,第336页。

内相关充军的规定趋向合理化。

雍正四年（1726年），清廷覆准："陕西、河西及平庆、临鞏四府各卫所俱改为州县；所存者，惟赤金、靖逆、大通三卫，嗣后各省解来军犯，除应发赤金、靖逆、大通三卫外，余俱分发归并卫所改设之州县充军，仍注军籍当差，倘有脱逃，将该知县、知府职名查参。"之后，进一步指出，"各省卫所亦多裁汰，如有军犯而无卫所可发者，均照此例，发于归并改设之州县管辖"。① 这种情况持续数年后，因卫所多"有归并州县、有改更"，雍正八年（1730年）兵部武库司在雍正三年"充军地方"的基础上，谨按直省各府份附近、边卫、边远、极边、烟瘴详核道里远近，编列著为《军卫道里表》。

雍正朝《军卫道里表》按照省份把全国划分为16个地区，每一地区以府为单位划分为若干府份，每一府份又根据军犯罪情轻重分为附近、边卫、边远、极边、烟瘴五等级，每一等级则按照附近二千里、边卫二千五百里、边远三千里，极边、烟瘴俱四千里的道里数向东、南、西、北四个方向确定具体的军犯发遣地，其地点详尽到具体的卫所，没有卫所或卫所裁并为州县者，则具体到州县。②

这16个地区分别为直隶、江南苏松、江南安徽、浙江、江西、湖广、福建、山东、山西、河南、陕西、四川、广东、广西、云南和贵州。其中涉及全国的行政区划，内容颇为庞大。为了更加明晰地展示《道里表》的复杂结构，这里特以直隶地区为例进行说明。直隶分为顺天府、永平府、保定府、河间府、天津府、正定府、顺德府、广平府、大名府、宣化府十府属，仅举顺天府军犯的发配情况列表如下。

表3-4 《军卫道里表》直隶顺天府属军犯编发地方为例表

直隶顺天府属军犯编发地方	附近	东至顺天府承德县； 南至江南凤阳府宿州卫、长淮卫、寿州，又至泗州卫、潼安卫； 西至山西太原府岢岚州，又至宁武府宁武县，又至保德州。	军卫道里表

---

① 雍正《大清会典》卷一百四十七，兵部，沈云龙主编：《近代中国资料丛刊三编》第七十八辑（779），文海出版社有限公司，第9220页。
② 同上书，第9221—9435页。

续表

直隶顺天府属军犯编发地方	边卫	东至抵边不足二千五百里； 南至江南安庆府安庆卫，又至扬州府扬州卫、仪征卫； 西至陕西延平府肤施县、安定县； 北至抵边不足二千五百里。 以上除东北外西南俱二千五百里。
	边远	东至抵边不足三千里； 南至江南池州府新安县，又至浙江杭州府杭州前卫、杭州右卫海宁所； 西至陕西榆林府榆林县，又至绥德州； 北至抵边不足三千里。 以上除东北外西南俱三千里。
	极边	东至抵边不足四千里； 南至福建延平府南平县、永安县、将乐县，又至浙江台州府台州卫、太平县、宁海县； 西至陕西临洮府河州、兰州、金县； 北至抵边不足四千里。
	烟瘴	广东广州府南海县、番禺县、清远县、从化县； 广西桂林府临桂县、兴安县、全州。 以上里数与极边同。

注：根据雍正《大清会典》卷一百四十七，兵部制定。

每一地区都以府份为单位划分，每一府份的军犯定卫情况均与上表直隶顺天府的情况相雷同，从而，在全国形成了一个庞大而又复杂的军犯流放体系。从中可以看出，经过编定《道里表》之后的军犯发配情况已经大大改变了先前陈旧和随意的发配状况。通过视表配发，清廷的军犯发配有了具体执行上的法律依据。《军卫道里表》的制定改变了有明以来"就偏就远"的发配原则，而是以军犯的罪情轻重为等次确定道里，以人犯原籍所在府份为中心向周边州县、卫所辐射确定流放地，在全国形成一个密集的人犯充发网络。这是清代流放制度的一大创举。这一创建，应当说也是对于明代充军实用主义的一种反叛，而把着眼点放在了对于人犯的合理性惩治上。[①] 由于定卫发配是按照道里向周边

[①] 有关明代充军实用主义的论述，参见吴艳红《明代充军研究》。吴艳红在其《明代军犯定卫考论》（韩延龙主编《法律史论集》第二卷，法律出版社1999年版）则进一步指出，明代前期定卫的实用主义较为明显，后期合理性惩治的要求也在不断加强。然而，终明一代，并没有找到较为适当的解决上述问题的方法。

辐射的，这样虽然确定了具体的卫所、州县，但这些地点都不是唯一的，仍有一定的选择性。这就使得每一地区的军犯配发既能保证合理性惩治，又不失发遣的灵活性。

清廷编定《军卫道里表》以按表配发军犯，由于清初国内形势并未稳定，卫所也在不断裁并革新之中，因此该表不得不根据形势需要随时加以修订。现今所见最早的单行本《军卫道里表》乃是乾隆八年（1743年）由鄂尔泰①等纂修的六册十八卷本《钦定军卫道里表》。据该表前附鄂尔泰奏疏所言：

> 查《军卫道里表》系沿明代《邦政纪略》一书编裁，现今各省添设府分、直隶州，未经开载者甚多，请一并交与臣部则例馆纂辑。惟是各省府分直隶州彼此相距道里远近难以悬拟，行文各该督抚将《军卫道里表》未经开载之新改设各府并直隶州，详查东西南北所至道里远近，核定分别附近、边卫、边远及极边、烟瘴地方，咨报臣部纂辑附入《中枢政考》内，汇奏刊刻颁行等因，具奏奉旨依议，钦此。钦遵行文直隶各该督抚去后，续准各该督抚先后造册报部，于乾隆八年闰四月初三日咨覆齐全在案，臣等将各省督抚造送新改设府分直隶州军犯，应行编发地方详细检查，内有州县改设府治并直隶州者；亦有州县改隶别府者；又有府州县陆续裁汰者，俱照现在府州县按册编纂，有应行更改者，即为更改；至于已经裁汰之卫所归并改设州县者，其军犯即发于归并改设之府州县管辖。另纂入军犯发遣总例，内谨缮汉字《军卫道里表》黄册六本，恭呈御览，俟命下之日，一并交与武英殿刊刻，附入《中枢政考》内，颁发直省，一体遵行，可也。②

可见，此次《军卫道里表》的编裁亦因"现今各省添设府分、直隶州，未经开载者甚多"，朝廷旨饬则例馆纂修。这次纂修的一个重要特点是兵部则例馆和各省督抚通力合作，由各省督抚"将《军卫道里表》未经开载之新改设各府并直隶州，详查东西南北所至道里远近，核定分别附近、边卫、边远及极边、烟瘴地方"，造册咨报则例馆，则例馆再根据各省造送材料重新加以修订《军卫道里表》，并于卷前加入军犯发遣总例。此次重辑《军卫道里

---

① 鄂尔泰（1680—1745）：字毅庵，西林觉罗氏，满洲镶蓝旗人，宦官世家，官至军机大臣兼理侍卫内大臣、议政大臣，是清廷的心腹重臣。
② ［清］鄂尔泰等纂：《钦定军卫道里表》十八卷，乾隆八年武英殿刻本。

表》，由于中央和地方相互配合，通力合作，从而使得军犯的定卫更加符合实际，有利于其实际执行。

该书对于军犯的发配地区，在原有《道里表》16 个的基础上，湖广地区由于行政区划的变动分为湖北和湖南两个地区，另外增加了甘肃地区，从而增至 18 个。① 按照每一地区单独成卷，每卷详记所属州府籍贯军犯发往的各地区，全书以全国 18 地区共 18 卷，6 册。书成以后，交武英殿刊刻，附入《中枢政考》颁发直省，一体遵行。

《军卫道里表》于乾隆八年重加修订后，复于乾隆二十七年（1762 年）经奏明重辑。② 之后，随着清政府对于沿袭自明代的卫所制度的改造，依附于卫所的充军刑也随之发生变化。乾隆三十二年（1767 年）十二月，朝廷由于"各处卫所系专司挽运漕粮，并不收管军犯，应将边卫充军改为近边充军"，便宣布此后充军人犯全部交由地方州县管理。不久，《大清律例》也对此做了相应修改，将"定卫发遣"改为"定地发遣"，其余"卫所"一词，俱改为"地方"。③ 清代卫所的司法职能从此宣告结束。鉴于以上事实，此时的《军卫道里表》已经名不副实，对之重加修订是势在必行了。

二、《五军道里表》的成书与修订

乾隆四十年（1775 年），经大学士尹继善奏请，由兵部尚书公福隆安等奉敕对《军卫道里表》重加纂修，至乾隆四十四年（1779 年）书成，并"以从前五等人犯系发卫所充军，是以定为《军卫道里表》，今军犯俱交州县收管，卫所专司挽运漕粮，并不收管军犯，因改名《五军道里表》，至是复加增修，书成刊布"。④ 至此，去掉了名存实亡的"卫所"字样。以后军犯发配均按《五军道里表》视表配发。

嘉庆年间，由于社会形势的变化，复对于《五军道里表》加以重辑。对

---

① 湖北、湖南初沿明制合属湖广布政司，康熙三年，始分湖广布政司为湖南、湖北二布政司；甘肃初沿明制，属陕西省，康熙二年分陕西省西置，移驻巩昌府，领甘肃全境；六年更名巩昌布政司；八年末更名甘肃布政司，移驻兰州。

② 嘉庆七年五月十八日奏本，载《钦定五军道里表》（18 册），同治十二年夏月江苏书局重刊本。

③ ［清］吴坛撰，马建石、杨育棠主编：《大清律例通考校注》，中国政法大学出版社 1992 版，第 336 页。

④ 《清朝文献通考》卷二百二十二，经籍考十二。《清史稿·刑法志》则指出"乾隆三十七年，兵部根据《邦政纪略》，辑为《五军道里表》，凡发配者，视表所列"，不知何据？

此，据嘉庆七年（1802年）五月十八日兵部明亮的奏本指出：

> 自乾隆二十七年奏明修辑，复于乾隆四十年经原任尚书公臣福隆安等奏请重加修订后，迄今已二十余年未经重辑。伏思编军定地必须里数相符，远近稍有参差，罪名即无分轻重。查近年以来，据各督抚陆续奏准裁并增设及改名之府州县甚多，均与旧表不符，若不随时更正，诚恐办理多歧。①

嘉庆七年提出重加修辑的奏疏后，即蒙朝廷俞允，由兵部着手《五军道里表》的再次修订工作。首先，通行"各省督抚详加查核各该省府厅州县，自乾隆四十年以后，有裁汰增设与原表不同者，即行划定道里数目，绘图贴说分晰报部"，并要求各省"按册纂辑条缕分明，查照办理，不致舛错"。② 钦遵行文各省去后，各督抚陆续查明造册送部。"惟福建、广东、江苏三省未经送到"，兵部复于"嘉庆十二年（1807年）十一月请旨，饬交该督抚等速行造送在案"，最终该三省陆续于嘉庆十四年（1809年）五月将各省情况造送到齐。其后，兵部选派各提调纂修等官随即展开工作，"详细核算，将各省新设之处应发五等军犯逐一增纂，其有裁改移驻于原表地名互异，以及从前原报里数稍有参差，四至地方间有不符者，俱悉心参考核实更正。又，各省册开有四至里数相符之州县，而原表内未经载入者，亦俱按计道里悉行纂入"。修辑工作最终于嘉庆十四年底完成，"分辑十八卷，敬缮黄册三十八本，恭呈御览，伏候钦定发下"。最后，还根据当时的社会条件，进一步制定"凡例"十六条，列入首册，以便遵循。③ 为了明晰充军发配的标准变化情况，这里特详列嘉庆年间《五军道里表》"凡例"十六条如下：

> （1）例载附近充军者发二千里、近边充军者发二千五百里、边远充军者发三千里、极边充军者发四千里，是各等军犯，原以情罪之轻重定道里之远近。惟因道里参差，有不能适符所指各处里数者，附近、近边

---

① 嘉庆七年五月十八日奏本，载《钦定五军道里表》（18册），同治十二年夏月江苏书局重刊本。
② 嘉庆七年五月十八日奏本，载《钦定五军道里表》（18册），同治十二年夏月江苏书局重刊本。
③ 嘉庆十四年十二月二十日奏本，载《钦定五军道里表》（18册），同治十二年夏月江苏书局重刊本。

多寡以百里为率，边远、极边多寡以二百里为率，现经各省将编发五等军犯地方彻底挨查，分别四至，详开里数造册送部，兼有与从前旧表里数多寡未符者，于表内悉行核实删改。

（2）烟瘴充军除例应改发极边四千里者，俱照表载省份编发外，其应指发烟瘴人犯，仍照例发往云南、贵州、广东、广西四省，俱以四千里为限，至各省地方，如有距烟瘴省份在四千里之外者，惟计至烟瘴地方安置，不拘四千里之数；其距烟瘴省份在四千里之内者，仍按计四千里核定地方，以存限制。至籍隶烟瘴四省人犯，例应于隔远之烟瘴省份调发。广东省与云南省互调，广西省与贵州省互调，其邻近烟瘴省份之湖南、福建、四川三省，应发烟瘴人犯，湖南省发往云南，福建省发往贵州，四川省发往广东，均不拘四千里之数，解交各该巡抚衙门酌拨安置。

（3）旧表开载各省编发五等军犯，地方凡有移驻裁汰之各府州县与旧表地名互异之处，俱照现在改定地方逐一更正。

（4）旧表内各府州县编发军犯四至地方有专指一处编发者，有分路于各处匀发者。今据册详加参酌，其分路地方，凡有四至道里相符之州县，参考舆图，悉于表内核算增入，庶使应发人犯，可以均匀安置，不致积聚滋事。

（5）旧表内各府州县编发军犯四至地方有注明抵边抵海，停其编发者，今据册于各府州县道里详加较核，其实已抵边抵海不足里数者，仍于表内注明，若尚有可发之处，俱按计里数核定地方一律改正编发。

（6）顺天直隶各州县于乾隆十九年奏准，畿辅郡县不便安置军犯，今仍照旧表，凡各省发顺天、直隶各州县军犯俱停止编发。

（7）奉天、锦州二府于乾隆十六年奏准，奉天为本朝根本重地，不宜聚积匪类，一应军流人犯，悉行停止安置。今仍照旧表，凡各省应发奉天各州县人犯俱停止编发。

（8）贵州铜仁府所属之松桃厅，已改松桃直隶厅；湖北安陆府所属之荆门州，已改荆门直隶州；四川省添设太平厅、理番厅；甘肃省改设哈密厅，其编发军犯地方，旧表未经开载，今一体另行增入。

（9）江苏太仓州属之崇明县孤峙海心，又系产盐之地。乾隆四十三年，经该抚咨明停止安插。今仍照原议，各省军犯，凡有应发往该县者，俱停止编发。

（10）浙江之玉环厅、宁波府属之定海县四面环海，岛势孤悬，又系产盐之地。乾隆三十一年议准，停止佥发人犯，今仍照愿议，凡各省应发该二处者，俱停止编发。

（11）湖北宜昌府属之鹤峰州、长乐县，施南府属之恩施县、宜恩县、咸丰县、来凤县、利川县，俱系苗疆。乾隆二十年议准，停止安插军犯，今仍照原议，凡各省应发往各该州县者，俱停止编发。

（12）湖南永顺府属之永顺县、龙山县、保靖县、桑植县，辰州府属之乾州厅、永绥厅、凤凰营厅，永州附属之江华县，宝庆府属之城步县，沅州府属之芷江县、靖州、本州暨所属之绥宁县、通道县，均系苗疆紧要之区。乾隆三十二年议准，停发军流人犯，今仍照原议，凡各省应发各该厅州县者，俱停止编发。

（13）甘肃镇西府迪化州，俱系新疆改设。乾隆四十二年奏准，停止安插各省军犯，今仍照原议，凡各省应发各该厅州县者，俱停止编发。

（14）四川之宁远府、雅州府、龙安府、茂州、酉阳州、叙永厅俱系附近苗疆。乾隆十九年议准，军流人犯不便与苗民杂处，今仍照原议，凡各省应发各该厅州县者，俱停止编发。

（15）贵州之黎平府、镇远府，俱系附近苗疆。乾隆十二年议准，不便聚积军流人犯，今查该省平越府已改直隶州，其所属之黄平州改隶镇远府管辖，凡各省编发黄平州人犯，里数相符者，自应仍循其旧，于表内声明纂入，其余悉照原议应发各该府者，俱停止编发。

（16）凡免死减等流犯中途在配脱逃被获者改发近边充军，及原犯寻常案内流三千里人犯中途在配脱逃被获者，改发附近充军，均就其现配地方，计程发配，若表内现配应发之地与该犯原籍相近而又地处边境再无别处可以改发者，即照表内应发地方加一等改发，各按照脱逃次数分别枷号。其原犯附近、近边、边远、极边、烟瘴各犯仍各由原籍以次递加，照例调发。①

上述"凡例"条款原文中没有编号，这是古人行文的惯常弊端，为了叙述的方便，这里特意进行了编号。从中我们可以看出，清代在制定《五军道里表》视表配发的过程中，也在不断根据实际情况进行相应的灵活性调整。条款（1）指出在与各省协作将"编发五等军犯地方彻底挨查，分别四至"，把"兼有与从前旧表里数多寡未符者，于表内悉行核实删改"后，又规定了"因道里参差，有不能适符所指各处里数者，附近、近边多寡以百里为率，边

---

① 凡例，载《钦定五军道里表》（18册），同治十二年夏月江苏书局重刊本。

远、极边多寡以二百里为率"的定地发配的标准。条款（2）中规定了充发到云贵、两广四省烟瘴地方的军犯皆以四千里为限看待，对于在这烟瘴四省的本籍人犯了军罪，规定分别在广东省和云南省、广西省和贵州省之间互相调遣。对于临近烟瘴四省的地区要流放烟瘴者，如湖南、福建、四川三省，分别指定湖南流往云南、福建流往贵州、四川流往广东，均不拘四千里之数。这表明，《五军道里表》的制定，在强调合理性惩治的同时，也注重了实际执行过程的灵活性变通。

这十六条"凡例"，除少数几条是一般性规定外，大都是针对司法实践中的特殊规定所进行的相关说明。其中编号为（6）（7）（9）（10）（11）（12）（13）（14）（15）条款，则是对于司法实践中逐渐形成的"免遣地方"加以说明。这包括顺天府、直隶省所属的州县因为与清政府的都城北京相邻，不宜作为流放地；满洲的奉天、锦州二府因为是清朝的根本重地，也不宜流放军犯；湖北、湖南、四川、贵州各省和苗疆接近的府州县以及新疆甘肃方面增设的府州也因为周围的态势，不允许作为流放地。此外，江苏的崇明县，浙江的玉环厅、定海县，同样因其孤悬海外，又是产盐之地等特殊原因，均不作为流放地。这些"免遣地方"的规定也并非在同一时间内形成，而是在军犯配发的实际司法活动中不断出现，最后以谕旨或条例的形式逐年确定的。而它们确定的年代大都是集中在乾隆年间，其后，相关"免遣地方"的规定基本定型，并被继承遵循。同时，我们也能从中分析出，其"免遣"的原则应当有两点：一是，如京畿地区和奉天、锦州二府这样的地区是"国之重地"，理所当然不能充发罪犯；二是，如湖北、湖南、四川、贵州各省和苗疆接近的府州县以及新疆甘肃方面增设的府州则多被清政府视为"化外之地"，因管理不易，也不能充发罪犯。而如江苏的崇明县，浙江的玉环厅、定海县则基本上具备以上两种特点，因是产盐之地，位置重要；又孤悬海外，不易管理。从而我们可以知道，清代军犯的配发，在以合理惩治为目标制定《道里表》的同时，也在不断根据实际情况进行实用性调整。

需要说明的是，上述"免遣"的规定，不仅适用于充军人犯，对于三流和发遣人犯有着同样的效力。除了这样地域外，还有根据罪犯的罪行对其流放地做特殊考虑者。如雍正四年刑部曾遵旨议定："私刨人参人犯，若仍发往黑龙江等处，与伊等犯罪之处相近。嗣后偷参发遣之犯，系满洲、蒙古，发往江宁等处有满兵驻防省城当差；系汉人、汉军，发往广西、云南等烟瘴地方当差。"① 黑龙江方面因为临近采参之地，为了预防这些罪犯再度犯禁，才做了这样的规定。

另外，为了明晰《五军道里表》随着时代变迁不断变化的过程，这里仍以直隶顺天府为例加以说明，特列出同治年间重刊嘉庆年间修订《五军道里表》直隶顺天府编发部分如下表：

表3-5 《五军道里表》直隶顺天府属军犯编发地方为例表

直隶顺天府属军犯编发地方	附近	东至奉天停止编发； 南至安徽凤阳府灵璧县、宿州，又至江苏淮安府清河县、山阳县，又至扬州府宝应县； 西至山西解州、夏县，又至蒲州府猗氏县，又至潞州闻喜县； 北至抵边不足二千里。 以上除东北外，南西俱二千里。	五军道里表
	近边	东至抵边不足二千五百里； 南至安徽庐州府合肥县、舒城县，又至太平府当涂县，又至滁州全椒县，又至和州，又至江苏镇江府丹阳县，又至常州府武进县、阳湖县； 西至陕西西安府渭南县、高陵县、三原县、临潼县、长安县、咸宁县、咸阳县； 北至抵边不足二千五百里。 以上除东北外，南西俱二千五百里。	直隶
	边远	东至抵边不足三千里； 南至安徽池州府贵池县，又至安庆府怀宁县、太湖县、宿松县，又至浙江杭州府仁和县、钱塘县，又至嘉兴府石门县，又至湖北黄州府黄梅县； 西至陕西鄜州中部县、洛川县，又至凤翔府凤翔县、汧阳县、陇州，又至邠州长武县，又至甘肃泾州； 北至抵边不足三千里。 以上除东北外，南西俱三千里。	
	极边	东至东至抵边不足四千里； 南至福建建宁府浦城县，又至浙江温州府东清县，又至江西吉安府万安县； 西至甘肃兰州府皋兰县、狄道州； 北至抵边不足四千里； 以上除东北外，南西俱四千里。	
	烟瘴	广西桂林府全州，广东南雄州始兴县。	

注：根据《钦定五军道里表》（18册），同治十二年夏月江苏书局重刊本制定。

---

① 《清世宗实录》卷五十一，雍正四年十二月辛酉。

145

我们只要将此表与前列雍正八年《军卫道里表》部分相对照，就可以看出，除了相应的卫所全部改设为州县外，与前者相比，该表的道里制定更趋符合实际，这也是兵部在制定《道里表》的过程中与各省督抚通力合作的结果。如在"极边"充军中，西至地方由《军卫道里表》的"西至陕西临洮府河州、兰州、金县"更改为"西至甘肃兰州府皋兰县、狄道州"。在"附近"充军中，出现了"东至奉天停止编发"，这也使得司法实践中所规定的"免遣"地方在新表中体现出来。

然而，我们也可以看出，从雍正年间《军卫道里表》制定以来，其军犯编发的标准和体系并没有大的变动。历次修订，只不过是根据变化了的社会形势进行一些细枝末叶的改动，以求得该表能够符合不断发展的社会需要。

图3-6 《五军道里表》书影 每省以府为单位根据军犯罪情轻重分为附近、近边、边远、极边、烟瘴五等级，每一等级则按照附近二千里、近边二千五百里、边远三千里，极边、烟瘴俱四千里的道里数向东、南、西、北四个方向确定具体的军犯配所。

三、《三流道里表》制定与实施

早在明代，有关流犯的发配情况，《大明律》就有着较为详尽的规定：

> 流三等，照依地里远近，定发各处荒芜及濒海州县安置。直隶府州，流陕西；福建布政司府分，流山东、北平；浙江布政司府分，流山东、北平；江西布政司府分，流广西；湖广布政司府分，流山东；河南布政司府分，流福建；山东布政司府分，流福建；山西布政司府分，流福建；北平布政司府分，流福建；陕西布政司府分，流福建；广西布政司府分，

发流广东；广东布政司府分，流福建；四川布政司府分，流广西。①

这里，对于流犯的发配是以省为单位分发的，流放地则是陕西、山东、北平、广西、福建、广东等地，这些地区在明初（《大明律》制定的洪武六年）都是荒芜之地，其中山东、福建、广东也濒临大海，这符合《大明律》把流犯"定发各处荒芜及濒海州县安置"的规定。明代对于流犯的发配虽然以省份为单位规定了若干流放的地区，但并没有规定流放的具体地点，应该说明代然沿袭了传统流刑配发"就偏就远"的原则。

清初流刑的相关规定也全部沿袭《大明律》。对此，《清史稿》指出："流犯，初制由各县解交巡抚衙门，按照里数，酌发各处荒芜及濒海州县。"② 然而，正如吴艳红所考证：早在明初洪武一朝，传统流刑已经基本废而不用。《大明律》定以流罪的条目基本以"宽""减"的形式，以徒役或以赎免的方式得到落实。而流刑所承担的司法任务则由五刑之外的口外为民与充军，主要是充军来完成的。③ 这样一来，在清初纷繁的态势下，要想去落实一种早已名存实亡、不切合实际的制度几乎是不可能的。因此，很长一段时间内清代的流刑基本上存而未用，对于人犯的流放多以"流徙"的方式发往关外安置，对此前已有所论述。

这种情况一直持续到乾隆初年，时流徙东北已经呈现出不少弊端，国内的局势也趋于稳定，对于流刑制度的调整时机开始成熟了。问题的关键是依照什么样的标准，如何进行改革。对此，清统治者或许一开始并没有超越前代的制度创设构想，康、雍年间罪犯从东北地区向漠北和西北地区的转换，仍然遵循着传统流放"就偏就远"的原则。只是随着《军卫道里表》的制定，清廷对于流刑的配发原则才逐渐有了新的转变。

雍正八年（1730年）《军卫道里表》制定不久，十二年（1734年），按察使何师俭便条奏《为请定三流道里事》，内称："流罪三等，律内惟开某省流犯分流某省，其计地发配，并听该抚临时酌定。不若军犯远近定有成书，可以遵查。请嗣后分发流犯，亦照军犯各分府属之例，自该犯原籍府属至分流省份，一并核算，如未及应流里数者，将该犯分拨远处府属安置；如于本省府属已足应流里数者，即定于本省府属安置，应行令各该抚将道里确数，

---

① 怀效锋点校：《大明律》卷一，名例律，徒流迁徙地方条，第24—25页。
② 《清史稿》卷一百四十三，志第一百十八，刑法二。
③ 吴艳红：《明代流刑考》，《历史研究》2000年第6期，第38—39页。

彼此移查，逐一酌定，造册报部，汇送律例馆，详核刊刻，颁发遵行。"① 该条奏请求朝廷按照《军卫道里表》视表配发的标准制定《三流道里表》，很快得到朝廷允准，并饬刑部律例馆负责编修，经过漫长的筹备工作和编修过程，第一部《三流道里表》终于在乾隆八年（1743年）制定完成。

在修订过程中，编修大臣们针于当时流刑的发配状况，明确指出存在两大弊端。一是"盖金发流犯各例内，但载有一定之省份，三等流犯均发一省，其道里远近并未再有区别。如直隶、江苏、山西三省，流犯俱例发陕西；安徽、浙江、陕西、湖北四省，流犯俱例发山东。各省幅员既有大小之不同，相距道里自有远近之各异。今既按依府分计算道里，分别金发，若仍拘原定之省份，则远近势难符合"；二是"窃查流分三等，原以道里之远近，别情罪之轻重，要皆投畀他方，期于惩奸止恶也。而各例所载，独定于陕西、山东、浙江、四川、广东、广西、福建等七省者，详究定例之意，或以此等奸徒宜置之荒芜濒海地面耳。今陕西等省，已多殷繁富庶之地，而江南等省，亦有临河濒海之区，又未可以槩论"。对此，乾隆七年（1742年）浙江按察使徐琳也曾上奏指出："两浙为富庶之乡，向例河南、山东犯流罪之人，与直隶等省犯军罪之人，俱按道里远近，发配浙江，夫迁徙罪人，应去丰美而处瘠苦，今以北人迁浙，是去瘠苦而就丰美；且北人性刚胆猛，犯人尤属凶狠之辈，现在各省发浙军流人犯，共一百六十九起，将来人数渐多，诚恐滋扰生事，似宜略为更定。"②

图3-7　《三流道里表》封面书影

这里一方面，明确指出了原有的流刑配发规定未能体现"以罪之轻重权地之远近"的合理性惩治原则，"若仍拘原定之省份，则远近势难符合"；另一方面，也指出即便按照传统的"就偏就远"原则，原定流放地也早已不符

---

① 乾隆八年闰四月十二日律例馆总裁官大学士徐本等谨奏疏，载徐本等编，国图分馆藏：《三流道里表》不分卷四册，武英殿刻本毛装。
② 《清高宗实录》卷一百八十一，乾隆七年十二月乙卯。

合实际。在这种情况下,对于三流道里规定的变革是势在必行了。与此同时,《军卫道里表》的出现,使得修订官员们有了可以借鉴的成功范例,认为"况军犯现在俱系各省通发,流犯似亦应一体办理",因此乃"按舆图及会典内《军卫道里表》所载道里远近,分别三等注明府属,不拘从前所定七省,详加酌定,将某省某府属流犯应流二千里者,佥发何省何府属安置;应流二千五百里者,佥发何省何府属安置;应流三千里者,佥发何省何府属安置,逐省逐府详细开载,仍将佥发凡例五条,列于册首,以便遵查",这种"各省流犯远近悉归划一,而轻重均得其平矣"。① 在《军卫道里表》的影响下,《三流道里表》对于道里的重视,从而使得流刑的配发原则也开始从"就偏就远"的随宜原则走向"合理性惩治"。

为了更加明晰地看出流刑配发原则及其情况的变迁过程,特以《大明律》《大清律集解附例》《大清律例》和《三流道里表》中有关三流的配发规定制成下表:

表3-6 三流配发情况对照表

发往省 原籍省	《大明律》	《大清律集解附例》	《大清律例》	《三流道里表》
1 直隶	陕西	福建	陕西	山西、陕西、甘肃、湖北、浙江、江苏
2 江苏②	陕西	陕西	陕西	河南、陕西、福建、山西、甘肃
3 安徽	陕西	陕西	山东	福建、陕西、河南、山东、山西、甘肃、浙江
4 山东	福建	福建	浙江	江苏、浙江、安徽、陕西、山西、河南
5 山西	福建	福建	陕西	安徽、江苏、浙江、河南、湖北、山东、陕西、甘肃

① 乾隆八年闰四月十二日律例馆总裁官大学士徐本等谨奏疏,载徐本等编,国图分馆藏:《三流道里表》不分卷四册,武英殿刻本毛装。
② 明代江苏、安徽属南直隶,直隶府州流陕西。清初江苏、安徽归江南布政司。雍正十二年,始分江南司为江苏司和安徽司。为列表方便,原籍省特统一按照清中期行政区划安排,对照不同时期的律例,如有省份变化,仅以下引注说明。

续表

发往省 原籍省	《大明律》	《大清律集解附例》	《大清律例》	《三流道里表》
6 河南	福建	福建	浙江	浙江、福建、山东、江西、湖南、江苏、甘肃、山西、广西
7 陕西	福建	福建	山东	山东、湖南、河南、湖北、安徽
8 甘肃①	福建	福建	四川	陕西、四川、山东、湖北、河南
9 浙江	山东、北平	山东、直隶	山东	山东、湖北、陕西、河南、江苏
10 江西	广西	广西	广西	河南、山西、广西、湖北、陕西、福建、贵州、四川、安徽
11 湖北②	山东	山东	山东	浙江、江苏、山西、广东、安徽、河南
12 湖南	山东	山东	四川	贵州、四川、山西、云南、江西、浙江、广东、河南、安徽、江苏
13 福建	山东、北平	山东、直隶	广东	广东、湖南、浙江、广西、江西、贵州
14 广东	福建	福建	福建	广西、江西、湖北、湖南、福建、贵州、浙江、安徽
15 广西	广东	广东	广东	江西、浙江、湖北、湖南、河南、贵州、四川、广东
16 四川	广西	广西	广西	湖北、贵州、云南、江西、广西、湖南、陕西、甘肃
17 贵州			四川	湖北、湖南、广东、江西、安徽、四川、河南
18 云南			四川	四川、贵州、湖南、广西、陕西
19 盛京				山西

注：《大明律》依据，怀效锋点校：《大明律》，法律出版社1999年第1版。
《大清律集解附例》依据，王宏治、李建渝点校《顺治三年奏定律》，载杨一凡、田涛主编《中国珍稀法律典籍续编》（第五册），黑龙江人民出版社2002年11月第1版。
《大清律例》依据，田涛、郑秦点校：《大清律例》，法律出版社1999年第1版。
《三流道里表》，同治十一年孟冬月湖北臧局新镌。

---

① 明制甘肃属陕西省，清初亦沿袭之。康熙二年分陕西省西部置，移驻巩昌府，领甘肃全境；六年更名巩昌布政司；八年末更名甘肃布政司，移驻兰州。
② 湖北、湖南，明合为湖广布政司，清初沿明制。康熙三年，始分湖广布政司为湖南、湖北二布政司。

<<< 第三章 流向何方？清代对于流放地的选择

通过上表的对照可以看出，顺治初年的《大清律集解附例》有关三流的配发情况几乎全部沿袭《大明律》，所改动者唯有根据行省的变化，规定直隶流福建而与明代直隶府州流陕西有所不同，同时把有流北平者改为流直隶。

乾隆五年（1740年）的《大清律例》再一次对于流犯的配发地点进行调整，然而调整力度并不大，主要是把清初流犯配发的陕西、山东、直隶、广西、福建、广东等六省中的直隶去掉，而增加浙江、四川两省，从而使得流犯的配发地点增至七省。直隶乃畿辅重地，自不便遣发罪犯；浙江濒临海洋，四川地处偏远，二省隶属当多"荒芜及濒海州县"，适合流犯发往。乾隆五年的修订，也显露出清统治者也在力求使流犯配发符合实际。

乾隆八年（1743年）的《三流道里表》则改变了原来配发的省省对应模式，而是以府为单位配发，这使得每省的配发地点从原来的一省增加至数省。从上表可以看出，《三流道里表》对于当时全国十八行省和盛京地区都有流放道里的规定，除直隶外的十八行省几乎都有被作为流放地，从而改变了流犯仅仅发往濒海或偏远荒芜地区的传统，而使流犯均匀分发内地各行省。

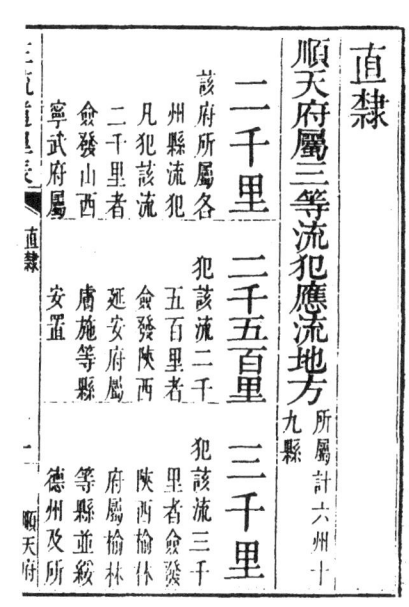

图3-8 《三流道里表》书影 每省以府为单位根据流犯罪情轻重，将某省某府属流犯，应流二千里者发何省何府属安置，应流二千五百里者发何省何府属安置，应流三千里者发何省何府属安置，按计程途，限定地址，逐省逐府，分别开载。

为了说明《三流道里表》对于流犯的配发情况，这里仍以直隶顺天府为例加以说明，有关直隶顺天府流犯的发配情况制表如下：

表 3-7　《三流道里表》直隶顺天府流犯配发情况表

直隶顺天府属三等流犯应流地方	府属五州十九县	大兴县、宛平县、良乡县、固安县、永清县、东安县、香河县、通州、三河县、武清县、宝坻县、宁河县、昌平州、顺义州、密云县、怀柔县、涿州、房山县、霸州、文安县、大城县、保定县、蓟州、平谷县。	三流道里表
	二千里	顺天府所属各州县流犯各犯凡犯该流二千里者发山西直隶解州属安邑等县安置。	直隶
	二千五百里	凡犯该流二千五百里者发陕西西安府属临潼等县安置。	
	三千里	凡犯该流三千里者发陕西直隶鄜州并所属洛川等县安置。	

这里顺天府辖属五州十九县，人犯该流二千里者，发山西直隶解州属安邑等县安置；流二千五百里者，发陕西西安府属临潼等县安置；流三千里者，发陕西直隶鄜州并所属洛川等县安置。可以看出，《三流道里表》在全国各省份拨流犯，以府为单位，从流犯所在的府开始，按照流放距离确定流放地，将某省某府属流犯，应流二千里者发何省何府属安置，应流二千五百里者发何省何府属安置，应流三千里者发何省何府属安置，按计程途，限定地址，逐省逐府，分别开载。需要说明的是，这些流放地并不具有相互性，例如，顺天府的二千里流犯应流至山西解州，但山西解州二千里的流犯则并没有流至顺天府。如果我们在地图上将各府流放的起点和终点相连接，就会发现这是一张非常复杂的网状图。

《三流道里表》于乾隆八年（1743年）由刑部纂辑后，"嗣于乾隆二十年复经修订"①，复于乾隆四十九年（1784年）和嘉庆十六年（1811年）先后做过两次大的修订。

乾隆四十五年（1780年），刑部以所纂《三流道里表》一书，迄今二十余年未经重辑，奏疏请求重加修辑。疏内指出，"数十年间，增辟新置之府州县，既为旧表所未备，而各省奏请裁并增设改名之府州县，亦与旧表多有未

---

① 乾隆四十五年四月初十日刑部奏疏，载《三流道里表》，同治十一年冬月，江苏书局重刊。

符",并"细核原书内所分里数与现在所行程途,尚有未尽符合之处"。远近稍有参差,罪名即关出入。时兵部刚将《五军道里表》重加增修告成不久,刑部奏疏请求重辑《三流道里表》,其宗旨和前者一样,都是为了《道里表》能够更加符合司法实际,实现惩治的合理化。

与《五军道里表》的修订模式相似,也采用中央和地方通力合作的方式。刑部"通行各省督抚按照原表所列各府州,其中道里远近,数目不确定增设新地,裁并别属与改府改州改名之处,与原表不同者,一一详晰注明,其接壤相错之处,尤宜递查各邻省,彼此划一更正,并造册送部",刑部"即据各册悉心通盘核算各省错出之情形,定每府相距之数目"。所需供事人员,即于刑部律例馆供事内拣选熟悉者派令承办,并"令其自备资斧,毋庸支领公费"。

至乾隆四十九年十月,修辑《三流道里表》告竣,"计分一省为一本,敬缮黄册,共十九本,装潢成帙,恭呈御览,伏候钦定发下。臣部即缮写正本刊刻刷印,先行颁发各省,遵照办理。仍另缮宋字样本,送武英殿刊刻完竣,归入《律例全书》内,永远遵行"①。

嘉庆八年(1803年),刑部再次奏明《三流道里表》一书,自乾隆四十五年修改之后,迄今又逾二十余年未经重辑,要求重加修订。此次修辑历时八年,至嘉庆十六年正月方告竣。② 为了明了《三流道里表》配发的原则及其变迁过程,这里特详列嘉庆十六年该表所制"凡例"十三则如下:

(1)编发流犯,从前未有成书,时俱解交巡抚衙门,按照里数临时酌发,嗣以各省份拨之处,多寡失均,不免趋避拣择。于乾隆八年纂辑《三流道里表》一书,将某省某府属流犯应流二千里者,发何省何府属安置;应流二千五百里者,发何省何府属安置;应流三千里者,发何省何府属安置,按计程途,限定地址,逐省逐府分别开载展卷明晰。自四十五年修辑后,又阅二十余年,今纂辑重新款例一遵旧式,凡有增添改易与旧表不符之处,俱各加按语于后。

(2)各省历年裁减合并及改名之府州县,里至无殊而统属有所移易,名目有所改更者,今俱按照吏部更定原文及现在各省送到地图,逐加考订、改易,以符现行事例。

---

① 乾隆四十五年四月初十日刑部奏疏,载《三流道里表》,同治十一年冬月江苏书局重刊。
② 嘉庆十六年正月十二日刑部奏疏,载《三流道里表》,同治十一年冬月江苏书局重刊。

(3) 流犯以罪之轻重分别路之远近，是以有二千里、二千五百里、三千里，列为三等之殊，若道里过于参差，即罪名有所出入。虽其中疆域相错，不能无咫尺之差，而向来总以不得有逾百里为限，现经各省督抚将地方里数彻底挨查，或因有新开道里，或因有增添驿站，其远近路程与从前旧表每有未符，俱于册内声明，请更正。今据册详核，凡里数或有余或不足者，悉行核实计算改正。

(4) 入籍他省流犯应查明另行改发。盖新籍既定，即与土著无异，例从新籍起算，恐所发之省与该犯旧籍府属比接，则密迩故乡，易滋流弊，令承审各官，于定案时声明原籍，听该督抚等临时分别改发。

(5) 寄居他省流犯不得仍流寄居地方。凡寄居他省尚未入籍之人，例照原籍计算，若所发之地，即系该犯寄居之所，则与故土无殊，应令承审官于定案时，声明该犯寄居处所，听该督抚等临时酌量改发。其犯流官犯，由原籍计算定地编发者，若应发地方系犯事任所，即与寄居者无异，亦令该督抚等酌量另行改发，以归画一。

(6) 同案流犯应分别安置。查一案内有二、三人或四、五人情罪相同，无可区别者，此等流犯生本同乡，犯复同案配，又同所则始终朋比，易滋事端，应令该督抚等于发配时分别酌拨。

(7) 各省民人在别省犯流罪者，除本犯有应追银两，讯明本犯原籍产业可以变赔者，仍解回原籍发配外，其赃项已经追完及移查原籍实无产业者，承审官照例按本犯原籍应流地方，即于犯事处起解发配。

(8) 原犯流罪人犯如中途或在配脱逃被获应加等调发者，原犯系二千里、二千五百里，俱从原籍地方计程发配；若系三千里者，就现配地方计程发配。若调发应配之所即系原籍相近之处，或地处边境再无别处可以改发者，即照表内应发地方加一等改发。

(9) 流犯家属除例应佥遣者，仍行佥遣外，其余一应流犯家属，均毋庸佥配，如有情愿随带者，亦照例听其自便，不得官为资送。

(10) 顺天直隶各州县于乾隆十九年奏明：畿辅郡县，不便安置流犯，今各省应发顺天直隶各州县流犯，俱停止编发。

(11) 奉天、锦州二府属，于乾隆十六年奏明：奉天为国朝根本重地，不宜聚集匪类，一应军流人犯，悉行停止安置，今各省应发奉天各州县者，俱停止编发。

(12) 解配流犯，原表内系径解知府、直隶州衙门，令该府、州于本属州县内通行酌发。先由起解省份之巡抚行文知照配所之巡抚，其人犯另文直解配所,府、州于人犯解到时,即报明该管上司,知照原籍,应仍旧制。

(13)乾隆三十六年以后,据广西臬使、山西巡抚、浙江巡抚等各以安置流犯,有一县集至百余名者,有一县仅止二三十名者,缘各省犯案时多时少,照表指发,致有多寡不均。奏请各省佥发流犯,俱按照《道里表》内应发省份,照改发遣犯之例,毋庸指定府州厅,听该省督抚酌量州县大小、远近均匀拨发,起解省份于起解之先,预行咨明,令配所督抚指定应改发地方,先期饬知入境首站州县,随到随发,奏准纂入例册,遵行在案。但此等事非常有,嗣后各省安置流犯,倘有时多时少,过于参差者,仍听各督抚临时酌拨,报部存案,一俟均匀之后,仍照旧制按表分发。①

上述"凡例",除了部分对流犯编发原则进行规定外,多为在司法实践当中逐渐形成的一些条例。这些条例的出现,对于流放的制度规定进行了灵活性调整,一方面是为了追求惩治的合理性,另一方面是为了实现配发的便捷性。

如凡例(3)规定配发道里"不得有逾百里为限";凡例(4)(5)分别规定,在流刑三等里数中,从该流犯的本籍地算起,对于加入他省籍者,要从其新籍地始算,但规定不得发往原籍贯地方。对于流寓他省者不管其流寓地如何,仍从原籍贯地算起,但规定不得发配到其流寓寄居的省份;凡例(6)规定同案流犯应分别安置;凡例(8)是对于流犯脱逃被获调发原则的规定;以及凡例(10)(11)相关顺天直隶各州县和奉天、锦州府属免遣的规定,都是为了追求惩治的合理性而在实际司法实践中逐步采取的措施。

凡例(7)"赃项已经追完及移查原籍实无产业者,承审官照例按本犯原籍应流地方,即于犯事处起解发配"的规定;凡例(9)相关流犯家属的规定和凡例(12)人犯直解配所的规定则是为了实现配发的便捷性。

我们知道,流犯的配发是以府为单位,人犯分发府属各州县,对此,《三流道里表》内列表极详。然而,这一格局在乾隆三十六年(1771年)后发生了转变,这在凡例(13)中有着详细的记载。据广西臬使、山西巡抚、浙江巡抚等奏请,"缘各省犯案时多时少,照表指发,致有多寡不均",要求"各省佥发流犯,俱按照《道里表》内应发省份,照改发遣犯之例,毋庸指定府

---

① 凡例(嘉庆十六年),载《三流道里表》,同治十一年冬月江苏书局重刊。

州厅，听该省督抚，酌量州县大小、远近，均匀拨发，起解省份于起解之先，预行咨明，令配所督抚指定应改发地方，先期饬知入境首站州县，随到随发"，该奏请得到允准，并"纂入例册，遵行在案"。这就使得流犯的配发从以府为单位转变为事实上的以省为单位，流犯在省内的分配不再完全视表进行，而是由督抚指定。尽管例文指出"此等事非常有……一俟均匀之后，仍照旧制按表分发"，但是这一配发原则一直持续到清末都没有改变。可以说，此后流犯的配发虽以《三流道里表》为基准，但省级以下主要是督抚的灵活性分配。

第四节 新疆的开辟及发遣新疆

明清之际，我国西北的蒙古族分为漠南蒙古、漠北喀尔喀蒙古和漠西厄鲁特蒙古三大部。在满族入关以前，漠南蒙古各部早已归附了清朝。清统治者对其封爵并与之联姻。明末清初，漠西厄鲁特蒙古经过分裂融合以后，形成准噶尔、杜尔伯特、和硕特、土尔扈特（土尔扈特西迁后，辉特部成为厄鲁特四部之一）四大部。康熙时，居住在天山北路的

图 3-9 伊犁将军府　清代新疆最高军事行政长官伊犁将军驻地伊犁惠远城（今霍城县惠远故城）　此为修复一新的伊犁将军府。

厄鲁特准噶尔部的噶尔丹合并了四厄鲁特，并不断进犯蒙古各部，致使漠北喀尔喀蒙古归附清廷。至康熙三十年（1691年），康熙亲自主持多伦诺尔（今河北承德市西北）会盟，在喀尔喀蒙古部划旗，颁布法律，明确由清廷对漠北实行直接管辖，完成了对整个蒙古高原的统一。

乾隆年间，准噶尔部出现内讧，为清朝带来了削平割据、统一中国的千载难逢的良机。清军进军伊犁，打败了准噶尔的军队，统一了天山北路。随后又用兵库车、阿克苏、喀什噶尔、叶尔羌、和阗等地，平定了大、小和卓的叛乱，于乾隆二十四年（1759年）统一天山南路，蒙古族对西域五百年的统治方告结束。新疆纳入版图以后，清政府设置伊犁将军，驻伊犁惠远城（今霍城县东南），总统新疆事务，军府制与伯克制、札萨克制、州县制并行，

实行较为灵活的多元治理模式。

清政府统一新疆天山南北之时，由于长年战事，天山北部地区人烟稀少，土地荒废。因此，从内地调迁八旗和绿营官兵驻防屯田，同时又从天山南部迁移维吾尔族人，从内地招来民人开垦屯田，但清政府仍感人力不足。是时，新疆东部的兵屯连获丰收，取得巨大成功。在此情况下，湖广道监察御史刘宗魏于乾隆二十三年（1758年）二月初四日率先奏请向新疆东部兵屯地区发遣人犯，以补充屯田劳动力，指出：

> 臣愚请在巴里坤等处，指一屯垦地亩，另立名色，圈卡以示区别，将嗣后凡犯盗贼、抢夺、挖坟应拟军流人犯，不分有妻室、无妻室，与例应佥妻并例听该犯情愿携带与否者，一概发遣彼处种地。其从前定案业已到配之军流人等，并令督抚查明，除到配年久安静有业者，照常安插外，其无业少壮曾有过犯人等，亦一并改发口外种地处所，交与该将军管辖，如有不守法纪为匪脱逃等情，该将军奏明请旨即行正法，毋庸照军流人又犯罪加徒改遣之科条办理。夫惕以重法以绝其为恶之心，资其筋力以收此屯田之利，于新辟疆境不无裨益，且使内地人民知所警惧，不敢复为盗贼、抢夺、挖坟等事，其蔓可剪，其流可遏，庶几盗源日靖而夜不闭户，道不拾遗之风，复再现于今日矣。

御史刘宗魏此折表面上是为了解决新疆东部巴里坤等处屯田人数不足的问题，实质上还有一个重要原因，那就是为了化解内地军流日益出现的弊端。对此，刘宗魏在奏折中指出：

> 查近今数十年，卫所多改州县，配往军犯并无应当之差，全与安插流徒无异。况直隶、江南、山东、山西、河南、浙江、江西、湖广、广西、四川、贵州、云南等省俱以陕西为极边；而直隶、山东、山西、河南、陕西、湖广、四川、贵州等省且以江南、浙江为边远、极边，本系腹地，顾加边远、极边之号者，盖最重之军罪，亦止以该犯离家四千里为断，里数既定，法无可加，不得不迁就其名也。直省军流彼此交发，往来如织，日积日多，每一州县编管至数十名，百余名不等，内中盗贼居其大半，若辈因贫为盗，伏羲远徙断无可携之资，往谋生业又无常役束其身心，离家既远并无亲戚顾盼，伊等自视既为异乡罪人，更复无所愧耻。求其任苦作劳甘心俯首，自食其力者，盖鲜；而怙恶不悛，试其

伎俩鱼肉配地居民者，比比皆是。亦以若辈同类群居，纠合为匪，结伙甚易，且盗贼穿窬之术，千能万状，各有师傅，五方荟萃，衒其所长，勾引彼地无赖子弟转相效法，势所不免，是犹移植稂莠往害嘉禾，不可不重防其弊也。①

刘御史看到了内地军流的种种弊端，适逢新疆屯种亟需人手，故而奏请"嗣后凡盗贼、抢夺、挖坟应拟军流人犯不分有无妻室，一概发往巴里坤等处指一屯垦地亩，另立名色圈卡以示区别。其从前已经充发到配之犯，并令直省督抚查明在配年久安静有业者照常安插外，其无业少壮曾有过犯人等亦一并改发种地"，可谓起到了一箭双雕的作用。折上后乾隆皇帝很快批复："此奏确有所见，军机大臣会同该部详议具奏。钦此。"

二月十三日，大学士傅恒、来保等对于刘宗魏奏折的议复便已上奏。众臣也表示刘宗魏所奏"是使内地免奸徒之扰，而边境得屯种之人，诚为因事制宜，随时变通之一策"，只是认为"立法务在周详，而轻重尤期平允。该御史所奏专重强盗窃贼而言，夫贼盗中如鼠窃狗偷或懦弱疲惫，不皆堪以驱役之人；而军遣各犯内，桀骜顽梗，不由盗贼获谴而情节较重者尚多，若去此留彼，固不足以创惩凶恶，即一例改发，亦未得乎轻重权衡"，因此诸臣等经过详加酌议，提出了较为折中的方案：

请于军流遣犯内如造谶纬妖书、传用惑人不及众者；师巫假邪神并一应左道异端之术煽惑人民为从者；军民吏卒殴伤本管官者；采生折割人已行而未伤人为从者；谋叛未行为从者；逃避山泽不服追唤为从者；凶徒因事忿争执持军器殴人至笃疾者；放火故烧人空闲房屋及田场积聚之物者；聚众十人以上带有军器兴贩私盐拒捕伤人为从者；开窑诱取妇人子女勒卖为从者；并该御史所奏强盗免死减等、强盗已行而不得财者；强盗窝主造意不行又不分赃者；窃盗临时拒捕伤非金刃伤轻平复者；积匪猾贼抢夺伤人为从者；捕役蠢贼一二名至五名者；发掘他人坟冢见棺椁为首及开棺见尸为从者；窃赃数多罪应满流及三次犯窃罪应充军者，以上各项除实系老弱残疾不能耕种之人，毋庸改发外，余均发往巴里坤等处种地管束。此外，寻常军流案内有情节较重者随时酌量请旨改发。

---

① 中国第一历史档案馆藏：《宫中朱批奏折》档号04—01—08—0001—001，湖广道监察御史刘宗魏奏为请饬部议定章程杜绝盗贼流蔓以靖盗源事，乾隆二十三年二月初四日。

至于现在各省已经到配之军流遣犯内如有怙终不悛，为匪脱逃者，亦照此办理。此等应行发往种地人犯内有到配之后不服拘管潜逃被获者，请旨即行正法，其寻常过犯酌量严行惩治，以示炯戒。

并进而指出：

> 至各犯应盒妻室，及情愿留养父母并妻室患病难以带往者，各照定例查办。又定例军遣罪犯，向俱解部转发，今发往巴里坤各犯应听各省定案报部核覆之后，即由本地盒差起解甘肃，巡抚衙门毋庸送部以免往返疏脱之虞。再查，巴里坤等处边疆重地，此等匪徒发往耕种必须安置得宜，人地适均，方能经久无弊，应请敕文办理耕种事务大臣会同陕甘总督，详加查勘，因其地势，相其土宜，酌量情形可以安置若干人犯，以及到配之后如何区别编管、如何设法稽查、沿途作何分别起数盒差解送，并所需口粮其作何动项资给之处，悉心筹画，务使镇抚要地，生殖渐丰，驻扎军兵役使有赖，妥议具奏。①

该方案对于向新疆发遣人犯并不再拘泥于盗贼、抢夺、挖坟等犯罪，而是以条例的形式出现，所规定的犯罪类型比较多，并对于人犯的盒差起解、编管安置、口粮生计都有了较为周详的考虑。因此，该方案自然得到了清廷的肯定，允准遵行。

在新疆地区安置遣犯，既可以增加当地的劳动力以加强边疆的开发和发展，又可减少内地社会的不安定因素，还可以促使遣犯改造成为对社会有用之人，因而是对各方面都极为有利的好事。清廷将罪犯发遣至新疆屯种，并非仅为一时权宜之计，而是希望发遣新疆能够成为一种定制。因此，当是年六月御史朱嵇、李绶奏请改发、停发巴里坤人犯，酌量仍复旧例发遣时，遭到了乾隆皇帝的"传旨申饬"，并重申发遣新疆的好处。② 清政府认为："此等人犯，原系死罪减等，仅从改发。……内地淳俗，既不为莨莠渐移，而食货亦无虞坐耗。且令匪恶之徒，困心衡虑，惟以力田自给，日久化为愿朴良民……于直省

---

① 中国第一历史档案馆藏：《宫中朱批奏折》档号04—01—08—0001—005，大学士傅恒、来保等奏为盗贼抢夺挖坟应拟军流人犯请敕交办理耕种事务大臣等酌量情形安置事，乾隆二十三年二月十三日。
② 参见《清高宗实录》卷五百六十五，乾隆二十三年六月乙亥；《清高宗实录》卷五百七十六，乾隆二十三年十二月癸亥。

生计，既多裨益，即罪人并知改过自新，实为一举两得。"① 乾隆二十六年（1761年），乾隆皇帝在发军机大臣的谕旨中再次强调指出："此等发遣人犯，本属去死一间之匪类，以之投畀远方，既不致渐染腹地民俗，而现在新疆屯垦处所，在丰收，该犯等到彼，又可力耕自给，实为一举两得。"②

由于发遣新疆得到了乾隆皇帝的大力支持，遣犯不断从各地发往新疆，并以条例的形式得以规范。笔者在第一历史档案馆查到了当时奏折所附《原议改发巴里坤款项单》，资料珍贵，特详录如下：

（1）强盗免死减等，强盗已行而不得财者。本例应发黑龙江等处给披甲人为奴。

（2）开窑诱取妇人子女勒卖为从者。本律应发宁古塔给穷披甲为奴。

（3）强盗窝主造意不行又不分赃者。本律应流三千里。

（4）窃盗临时拒捕伤非金刃伤轻平复者。本例应发边卫充军。

（5）积匪猾贼。本例应发边卫充军。

（6）抢夺伤人为从者。本律应流三千里。

（7）捕役豢贼一、二名至五名者。本例应发近边充军，所豢系积匪猾贼应发极边烟瘴充军。

（8）发掘他人坟冢见棺椁为首，及开棺见尸为从者。本例应发附近充军。

（9）造谶纬妖书传用，惑人不及众者。本律应流三千里，此项临时酌量改拟。

（10）师巫假降邪神，并一应左道异端之术煽惑人民为从者。本律应流三千里，此项临时酌量改拟。

（11）军民吏卒殴伤本管官者。本律应流三千里，此条新例首犯已改斩决，从犯已改绞候。

（12）采生折割已行而未伤人为从者。本律应流三千里。

（13）谋叛未行为从者。本律应流三千里，此项临时酌量改拟。

（14）逃避山泽不服追唤为从者，本律应流三千里，此项临时酌量改拟。

（15）凶徒因事忿争，执持军器殴人至笃疾者。本律应发边卫充军。

（16）放火故烧人空闲房屋及田场积聚之物者。本律应流三千里。

---

① 《清高宗实录》卷五百九十九，乾隆二十四年十月戊戌。
② 《清高宗实录》卷六百三十三，乾隆二十六年三月辛酉。

(17) 聚众十人以上，带有军器兴贩私盐拒捕伤人为从者。本律应发边卫充军。

(18) 窃赃数多，罪应满流者。赃至一百二十两本律应杖一百，流三千里。

(19) 三次犯窃罪应充军者。赃至十两以上本例应发边卫充军。

(20) 抢夺满贯拟绞，三次缓决以上者。本例减一等应流三千里。今议改发云贵、川广极边烟瘴充军。

(21) 私铸铜铅钱不及十千情轻者。本例减一等应流三千里，今议改发云贵、两广极边烟瘴充军。

(22) 日经到配军流遣犯在配为匪脱逃者。军犯本例应调烟瘴充军；流犯本例应调边卫充军；外遣本例应枷号三个月，鞭一百。

另：寻常军流案内情节较重者，随时酌量改发。①

从中我们可以看出，发遣新疆各条例中，有如条例（1）（2）属于原例遣罪，只是发遣地点由发往东北地区改发新疆；条例（3）（6）（9）（10）（12）（13）（14）（16）（18）属于流刑改遣；条例（4）（5）（7）（8）（15）（17）（19）（20）（21）属于军罪改遣；条例（11）则属于免死改遣，而条例（22）则属于为匪脱逃改遣；另有寻常军流案内情节较重人犯，可以随时酌量改发新疆。其中，罪情轻者有原拟流二千里、满流三千里改遣者，罪情重者有原拟处绞、处斩改遣者。据此可知，虽然同是遣犯，但所犯罪情的轻重悬殊，差别很大。正因为如此，西北屯田的遣犯，同是作为屯田上的劳动人手，但一般情况下，根据原犯情罪的轻重，在生产资料的授予、劳动的强度、所受压迫剥削、生活待遇、屯田的期限、出路等方面都有不同的规定，从而形成给屯兵为奴、承种份地等不同的犯屯类型。另外，还有一种安插户，也是作为遣犯发至边地，但到边地后又按民屯例对待，与给屯兵为奴和承种份地的遣犯有重大区别。②

---

① 中国第一历史档案馆藏：《宫中朱批奏折》档号04—01—08—0158—017，呈原议改发巴里坤款项单。序号为作者所加。
② 纪晓岚在其《乌鲁木齐杂诗》中将乌鲁木齐的民人分为五类："乌鲁木齐之民凡五种：由内地募往耕种及自塞外认垦者，谓之民户；因商贾而认垦者，谓之商户；由军士子弟认垦者，谓之兵户；原拟边外为民者，谓之安插户；发往种地为奴者，当差年满为民者，谓之遣户。"载周轩、修仲一编注《纪晓岚新疆诗文》，新疆大学出版社2006年版，第35页。

发遣到新疆的罪犯中，除了一般民人，官员也占有一定比例。这些因罪而被发配新疆效力赎罪的官犯，一般称作"废员""遣员"或"革员"。随着新疆纳入清朝版图，由于亟需大量富有经验的官员服务边疆，以配合清廷对于边疆的控制和治理，"废员"便已开始发往。发遣人犯起初安置的地点只有巴里坤、哈密、安西三处，以后逐渐扩展到乌鲁木齐、辟展、伊犁、昌吉、塔尔巴哈台以及南疆地区的乌什、叶尔羌、阿克苏、和阗、喀什噶尔等地，这与清廷在新疆势力的推进相关联。

清廷将人犯发遣新疆以条例的形式明确列出，这样可以让地方督抚以至刑部堂官，在案件审理定拟之时，能够明确地执行发遣新疆的判决。上述22项条款，随着新疆形势的变化和遣犯人数的增减不时更定。乾隆二十四年（1759年），因甘省军务未竣，兼逢岁歉，拨运艰难，奏请将未经佥解人犯暂行停止，俱照各本律问发。之后，新疆形势稳定，条例很快得以恢复，只是条例的数量总是处在不断变化当中。一般说来，如遇发遣过多，即酌量改发内地；如遇屯田缺额，耕作需人，仍酌定条款，接续发往。乾隆三十二年（1767年），因新疆人犯积而愈多，约束非易，经军机大臣奏议，将前定条款内摘留六条，仍发遣新疆，其余积匪猾贼及回人行窃等十六条，俱改内地。① 乾隆四十四年（1779年），乌鲁木齐都统索诺木策凌奏屯田缺额，经军机大臣奏请，将三十二年（1767年）由新疆改发内地之十六条，仍发新疆，分别当差、为奴。②

为了恢复新疆的社会经济、加强当地边防力量，清廷不断把大批人犯遣成新疆当差、为奴。乾隆五十年（1785年）前后，新疆的遣犯似乎已经达到了其所能容纳的饱和点，再次产生了人满为患的现象。乾隆四十八年（1783年），伊犁将军以该处屯犯愈积愈多，奏请仍发内地，经臣部（刑部）议奏，将三十二年（1767年）原定六条及强盗窝主造意不行又不分赃等五条，计共十一条，仍发新疆，其余积匪猾贼等项十一条，并四十七年（1782年）广西巡抚朱（椿）条奏抢夺伤人非致命，金刃伤轻平复一条，共十二条，概停发新疆，改发内地。③ 尽管此次改遣之议，停发十二条，仅存十一条拟发新疆，但新疆地方仍然表示难以承纳。为此，乾隆五十四年（1789年）六月，清廷

---

① 《清高宗实录》卷七百八十二，乾隆三十二年四月乙巳。
② 《清高宗实录》卷一千九十，乾隆四十四年九月乙未。另见《清朝文献通考》卷二百五，刑考十一，徒流。
③ 光绪《大清会典事例》卷七百四十二，刑部，名例律徒流迁徙地方二。

不得不再次作出调整，指出：

> 前经刑部以新疆遣犯人数众多，奏准少发该处，现在刑部定拟发遣各犯，已俱照此办理矣。但外省审办案件，有减死一等重犯，以及问拟军流人犯，情罪较重，不足蔽辜，从重办理者，仍多奏请发往新疆伊犁等处；此等凶恶匪徒，同在一处，聚集成群，难保无纠约滋事之患，且年复一年，人数日益众多，于该处地方及约束收管，均有未便，嗣后应将问拟发遣各要犯，分往吉林打牲乌拉及黑龙江之索伦、达呼尔、珲春等处，俾凶徒不致日聚日多，方为妥协，著交刑部堂官酌定章程具奏，即行文各直省，令其一体遵照。①

为解决新疆人犯过多现象，清廷先后削减条例，把人犯改发内地极边烟瘴及东北吉林、黑龙江地区。经此措施，新疆地区的人犯骤减。然而，遣犯作为西北地区重要的屯种劳力，在开发新疆的过程中，又起着不可或缺的作用。嘉庆四年（1799年），伊犁将军保宁又以"发遣伊犁人犯，节经减等，及年满回籍者甚多，现在不敷分充各营役使"，奏请"将从前改定发遣十二项人犯，仍行发往"。得旨，经刑部议奏，议定"将改发内地十二条内，酌其轻重分半改定"。②而此次改定发遣新疆者乃是积匪猾贼等六条，此等人犯多系无赖之徒，不利于屯种。嘉庆十年（1805年），时因东北吉林、黑龙江地区会匪案犯发往较多，"到配无人之后无人管束，又无口粮，三五成群，易于滋事为匪"，经内阁奏议，将前改定发往新疆"积匪猾贼等六条，仍照旧例改发内地，将会匪一项，全行发往新疆，将伊犁将军等，酌拨当差种地，口食有资，自不致聚而为匪"。③

此次改遣，乃是将各省拟发未发之犯"妥为筹画"，至于已经到达东北地区的"会匪"各犯，"辗转解送，未免纷扰"，仍命吉林、黑龙江将军"通融筹画，或有旷土可耕，借给籽种，俾令自食其力；或拨各衙门充当水火夫役，酌给口食"。同时，另有大量为奴"洋盗""教匪"源源不断发往东北，东北地区又面临人犯过多的压力。对此，嘉庆十七年（1812年）有上谕指出：

---

① 《清高宗实录》卷一千三百三十三，乾隆五十四年六月甲申。
② 《清仁宗实录》卷四十四，嘉庆四年五月壬戌。
③ 《清仁宗实录》卷一百四十八，嘉庆十年八月壬辰。

> 东三省为我朝龙兴之地,因吉林、黑龙江二处,地气苦寒,从前定例,将获罪人犯,发往该处给兵丁等为奴,昔时人数有限,到配后尚易于管束。近缘广东福建等省,办理洋盗会匪等案,将伙犯情重者俱照拟发往,人数积至数千名以外,该处兵丁岁支钱粮,本有定额,只敷养赡身家,今发给为奴者,日增日众,责令收养,其生计必愈形苦累,且该处习尚淳朴,此等为奴之犯,大率皆凶狡性成,百千群聚,故习未悛,甚或渐染风俗,于根本重地,尤属非宜,甚有关系。著刑部即速详查该二处现在业经到配为奴之犯,共有若干?此内核其在彼年久者,量减军流,分别改发烟瘴极边等处;其到配未久未便减等者,即著改发新疆,并著改定条例。嗣后各省案犯,有例应发遣该二处为奴者,量为区别,酌留数条,其余如洋盗、会匪,人数较多之案,均酌拟改发新疆及烟瘴等处,奏明条款,纂入律例遵行。①

因此,东北地区的人犯又被以修订条例的形式分流至内地极边烟瘴和新疆地区。② 可以看出,清代的遣戍制度在坚持向各地分发的同时,又能根据实际情况及时进行灵活性调整。在遣犯分发方面,形成了新疆和东北两大流放地,二者相互依存,关系十分密切。一般来说,东北地区人犯过多,就会考虑转发新疆;新疆地区人犯过多,则会考虑转发东北地区。在此二者之间,内地云贵、两广烟瘴地方,也不时分消两地的人犯,则起到了缓解作用。清王朝的东北、西北两大边疆流放体系和内地以军流为主的流放体系相互配合,相互影响,形成了一个不断调整的有机整体。清廷通过改发政策,在此三角关系中,以东北、西北两地区为主,西南地区应时而动,三者之间紧密联系,不可分割。

嘉庆二十二年(1817年)三月,伊犁将军长龄又奏称,"伊犁遣犯日多,难以安置,请查核历次奏改章程,将吉林、黑龙江改发伊犁之强盗免死减发等案十八条人犯,改发极边烟瘴充当苦差,暨发极边、边远充军,量为疏通"③。在此种情况下,嘉庆皇帝甚至开始考虑寻找新的遣犯流放地了,他在四月份给内阁的上谕指出:

---

① 《清仁宗实录》卷二百六十四,嘉庆十七年十二月庚子。
② 光绪《大清会典事例》卷七百四十三,刑部,名例律徒流迁徙地方三。
③ 《清仁宗实录》卷三百二十九,嘉庆二十二年四月丙戌。

> 新疆遣犯，日积日多，即改发烟瘴及极边边远等处，恐亦不免壅积。朕思乌里雅苏台、库伦、科布多，三处地方，从前未经议及发往遣犯，该三处均设有将军大臣，足资管束，若将该三处增入，将犯何条罪名者，拟定发遣何处，似此分地改遣，当可以渐疏通，著交刑部通行核计，悉心妥议具奏。①

这一上谕也给我们一个讯息，即由于拟以军遣的人犯过多，西北地区的大量人犯，无论是东北吉林、黑龙江地区，还是内地极边、烟瘴等处，都无法及时加以分发消解。人犯的增加，促使各地都面临了同样的问题，这迫使清政府不得不考虑寻求新的流放地。只是上述设想没有得以实施，新疆遣犯的拥挤状况依然存在。

同年七月，喀什噶尔参赞大臣松福亦奏请暂停遣犯发往回疆，改发极边烟瘴充军。为此，经刑部奏议停遣其闽省不法棍徒以下十条，俱改发云贵两广极边烟瘴地方充军。② 直到嘉庆二十四年（1819年），将原发内地改发新疆的人犯共二十六项，俱照本例改定地方充发后，新疆的遣犯拥挤状况始得以解决。③ 而之后，内地烟瘴地区的人犯也开始出现拥挤现象。道光二十年（1840年），曾因云南军犯拥挤，规定"所有例内应发云贵、两广极边烟瘴情重十八条，仍照例实发四省；其余各项应发云贵两省极边烟瘴人犯，无论例内载明改发、实发，均以极边足四千里为限"④。此后，极边足四千里一直成为烟瘴人犯拥挤的改发之地，直到咸丰四年（1854年），因太平天国起义，"各省道路梗阻"，不得不规定"所有应发极边四千里充军之犯，酌量变通，改发陕甘安置，俟道路疏通，再行照旧编发"。⑤ 而同治、光绪年间，东北地区，尤其是黑龙江地区的人犯，也又一次达到了高峰。

小结

综上我们可以看出，清代在流放制度发展过程中对于流放地的选择经历

---

① 同上。
② 光绪《大清会典事例》卷七百四十三，刑部，名例律徒流迁徙地方三。
③ 同上。
④ 光绪《大清会典事例》卷七百二十一，兵部，发配，军流，外遣。
⑤ 光绪《大清会典事例》卷七百二十一，兵部，发配，军流，外遣。

了一个不断调整的过程。清初流徙东北，之后逐渐形成内地行省和边疆地区通发的格局。其中军流刑通过制定《三流道里表》和《五军道里表》，视表配发内地各行省；而发遣则主要发往东北吉林、黑龙江和西北新疆地区，二者还通过与云贵、两广烟瘴地方相互调发，共同构成了清代的边疆之间以及边疆与内地之间相互协调的流放体系。

相对于前往各代的流放制度，清代对于流放地的选择，一个重要特点就是流放地更加广泛，范围遍及全国，也更加具体，史无前例地制定出《道里表》，并视表配发。清代流放一反前代的实用主义作风，强调惩治的合理性，首创了《军卫道里表》，从而使得军犯的配发变得有据可查。同样为了追求惩治的合理性，在《军卫道里表》的影响下，清廷随后制定出了《三流道里表》，使得三流和五军一样，人犯被列表分发到内地各个行省，并且几乎具体到各个州县。另外，在边疆地区还创立发遣制度，重罪人犯大多被发配边疆分别当差、为奴，把罪犯的惩治与边疆的开发结合起来。从这一意义上来说，清代流放制度在追求惩治合理性的同时，也不失其实用性。

然而，清代这种国内通发，极其具体化的流放制度也存在着诸多弊端。为了保持流放刑罚不同类型之间的区别，清代的流放制度本身已陷入极为复杂、极为混乱的状况（尤其表现在三流和五军的等次方面）。对此，有学者则认为清代的流放制度具有显著的仿古性、象征性、唯名性（存其名而失其实）特征，并进一步指出其内部等次的差别，仅具有象征意义。[①] 对此，笔者通过大量史料发现，清代在不断要求流放道里与刑罚相适应的努力远非象征意义所能解释，而更能证明清廷对于惩治合理性的追求。然而，清代对于流放罪刑相适应原则追求的结果则是增加了司法实践的难度。《道里表》的制定使得国内形成了一个极大而又复杂的流放网络。理想化的视表配发，在执行过程中，不断面临各种现实的问题，这也使得清廷不得不针对各种情况进行灵活性调整。这些调整的结果最终大都确定为条例，用以补充《道里表》规定的生硬和不切实际。唯一遗憾的是，清代对于军流在内地各地方的配发，并没有制定较为详妥的安置措施，由此带来的种种问题也是清代向边疆大量遣发罪犯的主要原因之一。

[①] ［美］D. 布迪、C. 莫里斯：《中华帝国的法律》，江苏人民出版社1998年版，第93页。

第四章

清代流放的司法实践

任何制度性的规定最终都要落实到具体的实践当中去。为了确保某一制度的实际执行，往往又会产生更多新的制度，从而使得该制度成为一种由多个环节组成的制度集合，流放制度便是如此。清政府不仅对流放类型、流放法规、流放对象和流放地进行了规定，同时，为了确保流放的具体实施，还对于人犯的审理和判决、金发、在配管理和出路等问题均进行了较为详尽的制度规定。

只是由于清代幅员辽阔，各地状况千差万别，任何一种上层的规定，在具体的司法实践中都难免不同。这里介绍清代流放的司法执行过程，将从政治史的视角出发，主要考察司法实践的上层制度性规定，同时也注重从社会史的纬度，尽量关照到更为细微的具体活动，以期还原一幅清代流放过程的真实图景。

第一节 审理与判决

清代从中央到地方有多级审判机关，层级复杂。① 清廷对于审判权限的划分是有严格规定的，州县作为初级审判机关，受理一切案件，但却只能自行审结杖一百以下的案件，称之为"自理词讼"，其卷宗存档并登记于"循环

---

① 据台湾学者那思陆考察，仅省以下就有五级司法审判机关，其中州县厅为第一级，府、直隶州、直隶厅为第二级，道为第三级，按察使司为第四级，督抚为第五级。参见该氏：《清代中央司法审判制度》，北京大学出版社2004年版，第107—108页。

簿",由上级衙门及巡按御史、分司巡行检查。① 徒刑和徒刑以上的流、充军、发遣、死刑案件,都是先由州县侦查、勘验、拘捕、初审,拟定判决意见;然后不管当事人是否上诉,案件都要经过一层层衙门的复审,各自提出自己的判决意见,直到具有终结判决权力的那一级衙门为止,有学者称这种制度为"逐级复核审转制"。②

清代各省徒罪以上的案件均须咨部或奏闻于皇帝。原则上徒流军罪案件,督抚复审后,须咨部复核,年终时,督抚须将此类案件汇题。寻常死罪案件,须专本具题。情节重大死罪案件,须专折具奏。③ 可见,对于军流罪案件,督抚复审后,应以专案方式咨刑部核复,并应于年终汇题,闻于皇帝。④ 在此过程中,地方州县军流人犯一般都要随案解送转审。层层转审,表面上看似谨慎,慎重民命。其实,这一做法不仅导致办案效率极低,而且在转解过程中人犯及其家属倍受拖累,实在是漠视民命。

一般的军、流案件由州县初审后,经府、道、臬司审转,案犯不必再解到督抚衙门,仅仅将案件卷宗报督抚便可,这样转审只到省一级。对此,清代律学家薛允升指出:"军流止解臬司,专案咨部……此定章也。"⑤ 督抚复审案件卷宗后将其上报中央刑部(这时一般犯人仍关押于各省会监狱),刑部复核全国的流刑案件后,再经大理寺复核即可定案审结。可以说,遣、军、流案件虽由督抚结束地方的审理,但没有最终判决权。遣、军、流案件的最终判决权在刑部,刑部批结后便可发生法律效力,咨复地方督抚执行。

如道光二十一年(1841年)七月初二日,顺天府拿获伙盗回民王四等人,经初审查明王四是在逃徒犯、惯窃,拟充军。经层层审转到直隶总督,直隶总督以"回民行窃结伙三人以上,但有一人执持械器者,无论绳鞭小刀

---

① 一般来说,州县地方的所谓户婚、田土、钱债、继承及轻微刑事案件等通常归于"自理词讼",民间称之为"细事"。对此"细事"案件官府通常以调停的方式或施以笞杖惩罚了事。对于这种存于细事与重案之间不同司法程序的论述,可参见:滋贺秀三著,王亚新译:《清代诉讼制度之民事法源的概括性考察》,收入滋贺秀三等著,《明清时期的民事审判与民间契约》,法律出版社1998年版,第20—42页。
② 郑秦:《清代州县审判试析》,见其《清代法律制度研究》,中国政法大学出版社2000年版,第130页。
③ 那思陆:《清代中央司法审判制度》,北京大学出版社2004年版,第111—112页。
④ 所谓"汇题",就是以正式的官文书题本的方式向皇帝汇报。尽管军流有年终汇题的规定,但据郑秦考证,此制度逐渐松弛,很多时候军流等案由刑部就可以直接批准结案了。参见郑秦《清代法律制度研究》,中国政法大学出版社2000年版,第130页下引注。
⑤ 胡星桥、邓又天主编:《读例存疑点注》卷四十九,刑律,断狱,中国人民公安大学出版社1994年版,第858页。

棍棒，俱不分首从，不计赃数次数，改发云南两广极边烟瘴充军例"，将王四拟军，咨报刑部。刑部于二十二年（1842年）三月二十三日咨复："应如该督抚所咨办理，仍令照例汇题"。直隶总督接到刑部咨复后，便可按《五军道里表》择地充军了。①

刑部对于地方督抚呈报遣、军、流案件的复核，一般有三种情况的判决。一是依议之判决，即刑部认为判决合乎情理，适用律例亦无不当，可依议执行；二是径行改正之判决，即刑部认定咨部案件适用律例不当，径行依据律例改正，而不驳令再审；三是驳令再审之判决，即刑部认定案情不清或适用律例不当，令驳回再审。② 前述的例子属于第一种情况，而后两种情况在清代的判决中也较为常见，可以看出中央对于地方司法的监察力度。

图4-1 审断案件

当然，也有涉及人命、反逆、赌博，留养等重大遣军流案件情况更加复杂，不仅州县初审要明确，层层审转要慎重，督抚也要一一进行审查录供，并且直接向皇帝具题，而不是咨报刑部。大概因为案件重要，或危害很大，或关系孝道，得让皇帝知道或由皇帝决断，刑部办理，才能结案。

清代中期以后，为免拖累，人犯的转审递解程序有所简化，如无重大案情，人犯一般不再层层解勘。乾隆九年（1744年）根据江西按察使翁藻建议，更是议定嗣后"各省民人在别省犯军流并免死减等各犯，除供有妻室例候佥遣并情愿携带，及还官、入官、给主赃数在一十、二十、三十两以上讯有家产可变并本犯自愿还乡转递者，仍照例解回原籍追佥发解外，其供无妻室与虽有妻室不愿携往，及候追还官、入官、给主赃不及前数与虽及前数并埋葬银两讯明委无家产者，止令犯事之地方官移查原籍，结复分别请豁免佥，

---

① 中国第一历史档案馆藏：《顺天府档案》，28 全宗71卷63号。
② 参见那思陆：《清代中央司法审判制度》，北京大学出版社2004年版，第118—119页。

即按本犯原籍应流候军地方起解,毋庸将犯递回发配"①。

另外,发遣实系军流罪之加重,督抚审结后自应比照军流罪案件,专案咨部核复。唯有关职官之犯遣罪案件,因事关重大,自仍应专本具题。

在这种制度下,一件流刑案件往往至少要经过县、府、省和中央刑部四级审理,才算是终审。在这一过程中如果发生上级驳诘或犯人翻供,就要再次重复审理。另外,司法监察机构如分巡道、巡按御史等也有权提审案件,这不算是正式的一级审理,提审后还得按原程序继续一级一级地复审。犯人、证人在这过程中一次又一次地被解送到各个衙门去受审,口供、证词都要和原审相同,否则只会进一步延长这个过程。

同时也有人犯初审为死刑,后由于种种原因而被减等流放的,这类情况在清代极为常见。清朝将死刑分为斩、绞两种,《清史稿》记载:"斩、绞同是死刑。……乃于各条内分晰注明,凡律不注监候者,皆立决也;凡例不言立决者,皆监候也。"② 斩、绞划分为"立决""监候"两种。"立决"就是决不待时,即发回原审机构立即执行。"监候"则要等待秋审、朝审复核审录来决定。③ 经过秋审或朝审,这些监候死刑案犯将被分别情实、缓决、可矜、留养承祀四种情况加以处理。④ 对于其中诸如戏杀、误杀、擅杀犯罪,秋审缓决一次,即准减流,其重者,缓决三次减流。⑤

如嘉庆十五年(1810年)四月二十四日午后,顺天府宝坻县民人倪文玉因故与梁宽争殴,倪文玉失手击中梁宽太阳穴,致使梁宽殒命。梁的家属当日赴宝坻县衙门喊冤告状,宝坻县衙随即拘捕倪文玉,勘验现场尸身,传集干连证佐,进行初审。"倪文玉供认不讳,诘非有心致死",将倪文玉"依斗

---

① 《江西按察使翁藻为请更定军流递回原籍发配之例事奏折》,乾隆九年四月二十七日,载哈恩忠编:《乾隆朝管理军流遣犯史料(上)》,《历史档案》2003年第4期,第22页。
② 《清史稿》卷一百四十三,志第一百十八,刑法二。
③ 秋审和朝审是直隶各省和中央对于监候死刑案件的一种复审制度。根据康熙朝《大清会典》的表述:秋审是直隶各省重囚比照在京事例,令督抚各官将情真、应决、应缓、并有可矜、可疑者,分别详审,开列具奏,候旨定夺。朝审是令每年于霜降后十日,将刑部见监重囚,引赴天安门外,三法司会同九卿、詹事、科道官逐一审录。若有司称冤并情可矜疑者,奏请减等缓决,其情真者,具题请旨处决。对此的精彩论述可参见孙家红:《清代的死刑监候》,社会科学文献出版社2007年版,第73—126页。
④ 对于以上四种情况的具体论述,参见 D. 布迪、C. 莫里斯:《中华帝国的法律》,江苏人民出版社1998年版,第133—135页。
⑤ 清末沈家本曾将此等罪行称之为"虚拟死罪",并推动将其直接改为流徒,见沈家本《虚拟死罪改为徒流折》,《寄簃文存》卷一,见《历代刑法考》,中华书局1985年版,第2028页。

殴杀人者不问手足他物金刃并绞监候律，应拟绞监候，秋后处决"。同时，宝坻县将立案经过详报顺天府东路厅、顺天府尹、直隶省臬司和总督，听候指示。同年八月，奉饬将倪文玉先后解赴顺天府东路厅、直隶省臬司。同年十一月，直隶省总督审理倪案，与初审无异，以"斗殴杀人律，拟绞监候"，向刑部具题。后经嘉庆十六年（1811年）三月二十四日，刑部三法司会议具题"应如该督所题"。同年三月二十九日奉文："倪文玉依拟应绞，着监候，秋后处决。"然而，倪文玉在该年的秋审中仍被判为缓决，并没有执行死刑。这种情况一直持续到嘉庆十九年（1814年），当年刑部以倪文玉三次秋审均缓决为由，减等改流。九月十九日，蒙直隶总督檄文按《三流道里表》将倪文玉解赴陕西潼关厅充配，着发陕西潼关厅靖边县。①

流放虽然是降死一等的重刑，但在执行时也体现着儒家化的法律原则，老幼废疾免发遣即是。按照规定，罪犯年在五十以内，照例发遣；如果年在五十以上七十以内，或者是残废者，则不再发往新疆，而是改发云贵、两广地方安插；如果是年在七十以上，以及不能耕作的妇女、幼童、笃疾者，俱准照例收赎。

流放犯人其祖父母、父母年在70岁以上，或者废疾，家无其余男子（16岁以上），准许存留养亲，但要加杖一百，枷号两个月。如有再犯，即不准其留养。犯罪存留养亲，是准许犯人在家有祖父母，父母年老或废疾，而家无其余男丁侍养的情况下，停刑或免刑。这是儒学标榜的家族伦理在封建法律中的突出表现。②

可以看出，从法律制度本身来说，中国确实堪称古代世界刑罚判处最慎重的地方。这种制度下，按照正常法律程序处死罪人是非常困难的，笞、杖刑又往往不足以起到"惩恶止奸"的作用，因此，徒流，尤其是流放刑罚就格外受到重视。经过审理有大量的罪犯被判处遣军流刑，而且很多监候的死刑罪犯经过秋审后也往往被从轻定为军流，这便造成清代的流放人犯人数众多。对此，清代律学家薛允升指出："朝廷矜恤罪囚，于应死之犯屡蒙宥免，全活者不下数十万万。"③ 为此，当时在华的一些外国人也认为，中国政府实施流刑，是对于人民生命的重视："在大多数情况下，中国法律对于臣民的生

---

① 中国第一历史档案馆藏：《顺天府档案》，28 全宗65 卷82—83 号。
② 光绪《大清会典事例》卷七百三十二，刑部，名例律，犯罪存留养亲。
③ 胡星桥、邓又天主编：《读例存疑点注》卷六，名例律，徒流迁徙地方，中国人民公安大学出版社1994年版，第112页。

命严加保护。死刑非得到皇帝的批准，不得执行。政府为实行流刑制度，花费了大量的钱财和人力，这足以说明政府力图减少死刑，减少流血。"① 从这种意义来说，流放可以说是一种仁慈的刑罚。

然而，这种理论上慎刑思想的典型体现，在实际司法实践中却往往造成了刑狱的淹滞。很多官员为此百般"锻炼"犯人口供及证人证词，力图使案件能一路复审过关，案件的事实及法律的正确使用大都被忽略。

第二节　人犯佥发

人犯于州县审理和判决并经过层层审转复核后，一般都要押回原审州县监狱关押，等候部复。遣军流犯在部文到日，都要例行佥发。而清代对于人犯佥发，从起解的期限，到差役的选派、人犯的枷锁、刺字等佥发手续和行程的各个方面都有着极为复杂和详备的规定，以下分别叙述之。

一、起解期限

清代对于遣军流犯的佥发都有着极为详尽的制度性规定。当刑部对现审案件作出判决或各省拘押犯人的衙署接到刑部咨准的判决后，人犯就要限期起解。犯人起解的具体时间要专咨刑部，逾期不行起解的，该地方的州官吏和他们的上司都要受到一定的行政处分。根据《大清律例》的记载：

> 凡应徒、流、迁徙、充军囚徒，断决后，当该［原问］官司限一十日内，如［原定］法［式］锁杻，差人管押，牢固关防，发遣所拟地方交割。若限外无故稽留不送者，三日，笞二十，每三日加一等，［以吏为首科断］。罪止杖六十。因［稽留］而在逃者，就将［当该］提调官［住俸勒限严捕］。吏抵在逃犯人本罪发遣，候捕获犯人到官替役，［以囚至配所之］日疏放。若邻县境官司［遇有］囚［递］到稽留不即递送者，罪亦如之。［稽留者，验日坐。罪致逃者，抵罪发遣。］若发遣之时，提调官吏不行如法锁杻，以致囚徒中途解脱，自带锁杻在逃者，与押解

---

① D. J. MacGowan, M. D. On the banishment of criminals in China. Journal of the North China Branch of the Royal Asiatic Society. 3: 293–301, 1859.

失囚之人同罪。[分别官吏，罪止杖一百，责限擒捕。]①

从中我们可以看出，律文规定州县一旦接到刑部对徒、流、军、遣犯的判决咨文，限一十日内必须起解，对于违犯规定者都要按照违限例治罪。然而，在现实的司法实践中，清律的此条规定并没有得以贯彻施行，而是在不同的时期有着不同的规定。这在下表历次制定的条例中即可显见。

表4-1 清律相关遣军流犯起解期限规定条例表

规定时间	期限规定	违限惩处规定	出处
顺治十八年	凡各省审结叛案内流徙入官人口家产，以部文到日为始，限两个月，自该省起解。	违限者题参议处。	《大清会典事例》卷八百三十五，刑部，刑律捕亡。
康熙四年	各省地方，军流人犯以刑部咨文到日，计限一月即行起解，该犯限日行五十里，若三千里限二月；二千五百里限五十日；余准是。俱限内至发遣处所。其有应追赃项，限内不能追完起解者，该督抚先行题明。	限内不能追完起解者，该督抚先行题明。如地方官迟延不起解及押解中途迟延者，并照违限例治罪。	《清朝文献通考》卷二百三，刑考九，徒流配没。
康熙七年	起解军流人犯，停其新定一月之限，仍照律行（应为两个月）。	该管官两月内不行起解者，罚俸一年；过一年者，降一级调用。不行催查之上司，罚俸半年。若起解迟延，致人犯毙狱者，降一级调用，上司官罚俸一年。官员将应解人犯，错解别处，罚俸六月。若将未经题结军流等犯先行发遣者，降一级留任。	《大清会典事例》卷八百三十五，刑部，刑律捕亡。

---

① 田涛、郑秦点校：《大清律例》卷三十五，刑律捕亡，稽留囚徒条，法律出版社1999年版，第550页。

续表

规定时间	期限规定	违限惩处规定	出处
乾隆三十七年	军流徒罪起解不得过百日	凡军流徒罪以奉文日为始定限两个月起解，如实系患病逾限不能起解，准将缘由详明督抚咨部查核，其病限不得过百日，若过限不行解者，将州县官及未经行催之上司，分别议处。	《清朝文献通考》卷二百五，刑考十一，徒流。
嘉庆二十四年	外省发遣官常各犯及发往军台效力赎罪废员与军流徒罪人犯，于文到之日，均限一个月即行起解，毋任逗遛。各该督抚将各犯起解月日专咨报部，如有迟逾，即行指参。倘实因患病逾限不能起解者，地方官验看属实，加具并无捏饰印甘各结，详明督抚起限，亦不得过两个月。	该督抚亦即咨部查核，如有假捏及逾限不行起解者，别经发觉，将该州县及失察各上司，分别交部议处。	《大清会典事例》卷八百三十五，刑部，刑律捕亡。
咸丰二年	问拟遣军流犯，各督抚于出咨后，即令造册先行定地，并发给咨牌，存俟奉到部覆，即行佥差起解，不准稍有稽滞，仍将发给咨牌并起解日期，报部查核。		同上

根据"有例不用律"的原则，可以知道，清律律文有关遣军流犯佥发起解"一十日"期限的规定并没有得到适用，起解期限在清代是处在不断变化之中的。从顺治十八年（1661年）便有了两个月起解的规定，康熙年间复行严厉，减为一个月，但仅从康熙四年（1665年）行用至康熙七年（1668年）便废而不用。之后，仍用顺治年间旧例，定限为两个月。康熙九年（1670年）对于违限者的惩罚则有了更加明确的规定：

该管官两月内不行起解者,罚俸一年;过一年者,降一级调用。不行催查之上司,罚俸半年。若起解迟延,致人犯毙狱者,降一级调用,上司官罚俸一年。官员将应解人犯,错解别处者,罚俸六月。若将未经题结军流等犯先行发遣者,降一级留任。①

然而,根据乾隆年间大臣的奏疏,我们发现,各地对此规定执行并不严格,"各属军流徒犯于奉文后多不依限起解,追经严饬,始以犯病支吾。总缘该犯等或恋住故乡,或妄希恩赦,百计延展。而地方官因未满一年之限,处分不过罚俸,亦遂无所顾忌,听其自然。似此积习相沿,不独稽留狱囚群聚滋事,亦非所以肃吏治也"。这使得清统治者于乾隆三十七年(1772年),规定军流徒罪起解不得过百日,并加重了对于违限者的惩罚力度,指出:"倘逾两月之限,将州县降一级留任;不曾查催揭报之知府,罚俸六个月。如逾半年者,无论有无犯病,将州县官降一级调用;不行查催揭报之知府,罚俸一年。"②

嘉庆二十四年(1819年),因外省遣犯多有延不起解,清廷遂改定发遣期限,规定"外省发遣官常各犯及发往军台效力赎罪废员与军流徒罪人犯,于文到之日,均限一个月即行起解,毋任逗遛"。同时将实系犯病不能起解期限有"不得过百日"改为"不得过两个月","其起解月日,专咨报部,仍逐一分别,年终汇报刑部兵部备查"。③

咸丰二年(1852年),针对各省距省较远之各厅州县,部文来回传递需时甚久,人犯长期延滞监狱,更是规定不容片刻逗遛,指出:"问拟遣军流犯,各督抚于出咨后,即令造册先行定地,并发给咨牌,存俟奉到部覆,即行佥差起解,不准稍有稽滞,仍将发给咨牌并起解日期,报部查核。"④

废员的起解期限分为京城及外省两部分。京城废员发遣,皆系奉旨后即日起解出京都,虽大员获罪拟遣者,亦从不敢耽延。⑤ 外省废员起解期限,原定二个月。嘉庆二十四年(1819年),以外省发遣废员奉到部文后,往往藉词逗留,有迟至一年半载尚未起解者,遂奏准将原例定限两个月改为一个月,

---

① 光绪《大清会典事例》卷八百三十五,刑部,刑律捕亡。
② 《署理浙江按察使郝硕为请严军流徒犯起解限期事奏折》,乾隆三十七年八月初二日,载哈恩忠编:《乾隆朝管理军流遣犯史料(下)》,《历史档案》2004年第1期,第18—19页。
③ 光绪《大清会典事例》卷八百三十五,刑部,刑律捕亡。
④ 同上。
⑤ 同上。

倘实因患病逾期不能起解者，地方官验看属实，加具并无捏饰印甘各结，其期限不能超过二个月。① 此种规定已属严厉，二十五年（1820年），更因已革拟遣废员布彦图"因得架词翻控，藉延时日"，"逞刁妄控，计图挟制"，嘉庆皇帝震怒，要求各直省发遣官员与在京官员一体，于奉到谕旨之日，即勒令起解，不许片刻停留。② 对此，上谕指出：

> 向来在京发遣官犯，俱于奉旨之日，即时押令起程。乃外省发遣官犯，往往藉交代未清为词，经年累月，任其逗遛，启其刁讦，实属延玩。著通谕直省文武大员，嗣后发遣官犯，于奉到谕旨之日，即勒令起解，不许片刻停留。如有交代未清事件，该管上司另行核办。其官员革职者，奉旨之日，即行摘去顶戴；拿问者，奉旨之日，即令上锁收禁。均照定例遵行，倘有仍前市恩宽纵者，一经查出，即行革职不赦。③

从而可以看出，无论是常犯，还是官犯，对其佥发期限的规定嘉庆朝后都趋向了严厉。这与乾隆朝以来的吏治腐败，原来的制度规定逐渐成为具文不无关系。嘉庆朝以后对于遣军流人犯佥发期限加以调整，实是迫于地方执法不力，弊端重生，清政府希图整顿的缘故。然而，尽管有了较为严厉的制度性规定，但由于清末以来的吏治更加败坏，制度表述与司法实践之间的差异也越来越大。④

二、佥发手续

为了保证人犯佥发的顺利进行，遣军流犯在佥发前还要例行一定的手续，对此，清代流放制度规定颇详。因军流和发遣相关佥发的规定有所不同，以下将分别加以介绍。

1. 军流犯佥发

清代各省州县负责佥发人犯，都要选派有家业的正役解送，以免兵役在解审人犯的过程中对这些重罪人犯敲诈勒索，甚至"搜检财物，剥脱衣服，

---

① 同上。
② 光绪《大清会典事例》卷八百三十五，刑部，刑律捕亡。
③ 《清仁宗实录》卷三百七十二，嘉庆二十五年六月甲午。
④ 据笔者所见直到咸丰三年清廷仍在颁布"不准定罪发遣之员逗留"的上谕，可见嘉庆后期对于发遣人犯期限的规定并没有落到实处。参见中国第一历史档案馆编：《清政府镇压太平天国档案史料》（第十一册），社会科学文献出版社1994年版，第226页。

逼致死伤，及受财故纵"①。一般每名人犯必须选派二名差役予以管押，当时称之为长解；并由所在州县选派二名兵丁协助护送出本州县所辖地域，是为短解。对此，《清史稿》指出："犯籍州县佥差，名曰长解。沿途州县，派拨兵役护送，名为短解。"② 如果途经州县官所派兵役不足法律规定的人数，差役和兵丁应当各自向其主管官员禀告，由原派衙门补派兵役。又有定例：解审重犯，于起解衙门，每犯一名，佥拨长解二名。经过州县营汛，又添拨短解、兵丁各二名。③ 实兵役六名押解重罪人犯一名。

军流人犯，查《刺字条款》，如需刺字的，则要刺字后起行。一般是罪名刺左，地名刺右（有刺面和刺臂之分。刺面在鬓之下，颊之上，刺臂者在腕之上，肘之下），字大小一寸五分见方，笔画宽一点五分，均于起解之前刺刻。如系官员犯有侵盗罪，正身旗人脱逃及妇人犯罪者，不论轻重，皆免刺字。有的犯人脸上不仅刺有罪名和地名，而且刺以满、汉两种文字，整个面部几乎成了一幅图画，给犯人心理上造成巨大的压抑。

佥发前，起解之地方官，应详验人犯年貌箕斗，填注批解，并备清册、短文，以便沿途接解州县验查，以防人犯顶冒。这里"年"指人犯年龄，确定年龄，多称"分别四柱"。"四柱"又称八字，是指人出生的时间，即年、月、日、时。用天干和地支各出一字相配合分别来表示年、月、日、时，如甲子年、丙戌月、辛丑日、壬寅时等，每柱两字，四柱共八字，故有此说。"貌"，指人犯面貌特征，如肤色、胡须、痣疤、刺字等，都须详细登记。"箕斗"指手上的指纹，分簸箕纹和罗斗纹，簸箕形的叫"箕"，螺旋形的叫"斗"。起解时还要将犯人按照规定锁铐刑具，并把犯人年龄、相貌、锁铐填写的批文，盖上印信，途中接递官员需按照批文所填内容查验，并在批文上注明"完全"字样，再钤盖印信，转递下一州县，如此反复，直至流放地。

起解人犯身上衣着，按规定无论表里上下，棉衣单衫，一律用红布缝制，所穿红衣还须填写某县犯人某人等字；④ 同时还要对于人犯行进剃发，剃光犯人周围的头发，留取中间的一撮。这样做是为了易于区辨犯人与普通人，防

---

① 田涛、郑秦点校：《大清律例》卷三十六，刑律，断狱上，凌虐罪囚，法律出版社1999年版，第565页。
② 《清史稿》卷一百四十四，志第一百十九，刑法三。
③ [清]《福建省例》刑政例（下），解省转运人犯，长解差役每多短少雇替，议请设法稽核究惩，以免疏虞，台湾文献史料丛刊第七辑，台湾大通书局1987年版，第940页。
④ [清]《福建省例》刑政例（上），斩绞军流人犯所穿红衣，只需填写某县犯人某人，不必写斩绞等字，第857页。

止犯人中途脱逃。此条系乾隆二十五年（1760年）刑部议准山东按察使沈廷芳奏准纂定，时指出：

> 羁禁解审斩绞重犯，例著赭衣。至军流各犯，往往不尽衣红，难免疏脱。请嗣后凡囚衣，于监禁解审发配时，上下表里，无论棉单，悉以红布制造。又秋审人犯向例会勘后，即于省城薙发，惟山东系发回始薙，请通行直省，俱于会勘发回后，再予薙发。从之。①

其实，古时早有罪囚赭衣的传统，囚犯所穿的衣服，颜色为赤褐色，后用赭衣指代罪人。② 只不过清代的规定相对更加明确，执行更为严格而已。有关人犯剃发，清代律学家赵舒翘在其《提牢备考》一书中"囚发一片"条有"囚准薙发者，仍留一片"，并以打油诗描述道："摩顶聊行兼爱法，千钧一发守常经。似看野烧樵株尽，留得山峰牛角青。"③ 无论是赭衣还是剃发，都能起到区别人犯与普通人的作用，以防止人犯中途逃亡。对于递解人犯的这一图景，笔者曾收集到一些相关的图片资料，为我们留下了清代司法直观而又生动的原始形象。如图4-2乃是清末流行的一种外销通草纸水彩画，虽说是卖给外国人看的，也大致反映了当时的真实情况。④ 在这些相关的图片中，人犯剃发的情况尽管不明显，但衣服（起码上衣），均为深红或赤褐色。

图4-2 清代人犯递解图

---

① 《清高宗实录》卷之六百六，乾隆二十五年二月辛巳。
② 如《史记·田叔列传》即有"田叔等十余人，赭衣自髡钳"的记载；而《汉书·刑法志》则有"赭衣塞路"的记载。
③ ［清］赵舒翘：《提牢备考》，张秀夫主编，法律出版社1997年版，第157页。
④ 图片引自中山大学历史系、广州博物馆编：《西方人眼里的中国情调》，中华书局2001年版，第170、171页。

另外，一般递解军流人犯还要配备捐车一辆，用以携带人犯和差役日常所需。多名人犯共解时，则多人共用一辆捐车，以节约成本。当然，没有捐车，流放路途手提肩挑行李艰难跋涉，也是正常的。

现摘录第一历史档案馆所藏顺天府宝坻县档案中部分军流人犯移解批文为例，以了解佥发制度在实践中的具体情况。如：

> 为移解事：案照敝县拿获伙同逸贼顾二等行窃事主康杰等家骡头等物一案，将张文贵拟军。详蒙督宪檄发文牌，饬令解赴广西入境首站全州交投，听候解配。除将军犯张文贵严加锁铐镣备具文批，选差妥役管押并移营拨兵护送，前途接收转递外，拟合关（移）解，为此合关（移）贵县（营）烦查来文事理，希将解到军犯张文贵验明，接收转递（拨兵护送）前进，共咨无虞，施行。计关（移）解：
>
> 军犯张文贵
>
> 锁铐镣坚固灌铅，赭衣裤，现年三十八岁，身中面黑微须，左手大指二指三指箕，四指斗，五指箕；右手大指二指三指箕，四指斗，五指箕
>
> 长文一角（宪文装入长文内）
>
> 护牌一张 批一张 捐车一辆 口粮一分 解役连锁 钥匙一封
>
> 关移 香河县宝坻营
>
> 嘉庆十一年三月 刑房凌企瑞①

这里佥发顺天府宝坻县的军犯张文贵的批文，前首"为移解事"先交代了人犯案情、佥配情况，其后填注有军犯年貌箕斗，并附有所带护牌、批文及锁铐等情况，以备查验。可以说，该移解批文已属规范。但该批文没有对差役的情况加以备注，也容易使得差役找人顶冒。为此，多数批文则备有解差情况。如顺天府东路厅宝坻县人赵勇恒，因在奉省用刀扎伤鲍二身死案内拟绞减流，嘉庆十八年（1813年）十月拟发配陕西潼关厅，因河南滑县等处教匪滋事于十月十三日概行截留，俟春融再行起解。赵勇恒于十九年（1814年）二月十八日起解，备具文、备批选差妥役姜麟、王玉，并移营拨兵护送，

---

① 中国第一历史档案馆藏：《顺天府档案》，28全宗66卷036号。

按站递解陕西潼关厅，交投厅候解配在案。① 以下乃是计关移解批文的后半部分：

> 计关移解：
> 流犯赵勇恒 锁铐镣坚固
> 长文一角，宪文装入长文内 护牌一张
> 批一张 捐车一辆 口粮一分
> 解役连手 钥匙一对
> 关移 香河县宝坻营
> 流犯 赵勇恒
> 解役 姜麟 王玉
> 督解状头 韩喜②

该批文不仅对于人犯情况详细填注，还附注有解役及督解姓名，以防止差役被人顶冒。如一次递解人犯过多，差役人数也会相应增加。以下案例中递解两名人犯，其解役则除了督解一名外，还有长解和短解各四名。

> 计开：
> 人犯 于兴全 朱英
> 长解 王太 王成 于万年 张玉
> 短解 韩亮公 辛德 白生远 朱成龙
> 督解 张义安③

从以上案例可以看出，军流人犯佥发，尽管相关解役的人数时有出入，但基本上还是按照制度规定而执行的。不过，也有很多时候，具体的佥发实践，又会根据当地的实际情况进行灵活变通。如福建省的情况据《福建省例》记载：

> 缘闽地山岭间隔，在上游郡属交会，于南平始行发船抵省。虽点验

---

① 中国第一历史档案馆藏：《顺天府档案》，28 全宗 66 卷 103 号、111 号、116 号、118 号。
② 中国第一历史档案馆藏：《顺天府档案》，28 全宗 66 卷 109 号。
③ 中国第一历史档案馆藏：《顺天府档案》，28 全宗 68 卷 008 号。

之时镣铐齐全，而押解在途，势不能不开镣以令其行走。或至菁山密林，乘间图脱，固由解役之防闲未慎，亦未始非刑具偶弛之故。第用镣难以举步，开镣虑其潜逃，莫若每犯另雇兜夫二名，给犯安坐，镣索封锁，不许私开。自点解起行，将犯项锁链拴在兜杠，不必同差搭锁。前途邻县，即日可到，则以县交县，一体收禁。倘邻邑隔远，遇晚宿店，兵役严守，毋得懈忽。次日仍用原夫至县交替。迨审毕由省发回，亦复按站给兜。毋论新案初解及秋审之犯，往返夫价，总在起解之县自行捐备。计程远近，照沿途口粮之例，随犯交差携带，于文内移明前途，随时代雇。①

由于福建地区地形复杂，人犯锁镣难以前行，开镣则易于脱逃，不得不根据当地的实际情况对于中央的规定进行了灵活调整。为了防范人犯脱逃，要求雇用兜夫，"给犯安坐，镣索封锁，不许私开。自点解起行，将犯项锁练拴在兜杠，不必同差搭锁"。

2. 遣犯的佥发

遣犯的佥发情况，很多方面与军流人犯相同，但也有一些独特之处。清初发遣东北，遣犯向俱解交刑部转发。直到乾隆二十三年（1758年）始有所改变，是年军机大臣会同刑部议准："定例军遣罪犯，向俱解部转发。今发往巴里坤各犯，应听各省定案报部核覆之后，即由本地佥差起解甘肃巡抚衙门，毋庸送部，以免往返疏脱之虞。"②

由于遣犯人数不定，为了保证遣犯的顺利佥解，必须考虑押解差役与遣犯人数的比例，以免遣犯脱逃和反抗。乾隆二十六年（1761年），乾隆皇帝曾谕令各省督抚：

> 第各省督抚，遣送此等罪犯，亦须随宜调度，经理尽善。如每次起解人数太少，签派差役，既恐滋繁；若汇积过多，又恐沿途食用顿宿，不免壅滞，均属未协。各督抚等，应量其人数，或十余名，至二十名内外，分作一起，节次转送，乃为合宜。至甘肃为遣犯总汇之地，而西安尤其切近上游，该抚等于各省遣犯解到时，相其多寡缓急，为之酌剂通

---

① ［清］《福建省例》刑政例（上），"解审重犯，县捐雇夫二名，将链锁拴住兜杠，不必同差搭锁"，第844页。
② 光绪《大清会典事例》卷七百四十四，刑部，名例律徒流迁徙地方四。

融，零星者顿蓄之，丛集者疏导之。两省巡抚，既彼此先后知会，而该督又为之统辖照应。①

要求遣犯以十余名或二十名左右，分作一起，佥发新疆。而人犯解到甘肃或西安境内，因其为遣犯总汇之地，则要求酌量通融，以免遣犯过度拥挤。该规定至乾隆二十九年（1764年），又有所变更，同年经刑部奏准定例：

> 各省份遣新疆人犯，有一案至十数名者，均以五名一起递解，至陕省西安府，该府酌量所到人犯，如一案数至十名，点五名一起，隔日起解。其每案不过一、二名至三、四名者，亦即随到随递，毋庸拘五名之数。②

此后，遣犯递解皆以五名作一起，先后起解，不得超过此数；如其地点在陕西西安府以西，人数未满五名，也可以随到随解。

起解之时，例应由起解之地方官对发遣人犯如法锁铐，将年貌、箕斗，填注批解，并备短文以便沿途接递州县查验。其沿途递解，不但要详验差犯文批，还对于刑具有着特殊规定，乾隆三十一年（1776年）议准："发遣新疆人犯，沿途递解，理宜慎重严密，若每站更换刑具，易启沿途州县互相推诿之弊，且恐刑具不全，致滋疏脱，应令各省起首发解州县，将链锁铐镣制备完全坚固，严加扭锁，注明'长行刑具，沿途并不更换'字样，如有长途辗转稍有缺损之处，即令接替之州县随时抽换，毋得推诿。"③ 这样为了防范人犯脱逃，一副刑具要伴随遣犯的整个行程，其艰辛程度可想而知。

图4-3 刺字图示 《新疆条例说略》卷二，乾隆六十年重镌，味余书屋藏板，十四—十五页。

---

① 《清高宗实录》卷之六百三十三，乾隆二十六年三月辛酉。
② 光绪《大清会典事例》卷七百二十一，兵部，发配，军流，外遣。
③ 光绪《大清会典事例》卷七百四十四，刑部，名例律徒流迁徙地方四。

为防止遣犯脱逃，便于管理，还要对相关遣犯附加刺字刑，其中职官、士人和妇人概免刺字。清代对附加刺字有着极为详细和复杂的规定。以发往新疆的遣犯为例，乾隆二十三年（1758年），最初制定发遣条例时，即规定发往巴里坤人犯查明有事由可刺者，则用满、汉两种文字刺犯罪事由；无事由可刺者，则用满、汉两种文字刺发遣地名，解往甘肃后再行发遣。二十四年（1759年）因在起解省份先刺地名，到甘肃碍难分发，改定遣犯解赴甘肃省后再补刺地名。二十八年（1763年）又规定，对发乌鲁木齐人犯，当无事由可刺时，先于该犯右面刺"外遣"二字，然后解赴甘省补刺分发地名。①

总体来看，应刺的事由根据其犯罪情节的不同，包括"强盗、凶犯、抢夺、窃盗、回贼、积匪猾贼、发冢、脱逃余丁、逃人、逃兵、逃军、逃流、蠹役、盗棺、盗官物、盗官粮"等项；应刺的地名根据其发遣地的不同，包括"安西、哈密、巴里坤、乌鲁木齐、

图 4-4　洪亮吉像　洪亮吉（1746—1809），字君直，又字稚存，号北江，晚号更生居士。江苏阳湖（今常州）人。乾隆五十五年科举榜眼，授编修。嘉庆四年，上书军机王大臣言事，极论时弊，免死戍伊犁。次年诏以"罪亮吉后，言事者日少"，释还。洪亮吉一生著述丰富，其中流放伊犁期间的著作就有《遣戍伊犁日记》《天山客话》《万里荷戈集》《百日赐环集》四部。

伊犁、乌什、叶尔羌、阿克苏、喀什噶尔、和阗、黑龙江、吉林、宁古塔、改遣、改发、烟瘴改发、外遣"等项。② 所

---

① ［清］吴翼先：《新疆条例说略》卷二，发遣新疆及改遣人犯分别刺字，乾隆六十年重镌，味余书屋藏版。
② 参见《刺字统纂》，同治朝己巳岁镌，棠荫山房藏板，补遗，应刺清汉事由地名字样。

刺之字有满文、汉文两种文体。一般左面刺事由，右面刺地名。刺字作为遣犯的一种身份标志，不能随意起除。只有当身份改变时，如转入民籍，才能起除刺字。

另外，人犯起发前，出于人之常情，难免要与亲朋故友作一番告别。此番情景，一些文人、官员的有关笔记记载颇详。如顺治十六年（1659年）发往关外的吴兆骞，当年闰三月初三日，自京师出塞。时为其饯行者众多，友人季沧苇等还助银百十余两，得以整料衣资。临别送吏无不呜咽，兆骞独赁牛车，载所携书，挥手以别。同行者，可考知者有方拱乾、方孝标、方亨咸父子一家数十口人，另有钱威德、吴兰友等。出塞时，"一时送其出关之作遍天下"。可考知者有王撼、徐乾学、祈班孙、毕映辰、唐世徵、叶舒颖及董以宁等人之作，尤其是吴伟业《悲歌赠吴季子》更是脍炙人口。①

又如据洪亮吉的记载，嘉庆四年（1799年）八月二十七日，恩旨从宽，免死，改发伊犁，交将军保宁严加管束。二十八日，出监，至江苏司听事，卸刑具，传送兵部车驾司，拨车一辆，即日押出彰义门。"诸友人、同官、同乡欲送者，皆误以为明日，是以皆不能及"，即使如此，出监日在监门外及出彰义门候送者仍有数人，"时日已曛黑，因相与茶话而别"。及抵卢沟桥左觅店投宿，则同里张吉士已扶病相待。至二十九日，儿子饴孙始具轿车一辆，大车一辆，略备衣履行费偕来。又派随行三人：赵坤，同里人，随余三年；唐福寿，贵州修文人，余视学时所雇车夫；赵立生，山东济南人，亦相随三年。儿子又偕其同年陶君及芮甥玉衡来送。相与共饭毕，坚辞诸君，惟携儿子及芮甥二人至良乡。同日，仍有很多"追送不及者"以及"携赆出送者"。② 亲朋师友追车相送，相与话别，甚至倾囊馈赠财物，可见场面之热烈与感人。

还有如戊戌政变后大臣张荫桓被流放新疆，离京之际正是朝廷风声正紧之时，但"同朝祖饯慰候者数十百人，实属应接不暇"，甚至出京后仍"有朝贵改装远送者"。无怪乎随行吏员发出感慨："当朝廷盛怒不测之时，仍敢招摇逗留如此，真等法令于弁髦矣。"③ 中国古人安土重迁，长流他乡的离别无异于生离死别，官府一般情况下允许亲朋好友饯行送别；传统社会又是人情社会，在残酷的刑罚面前也往往能够体现出人情的冷暖。

---

① 李兴盛：《江南才子塞北名人吴兆骞年谱》，黑龙江人民出版社2000年版，第65页。
② [清]洪亮吉：《遣戍伊犁日记》，载修仲一、周轩编注《洪亮吉新疆诗文》，第31—32页。
③ 王庆保、曹景郕：《驿舍探幽录》，载任青、马忠文整理：《张荫桓日记》，上海书店出版社2004年版，第558、559页。

同时，相对于普通人犯，士人和废员的佥发要相对自由宽松一些，一般不需佩戴枷锁。在递解过程中，还可以自备车、轿，以代步行。

3. 家属问题

清初流徙人犯，分别应行佥妻及止遣本身，并不一概而论。至康熙元年（1662年），始将妻室及未分家之子一并流徙，令其室家完聚。这样一是为了安抚人犯，防止他们脱逃，一是为了充实边疆人口，实有一举两得的功效。康熙二年（1663年），以该犯妻子本系无罪，谕嗣后除反叛缘坐干连人犯仍照例遵行外，其余流犯身死，妻子皆免遣。至康熙三年（1664年）刑部又奏定流徙人犯身死，其妻免流，若有子或无子有仆，仍遣；仅乳子者，免。若妻家冀免伊女致死其婿以谋杀论；若恶棍冀得犯人妻，设谋致毙者，照光棍例立斩。康熙十八年（1679年），定军罪及免死流犯妻子仍佥之例。凡军流及免死拟流人犯，皆佥妻及未分家之子，交户部安插，如分家之子有情愿随者，听。①

图4-5 通草水彩画中的携妻佥发图

上述规定不断完善，至乾隆年间，已经形成一套较为完善的家属同遣制度，其实质乃是佥妻制度。对此，乾隆年间钦定的《大清律例》指出："凡犯流者，妻妾从之，父、祖、子、孙欲随者，听。"②

然而，家属同佥制度也日益暴露出诸多弊端。人犯妻女在途遭受欺辱、勒索之事层出不穷；长途跋涉，也有人犯家属不堪艰辛，病殁道途的。即便家属能够随行到达流放地，流放地的困苦生活也往往使得许多羸弱女子历尽折磨，难以存活。曾经流放过乌鲁木齐的纪晓岚在他的《阅微草堂笔记》中

---

① 《清朝文献通考》卷二百三，刑考九，徒流，配没。
② 田涛、郑秦点校：《大清律例》卷四，名例律上，流囚家属，第95页。学者魏道明据此指出流刑具有惩众性的特征，与族刑都属于亲属株连制度，并进而认为族刑与流刑可以相互转化，并把流刑看作族刑的变异或替代物。参见魏道明：《始于兵而终于礼：中国古代族刑研究》，中华书局2006年版，第76—82页。对此，笔者不以为然。正如作者所言族刑乃是一种追究正犯及其家属共同刑事责任的法律制度（魏书，第8页），而流刑则是传统法典所规定的刑罚制度，二者并没有可替代的属性。如果认为流放是以家或家族为单位，甚至认为流刑具有惩众的特点（魏书，第195页），更是对流放制度的误解，流放佥配家属需要根据不同的情况不同对待。

记载着这样一个有关遣犯妻女的凄惨故事：

> 昌吉遣犯彭杞，一女年十七，与其妻皆病瘵。妻先殁，女亦垂尽。彭有官田耕作，不能顾女，乃弃置林中，听其生死。呻吟凄楚，见者心恻。同遣者杨熺语彭曰："君大残忍，世宁有是事！我愿舁归疗治，死则我葬，生则为我妻。"彭曰："大善。"即书券付之。越半载，竟不起。临殁，语杨曰："蒙君高义，感沁心脾。缘伉俪之盟，老亲慨诺，故饮食寝处，不畏嫌疑；搔仰抚摩，都无避忌。然病骸憔悴，迄今未能一荐枕衾，实多愧负。若殁而无鬼，夫复何言；若魂魄有知，当必有以奉报。"呜咽而终。杨涕泣葬之。葬后，夜夜梦女来，狎昵欢好，一若生人；醒则无所睹。夜中呼之，终不出；才一交睫，即驰服横陈矣。往来既久，梦中亦知是梦，诘以不肯现形之由。曰："吾闻诸鬼云：人阳而鬼阴，以阴侵阳，必为人害。惟睡则敛阳而入阴，可以与鬼相见，神虽遇而形不接，乃无害也。"①

故事中虽有鬼神之事，但却道出了流犯随带妻女的悲惨命运，妻子病逝，女儿无法养活，订约给别人为妻以活命，然而最终还是无法逃脱被折磨致死的命运。

另据《刑案汇览》记载：嘉庆年间林清逆案内缘坐妇女，应行发往福建、广东、甘肃、四川等省，给驻防官兵为奴。然而，案内应行缘坐之李宋氏等却被误行发往乌鲁木齐，给官兵为奴。内犯妇姚刘氏等因去冬起解时天气严寒，手足被冻残废，动履维艰。当部核与定章不符，驳令更正之时，不得不咨请部示免改发内地，留乌鲁木齐，给该处官兵为奴。② 可见，妇女遭受佥发，即便不致身遭欺凌或折磨致死，但流放的生活环境也足以使得她们陷入悲惨的命运。

因此，早在康熙四年（1665年），安徽巡抚张朝珍就曾指出："流徙人犯与妻子同解者，本不忍其夫妇分离之故也。但本犯孽由己作，跋涉千里，罪所应得，妻子何辜，而亦同受此苦？或本犯有父母在家，家无次丁侍养，其

---

① ［清］纪晓岚：《阅微草堂笔记》卷八，载周轩、修仲一编注《纪晓岚新疆诗文》，第195—196页。
② ［清］祝庆祺、鲍书芸、潘文舫、何维楷编：《刑案汇览三编》（一），北京古籍出版社2004年版，第123页。

子以获罪而离父母，其妻因随夫而弃舅姑，垂老之亲，久之必致冻饿而死，冻饿而死者，必无衣衾棺椁，委弃沟壑。"①从而认为"流徙人妻子无罪，与犯人同解，情有未忍"，奏请妻孥"此后愿留愿去，听从其便"。而此议只是令"下部知之"。②

乾隆四年（1739年），刑部郎中樊天游亦因"妻孥原无罪恶，皆因其夫之罪而拖累者，在途则受解役之凌辱，收监则受禁卒之索诈，兼有子女众多率皆幼龄弱质，提携

图4-6 乌鲁木齐人民公园纪晓岚塑像 纪晓岚（1724—1805），河北献县人。1768年因两淮盐运亏空案牵连，被乾隆帝流放新疆乌鲁木齐。《乌鲁木齐杂诗》和《阅微草堂笔记》是纪晓岚有关新疆的著作。1918年，杨增新为纪念流放来乌鲁木齐的翰林院侍读学士纪晓岚，在乌鲁木齐人民公园修建了一排长廊平房，命名为"阅微草堂"，1998年重建。

褓褓，长途跋涉，饥寒风雨，困苦备至，痛卒道途"，上疏奏请军流遣犯听其自愿留养妻孥，但此疏议而未决。③乾隆七年（1742年），刑部左侍郎张照在为《酌定遣犯妻孥之例事》一折中，以军流遣犯妻、子在流放地多遭不公正待遇，再次痛陈妻孥同遣之弊，并提出三项应对措施：一、遣犯之妻子宜分别连坐与随往也；一、遣犯配所生长之子女宜酌为宽恤也；一、刁陷为奴之弊宜示禁也。④

面对以上诸多问题，直到乾隆八年（1743年），清廷始决定废止佥妻之法。是年议准指出：

---

① ［清］张朝珍：《请免妻孥流徙疏》，载贺长龄、魏源等编：《清经世文编》（下册）卷九十二，第2264页。
② 《清圣祖实录》卷十五，康熙四年四月己巳。
③ 《刑部郎中樊天游为遣军流犯听其自愿留养妻孥事奏折》，乾隆四年四月初四日，载哈恩忠编：《乾隆朝管理军流遣犯史料（上）》，《历史档案》2003年第4期，第16页。
④ 《刑部左侍郎张照为酌定遣犯妻孥之例事奏折》，乾隆七年二月二十七日，载哈恩忠编：《乾隆朝管理军流遣犯史料（上）》，《历史档案》2003年第4期，第19页。

> 例内一应军流人犯，妻妾随从佥遣者，立法之意，原为全其夫妇，免致拆离，亦使该犯到配，得有家室可恋，不致逃亡，非因妻妾亦有罪谴也。本年四月内刑部议准：嗣后除缘坐犯属，原系有罪之人，及强窃案内免死减等，并罪应军流者，俱仍严查佥发外，其他军流等犯，如本夫情愿携带妻妾，或其夫不愿而妻妾愿从者，或本夫愿带妻妾而妻妾背义不从者，俱行佥发，不准推故规避。如无以上情节，概令免佥，亦不得妄提并解。①

乾隆二十四年（1759年），刑部再次定例，将罪应缘坐及造畜蛊毒、采生折割人、杀一家非死罪三人等项犯罪家属照例佥发，其余则不再佥配，对情愿携带者，听其自便。②

乾隆三十一年（1766年），由于佥遣人犯家属已不再佥配，而对于情愿携带者，也不再官为资送，因而定例废止原遣犯身故，家属回籍，地方官按程给与口粮之例，规定本犯身故，妻子情愿回籍者，亦不与资送。③

至此，可以说已经废止了家属同佥的制度，有人犯家属自愿佥配者，无论去程还是回途，都不再官为资送。然而，这一定例并没有把新疆地区包括在内，因为就是在同一年，为开发新疆的需要，作出规定：例应发往乌鲁木齐等处人犯内，除伊妻实系残废笃疾，或年逾六十，及该犯父母老病应留侍养者，取具地方官切实印结，准其免佥外；其余一概佥妻发配，如有情愿携带子女者，一体官为资送；其军流内改发乌鲁木齐等处人犯，有情愿携带妻子者，亦一并官为资送。④

这是清廷为充实新疆的需要而作出的一种独特规定。但该规定仅限于乌鲁木齐、伊犁等北疆地区，南疆回部地区由于实行汉、回民族隔离政策，当地屯兵都不准携眷，遣犯更不可能有携眷之举。此规定一直沿用至嘉庆四年（1799年），该年以"新疆等处，生齿日增，边陲之土地，既不虑屯种乏人，则无罪之妻孥，自不必牵连发配，况逐案佥妻，在原配既多取结之繁，而沿途亦滋资送之扰"，要求"嗣后不论该犯有无父母，伊妻是否笃疾，均不得佥妻发配。其有情愿随带者，仍各听其随带，毋庸官为资送"。对此，嘉庆六年

---

① 光绪《大清会典事例》卷七百二十八，刑部，名例律，流囚家属。
② 同上。《清史稿》卷一百四十三，志第一百十八，刑法二亦指出："乾隆二十四年，将佥妻之例停止。其军、流、遣犯情愿随带家属者，不得官为资送，律成虚设矣。"
③ 光绪《大清会典事例》卷七百二十八，刑部，名例律，流囚家属。
④ 同上。

(1801年) 定例指出：

> 凡罪应缘坐，及造畜蛊毒，采生折割人，杀一家非死罪三人等项犯属，仍照例佥发外，其余一应军流遣犯，及应发乌鲁木齐等处人犯家属，均毋庸佥配。如有情愿随带妻室子女者，听其自便，不得官为资送。①

因此，持续三十多年的新疆家属同佥制度，至嘉庆初年被废止。光绪年间，尤其是新疆建省后，又实行佥配，将七省发往助垦人犯的亲属一并发往，仍官为资送。② 只是这一做法不久也被废止。

直到光绪二十年（1894年），复因"现在各省军流徒报逃之案，每年总至千余起。若不亟筹整顿之方，则日复一日，亡命益多，其有关于时局良非浅鲜。查各省所议，或筹给口粮；或责令学习手艺及小贸营生；或分别罪犯之老壮强弱妥为安插；或拨给正佐文武衙门充当杂役及戍边捕盗等事，无非束缚维系，使不能逃，所见皆大略相同。惟甘肃省所称，检查犯册，未见配所有家而逃者"，从而认为"如寻常命案情有可原者，拟令携带家口充役营生，诚属安插军流第一良法"，议准对"现行条例稍加变通，于定案之时，讯明是否情愿携带家室，如有愿带而无力者，地方官量为资送。其不愿者，听"，要求"各省督抚，斟酌办理"。③

可以看出，清代家属同佥制度不断根据实际情况而进行灵活性变通，其或停或行，所考虑者主要是人犯的管理层面和开发边疆的需要，而很少顾及人犯本身的需求。

再者，清廷对地位低下的旗下家奴的处罚较为严厉。如果旗下家奴酗酒行凶，被送部发遣，其所有妻室子女一体发遣赏给兵丁为奴。即便其有年老残废及子女幼小不能随带者，或令于亲属依栖，或听本妇另嫁，不准仍留原主处服役，此条也是出于防范原主凌虐、霸占家奴妻女而设。④ 而对犯谋反大逆等罪的遣犯家属而言，并不拘泥于条例的限制，都要缘坐发遣。

另外，清廷规定遣员发配，不准携带眷属；并规定一旦有遣员误行携带，起解在途者，由地方官截留递回本籍。⑤ 这一规定应该是出于惩治官员的需

---

① 同上。
② ［清］刘锦藻：《清朝续文献通考》卷二百五十一，刑考十，徒流，军遣附。
③ ［清］刘锦藻：《清朝续文献通考》卷二百五十一，刑考十，徒流，军遣附。
④ 光绪《大清会典事例》卷七百二十八，刑部，名例律，流囚家属。
⑤ ［清］刘锦藻：《清朝续文献通考》卷二五〇，刑考九，徒流，军遣附。

要，要求其在边疆实力赎罪，不受眷属的影响。因此，这里的眷属主要是指遣员的妻室，而如果有子女愿意随行，或个人雇用随行服侍，则往往是可以的。

如林则徐在流放伊犁期间，三个成年儿子中有二子从戍，而其夫人郑氏颠沛流离，最终不得不在西安赁屋寄居三年。① 林则徐还拒绝了家中买人送来伺候的要求，同时指出"塞垣谪官有此者甚多"②。据洪亮吉所述，其随行从人三人，但与当时伊犁废员前吴江全太守士潮相比，则"不及太守三分之一"③。由于废员系自备斧资效力赎罪，所以其沿途的口粮、车辆、随从等费用，都要由自己提供。④

三、佥发过程

军流遣犯一旦完成佥解手续，

图4-7 新疆伊犁林则徐纪念馆林则徐塑像 鸦片战争失败后，清廷以林则徐办理夷务殊未妥协，深负委任，革职从重发往伊犁，效力赎罪。1842年年底至1845年年底林则徐在新疆三年的流放期间内，亲自到各地进行了踏勘荒地、寻访水源、发展屯田等大量工作，为新疆人民作出了重大的贡献。

---

① 林则徐养成三子，长子林汝舟、三子林聪彝、四子林拱枢（次子林秋柏三日即殇）。因长子汝舟时任翰林院编修，根据朝廷规定不许出关，林则徐携带三、四子随行附戍。林在《壬寅日记》首篇指出："壬子。晴。启程，携彝、枢两儿同行，舟儿亦送往前途。"在随后《舟儿送过数程，犹不忍别，诗以示之》诗中林则徐也写道："三男两从行，家事独赖汝。汝亦欲我从，奈为例所阻。"参见周轩、刘长明编注：《林则徐新疆诗文》，新疆大学出版社第2006年版，第13、20页。
② 浙江省博物馆沈炳尧选编：《林则徐致郑夫人及汝舟函》，见《林则徐家书五通》，《历史档案》2002年第1期，第36页。
③ ［清］洪亮吉：《天山客话》，载修仲一、周轩编注《洪亮吉新疆诗文》，第241页。
④ 废员车辆，例定自备，但也有例外。据《清高宗实录》卷一千二百七十，乾隆五十一年十二月庚戌上谕，有发往新疆效力赎罪废员特成额，"赏给副都统职衔，令其前往乌什效力赎罪。……向来发往新疆效力赎罪人员，均系自备资斧，第念路途遥远，著加恩令其驰驿"。

就要踏上漫漫的流放征途，他们或孤身出塞，或举家前行，或结伴同往，长途跋涉，前往流放地。清代递解流放人犯无论是对于解役，还是对于流人自身来说，都不是一件轻松的事情。为了保证人犯递解的顺利进行，自上路之日起计，佥发过程都有着严格的规定。

1. 饮食

刑犯在递解流放途中，途经的当地政府都要提供每天必需的食物，这些食物和那些在监人犯的食物大致差不多。每名刑犯和他的随从亲属每人每天可得到大约一升的粮食，这些粮食主要包括大米、粟黍、小麦、大豆，等等。另外，还发给盐菜钱五文。对此，《大清会典事例》这样记载：

> 雍正十一年题准：直隶省每囚一名，日给米一升，钱五文，米动支仓粮，钱每千折银一两，动支耗羡。十二年题准：山西省每囚一名，日给米一升，钱五文，动支耗羡银。河南省每囚一名，日给米一升，钱五文，囚粮于仓谷内动给，钱于耗羡内支销。福建省每囚一名，日给米八合，银四厘，额征囚粮银内动支。陕西省西安每囚一名，日给米一升，钱五文，米动常平仓，钱动公用银。甘肃省每囚一名，日给米一升，钱五文，米于额征存留粮内动支，如有不敷，及并无存留粮米者，每粮一石折银一两，同应给之钱，均于藩库公用银内支给。四川省每囚一名，日给米一仓升，钱五文，除动用官基地租银租米外，其不敷银，在存公银内动支，棉衣一件，工价银四钱七分六厘，单裤一条，工价银一钱四分八厘七毫五丝，亦于存公银内动支。广东省每囚一名，日给米一升，于徵收耗米内支给，镫油柴盐银五厘，于屯粮耗米内支给，棉衣银于火耗内支给。①

之后，奉天、山东、安徽、江西、湖北、湖南、广西、江苏、云南等省也先后定制，大都规定为每囚一名，日给米一升（亦有如江西省规定日给谷二升的，时有"谷则倍之"的规定），钱五文。一般规定囚米于常平仓项下动支，银钱则动用耗羡或于存公银内动支。②

即便有这些配给，但对于流放途中长途跋涉的流人来说是远远不够的，

---

① 光绪《大清会典事例》卷二百七十，户部、蠲恤、矜罪囚。
② 同上。

许多人常常处于饥饿状态。其实，就是这样的食物配给也往往不能够如数配发。条例规定十五岁以下的未成年人只能得到上述食物配给的一半。到了乾隆四十年（1775年），各省递解军流人犯又因"每日支给口粮米一升，与免罪入伍遣犯减支盐菜不符，且较之军营各项兵丁口粮数目更属过优，自应酌减"，要求"所有每日支给米一升之山西等十一省，俱改为每日以八合三勺支给"。① 从而，口粮每日支给八合三勺，还不到一升。可以看出，本来已经不足的食物定额也被统治者给减少了。到了清代末期，由于清政府的财政危机，对于流放犯人的口粮配给，就更加不能如数发放了。

图4-8 文学作品中的别妻离子

2. 行程

对于人犯佥发行程，早在唐代就有着较为具体的规定。据《唐律疏议》记载："行程，依令：马，日七十里；驴及步人，五十里；车，三十里。其水程，江、河、余水沿泝，程各不同。但车马及步人同行，迟速不等者，并从迟者为限。"② 清代佥发人犯，只是如康熙四年所指出的："该犯限日行五十里，若三千里，限二月；二千五百里，限五十日；余准是，俱限内至发遣处所。"③ 虽因时因地而异，或行或船或车，但也只有这样一种笼统的规定，并没有分别加以规范。我们也可以这样认为：清代对于军流遣犯的佥发，虽然定制日行五十里，但这一规定并不严格，只是有着一个总的期限。以三流为例，若三千里，限二月；二千五百里，限五十日；二千里，限四十日。若犯人在途患病，许具呈该地方官，取具印结到部，查明果非托故延挨，仍照例减等；若解役在途故意迟延逾限者，

---

① 同上。
② 《唐律疏议》卷三，名例律，流配人在道，第68页。
③ 《清朝文献通考》卷二百三，刑考九，徒流，配没。

将严加治罪，稽留官司也将与之同受惩罚。①

军犯按照其《道里表》，其行程期限也比较确定。而对于发遣人犯，由于其道里远近不一，其行程期限不太确定，但也不能无故拖延逗留。而对于士人和废员的佥发，从现有的资料来看，其规定要相对自由一些。

如清初因科场案被流徙宁古塔的江南士人吴兆骞等人，顺治十六年（1659年）闰三月初三日，自京师启程，取道玉田、永平及抚宁，直奔山海关，于十五日过关，月底抵达沈阳。而京师离沈阳约一千五百里，吴兆骞一行在不到三十天的时间内走完，应该说速度还是相当快的，按照行程并没有中途耽搁。但吴兆骞抵达沈阳后，在沈阳停留了二十余天，会晤先期流放于此的僧函可和陈之遴等人。陈之遴甚至挽留吴兆骞"共住一年"，但没有得到奉天总管的允许。吴一行于四月下旬自沈阳出发，中曾因病笃在小乌稽留憩息三日，于七月十一日抵达戍所。② 吴兆骞等能够在沈阳滞留二十余天，甚至要常住一年。可见，当时对于士人的流徙期限并没有受到严格的限定。

图4-9 吴兆骞画像 吴兆骞（1631-1684），字汉槎，号季子，江苏吴江人，清初诗人。少有才名，与华亭彭师度、宜兴陈维崧有"江左三凤凰"之号。顺治十四年科场案，无辜遭累，遣戍宁古塔二十三年，友人顾贞观恳求于纳兰性德，后经性德父明珠营救，得以赎还。归后三年而卒。诗作慷慨悲凉，独奏边音，因有"边塞诗人"之誉，著有《秋笳集》等。

嘉庆年间，洪亮吉因言被遣伊犁交将军保宁严加管束。洪亮吉计划行程为134天，但据其《遣戍伊犁日记》的记载是嘉庆四年（1799年）八月二十八日从京师出发，第二年二月初十日抵达伊犁，前后共用了160天。从该日记可以看出，其行速慢者如：十月十四日，甚雨，行四十里，宿盐军镇；十五日，雨作雪，行四十里，宿永寿县城外东关客馆。都是因为天气环境恶劣，

---

① 参见光绪《大清会典事例》卷七百三十九，刑部，名例律，加减罪例。
② 李兴盛：《江南才子塞北名人吴兆骞传》，黑龙江人民出版社2000年版，第83—93页。

因此速度减慢，但也行有四十里。而行速快者，如：十一月初三日，行一百二十里，宿金县迁道；另有十二月初八日，行一百三十里，宿玉门县城东关。可以说其速度是非常快的，即使如此行速，洪亮吉并没有感到疲惫。他在十一月初三日曾写道："至新月已上，县僻无逆旅，寄宿野人家，见禾黍满阶，纺车盈侧，觉田庐之乐矣，卧甚适。"十二月初八日行一百三十里后，还曾与来谒之友"久谈乃去"，并喝了家人所煮腊八粥，认为味"甚美"。应该说，传统规定日行五十里，对于发配人犯来说应当是比较宽松的。而废员在行程中，多根据实际情况调整行程，甚至能够根据个人需要，停留几日。洪亮吉在行程当中曾有多次因拜访亲朋故友居间停留。如其在十月初四日，行至华州，被同年钱州判所挽留一日，同游少华山，至初六日方行。十月初八日，行抵西安省城长安，其间停留两日，访友购书，至十一日方行。十月十六日，行至邠州，因其妹夫为邠州刺史，在此停留了四日，至二十一日方辞行启程。①

路途当中，废员行动的自由和宽松，除了表现在以上方面，与其他人犯相比，还有很多优越性。如废员不带枷锁，沿途不用在押，也不须监狱收禁。从洪亮吉的行程可见，其沿途颇受礼遇，其寄宿之处或是客馆，或为亲朋故友寓所，或为农家。而在条件艰苦之处，则夜宿车箱内。②

洪亮吉所走相同的路程，嘉庆年间学者祁韵士在《万里行程记》中记载是嘉庆十年（1805年）二月十八日从京师启行，本年七月十七日抵达伊犁，走了175天。③ 林则徐于道光二十一年五月十日（1841年6月28日），广东战败归咎，从重发往伊犁效力赎罪。二十六日（7月13日）接旨，次日便离开镇海军营，踏上戍途。八月后奉旨留河南开封祥符襄办治理黄河决口，历时半年多，后继续发配至西安病倒呈请病假，临时租屋留住两月余。道光二十二年七月六日（1842年8月11日）病愈重新踏上戍途，至十一月九日（12月10日）到达伊犁，又走了四个月又三天，计120天。④ 可见，清代对于废员金发行程的灵活性调整。不过，以上显然都是对于显赫人物而言，普通人犯发遣边疆就不可能享受上述待遇，其行程也会更加艰辛。

---

① ［清］洪亮吉：《遣戍伊犁日记》，载修仲一、周轩编注《洪亮吉新疆诗文》，第31—63页。
② ［清］洪亮吉：《天山客话》，载修仲一、周轩编注《洪亮吉新疆诗文》，第256页。
③ ［清］祁韵士：《万里行程记》，修仲一、周轩编注《祁韵士新疆诗文》，新疆大学出版社第2006年版，第1页。
④ ［清］林则徐：《荷戈纪程》，周轩、刘长明编注《林则徐新疆诗文》新疆大学出版社第2006年版，第137—164页。

军流遣犯在佥解过程中，为防其脱逃，不仅要锁铐坚固，一般还要解役连手，同差搭锁。递解过程中，人犯夜间按规定要在各州县监狱收禁，然而沿途各站距离不一，有监狱者，即行收押；如无监狱，一般则歇宿于邸店，人犯极易脱逃。这在长途发遣新疆的过程中表现更为明显。为此，乾隆二十六年（1761年），甘肃巡抚明德就曾专折指出，"甘省州县幅员辽阔，驿路深长，一州一县所属驿递少者二三站，多者六七站，除州县城内设有监狱递到人犯即行收禁无虑疏脱外，其余各站皆系住宿坊店，门窗墙壁既不严密，又无官弁稽查，其护送兵役日间押解劳苦，夜晚防范稍疏，即有脱逃之虞，故从前疏脱之犯，俱系各站坊店乘兵役睡熟逃遁，而并无在州县城内疏虞者"，要求预筹防范，请求沿途各驿，"有闲房者酌拨二三间，如无闲房添盖二三间，其门户墙垣务须修葺坚固，作为监房。凡有递解遣犯到站，即收禁驿馆监内，令在驿书、役人等协同看守，仍令印捕各官不时往来巡查"。①

尽管有关防止军流遣犯逃脱的规定十分严格，制度也在不断完善，但人犯的脱逃现象却屡禁不止，日益严重。对此，清末州县也曾反映："发配人犯……州县漫不经心，差役私自卖放，以致解犯有中途逃回者，有并无人犯起解，仅以空文转递者，且有本日起解，本日即逍遥局外，仍在地面为非者，如此视公事如儿戏，等国法如弁髦，积习相沿，尚复成何政体。……缉获盗贼多系逃回遣军流徒，并有脱逃不止一次，犯案不止再三之犯。"② 由于惩罚犯罪最后必须落实到罪犯本身才能达到惩戒的目的，为避免因犯在解审途中脱逃，清代统治者对脱逃人犯及其相关责任者都有着严厉的惩处措施。

以发遣为例，乾隆二十八年（1763年），因"此等罪人，皆系作奸为匪，不可容留内地之犯，其情性本属凶狡，又惮于出口远行，不遵王法，乘间潜逃"，上谕要求将此等"发遣新疆等处人犯，有在途脱逃者，拿获之日，将本犯立置重典"③。同时也制定了对于押解人员的惩处，规定：如兵丁差役有心纵放，则照与囚同罪例定拟；如无故纵情弊者，将押解兵役，例应问拟绞候，一年不获，请旨正法。乾隆三十二年，以"应问绞候，监禁一年之兵役内，为首情重者，著改发伊犁等处，既足以昭创惩，而若辈又皆年力强壮，堪资力作之人，非若积匪猾贼等类，反教人为匪可比，其于屯田垦辟，自属有

---

① 《甘肃巡抚明德为于驿馆收禁遣犯等事奏折》，乾隆二十六年四月十三日，载哈恩忠编：《乾隆朝管理军流遣犯史料（上）》，《历史档案》2003年第4期，第27页。
② 中国第一历史档案馆藏：《顺天府档案》，28全宗73卷205号。
③ 《清高宗实录》卷六百九十，乾隆二十八年七月庚申。

益"，刑部议定将此等疏脱人犯兵役，为首情重者，发遣伊犁等处；其余为从情轻之兵役，以杖流问拟。并定嗣后由新疆改发烟瘴及黑龙江等处人犯，如有脱逃者，既照新疆例，拿获正法，其疏纵兵役，亦著照新定发往伊犁等处之例办理。① 这里对于发遣人犯兵役，有心故纵者，要与囚同罪，往往定拟正法死罪；而无心无故纵情弊者，即便是在乾隆三十二年刑部议定减轻处理后，为首者仍被处以发遣伊犁等处，为从者被处以杖流。此种对于押解兵役的惩处可谓十分严厉。疏脱人犯，根据是否依法派差、加锁，各直属专、兼各官员同样有着连带议处之责任，一般都要降级留任或降级调用，并要罚俸，限期缉拿。②

在如此严厉的规定之下，人犯的金发过程充满了风险，各级官吏、差役在执法过程的隐瞒、虚报现象也普遍存在。这些情况的发生，也促使清廷逐渐减轻了对于疏脱人犯责任者的惩处力度。道光以后，一般押解兵役，如依法管解遣犯，偶致疏脱，限满无获者，著于本犯罪名上减二等定拟。至押解兵役，如依法管解军流人犯，偶致疏脱，限满无获者，著于本犯罪名上减三等定拟。③

如道光十年（1830年）四月初三日，山东昌平州免死发遣新疆给官兵为奴人犯王四、李才、王五，解至陕西省安定县城。安定县知县验明刑具，金原差役傅乾、杜发祥、闫登科管解王四、李才，另差兵役朱世奎等管解王五。初四日天不亮，行至五里地方遇上暴风雨，王四、李才、王五乘机扭断镣铐，分路脱逃无踪，经报县缉拿，仅获王五。事经陕甘总督杨遇春审定："王五合依未伤人之伙盗，原系免死发遣之犯脱逃被获即行斩决例，拟斩立决。解役傅乾等各减盗犯本罪二等例，于王五发遣罪上减二等，俱拟杖徒"。安定县知县、昌平州知州等官也各自都受到一定的行政处分。④

又如光绪二十四年（1898年）五月，河南临颍流犯田薪因犯案拟流赴浙江省安置，经安徽省定远县递至滁州，由该州解役何升、向林转递六合县交替，二十五日傍晚时分，行抵至六合县南门外河边，便雇用一艘渡船押解过河。然而，当渡船驶至河心时，水流湍急又时值有大风，使得大船倾覆，致使流犯泗水脱逃。安徽巡抚给刑部的咨文中称："何升、向林，均合拟流犯中

---

① 《清高宗实录》卷七百八十二，乾隆三十二年四月乙巳。
② 参见李凤鸣：《清代州县官吏的司法责任》，复旦大学出版社2007年版，第41—42页。
③ 《清德宗实录》卷三百三十七，光绪二十年三月丙申。
④ 中国第一历史档案馆藏：《内阁刑科题本》第269包，道光十年，一般案件。

途脱逃，解役如系依法管解，偶致疏脱限满无获者，将解役改依解审之例，于本犯罪名上减三等定拟章程，于该流犯由薪流罪上减三等，拟杖八十徒二年定地发配。折责革役充徒所有疏脱递解流犯佥差。"①

可见，清代为防止佥发军流遣犯的脱逃，对于逃犯和相关责任人有着一套严厉的惩处措施。然而，通过对清代司法实践的考察，也发现规定并没有得到很好地执行，具体操作中"办事懈弛，毫无整刷"的现象又是普遍存在。从而，使得清代人犯解递活动多成为一项不可能完成的任务。②

3. 停遣与会赦

佥发人犯，统治者为了体现其"仁政"的美名，在严冬寒冷季节和盛夏酷暑季节有停止发遣的制度。定例流徒人犯，于六月十二月停遣，就地收监，余月皆令发往。康熙九年（1670年）清廷鉴于流徒尚阳堡、宁古塔罪人，冬季遣戍，"贫者殊多，衣絮单薄，无以御寒，罪不至死，而冻毙于路"，故令此后自十月至次年正月及六月，俱勿发遣。③ 此后，雍正三年、七年，乾隆三年、十年、十六年、二十年、二十八年、三十二年、五十三年，先后颁布修并条例，内容不断增加并具体化。④ 至嘉庆六年（1801年），最终定例为：

> 直省军流遣犯，及实发新疆并由新疆条款改发内地人犯，未起解者十月至正月终及六月，俱停其发遣。若已至中途，初冬十月经过州县，照常接递；至十一月初一日，方准停遣。俟次年二月转解，如遇六月，照前停遣。倘抵配不远，并发往东南省份各项人犯，有情愿前进赴配者，取具本犯确供，一体起解，并将不行停遣缘由，移咨前途接递，仍报刑部。惟云南省并无盛暑严寒，各省解往军流遣犯，已入该省边境者，不必停遣。其起解之时，有情愿前进者，亦照解往东南省份之例办理。其军流遣犯在配脱逃，例应解回原配，及改调他省者，虽遇隆冬盛暑，不准停遣。其民人在外省犯徒，例应递回原籍发配之犯，若离籍在一千里外者，时遇隆冬盛暑，亦准停解。其起解及接递州县，如有将应行停解之犯，而不停解，及将不应停解之犯，擅行停解者，均交吏部照例

---

① 中国第一历史档案馆藏：《刑部档案》案卷号15010，河南司，监狱发遣事务。
② 对此的具体案例论证，可参见郑定：《不可能的任务：晚清冤狱之渊薮——以杨乃武小白菜案初审官刘锡彤为中心的分析》，《法学家》2005年第2期，第46—55页。
③ 《清圣祖实录》卷之三十二，康熙九年正月癸未。
④ 光绪《大清会典事例》卷七百四十一，刑部，名例律徒流迁徙地方一。

议处。①

可以看出，这一条例对于最初制定的隆冬盛夏停止发遣的硬性制度，进行了较为符合实际的灵活性调整。如规定人犯如果已经将临配所，虽遇隆冬盛夏，但只要人犯本人愿意前行，就可以不必停遣；又如针对南方冬季气候也要求废止冬季停遣。这些规定，都有利于避免人犯长期被收监遭受折磨，而此类现象在清代监狱中是屡有发生的。

另外，上述条例在不断修订过程中，也经历了一些重大的变化。如乾隆二十六年（1761年）规定，发往乌鲁木齐等地人犯，解至陕省，虽遇隆冬盛暑，不准停遣。乾隆三十二年（1767年），新疆改发内地人犯，仍照发遣新疆人犯例，隆冬盛暑，不准停遣。② 而此两条，至嘉庆六年的定例中均已经改变，与内地军流一体停遣。

与此同时，清律中还对军流人犯在途遇赦的情况定有专条，名为"流犯在道会赦"。③ 如军流人犯在解配途中遇到大赦诏书，主管衙门要严格核实起解公文内首发处所的日期，然后以每日行程50里计算，流三千里应合60日，未满60日会赦，不问已行路程远近，均可赦免；如已至配所，而于指定期限内遇到大赦，也可赦免。若因沿途患病，或阻风、被盗，有所在官司保勘文凭者，皆听除去事故日数，不入程限。若于途中曾在逃，虽在程限内，遇赦亦不放免。若虽未至配所，计行程过限者，不得以赦放，恐奸徒有意迁延；若于途中曾在逃，虽在程限内，遇赦也不能赦免；原罪属"十恶"及被认为严重危害封建统治秩序的犯人，如谋反叛逆缘坐、造畜蛊毒、采生折割人、杀一家三人不得赦免，这样是为了防止大赦可能会导致重罪罪犯逍遥法外。"十恶"大罪明确是"常赦所不原"的。除了十恶外，杀人、放火、劫囚、官吏犯赃，以及屠牛、合造毒药等罪名，也是明确规定不得赦免的，最多只能减等处刑，而不是全部免罪。④ 实际上真正得到赦免的多为对统治秩序危害不大的犯罪，借此来显示"皇恩浩荡"。

---

① 光绪《大清会典事例》卷七百四十一，刑部，名例律徒流迁徙地方一。
② 同上。
③ 参见光绪《大清会典事例》卷七百三十一，刑部，名例律，常赦所不原三，流犯在道会赦。该条中有"迁徙安置人，准此"的内容；雍正三年，复于此内容后注"军罪亦同"四字。而遣犯由于金发期限不确定，又多系重罪人犯，应该没有在道赦免的条款。
④ 参见田涛、郑秦点校：《大清律例》卷四，名例律上，流犯在道会赦，法律出版社1999年版，第99页。

第三节 在配管理

经过长途艰难跋涉，军流遣犯抵达配所后，就将在配所开始漫长的流放生活。清代对于内地军流人犯和边疆地区发遣人犯分别有着不同的管理规定。清政府对于军流人犯的管理，主要是为了防范人犯脱逃以达到流放惩戒的作用，并在此基础上尽力解决他们的生计问题；而对于发遣人犯的管理，一方面是为了防范遣犯脱逃，另一方面则是为了更好地组织人犯，用以开疆实边。

一、军流人犯的安置

例载各省佥发军流人犯，按照《道里表》内应发省份，毋庸指定府州厅，听该省督抚酌量州县大小、远近，在配军流多寡均匀拨发，起解省份于起解之先，预行咨明应发省份督抚，先期定地，饬知入境首站州县，随到随发。军流人犯到达配所后，均要加杖。清制规定：杖一百，折责四十执行。

流犯至配所，经州县州同、县丞详验年貌、情罪清册，一般都饬发典史①等官吏转交地保收管。收管之人为专管，州县为兼管，人犯逃亡或违法，专兼各官都有一定的连带责任。如据第一历史档案馆所藏清代刑部档案记载，河南省商丘县人薄保，因听从缊汉谋杀薄郭氏并未下手加功，依谋杀人而不加功者杖流律，拟杖一百流三千里之犯，咨解来闽奉发建宁府崇安县安置。光绪十年（1884年）十二月二十九日到配，取具印钤收管，后经该县详验犯人年貌清册是实，饬发典史转交当地地保陈春收管。其收管领状为：

长领状　九图地保陈春今于
与领状为收管事，依奉领得到配流犯薄保一名，安置图内，小心管束，月朔带案点卯，不敢疏忽，合具领状是寔。
光绪十一年□月。

一切安置妥当后，当地州县还要将安置事宜申送督抚，由督抚复查，并

---

① 典史一职始于元代，是知县的佐杂官，别称右堂、少府等，是未入流官，掌管县治安、缉捕、稽查狱囚等事，为杂职首领官。

专咨刑部,以备查验。该流犯薄保转交地保陈春收管后,福建巡抚即咨文刑部指出:

> 建宁府崇安县今于
> 与印收为安置流犯事,依奉收得发流犯薄保一名,于光绪十年
> 年貌箕斗相符,照例折责,饬发典史转交地保陈春看管安置,取具
> 收管铃收,申送前来。卑职复查无异,理合加具印收是实。
> 福建巡抚咨文　光绪十一年五月十三日。①

可见,清代州县管理在配人犯的过程中不仅借助上层的调度,还有赖于其下层力量的直接参与协助。上层督抚不仅负责人犯的酌拨安插,还要将州县安插情况专咨报部,并均于年终逐案摘叙事由,声明何司案呈,造册汇报。② 这一下层力量角色,很多地方称之为"地保"。"地保"乃是清代地方保甲制度头目的一种俗称。保甲制度在中国有着悠久的历史,清代建立保甲制度的目的是镇压叛逆,保护守法良民之平安。通常以十户为一牌,十牌为一甲,十甲为一保,城中曰坊,近城曰厢,在乡曰里。保的负责人称为地保或保长,通常为诚实识字且有身家者担任。③ 其职责是调解处理地方上的纠纷杂务、稽查盗贼、催讨钱粮、办理人口登记和户口转移、应接官府差役,等等。"地保"虽没有俸银,但可免丁口税和徭役。④ 这里协助管理在配人犯,成为当地保甲的一项重要职能。"地保"负责管理人犯,令其生计有所着落不致在配脱逃,并朔望带县点卯。一旦人犯逃亡,代管"地保"都要负有连带责任,受到惩处。应该说,这是一项出力并不讨好的苦差。

充军犯人还要在军籍中注册。只是到了清代,原来人犯所要充发的卫所被渐次裁废,尤其是乾隆中期以后,清代对于沿袭自明代的充军刑已经基本

---

① 中国第一历史档案馆藏:《刑部档案》案卷号15010,河南司,监狱发遣事务。
② 光绪《大清会典事例》,卷七百二十一,兵部,发配,军流,外遣。
③ 参见[日]织田万:《清国行政法》,李秀清、王沛点校,中国政法大学出版社2003年版,第298页。
④ 20世纪以来国内外学界在对基层社会的研究中对"地保"已颇为关注,学者萧公权、瞿同祖、佐伯富、斯威特、黄宗智、王福明、杜赞奇、戴炎辉等人作品中均有相关论述,全面的研究可参见刘道胜:《清代基层社会的地保》,《中国农史》2009年第2期,第89—100页。

改造完成，收到军犯，无论有卫、无卫，俱发州县收管。"充军"之制从而变得有名无实。正如清代律学家吴坛在《大清律例通考》中所说："今军罪虽较重于流，但别其籍贯之外，并无另有差徭及勾丁补伍之例，实与流罪无别。"① 军犯安置管理也与流犯大致相同。

军流人犯到配如何安置，最初并未有定例，各省大都根据地方情形，因地制宜，分别办理。乾隆二年（1737年），福建巡抚卢焯条奏指出：

> 闽省收到军流人犯，令各州县安插，如军犯年逾六十，不能自食其力，拨入养济院，按名给以孤贫口粮；年未六十，已成笃疾者，亦准拨给。若本犯挟有微资，习有艺业者，听其各自谋生，交地保管辖，其少壮军犯实系贫穷，又无艺业者，初到配所，该管官就近酌量安插管束，仍按本犯妻室子女，每名每日照孤贫给以口粮，自到配日为始，以一年为率，所给口粮各州县于存储仓谷项下动用报销。迨至一年后，本犯习于风土，不难自食其力，且年力强壮，尚可使用，各州县有驿递之所，即令充当夫役，一例给以工食，毋许胥役克扣滋扰。该管官仍于每月朔日按名点验。②

该条奏经九卿议复，准于闽省办理，各省未奉通行。直到乾隆七年（1742年），兵部在议复漕运总督常安《为请停运丁收养军犯事》折中指出："各省立法，互有同异，均未斟酌尽善，惟乾隆二年七月内，九卿议覆原任福建巡抚卢焯条奏……安置得所，就近亦易稽查……是军流各犯，若何管束养赡之处，闽省例极周详。"各省督抚也多赞成闽省所行之说，而"直隶省，已照此办理"，后经允准定例以后办理军流人犯，均照闽省之例。③

此后，军流人犯到配，如有带挟微资并有一定手艺者，多交由当地地保守管，任其自谋生路。其中少数有力的犯人分拨各衙门若干名，充当苦役，每日支付口粮银二分，供其维持生活。其他贫穷无手艺者，以到配所日为始，一年之内，按其妻子名数，日给口粮，令该督抚于州县存储仓谷项下，动用报销。一年后不给，有驿递地方，交与驿站头目管束，令其当差；无驿递地

---

① [清]吴坛撰，马建石、杨育棠主编：《大清律例通考校注》，中国政法大学出版社1992版，第228页。
② 光绪《大清会典事例》卷七百二十一，兵部，发配，军流，外遣。
③ 《清高宗实录》卷一百七十八，乾隆七年十一月丁巳。

方，有公用夫役之处，令其充当，均给以应得工钱。军流等犯年逾六十不能食力者，照例拨入养济院，按名给予孤贫口粮外，或年未六十而已成笃疾不能谋生者，亦应一体拨给。该管官仍于每月朔日按名点验。

然而，在实际的司法实践中，各地仍多因地制宜，不断进行灵活性调整，其军流人犯安插管理情况并未划一。对此，早在乾隆七年（1742年），甘肃按察使鄂昌就曾以当地管理军犯"其中有稍习技艺、薄挟资财者，尚可自谋生理，然百不一二。其毫无技艺、毫无资财者，州县不能养赡，则沿门索讨，胜于乞丐；否则游手市城，招集匪类，肆行无忌；否则潜逃他往；否则鼠窃狗偷，州县或失于查察，军头或疏于防范，大为地方之害"，并以"甘省州县依山傍水之区，未经垦种之地尚多，此项未垦之地本处居民无力报开，皆成老荒，徒然废弃"，奏请将安插军犯拨给垦田，并详定垦田之法。①

根据江苏按察使翁藻乾隆十三年（1748年）奏请，江苏省则设立自新所以安插军流。该奏议指出：

> 查向来约束旧匪，或交邻保管领，或令朔望点卯，或项带小枷，或身负铁枪，或颈悬响铃，或足脱木狗，随地制宜，法云备矣。然每每毁脱器具，私擅逃亡，甚至管领不过虚文，点卯亦成故套。而且良民耻与为伍，猾匪诱之人群，欲改过而无由，遂屡犯而不悔。前据苏郡长、元、吴三县议详，建屋十余间，环以垣墙，名曰自新所，各将犯过一二次及无嫡属可交之旧贼拘系于内。每名照囚粮例，日给米一升、钱五文，并酌给资本，教令习学绩纻纺绵、捆屦织席等事。俟其技艺娴熟糊口有资，即将口粮住支。一年之后，察其果能悔过迁善，查交切实亲邻保释。每晚责令典史查对，并拨妥役看守。

该项措施在实践中取得了一定效果，正如该大臣所言："试行以来，已逾三载，虽宵小未绝于境内，而失窃较减于从前。"经过奏请，此措施应该说得到了进一步的推广。②

而四川省大竹县则在当地设立乡约所，到配军流人犯入所管束。对此，

---

① 《甘肃按察使鄂昌为安插军犯垦田事奏折》，乾隆七年十月十五日，载谢小华编选：《乾隆朝甘肃屯垦史料》，《历史档案》2003年第3期，第28页。
② 《江苏按察使翁藻为酌筹自新所人犯口粮事奏折》，乾隆十三年三月初八日，载哈恩忠编：《乾隆朝刑狱管理史料》，《历史档案》2003年第3期，第11页。

乾隆三十一年（1766年）十一月二十四日，《大竹县移交军流人犯清册》记载颇为详尽：

> 为移交事，今将敝县任内经管军流人犯造册移交。须至册者。
> 计开军流人犯十八名。一名何尚选，年七十一，妻杨氏，系云南普洱府思茅县人。为禀明事，案内在思普元新等处叛逆拟流，于乾隆四年四月十三日到配，安置乡约所。一名刘桂华，五十四岁，系江西瑞州府上高人。为报明事，案内殴死张琪，拟绞减流，于乾隆十一年五月十五日到配，安置乡约所。
> 一名冯奇华，年十三岁，系云南安宁人。为钦奉谕事，案内殴死唐济，拟绞减流，于乾隆十八年十一月二十一日到配，安置乡约所。一名漆黑年，三十四岁，系江西瑞州府新昌县人。为报明事，案内私奸无服之妹静英，受孕打胎身死减流，于乾隆十五年六月三十日到配，安置乡约所。
> 一名高老六，年三十九岁，妻王氏，系云南昆明县人。为禀明事，案内殴死复万国减流，于乾隆十六年七月初一日到配，安置乡约所。
> 一名宋天弼，年四十五岁，系云南普宁人。为报明事，案内与朱氏扭跌肘肑扦伤宋氏心坎身死拟流，于乾隆十六年八月二十一日到配，安置乡约所。一名张□□张光□十七岁，系江西瑞州府新昌县人。为报明事，案内因家贫不能养母，致漆氏自缢身死，于乾隆十七年十一月初八日到配，安置乡约所。
> 一名张京六，年四十九岁，妻傅氏，系江西临江府新喻县人。为钦奉等事，案内殴死黄文达减流，于乾隆十八年十二月初四日到配，安置乡约所。
> 一名马洪，年四十四岁，系云南昆明州人，为钦奉等事，案内殴死姚国选减流，于乾隆十九年闰四月十四日到配，安置乡约所。
> 一名王荣，年四十九岁，系云南全泽县人。为钦奉等事，案内殴死陈锦减流，乾隆十九年闰四月十五日到配，安置乡约所。
> 一名邹高四，年四十岁，系云南全泽人。为钦奉等事，案内戳伤简功，安置乡约所。
> 一名彭官职，年五十七岁，妻谢氏，系广东乐昌县人。为报明妻被诱拐等事，案内拐卖邓辉琼之妻谭氏拟遣，于乾隆十七年十一月二十七

日到配，安置乡约所。

一名邹谋九，年三十一岁，妻邱氏，系江西临江县新淦县人。为慎刑奉有等事，案内殴死邱永吉减流，于乾隆十八年九月初三日到配，安置乡约所。

一名胡旭即胡升，年五十三岁，系云南嵩明州人。为扶同冒帮等事，案内教唆郭正年五十七岁，妻□氏，系云南呈贡县人，为钦奉等事，案内戳死郭耀十身死减流，于乾隆二十七年六月初八日到配，安置乡约所。

一名余足金，年五十一岁，系江西临江府清江县人。为钦奉等事，案内殴伤刘仁身死减流。于乾隆二十七年六月十六日到配，安置乡约所。

一名单气鼓，年四十四岁，系江西临江府清江县人。为钦奉等事，案内殴伤谢伍仔身死拟流，于乾隆二十七年六月十六日到配，安置乡约所。

一名毛桂，年五十岁，系江西瑞州府新昌县人。为钦奉等事，案内殴伤张员身死减流，于乾隆二十七年六月十六日到配，安置乡约所。①

湖南省则根据该省的实际情况，提出要分别赋性安置军流人犯。对于到配军流人犯，"如其人本系良民过误获罪，且有资财、手艺可以营生者，自不敢恣意脱逃，应交给保甲地方收管，流犯免役，军犯听差；如无资财、手艺而年力精壮稍知畏法者，即分拨各衙门，充当水草、轿伞夫役，交给班役管束，给与饭食工价"；如系赋性桀骜，按其所犯又系积匪窃贼奸宄不法重情之犯，"务须加谨防范，有驿州县发站当差，无驿州县设立公所羁縻，专人管守，早放晚收，以供役使，仍酌给衣食养赡，免致饥寒远逃"；"如或老迈残废，即拨入养济院，给与孤贫口粮，责成丐头管理。每逢朔望，概行传集赴县点卯"。②

尽管各州县为解决人犯生计，不时为他们提供一些谋食的机会，但一般来说，这些工作大都繁重而毫无报酬保障。即便有时政策上会提供一些较好

---

① 四川省档案馆编：《清代巴县档案汇编》（乾隆卷）档案出版社1991年版，第66—68页。
② 《湖南按察使严有禧为分别赋性安置军流人犯事奏折》，乾隆二十七年八月初六日，载哈恩忠编：《乾隆朝管理军流遣犯史料（上）》，《历史档案》2003年第4期，第28页。

的职位给他们,但很快也会被其他利益所有者夺取。对此,清末传教士迈克哥温曾根据自己见闻讲到:在杭州三年一次的地方科举考场中,有人犯为那些被单独禁闭应考的士子提供服务。服务最初由军流犯来承担,因为这些刑犯在考场的服务就是在服劳役。但是应考文人对于这些不幸的人的赏钱如此巨大,以致造成官府的其他人员开始觊觎这一工作,一段时间后,刑犯的服务岗位就为当地人所替代。现在,谁要想得到先前刑犯的这份工作,按规矩必须付给负责的小吏三千文的红包。并据此认为:"在这种情况下,流犯基本上已经被排挤出公共办公的领域了。"①

另外,各地人犯如带有资财并有手艺者,多交保管束,听其自谋生理,因此流人到达流放地后,以各种经营为生者居多,政府并不多加干涉。如江苏小押原"为因羁縻军流人犯起见,有一犯准开一店之议",后因弊病多端,嘉庆十六年禁革;湖南小押亦属军、流人犯所开;福建邵武军流犯"或腰有积金,即开小押为生";广东佛山的小押是乾隆五十一年湖南武生区任贤充军至乡后开设的。② 而迈克哥温也曾观察到"当局对流刑犯没有其他过多的限制",并认为"流刑犯还有一种与乞丐相类似的'特权'——向商店老板乞讨一些零花钱。与乞丐一样,流刑犯也形成一个团体,由该团体的首领每季度一次,或每年一次向商店老板索取。与乞丐相比,这些流刑犯里最穷的那些也都过得不错,他们每人都有自己的营生方式。几乎所有的做旧货买卖的商人都来自这些流刑犯。他们放高利贷,把手头的小额钱银借给急需费用的穷人,并收取月利为20%的利息"。③ 对此,我们从乾隆五十三年(1788年)九月,四川省巴县一份安置军、流、遣犯清册的记载,也可看到这些人犯的营生情况,如下表所示:

---

① D. J. MacGowan, M. D. On the banishment of criminals in China. Journal of the North China Branch of the Royal Asiatic Society. 3: 293 – 301, 1859.
② 转引自封越健:《清代前期商人的社会构成分析》,《中国经济史研究》2000年第2期,第53页。
③ D. J. MacGowan, M. D. On the banishment of criminals in China. Journal of the North China Branch of the Royal Asiatic Society. 3: 293 – 301, 1859.

表4-3 乾隆五十三年九月（四川巴县）安置遣军流犯清册

犯名	年龄	籍贯	罪名	到配时间	生理
刘雄	69	江西高安县人	豢贼	乾隆二十二年七月十一日	年老无生理
李赵保	41	江西安福县人	拐逃李要保之妻王氏	乾隆三十九年十一月十一日	修脚生理
陈文贵	41	广东南海县人	结拜兄弟，图霸鱼行	乾隆四十□□月二十五日	开铺生理
林翰进	61	广东阳江县人	□□师徒光才捏造把总苏朝选款□□□拟流，脱逃被获。	乾隆四十四年十一月十一日	□□□□
李骇鬼	34	广东仁化县人			
邹添喜	31	江西靖安县人		乾隆四十九年七月二十九日	

计开安置流犯

犯名	年龄	籍贯	罪名	到配时间	生理
李藩	48	云南昆明县人	贪赃案	乾隆二十八年□□七日	卦命生理
陈复旦	25	甘肃秦州人	扎死伊妻王氏拟绞减流	乾隆三十九年□□十一日	面馆生理
高同保	34	云南昆明县人	推跌张荣身死	乾隆四十二年八月十三日	大班伙房
刘贵珍	47	江西新淦县人	疑贼误伤族弟身死	乾隆四十九年九月二十六日	□□帮工
李四冬	37	江西新淦县人	殴伤人身死，拟绞减流	乾隆四十五年十一月初五日	浆洗衣服营生

续表

犯名	年龄	籍贯	罪名	到配时间	生理
戴元	37	江西新昌县人	殴伤人身死，拟绞减流	乾隆四十五年十月初五日	卖油生理
刘豹	44	江西高安县人	殴伤人身死，拟绞减流	乾隆四十五年十月初五日	挑水生理
黎工	22	江西瑞安府新昌县人	膝盖顶伤人肾囊身死，拟死减流	乾隆四十八年九月二十六日	布铺生理
丁长眉毛（丁光远）	66	江西万载县	殴伤人身死，拟绞减流	乾隆五十三年三月十五日	挑水生理

计开安置遣犯①

犯名	年龄	籍贯	罪名	到配时间	生理
帅絅星	39	广东南海县人	叠次逞凶讹诈案内		下河讨米
周亚彩	33	广东南海县人	叠次逞凶讹诈案内	乾隆四十四年八月初五日	卖小菜生理
胡亚通	69	广东南海县人	叠次逞凶讹诈案内	乾隆四十八年八月初五日	卖烧腊生理
陆象寅（陆象仁）	29	广东顺德县人	伙同罗亚先等叠次逞凶讹诈案内	乾隆四十八年二月二十八日	卖小菜生理
罗亚先	44	广东顺德县人	伙同陆象寅等叠次逞凶讹诈案内	乾隆四十八年二月二十八日	卖小菜生理

① 清代四川并不是遣犯的配发之地，这里所统计遣犯应该是应发新疆而改发内地的部分人犯，对此前章第四节有所论述。

续表

犯名	年龄	籍贯	罪名	到配时间	生理
吴亚九	37	广东顺德县人	伙同陆象寅等叠次逞凶讹诈案内	乾隆四十四年六月二十一日	裁缝生理
郭会章	48	广东南海县人	叠次抢窃凶诈拢害案内	乾隆五十年正月二十□日	卖小菜生理
梁亚华	29	广东南海县人	叠次抢窃凶诈拢害案内	乾隆五十一年闰七月初七日	下河讨米
黄亚瑞	29	广东南海县人	叠次抢窃凶诈拢害案内	乾隆五十年正月二十八日	卖小菜生理

注：四川省档案馆编：《清代巴县档案汇编》（乾隆朝）档案出版社1991年12月第1版，第72—73页。

从中可以看到，除了极少数"年老无生理"者，所有到配军流人犯都分别有所营生，其中主要是经营面馆、布铺及卖油、卖小菜、裁缝等小本买卖。

可见，清代对于军流人犯的在配管理虽有定例，但并无成法，不仅各省之间差异很大，就是一省之内各州县之间也多因具体情况而有所不同。然而，归根到底，各地对于军流人犯管理的宗旨却是一致的，那就是妥善解决人犯生计，防范人犯脱逃，促使流放起到惩戒人犯的作用。为此，各地或拨给正佐文武衙门充当杂役，或令戍边捕盗等事，或收所羁管代为筹给口粮，或责令学习手艺及小贸营生，或分别罪犯之老壮强弱妥为安插。制度的规定尽管极为完备，但在实际执行过程中往往不能很好贯彻下去。这致使清中叶以来，人犯的脱逃屡禁不止，并日益严重。

二、发遣人犯的安置

根据定例，发遣人犯发往黑龙江、吉林、新疆等边地，到配时照例安插，俱不决杖，分别当差、为奴。一般而言，职官及生员以上等人犯罪，发遣当差。一般民人犯罪，发遣当差或为奴。无论是当差、还是为奴，都是在边地服劳役刑，为驻军提供服务或粮食供应。

清初流徙东北时期，对于人犯的管束相对较为宽松。士人多自营生，或为贾经商，或行医问卦，或办学授徒，"或生理耕种，各就本人所长"①。他们对边疆地区的经济和文化都有很大程度的促进作用。清初流徙宁古塔流人多有贾者，"文人富则学为贾；贫而通满语则代人贾，所谓掌柜者也"②。杨宾指出，宁古塔贾者三十六，其中流寓者二十二，市饮食。③ 宁古塔自辰巳（康熙三十四年）以后，"商贩大集，南方珍货，十备六七，街肆充溢，车骑照耀，绝非昔日陋劣光景。流人之善贾者，皆贩鬻参貂，累金千百，或有至数千者"④。流放文人中还有一部分人开办私塾，招收满汉学生，如吴兆骞不仅招收一般平民子弟，还曾被宁古塔将军巴海聘为家庭教师，为其二子授课。宁古塔将军为培养满族子弟而设立的宁古塔满族学房"龙城书院"，还曾聘请了一批富有学识的流人前来任教。⑤ 此外，清初东北流放文人还继承了明末以来江南文人的结社传统，在苦寒之地，以诗会友，形成了几个比较知名的文社。如僧函可在沈阳发起的"冰天诗社"，张缙彦等人在宁古塔发起的"七子之会"等，这些文社的活动，都极大地促进了当地文化的发展。⑥

而普通民人，流徙东北的当差之犯，多安插在官庄、驿站、水师营之中。这些庄丁、站丁、营丁，均拨给土地，使之耕屯自给。据李兴盛先生统计，至乾隆元年（1736年），东三省共有官庄267处，庄丁3791人，上缴粮为69891石，其中仅黑龙江、吉林两省就垦地21084日（每日等于6亩）。⑦ 有关官庄的情况，顺治年间被流徙宁古塔的江南士人吴兆骞曾在给其母的信中写道：

> 至若官庄之苦，则更有难言者，每一庄共十人，一个做庄头，九个做壮丁。一年四季，无一闲日。一到种田之日，即要亲身下田，五更而起，黄昏而歇。每一个人名下，要粮十二石、草三百束、猪一百斤、炭一百斤、官炭三百斤、芦一百束。至若打围，则随行赶虎狼獐鹿，凡家所有，悉作官物。衙门有公费，皆来官庄上取办。儿每见官庄人，皆骨

---

① ［清］吴振臣：《宁古塔纪略》，载《龙江三纪》，黑龙江人民出版社1985年版，第256页。
② ［清］杨宾：《柳边纪略》卷三，载《龙江三纪》，黑龙江人民出版社1985年版，第85页。
③ 同上。
④ ［清］吴兆骞撰，麻守中校点：《秋笳集》卷八，《戊午二月十一日寄顾舍人书》，第265页。
⑤ 转引自杨锡春、李兴盛：《宁古塔历史文化》，黑龙江人民出版社2005年版，第149页。
⑥ 相关清初东北流人结社的情况，可参见何宗美：《明末清初文人结社研究》，南开大学出版社2003年版，第353—411页。
⑦ 李兴盛：《中国流人史与流人文化论集》，黑龙江人民出版社2000年版，第85页。

瘦如柴者……总之，一年到头，不是种田，即是打围、烧石灰、烧炭，并无半刻空闲日子。①

可见，官庄劳役之辛苦。发往官庄之人毫无人身自由，他们被组织为官府劳作，一年到头，并没有半刻闲日。另遇有警事，流人也有被充发军伍，戍边打仗的。如康熙初年，幕府以老羌之警，治师东伐，令流人强壮者供役军中，文弱者岁以六金代役。吴兆骞以递呈太常寺衙门之工得免赴乌喇服役，而陈敬尹、祈班孙、李达、杨越、陈卫玉、杨骏声、伍成礼，皆作水兵，往乌喇服役。②

遣犯多系凶狠不法之徒，清初以来在不同部分大量役使遣犯的同时，也不断制定严惩不法遣犯之例。如雍正六年（1728年），因发生赏给批甲人查书为奴之犯纪二，杀死查书夫妻父子弟妹及叔祖母九人一案，全国骇异。清廷遂定例：

> 凡免死发遣为奴之犯皆禀性凶恶，遣发之后，往往恣意妄行，不服管束。嗣后若仍有凶暴者，不论有应死不应死之罪，伊主便置之于死，不必治罪，但将实在情节报明该管官，咨部存档；其发遣当差之犯，不守法度被该管官打死者，该管官亦免议，但将情由报部存档；若当差、为奴人等与平人斗殴被打身死者，平人从宽减等，则凶恶之徒有所畏惧，不敢为非矣。③

从中也可见，遣犯的地位极为低下，在流放过程中，并没有生命保障可言。嘉庆十年（1805年），也发生了伊犁遣犯赵郭馨殴毙马甲花沙布一案。该案赵郭馨本系棍徒扰害发遣伊犁为奴之犯，到配后于小铺生理，因索讨花沙布钱文，立时毙命。案发后，据伊犁将军松筠请旨将遣犯赵郭馨正法，还遭到嘉庆帝的斥责，指出："似此怙恶不悛，自应一面奏闻，一面即将该犯正法以昭炯戒，何待请旨遵行转致久稽显戮。赵郭馨著即处绞。此后发遣新疆为奴人犯，复于配所杀人，如此情节凶恶者，即著按律正法，一面具奏，毋

---

① ［清］吴兆骞撰，麻守中校点：《秋笳集》附录一，《归来草堂尺牍》，第301—302页。
② 同上书，第302页。吴兆骞信中也提到认工之难，不仅一般贫乏之家难以承认，亦需有人到部打点，不然必然驳转。然而，吴氏认为不认工，一入官庄自己必死无疑，为此"几番要上吊自尽，被众人劝住"，才去信乞求母亲早日设法相救，"勿使为他乡冤鬼"。
③ 《清朝文献通考》卷二百三，刑考九，徒流，配没。

庸先行请旨。"① 清廷对于不法遣犯的惩处力度可见一斑。

新疆开辟以后,大量遣犯被发往屯种或担任其他差役。这些遣犯由甘肃巡抚、伊犁将军、乌鲁木齐都统和喀什噶尔参赞大臣等官员根据当地情况,奏请酌拨。

凡当差、为奴常犯,于到配之日,由当地册房接管,查取原文,摘叙简明案由,及何司案呈、年岁、籍贯、到配年月、有无家属坐给、何营分发管主、派拨何处当差,详细记册。然而,即发大烙腰牌一面,注明该犯姓名、籍贯、到配年月、坐给何管,交该管处给领。如有遗失,该管处报请补给;如该犯当差年满为民,换给民牌;如有病故、回籍,各该管处随时将牌呈缴,册房注销。另发给《普化易知》一本,令具熟读,并令同伙识字之人,互相讲解,务令通晓,俾知安分守法。②

而废员到配,需至将军或都统衙门报到。该将军、都统等,详核案情轻重,摘叙原犯罪由,报部复核,并根据废员原职位高低、罪情轻重,酌派差事。其中有些原职位显赫、颇有威望的废员到配,将军、都统多能善待礼遇,并为之妥当安置。如嘉庆朝大学士洪亮吉到配,"抵惠远城日,将军给西城官墅一所置顿行李,其正室名环碧轩"③。

《清朝续文献通考》指出:"同一遣罪,又分数等,有到配种地者,有当折磨差使者,有给披甲人为奴者,有遇赦准释回者,又有终身不准释回者。"④ 对于发往新疆地区的遣犯,无论当差、为奴,按工作性质来划分,可以分为屯田,船运,铜、铁、铅厂当差等。

屯田之犯分为给种地兵丁为奴和承种份地两种类型。根据遣犯原罪轻重,"其中情节重者,给兵丁为奴","令服耕作之役";而其情节轻者,"补耕屯缺额",即承种份地。⑤

给官兵为奴的遣犯,无官给定额口粮,依靠屯兵生活,受屯兵的直接管束,"自有该兵丁督课取力,牛具籽种,毋庸另为办给,所居土屋,听自行盖造"⑥。乾隆二十七年(1762年)三月,乾隆皇帝上谕指出:"发遣伊犁及乌

---

① [清] 刘锦藻:《清朝续文献通考》卷二百五十,刑考九,徒流,军遣附。
② [清] 永保纂,马大正、牛平汉整理:《总统伊犁事宜》,载中国社会科学院中国边疆史地研究中心编:《清代新疆稀见史料汇辑》,全国图书馆文献缩微复制中心1990年版,第218—222页。
③ [清] 洪亮吉:《天山客话》,载修仲一、周轩编注《洪亮吉新疆诗文》,第241页。
④ [清] 刘锦藻:《清朝续文献通考》卷二百五十,刑考九,徒流,军遣附。
⑤ 《清高宗实录》卷一千九十,乾隆四十四年九月乙未。
⑥ 《清高宗实录》卷五百六十四,乾隆二十三年六月癸亥。

鲁木齐等处人犯，定例只有发给种地兵丁为奴字样，至已到遣所，给与何项兵丁，又作何分别办理之处，从前未经议及。伊犁等处兵丁，非若黑龙江之土著，设换班回，将携其人归来乎？著军机大臣会同该部详悉另行定议具奏。"后经军机大臣议定指出：

> 定例发各省驻防为奴人犯，不准典卖他所，从前发遣人犯俱随屯田兵耕作。现在察哈尔兵移驻伊犁及乌鲁木齐，应将遣犯令该管大臣匀拨，此系永远屯驻，毋庸议。至绿营兵，既非土著，其给与人犯，在乌鲁木齐以内者，应听陕甘总督酌发；在乌鲁木齐以外者，听伊犁及乌鲁木齐办事大臣酌发。其某犯给某营兵丁，令该管官记档，至换班时，交接班兵为奴。或撤回及调他所，亦另拨给附近种地兵，随同力作。①

这里规定了给种地官兵为奴的遣犯，其官兵如系永远屯租驻者，发给人犯即永远为奴；如系绿营轮防官兵，则要求该管官记档，至换班或撤回及其调他所，其为奴人犯也随之交接，并不准带走。

承种份地的遣犯，由官府分给地亩，并配给籽种、农具、牲畜及口粮，其生活要略好于为奴遣犯。如据《总统伊犁事宜》之《粮饷处应办章程》记载：

> 绿营脱逃兵丁，每名拨给地十二亩，每亩交纳细粮八升，所有收获粮石，统入屯田案内具奏。又给私地五亩，令其耕种，每名赏给三色籽种六斗，每四名赏给农具一付，又每四名，由官场借给牲畜二匹只，无论马、牛俱作价银八两。其麦收以前，每日仍借给口粮一斤，其应纳官粮，并所借牲畜应交价银，以及借给口粮，俱于种地之次年起，分作三年交还，统入于税赋汇咨案内，造册送部查核。②

遣犯对于土地和其他生产资料只有使用权，没有所有权。他们只有为民后才能分到属于自己所有的土地。屯种期间，收获的粮食除留一部分口粮外，全部被当局无偿占有。一般遣犯每人种地十二亩，年纳粮六石以上。所使用

---

① 《清高宗实录》卷六百五十六，乾隆二十七年三月壬寅。
② ［清］永保纂，马大正、牛平汉整理：《总统伊犁事宜》，载《清代新疆稀见史料汇辑》，第260页。

的工具由公家提供，"每六名给耕牛两头，农具一副"①。有家眷的遣犯，另给地五亩，自行开垦耕种，养家糊口。②

与此同时，当地屯田的农民则每户给地三十亩，公家贷给牛具、籽种，土地六年后开科，亩交赋九升多。当地绿营屯田兵，每名种地二十亩，"每三名给马二匹，农具一全副，每兵二名合给牛二只"③。相比之下，遣犯的劳动条件不但比一般农民差，也比屯兵差，种地的亩数和收获的粮食也少得多。此外，遣犯的生活条件也比当地农民和屯兵差得多，如"巴里坤屯田遣犯，每名每月止支面三十斤，此外再无贴补"④。伊犁种地、当差人犯，也是"均日给口粮一斤"⑤。而屯田的农民三十亩地的收入，除交近三石粮食外，其他全部归己，再加上一家人其他劳动收入，全家的温饱基本可以保证。屯田士兵除吃饭外，公家另发衣服饷银，以利其养家和补贴生活。可以说，尽管承种份地的遣犯与为奴遣犯相比，条件略好一些，但与当地民人和驻兵相比，还是十分艰苦的，许多人犯常年缺衣少穿，处于饥寒交迫之中。为此，乾隆五十年（1785年），乾隆皇帝根据陕甘总督福康安，伊犁将军奎林的奏请，才对于遣犯略加优恤，"请于月支面三十斤外，增给十斤，并发给鞋脚等银"⑥。

另外，也有相当数量的遣犯发往大河充当船工，发往铁厂、铜厂、铅厂当差，发往矿厂挖矿等各种差使，都是因事差人，并酌办章程。⑦ 总之，相对于军流来说，清代对于遣犯的管理，制度较为完备。在边疆开发的过程中，清廷对于遣犯的利用取得了一定的成效。

三、人犯的逃亡与死亡

中国人素有重视乡土的观念，这也是流放刑罚得以实现的一个重要条件。人犯被远流离乡，流放地的生活异常艰苦，使得他们不仅仅在肉体上，而且

---

① ［清］和瑛：《三州辑略》卷四，屯田门，成文出版社1968年。
② 《清高宗实录》卷六百五十三，乾隆二十七年正月丙辰。
③ 同上。
④ 《清高宗实录》卷一千二百三十二，乾隆五十年六月己卯。
⑤ ［清］格琫额纂，吴丰培整理：《伊江汇览》，载《清代新疆稀见史料汇辑》，第75页。
⑥ 《清高宗实录》卷一千二百三十七，乾隆五十年八月庚子。
⑦ 相关章程可参见清永保纂《总统伊犁事宜》（马大正、牛平汉整理，载《清代新疆稀见史料汇辑》）；对此的详细论述可参见齐清顺《清代新疆遣犯研究》（《中国史研究》1988年第2期），另吴元丰的《清代乌鲁木齐铁厂研究》（《西域研究》1998年第3期），有对于铁厂遣犯的相关论述，兹不赘述。

在心灵上都遭受痛苦的折磨。由于不堪忍受，有大量人犯千方百计伺机逃亡；也不时有人犯不堪折磨而死亡，这就使得清政府在流放制度中不得不考虑相关人犯逃亡的控制和死亡的处理。

1. 人犯逃亡的控制

人犯大量逃亡，必将造成流放制度的荒疏，使得制度上的规定成为具文，形同废纸。为此，清政府对于人犯逃亡的防范和控制也极为严厉。早在入关之前，清统治者就已经初步形成了防范旗人逃走的法律概念。入关之后不久，清朝政府便专门制定《督捕则例》，对于逃人和窝藏者有详尽的惩治规定。《督捕则例》不断加以修订，其条例之繁密、惩罚之严厉都是空前的。

流放制度发展起来后，对于军流遣犯在配脱逃，也逐渐形成定制，其惩处极为严厉。相关军流人犯的脱逃规定，早在乾隆三十年（1765年）即规定：

> 原犯流罪人犯，如有中途、在配脱逃被获者，俱不计次数，流二千里者，改为二千五百里；二千五百里者，改为三千里；三千里者，改发附近充军。各加枷号两月，责四十板。免死减等流犯，中途在配脱逃被获者，不计次数，即改边卫充军，加枷号两月，责四十板。①

该条例经过不断修订，至嘉庆六年（1801年）趋于完备，形成定例：

> 凡流罪人犯，如有中途、在配脱逃被获，原犯流二千里者，改为流二千五百里；原犯流二千五百里者，改为流三千里，俱从该犯原籍地方，计程发配。初次枷号一月，二次枷号两月，三次枷号三月，照例改发。免死减等流犯，中途、在配脱逃被获者，改发近边充军，及原犯寻常案内流三千里人犯，中途、在配脱逃被获者，改发附近充军，均就其现配地方，计程发配。若表内现配应发之地，与该犯原籍相近，而又地处边境，再无别处可以改发者，即照表内应发地方，加一等改发。各按照脱逃次数，分别枷号。其原犯附近、近边、边远、极边、烟瘴各犯，仍各由原籍，以次递加，照例调发。②

---

① 光绪《大清会典事例》卷八百三十四，刑部，刑律捕亡徒流人逃二。
② 同上。

人犯脱逃并非罪及一身而已，对于配所地方专、兼各官，以及逃亡经过州县官吏及犯人原籍之地方官几个方面均有影响。因此，各地方对于军流人犯的管理也采取了一定措施。如据乾隆二十八年（1763年）湖南巡抚陈弘谋所奏，其在湖南任上，曾对在配之军流不时设法稽查约束，并对有自配所脱逃咨回本省之犯，严定查取亲邻供结之例，"饬行司道严督州县，拘到该犯亲属、邻保人等，逐一讯供，根究下落。如未回籍，取具亲属及邻保确供甘结，通报存案，许其不拘何时回籍，即赴官密报拘拿。有回籍而不报官者，别经发觉，定将亲属、邻保一并治罪，以冀官、民互相觉察，杜其容隐之弊"。陈弘谋还希望此措施通行各省，并要求对各地因循玩纵之地方官加以严惩。① 乾隆三十三年（1768年），根据山东按察使尹嘉铨奏请，定例：

> 嗣后除寻常军流人犯，同日脱逃一、二名者，仍并案查议外。若脱逃在三名以上者，专管官初参罚俸一年，兼辖官罚六个月，限一年缉拿，不获，该管官降一级留任，缉获开复。脱逃在六名以上者，初参该管官罚俸一年，兼辖官罚俸六个月；二参该管官降一级留任，兼辖官罚俸一年；三参该管官降一级调用，逃犯交接任官照案缉拿，兼辖官降一级留任，缉获开复。如专兼各官，于疏纵后限内拿获一二名及半者，仍按未获名数议处。②

尽管有如此严厉的惩治措施，军流人犯在配脱逃的现象仍是很频繁，甚至有一犯逃亡数次者。如顺天府宝坻县人王文彩，于道光七年（1827年）七月间，因违犯教令，经伊父王宗礼呈首发遣，发配广东龙门县安置，于八年（1828年）七月二十四日到配，照拟折责，饬发典史转交防夫谭光看管。嗣该犯恭逢道光八年十一月初九日恩诏，复经传讯犯亲王宗礼不愿领回，咨明配所核办。该犯因配所穷苦，至十一月二十五日，乘间潜逃，日则求乞，夜宿空庙，并无一定住址，至九年三月十四日逃回。该犯恐父生气，未敢回家，即在各处佣工度日。经该县访闻，十年五月被获差拘到案。根据新疆调剂章程，道光十年（1830年）九月十六日王文彩被改发广西充军，左面刺逃军，

---

① 《湖南巡抚陈弘谋为请严军流遣犯逃回原籍事奏折》，乾隆二十八年二月二十九日，载哈恩忠编：《乾隆朝管理军流遣犯史料（上）》，《历史档案》2003年第4期，第28页。
② 《清高宗实录》卷八百二十五，乾隆三十三年十二月癸酉。

右面刺改发，到配枷号三个月。① 然而，这一次他又选择了逃亡，只是逃亡仍然没有给他带来好运，再一次被获。据王文彩被获后的供词称：

> （道光十年）十二月二十六日递到湖南零陵县衙门，二十七日蒙零陵县主派拨兵役转递。二十九日傍晚时候，走到不知地名地方乘兵役们脚痛落后，止剩一名跟着小的行走，小的捏称肚痛，就在路旁厕里出恭，乘间拧断锁铐镣，扒上厕墙逃跑。恐回籍被获，不敢回家，路上买药把面上刺字销毁，就在各处乞讨度日，夜宿空庙，并无一定住址，也没有知情容留的人家。本年春天（道光二十三年四月）小的念父亲，四月初间，小的潜逃回本村看望父亲，不想又被差役拿获送案。小的逃后并没有为匪不法，就是兵役们也没有贿纵的事。②

王文彩的此次逃亡与上次相比不同的是：一是此次逃亡是在解递途中乘间脱逃而非上次在配所的乘间潜逃；二是此次逃亡的时间比较长，从道光十年十二月脱逃后一直到道光二十三年（1843年）四月才被获，逃亡时间长达近十三年之久。不幸的是，就是这样长达数十年的逃亡最终仍然再次被获。审判结果"仍发极边烟瘴，左面补刺逃军，右面补刺改发，到配枷号六个月"③。之后，王文彩将面临更加长久而又痛苦的配所生活，其最终的结局虽未可知但其悲剧的人生却可想而知。

发往边疆的遣犯，多系人命、抢劫、窃盗、会匪等重罪人犯。出于开发边疆的需要，清政府对于此类人犯的逃亡控制极为严厉。如乾隆二十六年（1761年）就曾指出："嗣后凡有发遣巴里坤等处逃犯，经原籍及路过省份盘获者，一经移讯明确，即由各省督抚，自行奏闻，于拿获处所，正法示众。"④

后因发往人犯有逃亡者拿获后，始行定议具奏，未获之先，仅行知各处查拿，并不具奏。乾隆三十一年（1766年）定例："嗣后遣犯脱逃，如在二十日以内拿获，仍照旧一面具奏，一面办理；如逾期不获，即行奏闻。"⑤ 同时因拿获逃遣即行正法，太过严厉，又规定："遣犯私逃，二十日内自归者，

---

① 中国第一历史档案馆藏：《顺天府档案》，28全宗70卷18号。
② 中国第一历史档案馆藏：《顺天府档案》，28全宗71卷125号。
③ 中国第一历史档案馆藏：《顺天府档案》，28全宗72卷80号。
④ 《清高宗实录》卷六百三十二，乾隆二十六年三月辛丑。
⑤ 《清高宗实录》卷七百五十五，乾隆三十一年二月丁卯。

尚可贷死。"① 但是即便是如此规定也往往因为圣意而不能执行。在这种情况下，遣犯就是在规定的期限内自行投回，也照样免不了被就地正法的命运。如乾隆四十五年据伊勒图等奏称：金川溃散兵丁发遣湖北、改发伊犁给厄鲁特为奴遣犯沈登魁，于四月初三日脱逃，逾数日自行投回，请将沈登魁枷号，从重惩责，如再脱逃，即行正法。结果此议遭到了乾隆帝的驳斥，指出："沈登魁，前在军营，不随将军大臣行走，私自逃窜，彼时即应正法，曾蒙宽宥，改发伊犁为奴，此乃格外之恩，理合畏罪安居。今乃私自脱逃，情甚可恶，即当一面正法，一面奏闻。今伊勒图等仅拟枷号，甚属姑息，不晓事体，沈登魁脱逃数日，因迷于山径，无路可逃，始自行投回，此等情节，伊勒图何意想不到。著传旨严行申饬，沈登魁，著即行正法示众。"并谕令："嗣后如有此等逃犯，于捕获时，即行正法，毋得姑息。"②

直到嘉庆四年（1799年），复行规定"嗣后发遣新疆人犯脱逃，其由轻加重者，照黑龙江等处例枷责，免其正法"③。对于脱逃遣犯的惩处才由严厉趋向合理。

清政府在定例惩治逃亡遣犯的同时，也规定了对于逃犯相关专兼各官的咨参议处。据《招解说》之"新疆逃遣"的规定为：

> 新疆人犯逃回原籍居住，别经发觉，原籍地方官奉文密缉者，无论已、未出结，降二级调用。
>
> 新疆改遣逃犯，除逗留别处，该地方官失察在半月以上者，降一级留任，若逗留在三名以上，失察在半月以上，地方官：降二级留任。一月以上：降二级调用。
>
> 年内能拿获邻境改遣至六名以上，奏请引见。此系三十六年例。
>
> 拿获邻境改遣重犯六名以上，如本任有逃遣未获，不准奏请引见。如系接缉、再接缉、俱准奏请。三十七年例。④

为了防范遣犯逃亡，清政府不仅定例严惩逃犯和相关责任人，还不断加

---

① [清]纪晓岚：《阅微草堂笔记》卷七，载周轩、修仲一编注《纪晓岚新疆诗文》，第186页。
② 《清高宗实录》卷一千一百十，乾隆四十五年七月庚寅。
③ 《清仁宗实录》卷四十四，嘉庆四年五月壬戌。
④ [清]佚名：《招解说》新疆逃遣，嘉庆朝抄本，载郭成伟、田涛点校整理：《明清公牍秘本五种》，中国政法大学出版社1999年版，第617—618页。

强遣犯内部管理，鼓励人犯之间互相监督。

如乾隆五十三年（1788年）定例，发往伊犁、乌鲁木齐等处遣犯，如在配安分，复能将该处脱逃遣犯拿获者，除逃遣照例办理外，其获犯之遣犯，无论当差、为奴，不拘年限，准为彼处之民，不准回籍。若为民后，又能拿获逃人，即准其回籍。其在厂在配年满为民遣犯，有能拿获逃遣者，亦准回籍。倘逃犯力壮，一人不能缉拿者，止许添一人帮拿，概不得过二人。①

咸丰元年（1851年）复定例："新疆乌鲁木齐等处在配遣犯，令该管官将每遣犯十名，酌设散遣头一名，每散遣头十名，酌设总遣头一名，即于在配各遣犯内选择充当，责令管束，并令各总遣头出具连环保结互保。遇有遣犯脱逃，除主守之兵丁，及专管之员弁，仍照例办理外，即将应管之散遣头，亦照主使之例，一体问拟。总遣头酌减一等治罪，如散遣头有脱逃情事，即将应管之总遣头，亦照主守例治罪。倘总遣头有脱逃情事，即将互保之总遣头，亦各照主守例治罪。如其所管遣犯，三年内并无一人脱逃滋事者，散遣头准在该处为民。如散遣头三年内，并无一名脱逃滋事，总遣头准在该处为民。总遣头或有事故，即在散遣头内挑充。该遣头等如有故意凌虐情事，即严行惩治，并将总散遣头及所管遣犯，俱造具花名清册，报明将军都统，并送部备核。"②

清朝末年，随着流放制度的日益没落，发遣已经名存实亡，军流脱逃更是严重。"各省军流徒报逃之案，每年总至千余起。若不亟筹整顿之方，则日复一日，亡命益多，其有关于时局良非浅鲜。"为此，光绪二十年（1894年），曾根据前定有监禁之法，规定："一切军流各犯脱逃来京，其罪止加等调发及枷号鞭责者，军犯到配拟监禁十年，流犯酌拟监禁五年，至流犯逃后复犯罪在徒流以上者，亦拟酌加监禁十年，于拿获结案时，咨交直隶总督转发各府县，分别监禁，俟限满，再行发配。其各省军流逃犯亦照此年限办理。"③ 从而军流人犯逃亡加以五年、十年监禁，通行各省。监狱也由原来人犯临时待滞之所逐渐向一种新的刑罚方式转变。

2. 人犯死亡的处理

中国古代社会具有显著的乡土特征。乡土社会是安土重迁的，是生于斯、

---

① 光绪《大清会典事例》卷七百四十三，刑部，名例律徒流迁徙地方三。
② 光绪《大清会典事例》卷七百四十三，刑部，名例律徒流迁徙地方三。
③ ［清］刘锦藻：《清朝续文献通考》卷二百五十一，刑考十，徒流，军遣附。

长于斯、死于斯的社会。① 这样的社会，使得国人宁愿忍受贫穷，也不愿离开故土。人们把客死他乡当作人生最大的不幸。古人通常认为，如果一个人死在外乡，他真是太可怜了。中国人向来十分重视死后的送丧和以后的祭祀，一个人死后没有举行葬礼，就好像死的不是人，而是一条狗一样；一个人在阴间如果没有人年年来祭祀，那么这个人就成了孤魂野鬼，可能永远不得安息。如果一个人死在外乡，他的亲属会千方百计地将他的尸体运回家乡，葬入祖先的坟地；如果无法办到这一点，那么他的亲属也往往会举行一种仪式，希望能够把死者的灵魂招回，或者在家乡每年进行象征性的祭祀。② 这就使得中国人无论身处何处，都对于故乡有着一种强烈的依赖感。直到 20 世纪 30 年代费孝通仍然观察到：人们并不认为所有住在村里的人一律都是本村人。……一个外来人无论在村子里住多久，可是在人们的眼里，这样的人并不是真正的本村人。作为一个群体，本村人具有一定的文化特色。这也使得外来人很难融入，不能同化。③ 即使环境迫使他们远离家乡，他们也会感到像在家里一样。但只要老家还有人，且有坟地，那么，他们就会情愿与祖先葬在一起，而中国人也会破费把亡亲送回家乡安葬。④ 可以说，传统中国社会中人们这种叶落归根的心态，主要体现在对于死亡及其身后的处理上。

中国社会的上述特征，也正是流放刑罚得以长期存在的文化基础。而作为一种重要的刑罚，流放制度通过流远对人犯进行惩治的同时，也必将顺应传统，希望通过对于人犯死亡的处理，以满足人们叶落归根的心态。对此，清末在华的传教士迈克哥温也指出："中国人过分迷信灵魂，认为人死之后，如果不能在埋葬地方得到子孙或族人适当的供奉，灵魂就无法安息。"为此，他论述说："当流刑犯中有人死去时，死讯会及时通告给该犯人的原籍政府官员。如果公费埋葬，按照风俗，要在棺材上放置一个竹畚箕和一把扫帚。因为中国人根深蒂固地迷信认为，人死之后如果没有一个对等物进行填补，来世轮回将变成一匹驿马，而这种不可思议的恩惠将给死去的人人的存在状态。上述的家用器具，竹畚箕将变成马的头部，扫帚将变成马的尾部，从而促成

---

① 费孝通：《乡土中国》，生活·读书·新知三联书店 1985 年版，第 51 页。
② 参见许烺光著，王梵、徐隆德合译：《祖荫下：中国乡村的亲属，人格与社会流动》，台北南天书局发行，第 139—140 页。
③ 费孝通：《江村农民生活及其变迁》，敦煌文艺出版社 1997 年版，第 25 页。
④ [英] S. 斯普林克尔著，张守东译：《清代法制导论——从社会学角度加以分析》，中国政法大学出版社 2000 年版，第 25 页。

人的轮回。"①

迈克哥温的上述观察可信与否今天我们已经无法得以证实，但流放制度对于人犯死亡后的慎重处理，倒是有档案可查的。对此，清律规定："若流徙人［正犯］身死，家口虽经附［入配所之］籍，愿还乡者，放还［军犯亦准此］。其谋反、叛逆及造畜、蛊毒，若采生折割人杀一家三人，会赦犹流者，家口不在听还之律。"② 可见，流放人犯身死，有家口者，除特殊规定常赦所不原者，俱听其家口自愿返乡，扶柩回籍或携骸回旗。

一般来说，汉人客死异乡，多要领尸归葬，其家口返乡，稍有资财者，多能扶柩回籍；而旗人有火葬之风，尸体多就地火化，由家口携骸回旗。但也不尽然，雍正十三年十月，乾隆帝曾下旗民丧葬禁令，谕令指出：

> 古之葬者，厚衣之以薪，葬于中野。后世圣人，易之以棺椁，所以通变宜民，而达其仁孝之心也。本朝肇迹关东，以师兵为营卫，迁徙无常，遇父母之丧，弃之不忍，携之不能，故用火化，以便随身奉持，聊以遂其不忍相离之愿，非得已也。自定鼎以来，八旗蒙古，各有宁居，祖宗墟墓，悉隶乡土，丧葬可依古以尽礼，而流俗不察，或仍用火化，此狃于沿习之旧，而不思当年所以不得已而出此之故也。朕思人子事亲，送死最为大事，岂可不因时定制，而痛自猛省乎？嗣后除远乡贫人，不能扶柩回里，不得已携骨归葬者，姑听不禁外，其余一概不许火化。倘有犯者，按律治罪，族长及佐领等，隐匿不报，一并处分。③

该谕令要求旗人废止火化流俗，但对于"远乡贫人，不能扶柩回里，不得已携骨归葬者"并未加以限制。清代中期以后，旗人领棺回籍归葬者逐渐增多，而汉人家贫无力领尸回籍者，也有就地埋葬或火化携骸回籍者。

清制规定人犯身死，家口自愿回籍。当然也有人犯家口，因种种缘由，不愿回籍的。如清人吴宏在其《纸上经纶》中记有"流犯妻不愿回籍"一案：

---

① D. J. MacGowan, M. D. On the banishment of criminals in China. Journal of the North China Branch of the Royal Asiatic Society. 3：293 - 301，1859.
② 田涛、郑秦点校：《大清律例》卷四，名例律上，流囚家属，法律出版社1999年版，第95页。
③ 《清高宗实录》卷五，雍正十三年十月乙酉。另见光绪《大清会典事例》卷四百九十八，礼部，丧礼。

> 看得已故流犯袁志泰妻高氏不愿回籍一案。其该犯发遣原文已经叙入前详……高氏实因伊夫故后，已经埋葬，虑及携子去后，则志泰将为不祀之鬼。且女与本寨居民吴国翔结亲，现在高氏就养于婿。母女之情实难割舍，更念故土产业全无，又鲜亲戚，衣食无计，反无倚赖，故坚执不愿回籍。①

该案中已故流犯袁志泰妻高氏，因伊夫埋葬配所，其女已经嫁给配所居民吴国翔，本人及子就养于婿家，而原籍又无产业亲戚，因此坚持不愿回籍。遇到此种情况，配所官员也往往听其自愿，并将详细情况请咨备案。

当人犯只身赴配，并未带有家口者，病逝配所，配所地方将会及其通告原籍州县，令尸亲前来领棺归葬。如据档案记载，顺天府东路厅宝坻县人赵勇恒因在奉省用刀扎伤鲍二身死案内拟绞减流，于嘉庆十八年（1813年）十月发配陕西潼关厅，因河南滑县等处教匪滋事于十月十三日概行截留，俟春融再行起解。复于十九年（1814年）二月十八日起解，于三月二十七日到配，于嘉庆二十年（1815年）正月二十四日因病身死。② 配所地方很快饬知人犯赵勇恒原籍顺天府宝坻县，该县旋即遣差协同乡牌孙桂芝，传唤赵勇恒之亲属赴县以凭给文，前往配所认领尸棺归葬。其传唤差文为：

> 为传领事案蒙
> 尹宪刘饬知：流犯赵勇恒在配病故，传亲属赴陕搬柩归葬等因，蒙此合行差传。为此仰役即协同乡牌孙桂芝等将赵勇恒之亲属限日内传唤赴县以凭给文认领尸棺。如不愿领，亦即呈明以便申覆，去役毋得违延干咎，速。③

当即经传唤家属，有家属情愿前往配所领棺归葬者，即有该州县发给领棺票文，前往配所认领。如顺天府东路厅宝坻县杨锡汶，因同伊兄杨锡富用铁锹等械砍扎晃富等致伤平复案内军犯，道光十七年（1837年）五月原发山

---

① ［清］吴宏：《纸上经纶》卷二，康熙六十年吴氏自刻本，载郭成伟、田涛点校整理：《明清公牍秘本五种》，第183页。
② 中国第一历史档案馆藏：《顺天府档案》，28全宗66卷103号、111号、116号、118号。
③ 中国第一历史档案馆藏：《顺天府档案》，28全宗66卷118号。

西后查为误递回改发安徽宿州青阳县，咸丰元年（1851年）病故配所，经原籍州县差役传唤，其子杨大成愿意认尸归葬。① 宝坻县随即发给杨大成领棺票文，并将详细情况移会配所。其文为：

> 为移会事，案准：
> 贵县关开希将已故军犯杨锡汶之亲属传案给文领棺归葬等因。即传差去后兹据尸子杨大成呈称：已故军犯杨锡汶系伊生父，发配安徽青阳县病故，蒙票将传领尸棺，恳请赏文，情愿自行赴青阳县认领尸棺归葬等情……
> 咸丰元年九月初二日②

也有即经差人传唤家属而未有者。如香河县曾蒙广西巡抚咨报：因发掘坟冢军犯张安病故，查传该犯亲属，愿否领棺听其自便……旋据原役任必春禀称，切后奉票，协同各乡保在于各村往查，并无已故军犯张安亲属……③这种情况，该州县即咨文配所地方申明情况，由配所对死亡人犯加以处理。

清政府对于人犯死亡后的处理应该说是比较谨慎的。一般人犯除规定常赦所不原者，都可以领棺归葬。如果死亡人犯原籍没有亲属，无人认领，便由当地政府负责埋葬。这在当时人们看来，这些人去世之后，由于无人祭祀，将成为"孤魂野鬼"。对于这类"孤魂野鬼"，民间同样有着祭祀的风俗。如王笛在对成都的研究中，曾考察到一种景观：在每年清明和阴历十月初一日举行的"城隍出驾"仪式中，"成千上万的人都来观看。同时用纸给'孤魂'做衣服，人们抬着这些纸衣在街上穿行，送到城外的坟地焚烧，称'寒衣会'，或'赏寒衣'或'赏孤'"。④ 在民间还有各种招魂的仪式，充分体现了人们对于灵魂和祭祀的重视。十月初一是人们为祖先亡灵送寒衣的节日。这时，天气寒冷，人着棉衣，于是，也挂念祖先会在阴间受冻，就用布或纸做成衣服焚化，送给祖先，使他们温暖地渡过严冬，因此这个节日叫作寒衣节或烧衣节。在寒衣节，由于"孤魂野鬼"无人祭祀，故有些地方有给他们送寒衣的风俗。

---

① 中国第一历史档案馆藏：《顺天府档案》，28 全宗 68 卷 104 号，118 号。
② 中国第一历史档案馆藏：《顺天府档案》，28 全宗 68 卷 164 号。
③ 中国第一历史档案馆藏：《顺天府档案》，28 全宗 68 卷 080 号。
④ 王笛著，李德英、谢继华、邓丽译：《街头文化：成都公共空间、下层民众与地方政治，1870—1930》，中国人民大学出版社 2006 年版，第 78 页。

另外，清廷规定，发遣人犯死于戍所者，不得返葬，其家属也不得返回原籍。发遣当差人等，如有病故者，随时咨部；病故为奴人犯，改于十月汇咨。① 尽管规定如此，但也有通过努力豁免例外的。如康熙年间流徙宁古塔的江南名士杨越，康熙三十年（1691年）病逝于戍所，通过其子杨宾的努力奔波而谋得返葬。据记载，为此杨宾在刑、兵二部衙门泣诉陈请达四百五十五天，再加上"执贽索公（领侍卫内大臣索额图）之门，乃准例返葬"，于是其弟杨宝得奉母、扶父柩以归。② 可以想见，发遣人犯呈请归葬之难。究其原因，一则出于路途遥远，归葬不易；一则也是由于移民实边的需要。

第四节　流人出路的解决

清代的军流遣犯除了部分在配所逃亡、死亡之外，大部分留置配所或佣工度日，或自营生理，或分别为奴、当差。清政府也不能不为他们的最终出路制定方案。清代对于流人出路的解决方案大略相同，唯具体措施军流和发遣略有不同，下面分别军流与发遣加以说明。

一、军流犯的出路

军流沿袭"不忍刑杀，流之远方，终身不返"的古义，不定年限。然而，就清代的军流而言，除了部分逃亡和客死配所外，清政府也提供了一些机会改变他们军流犯的身份，从而结束刑期。

其中，一条主要途径是通过朝廷临时所定的赦免专条，对军流人犯加以减等或释回。朝廷通过赦典减免或宥除人犯罪刑，乃是封建时代君主的特权之一。据《清史稿》记载，清朝的赦典分"恩赦"和"恩旨"两种。凡属国家特大喜庆行赦，除十恶等真正死罪不赦外，"其余已发觉未发觉、已结未结者，咸赦除之"，此为"恩赦"；平常皇帝或皇太后生日及喜庆之时，传旨行

---

① ［清］永保纂，马大正、牛平汉整理：《总统伊犁事宜》，载《清代新疆稀见史料汇辑》，第210页。
② 转引自李兴盛：《"万里冰霜绝塞行"——杨越、杨宾父子传略》，《学习与探索》1981年第6期，第131—139页。

赦，死罪以下可以减等，此为"恩旨"。① 如自乾隆在位起，每逢每代皇帝在位第十一年正月都颁行恩旨，其原则是：除实犯死罪者外，一律分别予以缓减。对此，有清代学者赵祖铭指出：

> 高宗纯皇帝乾隆十一年，仁宗睿皇帝嘉庆十一年，宣宗成皇帝道光十一年，文宗显皇帝咸丰十一年，穆宗毅皇帝同治十一年，各因纪年开秩，恩诏省刑。所有刑部及各省已经结案监禁人犯，除情罪重大，常赦所不原，毋庸查办，其余酌量案情轻重，分别减等发落，军流徒杖人犯，一并分别减等完结。圣朝谟烈显承，兼修文意，好生同乎天地，而不以肆赦市恩，权衡协乎中庸，而不妨敛时锡福，洵足德迈九皇，道光十纪已。②

其实，清朝各代皇帝在位时均有赦典颁行，次数多寡不一。光绪《大清会典事例》有不少具体的记载。如以乾隆朝为例，乾隆二、五、七、十一、十五、十九、二十一、二十四、二十七、三十、三十二、三十五、三十六、三十八、四十一、四十二、四十三、四十五、四十八、五十、五十三、五十五、五十六、五十八、五十九年均以各种理由清理刑狱，各直省或某些省份军流以下人犯分别减等发落。③ 可见，清代赦典之繁多，但是多而不滥。赦诏、赦令颁发后，相关机构还制定具体的"赦款"，所以，在实际执行上很严格。每次恩诏省刑，都要分别颁布查办斩、绞、军、流人犯条款和章程，对于死刑以下各犯分别减等发落。军流犯在途或在配遇到赦令，负责主管的州县衙门，都要严格核实起解公文内的案情、首发配所的日期，并根据《赦典章程》查办准减、不准减，对于符合条件者，均予以减等。④ 军流减等，多减为杖一百，徒三年，递回原籍重新发落。而与此同时，也有死罪根据情罪轻重，分别减为发遣、充军和流罪的。死罪减为发遣以强盗免死居多；窃盗

---

① 《清史稿》卷一百四十四，志第一百十九，刑法三。据笔者阅读史料发现，清代在顺治至雍正年间曾多次大赦天下，除常赦所不原者，罪犯悉数赦免。至乾隆朝，多次重申"赦非善政，利于宵小而不利于善食"，以后赦典对于人犯不再一概赦免，无论恩赦还是恩旨，大都实行清刑减等政策。
② [清] 赵祖铭：《清代文献迈古录》，大众文艺出版社2003年版，第236页。
③ 光绪《大清会典事例》卷七百三十，刑部，名例律，常赦所不原二。
④ 今所见《赦典章程》，可参见杨一凡、田涛主编《中国珍稀法律典籍续编》第七册，黑龙江人民出版社2002年版。该书所记为嘉庆二十五年八月二十七日恩赦，道光元年四月初七日恩诏，道光十一年正月十二日恩旨，道光十二年五月二十三日恩诏等章程。

免死减等多为充军；私铸之类减等则为流罪。在这种规定下，多有死罪人犯历经赦典而为流放，流放人犯复经赦典而递籍充徒，甚至有充徒人犯取保开释者。

如嘉庆十五年（1810年）四月二十四日午后，顺天府宝坻县民人倪文玉因故与梁宽争殴，倪文玉失手击中梁宽太阳穴，致使梁宽殒命。梁的家属当日赴宝坻县衙门喊冤告状，宝坻县衙随即拘捕倪文玉，勘验现场尸身，传集干连证佐，进行初审。"倪文玉供认不讳，诘非有心致死"，初审将倪文玉"依斗殴杀人者不问手足他物金刃并绞监候律，应拟绞监候，秋后处决"。同时，宝坻县将立案经过详报顺天府东路厅、顺天府尹、直隶省臬司和总督，听候指示。同年八月，奉饬将倪文玉先后解赴顺天府东路厅、直隶省臬司。同年十一月，直隶省总督审理倪案，与初审无异，以"斗殴杀人律，拟绞监候"，向刑部具题。后经嘉庆十六年（1811年）三月二十四日，刑部三法司会议具题"应如该督所题"。同年三月二十九日奉文："倪文玉依拟应绞，着监候，秋后处决。"然而，倪文玉在该年的秋审中仍被判为缓决，并没有执行死刑。这种情况一直持续到嘉庆十九年（1814年），当年刑部以倪文玉三次秋审均缓决为由，减等改流。九月十九日，蒙直隶总督檄文按《三流道里表》将倪文玉解赴陕西潼关厅充配，着发陕西潼关厅靖边县。该犯倪文玉在流放配所于嘉庆二十二年（1817年）五月初二日适遇恩赦，恩旨减等递籍充徒三年。①

又如宝坻县民人董幅安，系在奉天承德县因撞跌刘汉章内损身死案内拟绞缓决二次，钦奉道光九年（1829年）九月二十五日恩诏，减为杖一百流三千里，递籍返埋定地发配之犯。按表发配应将该犯解赴陕西入境首站潼关厅衙门交投，听候陕西抚部院酌拨安置。② 而流犯董幅安在赴配过程中，在道恭逢道光十一年（1831年）正月十二日恩旨，经山西灵石县截留核明，累减为杖一百徒三年，递籍监禁，听候部覆，再行定地充徒。复逢道光十二年（1832年）五月二十三日清刑，罪非干不赦应请累减为杖一百，先行提禁取保。③ 董幅安最终被其原籍亲属杨顺所保，释放回籍。其保状如下：

---

① 中国第一历史档案馆藏：《顺天府档案》，28 全宗 65 卷 082—083 号。
② 中国第一历史档案馆藏：《顺天府档案》，28 全宗 71 卷 023 号。
③ 中国第一历史档案馆藏：《顺天府档案》，28 全宗 71 卷 056 号。

保状

具保状，民人杨顺 住本城 年三十八岁 今于

与保状事，依奉得切县民董幅安在沈阳殴伤刘汗章身死一案，今董幅安奉文减等，取保管束，缘董幅安系身亲谊，身情愿具保伊回家管束，安分务农度日，不敢再滋事端。所具保是定。

准保

道光十二年七月十九日 杨顺①

从而可以看出，清代律例在以严刑峻法威慑民众之余，也颇能网开一面，给予人犯以自新之机。

当然，军流犯中，有些人随身携带了一些财物，也有些人的家属随犯人一起流放外地。在这种情况下，即使遇到大赦，他们之中也有许多人宁愿留在当地按他们现在的方式生活，而不想回到原籍去过一种无定的生活。② 如据宝坻县档案记载：嘉庆十二年（1807年）十月二十八，陕西省中部县解到军犯杨起，随带妻子张氏，子锁柱儿，该县于是日安置出具收管及兵牌汇报在案。嗣于嘉庆十四年正月初一日，恭逢恩诏，准减为杖一百，徒三年，递籍充徒。据该犯不愿回籍，所减徒罪，情愿在配所拘役，当经详报在案。兹查该犯徒限已满，例应回籍，正备文递籍间，旋据该犯呈称为原籍并无产业，情愿在配寄居，不愿回籍。③ 这种情况，配所该管官一般听其自愿，只将其案情、缘由咨汇复核。

另外，清初沿袭明制，徒、流已至配所，不复援赦。对此，乾隆元年（1736年），云南按察使徐嘉宾以"今积年朝审监侯斩绞等犯恭遇恩诏得邀宽免，而军流已到配所不获原赦，是军流似重于绞斩之死罪，殊觉情堪悯恻"，要求"请于军流人犯中，除免死减等及发遣口外并披甲营兵为奴暨原犯有永远字样并军机获罪及缘坐应流等项外，其余军犯流犯邀请放免"。④ 该折虽然遭到乾隆皇帝的批驳，但不久之后，对于军流人犯的政策已经发生了变化。以后历次赦典中，军流人犯无论在途在配，不仅仅有条款、章程减免，还多

---

① 中国第一历史档案馆藏：《顺天府档案》，28 全宗 71 卷 057 号。
② D. J. MacGowan, M. D. On the banishment of criminals in China. Journal of the North China Branch of the Royal Asiatic Society. 3：293 – 301，1859.
③ 中国第一历史档案馆藏：《顺天府档案》，28 全宗 65 卷 045—046 号。
④ 《云南按察使徐嘉宾为请酌释军流人犯事奏折》，乾隆元年正月二十五日，载哈恩忠编：《乾隆朝管理军流遣犯史料（上）》，《历史档案》2003 年第 4 期，第 15 页。

次奉旨加恩将有关人犯全免其罪，释放回籍。

早在雍正十三年（1735年）恩诏中，就曾要求"从前发往各处安置人犯，有情罪尚轻，而在外已过三年，能安静悔过者，该督抚开明所犯情罪，具奏请旨"①。乾隆二年（1737年），以世宗宪皇帝配天礼成，恩诏天下。奉旨"军流人犯已到配所者，向例遇赦不准放回，今特加恩，此等人犯内除情罪重大及免死减等，实系凶恶棍徒外，其余因事议遣，在配已过三年，安静悔过，情愿回籍者，今该督抚覆奏请旨，准其回籍"②。

乾隆十一年（1746年）颁行恩旨，又定在配军流人犯回籍规定，只是此次将回籍年限加长，表现出了赦免的谨慎态度。上谕指出：

> 自古明罚敕法，所以弼教，而大辟之外，又设有军流之条，此即移郊移遂，屏诸寄棘之遗意也。朕今岁特沛恩纶，将斩绞人犯，量加酌减，夫大辟人犯，情罪较重，尚已从宽，而军流所犯罪轻，转使之远离故土，殊堪悯恻。其令直省督抚，各就所在地方，将从前军流人犯内，已过十年，安分守法，别无他犯者，分别咨部核议，该部奏请省释，其有居住已久，自能谋生，不愿回籍者，听。③

此后乾隆四十三年（1778年）、五十五年（1790年）两次恩诏，均照十一年之例，将从前军流人犯内已过十年，安分守法，别无过犯者，分别咨部，奏请省释。其有在配年久，自能谋生，不愿回籍者，仍听其自便。④

而嘉庆元年（1796年）恩诏，复定"各省军流人犯，查明到配三年，实在安静守法及年逾七十者，释放回籍"⑤。二十五年（1820年）恩诏，照前例将"各省军流人犯，查明到配三年，实在安静守法及年逾七十者，释放回籍"⑥。同时，又根据臣工《到配未及三年查办片奏》，"将到配未满三年人犯，与到配已满三年之犯，一体覆其情节轻重，分别查办，以昭平允之处"⑦。对此，《清史稿》也指出："迨嘉庆二十五年，始将到配未及三年人犯

---

① 光绪《大清会典事例》卷七百二十一，兵部，发配，军流，外遣。
② 光绪《大清会典事例》卷七百二十一，兵部，发配，军流，外遣。
③ 光绪《大清会典事例》卷七百二十一，兵部，发配，军流，外遣。
④ 光绪《大清会典事例》卷七百三十，刑部，名例律，常赦所不原二。
⑤ 同上。
⑥ 同上。
⑦ 《赦典章程》，见杨一凡、田涛主编《中国珍稀法律典籍续编》第七册，黑龙江人民出版社2002年版，第308页。

一体查办，尤为旷典。"①

光绪十三年（1887年）则分别军流，奏准："罪应军流者，不拘年限，如军罪已过十年，流罪已过八年，果能悔罪自新，并未滋事，又有地方公正绅耆亲族人等保领，取具切结，准其释放，如不能改悔，又无保领，即永远锁系。"②

另有军流人犯循成案，因在配所地方立得军功而被嘉奖准予返回原籍的。成案，即各部及各省之判决例，当永续惯行者。日本学者织田万将其称之为"不成文法，其与成文法律例相为表里"③。军流人犯在配所立功回籍本无定例，所依据者即为成案。

如陕西米脂县在配军犯孙黑，籍隶山东东平州，因卖祖茔树木案内，审依子孙将祖茔前列成行树木私自砍卖二十一株以上例，拟军发该县安置，于咸丰二年（1852年）五月到配，发交典史转交主守保领管束。"同治六年回逆屡扰县境，经团绅试用，训导冯树滋等公举该军犯孙黑并随带来配之伊子孙扬秀充当什长，昼夜守城无懈怠，迄至九年（1870年）正月十八日夜，突来回逆数百，攻扑县城，直架云梯蜂拥而上，该军犯即率子冲锋抵御，头受枪矛重伤，犹复奋不顾身，会同各路兵团，将贼击退，危城复安"。事后"当经该前代理知县远有望禀报前署抚臣刘典赏给孙扬秀六品军功"。陕西巡抚邵亨豫复以"臣查陕省前办监犯齐汶桂等打仗守城出力，经刑部援引贵州军犯马奴力三十一名免罪成案，准其免罪释放，并声明后再有犯，仍照赦后复犯之例加一等治罪"成案，奏请"因守城各案未经叙报，到将该军犯劳绩尚未查办，现在防守出力人员均邀奖叙，且值恭逢恩旨查办军流犯减等，该军犯到配二十余年，安分守法并无过犯。此次守城御贼不无微劳，足录拟请减罪释放"，得允准。④

又有光绪三十二年（1906年），浙江巡抚张曾敭奏根据"道光二十四年湖北省流犯马登举随营出力，准免有案"，请将该省流犯高万菁擒匪出力援案请免罪递籍。高系河南信阳人，因听纠伙窃事主胡大成等家得赃被追护赃拒伤事主身死案内，审依窃盗赃一百二十两以上绞监候，为从减等杖一百，流

---

① 《清史稿》卷一百四十四，志第一百十九，刑法三。
② 光绪《大清会典事例》卷七百七十九，刑部，刑律贼盗谋反大逆，谋叛。
③ ［日］织田万：《清国行政法》，李秀清、王沛点校，中国政法大学出版社2003年版，第74页。
④ 中国第一历史档案馆藏：《宫中朱批奏折》04—01—08—0143—001，陕西巡抚邵亨豫奏为查明在配军犯孙黑守城剿贼出力请免罪释回事，同治十二年□月□日。

三千里于光绪二十八年咨解来浙发县充夫之犯。本年五月初七日，新城帮匪滋事，情势汹汹，几欲逼城，当官兵出栅迎击之际，充夫流犯高万菁首先冲锋夺获匪旌，生擒匪目王恒进一名，甚属奋勇。在配人犯随营出力例内虽无准予减免明文，但有成案，因有援案回籍的奏请。①

二、遣犯的出路

遣犯作为清代流放制度中的特殊群体，被遣戍边疆当差、为奴。他们中除了逃脱或逃后被获正法外，虽不乏永远当差或为奴终老配所者，但政府的一些措施也使一些人犯改变了身份，包括落户为民、返籍为民和入伍当兵。

1. 落户为民

清代发遣的重要目的，意在组织遣犯力役实边。为了加强管理，安定人心，因此他们中的大部分都能够给以自新之路，被豁免罪身，安置当地为民，"以新辟之土疆，佐中原之耕凿，而又化凶顽之败类，为务本之良民，所谓一举而数善备焉者"②。

乾隆三十一年（1766 年）议准：发遣乌鲁木齐等处人犯，"有家属者，查系原犯死罪减等发遣者，定限五年；原犯军流改发及种地当差者，定限三年，如果并无过犯，编入民册"。政府并指给地亩耕种，发给马匹农具，"至造房银两及口粮籽种等项，俱照移居民人减半给予，其借给之项，与民人一体分年交回，令于种地次年纳粮，其额数亦与民人一体，每亩八升"③。如此，愿悔过自新且携带家眷的遣犯，在配所三年、五年之后，一般都可以落户当地为民，与当地民人一样种地纳粮了。

然而，此次定限落户为民的人犯，仅仅限于遣犯中有家属者，对于其中无家属者并没有议及。对此，乾隆三十五年（1770 年），署乌鲁木齐提督巴彦弼上奏指出："乌鲁木齐有眷遣犯经奏准，酌定年限，编入民籍。仍有年满无眷之犯数百名，能悔过安分当差者，或因无力娶妻，遂无复作良民之望。"因此，奏请"凡有过及耕作懒惰者，虽有眷属，不准为民"，无眷之犯"实在悔过迁善，尽心屯种，照前定年限，与有眷者一体为民，或匪念复萌，或乘间脱逃，交该处办事大臣查办惩治。为民后，先尽乌鲁木齐安插，如不敷，

---

① 中国第一历史档案馆藏：《宫中朱批奏折》档号 04—01—08—0144—004，浙江巡抚张曾敭奏为流犯高万菁擒匪出力援案请免罪递籍保释事，光绪三十二年□月□日。
② 《清高宗实录》卷五百九十九，乾隆二十四年十月丁酉。
③ 光绪《大清会典事例》卷七百四十四，刑部，名例律徒流迁徙地方四。

即押赴玛纳斯,以官兵所遗屯地拨给"。① 经军机大臣议覆允行。至此,定例发往遣犯只要能悔过自新,安分当差,无论有眷无眷,三年、五年之后,俱能入籍当地。

乾隆中叶,由于新疆遣犯人数增多和乌鲁木齐铁厂规模扩大,清政府开始酌派遣犯到铁厂做工,同时也令一部分不能从事体力劳动的遣犯捐银支付铁厂的各项费用。在铁厂服役的遣犯,较为奴和种地遣犯相对集中,便于管束。同时,为使铁厂遣犯安心服役改造,也对在厂服役的遣犯采取了一定的鼓励政策。该政策至乾隆四十二年(1777年)最终形成定例:

> 凡发遣乌鲁木齐、伊犁为奴人犯,在铅、铁两厂打矿挖采,果能实心出力,例应五年为民者,准其减去二年;三年为民者,减去一年;永远当苦差者,五年后即准为民,均免其挖采。若为奴人犯、业已为民及当差种地之人,有情愿在厂效力帮贴,实心出力者,定限八年,该处大臣查其所犯原案尚属较轻,叙明情由奏闻,应否发回原籍之处,恭候钦定。②

然而,至乾隆五十三年(1788年)以"遣犯限年为民,与律义未协",修订条例,将前定定限三年、五年无过入籍为民条例废止,重新定例:

> 发往伊犁、乌鲁木齐等处为奴遣犯,如在配安分,已逾十年,止令其永远种地,不得令其为民;若发往当差遣犯,果能悔过悛改,定限五年,编入该处民户册内,给予地亩,令其耕种纳粮,俱不准回籍。其有到配后呈请愿入铅铁等厂效力捐资者,先将缘事案由咨部核覆,方准入厂,设日后怠惰滋事,随时惩治逐出,若果能始终实心悔过,系当差人犯,入厂五年期满,准其为民,再效力十年,准其回籍;如系为奴人犯,入厂五年期满,止准为民,改入该处民户册内,不准回籍。③

同年又为鼓励在配人犯相互监督,以防止人犯脱逃。定例:"发往伊犁、乌鲁木齐等处遣犯,如在配安分,复能将该处脱逃遣犯拿获者,除逃遣照例

---

① 《清高宗实录》卷八百五十一,乾隆三十五年正月甲辰。
② 光绪《大清会典事例》卷七百四十二,刑部,名例律徒流迁徙地方二。
③ 光绪《大清会典事例》卷七百四十二,刑部,名例律徒流迁徙地方二。

办理外,其获犯之遣犯,无论当差、为奴,不拘年限,准为彼处之民,不准回籍。若为民后,又能拿获逃人,即准其回籍。其在厂在配年满为民遣犯,有能拿获逃遣者,亦准回籍。倘逃犯力壮,一人不能缉拿者,止许添一人帮拿,概不得过二人。"① 此例虽然对于在配遣犯拿获脱逃遣犯有当地为民的鼓励政策,但与两年前所定,只要拿获逃遣即可遣回原籍的规定相比就差很多了。

通过以上政策,可以看出,清政府把遣犯发往边疆加以惩治的同时,也通过将其边地为民的方式用以实边。尽管为民的条件有所变化,但这仍是遣犯自新的一条主要道路。

乾隆四十三年(1778年),据载乌鲁木齐为奴遣犯有一千二百四十三户;② 乾隆四十五年(1780年),伊犁地区为民遣犯则有二百八十八名。③ 据乾隆年间遣戍乌鲁木齐的纪晓岚所见,为民遣犯一般被称作"遣户",他们聚集而住,"鳞鳞小屋似蜂衙,都是新屯遣户家"④。这些入籍当地的遣户,其行动仍受到该管官吏的限制,对其私自潜逃或回籍,会被遵照军流人犯脱逃例加以办理,严拿务获。这些被千里迢迢发配边地的人犯,一旦入籍当地,就只有安分生产,世世代代开发边疆。他们及其子孙为边疆的开发作出了重要的贡献。

2. 返籍为民

遣犯充发边疆当差、为奴,要想返回原籍,那是十分困难的,但仍有一定的机会。早在清初流徙东北的过程中,顺治年间就曾颁布流徙尚阳堡、宁古塔流人认修城楼赎罪例,"有罪之人修盖城楼准其赎罪"。康熙六年(1667年),复因"犯人家产籍没,工费何所从来?恐有挟诈逼勒,苦累良民",奏请停止。然不久之后,康熙十九年(1680年)清廷再次颁布流人(十恶重罪除外)认工赎罪例。⑤ 如当时流徙宁古塔的江南士子吴兆骞就曾以捐输城工之费二千金而被于康熙二十年(1681年)循例放归。⑥ 其后又有捐马驼赎罪

---

① 光绪《大清会典事例》卷七百四十三,刑部,名例律徒流迁徙地方三。
② 《乌鲁木齐政略》,转引自王希隆《清代西北屯田研究》,兰州大学出版社1990年版,第144页。
③ [清]松筠:《钦定新疆识略》卷六,北京大学图书馆藏道光年间刊本。
④ [清]纪晓岚:《乌鲁木齐杂诗》,载周轩、修仲一编注《纪晓岚新疆诗文》,第49页。
⑤ 《清朝文献通考》卷二百九,刑考十五,赎刑。
⑥ 参见李兴盛:《江南才子塞北名人吴兆骞年谱》,黑龙江人民出版社2000年版,第151页。

等例。① 康熙三十五年（1696年），流徙尚阳堡的陈名夏之子陈掖臣即"援捐马例"被放还原籍，结束了长达四十余年的流放生涯。

乾隆四十二年（1777年），定例发遣乌鲁木齐、伊犁为奴人犯，在铅、铁两厂打矿挖采，"若为奴人犯，业已为民及当差种地之人，有情愿在厂效力帮贴，实心出力者，定限八年，该处大臣查其所犯原案尚属较轻，叙明情由奏闻，应否发回原籍之处，恭候钦定"②。对于在厂当差人犯其情罪较轻者，奏闻由圣意决定其是否回籍，这也开创了发遣新疆人犯回籍的先例。

乾隆五十一年（1786年），发生了伊犁遣犯史二、莫绍仁，在崆郭尔鄂博山后，拿获逃犯徐四一事。该事件经上奏后，史二等得到了乾隆皇帝的褒奖，"史二等系获罪发遣人犯，在配所知罪静居，并能将逃犯徐四拿获，实属奋勉欲赎前愆之人，与皂役人等拿获犯人有间，虽经赏给，尚不足示鼓励"，要求地方"询问史二、莫绍仁，如伊等愿入彼处民籍，即免罪入于彼处民籍；如愿回原籍，即各遣回原籍"，并谕令"有似此者，即著为例"。③

这种对于遣犯在配拿获脱逃人犯的鼓励有利于鼓励遣犯之间相互监督，有助于管理生产。只是到了乾隆五十三年（1788年）定例，发往伊犁、乌鲁木齐等处遣犯，如在配安分，复能将该处脱逃遣犯拿获者，除逃遣照例办理外，其获犯之遣犯，无论当差、为奴，不拘年限，准为彼处之民，不准回籍。若为民后，又能拿获逃人，即准其回籍。其在厂在配年满为民遣犯，有能拿获逃遣者，亦准回籍。倘逃犯力壮，一人不能缉拿者，止许添一人帮拿，概不得过二人。④ 条例对于拿获逃遣的奖励有所限制。

同年对于入厂当差人犯的回籍也做了限制，规定"五年期满，准其为民，再效力十年，准其回籍"⑤。而至乾隆六十年（1795年），则更加苛刻地定例："五年期满为民后，有仍愿留厂效力者，再行细核原犯罪由，罪重者不准留厂，罪轻者报部核覆，再加至十二年，如果始终效力奋勉，准其回籍。"⑥ 该条例几经变化，至嘉庆六年（1801年），始将以上数条加以合并，定例为：

> 其有到配后呈请愿入铅、铁等厂效力捐资者，除奉特旨发遣为奴，

---

① 《清圣祖实录》卷一百六十八，康熙三十四年九月己丑。
② 光绪《大清会典事例》卷七百四十二，刑部，名例律徒流迁徙地方二。
③ 《清高宗实录》卷一千二百七十一，乾隆五十一年十二月己未。
④ 光绪《大清会典事例》卷七百四十三，刑部，名例律徒流迁徙地方三。
⑤ 光绪《大清会典事例》卷七百四十二，刑部，名例律徒流迁徙地方二。
⑥ 同上。

及有关大逆缘坐发遣为奴人犯、不准做工帮捐外,其余无论当差、为奴,罪由轻重,咨部记档,准其入厂,设日久怠惰滋事,随时惩治逐出。若果能始终实心悔过,入厂五年期满,俱准其为民,改入该处民户册内。查系当差人犯,再效力十年,准其回籍。为奴人犯,详核原犯罪由,罪重者不准留厂,罪轻者报部核覆,再加十二年,如果始终效力奋勉,准其回籍。①

这也表明了清政府对于遣犯回籍的慎重态度。乾隆年间,乌鲁木齐兴办铁厂,因筹措资金,也定例遣犯按年每名捐厂费银三十两,满十五年,咨部分别为民回籍。乾隆五十四年(1789年),因近年捐资人犯渐少,厂费不敷。经乌鲁木齐都统奏请,军机大臣等议覆,酌定章程:"今请除捐银三十两,仍照向定十五年之例办理外;其捐银二十两者,酌加一年;十余两者,酌加二年。统计年满,能始终奋勉,方准回籍。其为奴人犯,只准为民,不准回籍。"②

以上所议回籍遣犯,均系情罪相对较轻者,而对于其中情罪重大,常赦所不原者并未议及。嘉庆十一年(1806年),上谕指出"此等案犯,率皆桀骜不驯之徒,历年遣发,日聚日多。该犯等自知永无生还之望,愍不知畏,转于配所三五成群,或犯法滋事,或脱身潜逃",难以约束,命查办此等免死改遣罪犯,分别减释。经内阁议准,对于在配遣犯的回籍条件有了更加详细的规定:

> 其发遣吉林、黑龙江等处常犯,如强盗免死、大逆缘坐、叛案干连、邪教会匪及台湾聚众抢夺杀人放火为从各犯,均系情罪重大,虽在配年久,年岁垂老,均不准其减释。其余各项遣犯,应请不论当差、为奴,均拟以在配十五年实系安分守法而又年至七十岁,及年已七十安分守法而在配未满十五年者,俱准其释回。如在配已满十五年安分守法而年未至七十岁者,减为内地充徒三年,再行释放。……其发遣乌鲁木齐等处常犯,如大逆缘坐、叛案干连、邪教会匪及台湾聚众抢夺杀人放火为从,凡系原案不准入厂之犯,虽在配年久,年岁垂老,均不准减释。其余各项遣犯,请将为奴一项内,未经入厂及止令种地不准为民之犯,拟以在配二十年安分守法,而又年至七十岁,及年已七十岁,安分守法,而在配未满二十年者,即行释回。如在配已满二十年,安分守法而年未至七

---

① 同上。
② 《清高宗实录》卷一千三百三十八,乾隆五十四年九月丙申。

十岁者，减为内地充徒三年，再行释放。其当差一项内，无力入厂种地为民及为奴一项内，入厂年满不准留厂止准为民各犯，拟以在配十五年，安分守法，而又年至七十岁，及年已至七十岁，安分守法而在配未满十五年者，即行释回。如在配已满十五年，安分守法而年未至七十岁者，减为内地充徒三年，再行释放。其现在入厂期满准其留厂各犯，如年已至七十岁，按其例定十年、十二年期限，酌减三年，准予释回。未至七十岁者，仍照留厂年限办理。以上吉林、伊犁等处准减之犯，若在配年限未满，而又年未至七十岁者，统俟扣满年限，再按年岁分别充徒释回。如各犯内有自安生业，不愿回籍者，仍听其自便。①

总之，清政府出于移垦实边的需要，对于遣犯的返籍为民采取了十分慎重的态度。回籍规定仅仅为远在边地的人犯编织了一个美好的希望，能够如愿回籍者寥寥无几。

相比之下，发遣效力的废员回籍就要相对容易得多。官犯发遣新疆效力当差，向有一定年限。乾隆二十九年（1764年）定例："嗣后武职一品大臣，文职二品以上大臣，获罪发往伊犁、叶尔羌等处效力自赎者，三年届满，不必具奏；其武职二品以下，文职三品以下人员，俟三年期满之时，仍照例请旨。"② 这时大部分废员在新疆效力三年，就可以返回内地。

但乾隆三十八年（1773年），又有了新的规定："发往乌鲁木齐效力赎罪人员，如仅止革职及原拟杖徒者，到戍后，如果奋勉出力，为期已满三年，应仍令各该处办事大臣，奏闻请旨定夺。……改发新疆人犯内，情罪较重者，从前概定三年期满之例，原未允协。今刑部请照军流永戍，于法固属得平，第念新疆究与内地不同，若永远不准放还，又觉过重，但三年为期太速，且不当与情轻人犯，漫无区别。嗣后由重罪改遣新疆人犯，到戍后如果奋勉自效，已及十年者，著加恩准该将军及各办事大臣等，援引此旨，奏闻一次。其应否准令回籍之处，候朕临时酌夺。"③

三年、十年即准其具奏释回，有些人甚至很快又官复原职，故在司法实践过程中感觉刑罚过轻。乾隆四十八年（1783年），刑部覆议伊犁将军勒图奏请，将定例遵旨改定为"（废员）若原犯军流，因情节较重，从重改发新疆

---

① 《清仁宗实录》卷一百五十六，嘉庆十一年正月丁巳。
② 《清高宗实录》卷七百二十二，乾隆二十九年十一月乙卯。
③ 《清高宗实录》卷九百四十一，乾隆三十八年八月癸丑。

者，十年期满，该将军遵例奏闻，将该犯解交陕甘总督，查明该犯原籍，按五军三流道里，指定应配地方，即转解该省，交该督抚酌量安插。"① 这一条例的变更，使得原犯军流废员刑罚极重，不仅要服役新疆，之后还要被流放地方。嘉庆四年（1799年），仁宗皇帝以"新疆究与内地不同，废员服满十年后仍解回内地问拟军流，未免太重"，经军机大臣会同刑部议定："从前所犯仅止革职及由徒杖等罪加重发遣新疆者，到戍后满三年，准其释回。原本军流加重改发新疆者，定以十年期满，奏请释回，无庸仍照原犯军流，再行发配。"②

这样官员发遣，三年、十年到限，经奏闻请旨由皇帝"临时酌夺"，一般均可释放回籍。另外，他们还可以通过捐赎和特赦等手段来结束刑期，因此废员回籍是相对有保障的。正如和瑛在《三州辑略》中所说："惟大小文武官员落职后奉旨谪遣新疆，俾效力自赎，其释回年限，恭候恩谕遵行。……其间蒙恩起用，历登显宦者，不乏人要。"③

图4-10 张荫桓像 张荫桓（1837—1900），号樵野，广东南海人。捐纳为知县，几经升迁至道员。1884年以通英语、知外务奉旨入京，授三品卿衔，命入总理各国事务衙门行走，两年后复以四品堂官任出使美日秘三国公使，1890年回国继续在总理衙门行走，累迁至户部左侍郎。中日甲午战争中曾与邵友濂为全权大臣赴日谈判。1898年3月，协助李鸿章与俄国签订《旅大租地条约》。戊戌变法时，调任管理京师矿务铁路总局，倾向变法。戊戌政变后遭弹劾流放新疆。1900年被杀于新疆戍所。

当然，官员流放受到政治因素的影响，废员发遣期限虽规定有三年、十年之期，但在实际的执行中波动也比较大，最短的数月即被恩诏赦还④，最长

---

① 光绪《大清会典事例》，卷七四二，刑部，名例律徒流徙地方二。
② 政学社印行：《大清法规大全》卷三，"变通律例二"，台湾考正出版社1972年影印本，第1766页。
③ ［清］和瑛：《三州辑略》卷六，流寓门，成文出版社1968年。
④ 如嘉庆朝被遣戍到伊犁的翰林院编修洪亮吉，仅在戍所停留了百日，就被嘉庆帝赦免了。参见洪亮吉：《天山客话》，载修仲一、周轩编注《洪亮吉新疆诗文》，第241页。

的则要达三十年以上①,一些人甚至客死戍所,至死也未能盼得回归之日②,还有些人甚至被无辜残杀于戍所③。

3. 入伍当兵

遣犯入伍当兵,乃是对于遣犯获取军功的一种奖励政策。早在康熙初年,因西海外逻车国(又名老枪)人造反,到黑龙江来抢貂皮,其锋甚锐。宁古塔将军巴海即奉部文,要求:凡一应流人,除旗下流徙及年过六十外,一概当役。要选二百名服水性者做水军,到乌喇地方演习水战,与老枪打仗。④

雍正年间,曾有"贼人窥伺查克拜达里克时,彼地所有罪人,跟随官兵守护城垣,竭力捍御,甚属可悯,朕已加恩除其罪名,令充绿旗兵丁,入伍效力",并由此认为"有罪之人,予以自新之路,可以望其改恶从善"。⑤

乾隆三十年(1765年),新疆乌什地方发生回民反清起义,清廷派大军前往平叛,"乌什贼众,负固死守",清军久攻不破。⑥将军明瑞"调伊犁遣犯十二人,携云梯前列,攻东北隅之兵",众遣犯"鼓勇先登,夺据城垣"。明瑞以所调遣犯"此次登城剿贼,奋勉可嘉",奏请加恩令充补绿旗兵丁,得到了乾隆皇帝的允准。⑦

乾隆三十二年(1767年),还定例满蒙汉八旗军人犯罪发遣当差者,定以年限,期满也可充入兵伍,指出:

> 满洲蒙古汉军发往新疆人犯,除罪犯寡廉鲜耻,削去旗籍者,应照民人一体办理外,其余发往种地当差之犯,系满洲蒙古旗人,如原犯军流者,定限三年;免死减等者,定限五年,果能改过安分,即交伊犁驻防处所,归入各旗挑补驻防兵丁当差。系汉军人犯,照民人分定年限,

---

① Waley–Cohen, Joanna. Exile in Mid–Qing China: Banishment to Xinjiang, 1758–1820, Yale University Press, 1991. Appendix Four: Period of Exile already served by Disgraced Officials in Xinjiang in 1794, p228.
② 如道光四年江南河道总督张文浩因河坝溃决而被遣戍伊犁,直到道光十六年卒于戍所也没有回归。参见《清史稿》卷三八三,列传第一七〇,张文浩传。
③ 如戊戌政变后被流放新疆的户部左侍郎张荫桓,在义和团运动兴起之时,即被无端下诏"正法"于戍所。参见王莲英:《张荫桓与晚清外交》,光明日报出版社2011年版,第12页。
④ [清]吴兆骞撰,麻守中校点:《秋笳集》附录一,《归来草堂尺牍》,第300页。
⑤ 光绪《大清会典事例》卷七百四十四,刑部,名律律徒流迁徙地方四。
⑥ 《清高宗实录》卷七百四十三,乾隆三十年八月甲子。
⑦ 《清高宗实录》卷七百四十三,乾隆三十年八月丙寅。

入于彼处绿营当差食粮。此等人犯，如情愿迎取妻子家口者，该管大臣移咨该旗，咨送兵部，官为资送。①

至道、咸两朝，由于军伍废弛，八旗绿营在镇压各地起义中多不堪用，遣犯因其多健勇敢战者，渐被重用。道光年间，学者魏源也对于遣犯之善战，屡立奇功而大加赞赏，指出：

> 道光五载，回疆之后，将军长龄奏选新疆遣犯二千名为前锋，每能黑夜劫营，严冬渡水，数百里侦探，刻期往返，卒奏克复之勋。奈何动曰无兵可用，又奈何动曰莠民可虞。……诚能招募骁悍之民为兵，则北省之回匪、红胡匪、捻匪、曳刀匪皆六郡之良家也，沿海械斗之辈、鱼盐私贩之辈、市舶亡命之辈，皆剿夷之鸟啄。以沿海枭徒为水师，水师无敌于东南，而海贼不患于东南矣；练中原亡命为陆营，陆营无敌于西北，而土盗无生于西北矣。②

同治初年新疆叛乱，因西北"兵力不敷"，遣犯则更是成了战场上的主要力量。时朝廷有谕令指出："伊犁等处遣勇，从前随剿回疆，颇称得力，即著常清、平瑞各于所管遣犯内，拣选精健可用遣勇各数千名，听候调拨。"③

将遣犯充发入伍，这时已经成为清代用以镇压各地反抗的一种重要方式。为了更好地利用这些有生力量，鼓励他们奋勇杀敌，还不时承诺，平乱之后立得功勋即可释放回籍。

可以说，清代流放制度在通过流远的方式惩治罪犯的同时，也提供上述的出路，从而给予了人犯一定的自新机会。清政府通过解决在配人犯的出路，对于在配人数加以调节分流，不致人犯愈积愈多。无论这些出路的提供是出于圣意的恩赦，还是管理上的需要，都是有积极意义的，值得肯定。

小结

综上，我们可以看到，清代为了维护流放制度的顺畅运行，最终形成了一

---

① 光绪《大清会典事例》卷七百二十八，刑部，名例律，流囚家属。
② ［清］魏源：《圣武记》，卷一四，武事余记，中华书局据古微堂原刻本校刊，第105页。
③ 《清穆宗实录》卷一百九，同治三年七月癸丑。

整套从人犯的审理判决、定配、佥发、行程到配所管理的严密制度规范。清代流放不仅在制度上综合前代经验不断臻于完善，在具体司法实践过程中，这条制度体系还常常能够因时因地制宜，极具有调适性，即中央的制度规定用来指导地方的司法实践，而各地实践中的特殊情况也不断反过来影响中央规定，不断对其进行一定程度的修正。清代通过不断地增修条例，使得流放制度逐步趋向完善，在这套制度体系当中，尽管存在着一定的地方性差异，但都是为了具体的司法实践所进行的灵活性变通，并没有超越体制规定的范围。

  清代流放的实施过程，可以说是动用了清王朝从上层到下层的整个国家机器，通过考察我们有机会洞察清代国家权力在地方的运作过程。可以说，清代流放无论是制度还是实践层面都超越前代，达到了历史上的最高峰。其流放制度在司法实践的过程中因时因地不断加以调整，并逐步以条例的形式被确立下来的经验，在很大程度上是值得肯定的，有着一定的资鉴意义。

第五章

清代流放的问题及困境

清代流放在制度不断创新的基础上,其体制日臻完备。清政府在流放地的考量方面费尽心力,首创《道里表》,并坚持视表配发。在司法实践方面,力求维护制度的有效性又不失时机地进行灵活性调整,从而使得清代流放无论是制度还是实践层面都超越前代,达到了历史上的最高峰。

然而,清代流放并未尽善尽美,仍有诸多问题暴露出来。这促使清统治者不得不对司法实践中出现的新问题进行灵活性调整。这种在"传统中(体制内)的变化"出现很早,并持续进行。

第一节 清代流放实践问题的考察

马端临曾在所著《文献通考》徒流篇说:"笞杖徒流死五刑之制,圣人复起不能复易此篇。"① 可见,古人对于包括流放刑在内的五刑制度是赞叹有加的。就是在清末流放刑作为一种刑罚被废除后,《皇朝续文献通考》的作者面对传统刑罚为西方刑罚所取代的事实,仍然不断叹息,发出感叹:"虽时势所趋,不得不变,然变通尽利可也,变本加厉不可也。若借收回治外法权之名,致数千年良法美意一旦摧残殆尽,虽利多而害少,君子犹或惜之,况乎其未必然耶。"② 其实,就是这种被古人推崇有加的传统的流放刑罚,圣人所谓的"良法美意",在司法实践过程中弊端很早就暴露出来,并越来越明显。

---

① [清]刘锦藻:《清朝续文献通考》卷二百五十,刑考九,徒流,军遣附。马氏原文为"笞、杖、徒、流、死,此五者即有虞所谓鞭、朴、流宅,虽圣人复起,不可偏废也",参见马端临《文献通考》自序。
② [清]刘锦藻:《清朝续文献通考》卷二百五十,刑考九,徒流,军遣附。

一、清初流徙东北造成的问题

流徙东北，很大程度上解决了清王朝开国之初的司法难题，大量流徙人犯，尤其是其中的士人对边地的开发和文化的传播均起到了一定的积极作用。① 然而，流徙展开以来，流放问题就已经出现，并越来越不容忽视。在东北地区，流放问题集中体现在东北对于人犯的影响和人犯对于东北的影响两个方面。

一方面，东北地区气候严寒，人烟稀少，这致使许多来自内地的人犯及其家属不能适应，冻伤冻毙严重，处境凄惨。如宁古塔的情况，据《吉林通志》记载："是时宁古塔号荒徼，人迹罕至，出塞渡湍江，越穹岭，万木排立，仰不见天。乱石断冰，与老树根相蟠互，不受马蹄。朔风狂吹，雪花如掌，异鸟怪兽，丛哭林嗥，行者起踣其间，或僵马上。"② 如此恶劣的环境，是大量被流徙该处的内地人犯所难以想象和忍受的，因此流徙人犯死亡现象严重。对此，时人指出："（宁古塔）其地重冰积雪，非复世界……诸流人虽名拟遣，而说者谓至半道为虎狼所食、猨狖所攫，或饥人所啖，无得生也。"③ 不仅宁古塔地区的情况如此，当时整个东北的生存环境都极为恶劣。

针对此种情况，清廷也不断加以调整，将人犯向条件相对较好的地区改发。康熙九年（1670年）、康熙二十一年（1682年）两次给刑部的上谕，都是为这一问题而发的。尽管清政府不时加以调节，东北地区的流放人犯依旧难免恶劣环境的折磨。笔者在查阅档案中，便见到一则流放东北人犯不堪忍受环境，伤残后逃亡的典型案例。浙江台州府太平县人陶子厚，因于嘉庆二年（1797年）十二月间随从陶要之等在水仙花坳即老鹰尖洋面抢劫客船棉花案内，被获审系在本船接递贼物，并未过船搜赃，将该犯拟发黑龙江给打牲索伦达呼尔为奴。陶子厚于嘉庆三年（1798年）十二月间到配，赏给齐齐哈尔正红旗舒隆阿佐领下兵英保为奴。到配时左手冻掉三指，次年因冬月拉草将右脚五趾全行冻落，两脚后跟皆冻坏。又被家主时常打骂，受苦不过，于四年（1799年）十一月逃出，沿途匍匐乞讨，于五年闰四月二十日逃至法库

---

① 对此相关论述较多，可参见李兴盛《增订东北流人史》，黑龙江人民出版社2008年版，第414—429页。
② 《吉林通志》卷一百十五，寓贤杨越传，转引自谢国桢：《清初东北流人考》，载谢国桢《明末清初的学风》，上海书店出版社2004年版，第97页。
③ 无名氏：《研堂见闻杂记》，转引自谢国桢：《清初东北流人考》，载谢国桢《明末清初的学风》，上海书店出版社2004年版，第100页。

边门被获送部。① 该案中，人犯陶子厚流放黑龙江地区，手脚具被冻残，逃亡又被捕获，其命运可谓悲惨。

另外，在发遣过程中因管理不善，解役对于人犯的凌虐事件也时有发生。康熙二十八年（1689年）奉命察流犯发遣之弊，曾指出"流徙人犯遇有势力者，每羁禁不严，及至发遣，又辗转迁延；其贫苦无力营求者，即肆行凌虐，濒于死亡"，并认为"向来此弊甚多"。对此，清廷曾以上谕形式要求"嗣后如遇有势力之人，即行发遣，不得迟延；其贫困之人，毋许凌虐致毙。著户刑二部堂官，不时稽察，如有前项情弊，指参从重治罪"，加大了对各级官吏及解役凌虐人犯的惩处。② 然而，凌虐事件并未因此而禁绝，康熙四十一年（1702年），顺天府府尹钱晋锡在疏言改定佥妻流犯在京发配之例中仍指出，人犯之妻"从本省押解至京始行发遣，旷日稽延，且单身女流长途押解，易受解役凌辱，殊为可怜"。于是，清廷采纳其建议，规定"嗣后在京发配者，先发回本省照各省发遣例佥妻解往"。③ 尽管如此，在遣戍过程中人犯及其家属仍旧少不了"在途则受解役之凌辱，收监则受禁卒之索诈，兼有子女众多率皆幼龄弱质，提携襁褓，长途跋涉，饥寒风雨，困苦备至，痛卒道途"的命运。④

另一方面，大批成分复杂、良莠不齐的流人流徙关外，破坏了东北地区原有的淳朴风气。对于清初东北地区纯朴的风气，流放当地的士人多有记述。顺治初流放宁古塔的方拱乾曾这样描述当地的风俗："八旗之居宁古者，多良而醇，率不轻与汉人交，见士大夫出，骑必下，行必让道，老不荷戈者，则拜而伏，过始起。道不拾遗物，物遗则拾之置于公，俟失者往认焉。牛马羊逸，三日不归，则牒之公，或五、六月之久，尚能归，惟躏人田则责牧者罚其值，虽章京家不免焉。"⑤ 康熙二十八年（1689年）至宁古塔省亲的杨宾也观察到，康熙初年"居人无冻馁者，冻馁则群敛布絮、粮食以与之。夜户多无关，惟大门设木栅，或横木为限，防牛马逸出也。……牛马猪鸡之类无失者，失十余日，或月余，必复得"，"行柳条边外者，率不裹粮，遇人居，直

---

① 《奏报发遣黑龙江为奴盗犯陶子厚被获因病请旨免正法事》，军机处录副奏折（嘉庆朝），档号03—2416—013；缩微号176—0917。
② 《清朝文献通考》卷二百三，刑考九，徒流，配没。
③ 同上。
④ 《刑部郎中樊天游为军流遣犯听其自愿留养妻孥事奏折》，乾隆四年四月初四日，哈恩忠编选：《乾隆朝管理军流遣犯史料（上）》，《历史档案》2003年第4期，第16页。
⑤ ［清］方拱乾：《绝域纪略》（《宁古塔志》），风俗，载李兴盛、张杰点校：《黑龙江述略》，黑龙江人民出版社1985年版，第111页。

入其室，主者则尽所有出享，或日暮，让南炕宿客，而自卧西北炕，马则煮豆麦，剉草饲之，客去不受一钱"。① 清初流徙关外的才子吴兆骞之子吴桭臣也曾在其所著的《宁古塔纪略》中指出："流人间有逃归者，人遇之，亦不告。有追及者，讳云自返，亦不之罪。大率信义为重，路不拾遗，颇有古风。"②

可见，清初东北地区民风极为纯朴。然而，随着内地流人，尤其是诸多作奸犯科人犯的流入，极大地破坏着流放地的社会秩序，也寖坏着当地纯朴的风俗。对此，顺治末年流放于宁古塔的张缙彦在言及当地的风俗时道："无奈迁徙众多，聚五方之人杂处之，而土风亦稍寖坏矣。"③ 杨宾指出康熙初年"行柳条边处者率不裹粮"，可以得到土著人的盛情款待后，又感叹道："今则……非裹粮不可行矣。"原因是这时的流人或贾客"类皆巧于计利"的结果。④ 吴桭臣《宁古塔纪略》在赞叹宁古塔"大率信义为重，路不拾遗，颇有古风"之后，也不无惋惜地指出，"今（康熙六十年）则不能矣"。⑤

清人西清也观察到为奴人犯极不易管理，并列举了几条见闻，如"将军傅玉，见一卒挑菜勤苦，给奴代之，后遇卒问奴如何？卒曰：善。诘所以然，莫能隐，乃曰：某父既饱，扶杖牧豕不自逸；渠犹高卧不下炕也。将军怒，立鞭徙，更给卒以驯良者"；又如："江西王某，为奴于某甲。一日，将军见某甲自担水，问左右：记尝给渠一奴？曰：然。然则何不令担水？曰：书生不能也。然则书生但能杀族父乎？立杖王某徙墨尔根。"他认为，"懦者服役主家，黠者赎身自便，网鱼采木耳，趁觅衣食，稍有立业，至娶妇生子，称小康者。其无赖乃聚赌窝娼窃马牛为事，甚或结识将校，勾引工商，兴讼造言，主不能制，官府亦不加察。犹以给奴为恩，得奴为喜，强卖逼赎，诸弊丛生"。⑥ 并进而指出，嘉庆年间"齐齐哈尔赌风最盛"，究其原因则是"流人设局渔利，寺庙店肆，处处为博场"，造成"贵贱老少"，罔不酷好投骰压宝，并有因此而破家者。⑦ 同时，他还认为当时东北"娼妓之辈，其始于流

---

① ［清］杨宾：《柳边纪略》，卷三，载《龙江三纪》，黑龙江人民出版社1985年版，第85、90页。
② ［清］吴桭臣：《宁古塔纪略》，载《龙江三纪》，黑龙江人民出版社1985年版，第245页。
③ ［清］张缙彦：《域外集》宁古风俗，转引自李兴盛：《中国流人史与流人文化论集》，黑龙江人民出版社2000年版，第112页。
④ ［清］杨宾：《柳边纪略》卷三，载《龙江三纪》，黑龙江人民出版社1985年版，第90页。
⑤ ［清］吴桭臣：《宁古塔纪略》，载《龙江三纪》，黑龙江人民出版社1985年版，第245页。
⑥ ［清］西清《黑龙江外记》卷六，光绪广雅书局刻本。
⑦ 同上。

人贱户，迫于冻馁为之"，但结果却造成"土人亦渐不自惜，狂夫引耶入室，公然与母妻杂坐；良妇率好冶容艳饰，出入于丛祠闹市间，甚至恣为狎嫟"。①

流人不仅寝坏当地风俗，其刑事犯罪也极大地破坏着当地的社会秩序。清廷逐渐认识到以上弊端之后，始有改遣之议。

二、清中后期流放实践的问题

随着乾隆朝《三流道里表》和《五军道里表》的制定，流放在内地与边疆地区全面展开，流放实践的问题更是进一步展露出来。

乾隆六年（1741年），遣犯自东北地区改发云贵烟瘴地方之初，云南总督庆复曾为《请严管遣犯及酌给口粮等事》上奏，其中大量篇幅痛陈流放给云南地方带来的问题，指出：

> 窃查滇处天末，民情向为淳朴，从前苗猓未驯，率多抢夺捆劫之事，而盗窃之案素为稀少。近自改发内地遣犯，人数甚多。臣查此等积猾凶徒，固应感激圣慈再生之恩，亟图改悔，但饥寒所迫，鹰眼难化。更兼州县印官不能留心管束，发到遣犯止有捐给口粮之虚名，不过拨役看管，交发里甲安插。而此等黠贼猾盗之辈，视边方拙朴之里甲及木讷无知之夷民竟如鱼肉，或索其轮流供赡，或恣其任意索诈，少不遂意，故行逃匿，以致连累勒追。是本著之良民，转受凶恶遣犯之扰害。更见地方一二贫困无聊之人，即为勾串教诱作匪，以年滇省各案，竟有烧闷香、调白换包及飞檐走壁之巧贼，皆由外省遣犯勾引入匪，大为人心风俗之隐害。②

可以显见，前述流徙东北中出现的问题，人犯累民，破坏社会秩序和寝坏风俗，仍旧出现在了云南地方，并且有过之而无不及。虽然清政府对此费尽心力，不断制定政策和法规加以调整，但这些问题终清一代也没有得到很好的解决。

---

① 同上。
② 《云南总督庆复为请严管遣犯及酌给口粮等事奏折》，乾隆六年二月初六日，哈恩忠编选：《乾隆朝管理军流遣犯史料（上）》，《历史档案》2003年第4期，第16页。

这类问题不仅出现在边疆和烟瘴地方，随着《军卫道里表》和《三流道里表》的制定和按表配发、内地大量人犯的安插，问题也逐渐显现。乾隆十年（1745年），浙江道监察御史薛澐曾针对内地流犯之弊指出：

> 臣闻各省地方有种无能之有司，遇有流犯到配，不思设法安顿，又恐兔脱致催参罚，遂发给地保，按照里甲都图分派，挨户轮值养育，即责令看守，在有罪之流犯公然安坐传食，在无罪之平民无故为其鱼肉。每当轮养之时，如款嘉客，供其醉饱，若稍不如意，便以脱逃恐吓，愚民惧其连累，止得百计周旋，恐其求索，甚至资其银钱。今日在甲，明日移乙，周而复始。而一日养育流犯之费，耗去数日仰事俯育之资，小民甚为苦累。①

其实，各省发往军流遣犯多为杀人窃盗、作奸犯科之徒，官府将其大量发往，由于缺乏有效的管理措施，这势必使这些流人累扰地方，寝坏地方风气。对此，陕西巡抚臣陈弘谋在乾隆十一年（1746年）的奏折中也指出：

> 军流人犯俱系素不安分之人，安置远方良民之中，杂以奸匪，日积月累，遣犯益多，实足贻累良民。陕省各属从前发到军流人犯，不免有分派里甲轮养之事，平时则为匪肆窃、引诱良民，一有脱逃，则主守里民更为受累，民间深以为苦。②

上述流犯到配按户轮养，不但严重地累扰了地方人民，败坏了当地的风气，也使得律例通过流放来惩戒罪犯的目的落了空。不仅如此，军流人犯多匪类亡命之徒，凶恶成性，他们聚集一处，沆瀣一气，把持地方事务，聚众赌博、打架斗殴等破坏流放地方治安的事件也层出不穷。

早在雍正六年（1728年）流徙关外时期，就出现了披甲人查书夫妻父子弟妹及叔祖母九人，俱被赏伊为奴之犯纪二杀死一案，清廷大为震惊，雍正帝上谕要求严遣犯不法之例。规定：

---

① 《浙江道监察御史薛澐为请除流犯到配按户轮养之弊事奏折》，乾隆十年三月二十八日，载哈恩忠编选：《乾隆朝管理军流遣犯史料（上）》，《历史档案》2003年第4期，第22页。
② 《陕西巡抚陈弘谋为酌改发军流罪犯事奏折》，乾隆十一年正月初十日，载哈恩忠编选：《乾隆朝管理军流遣犯史料（上）》，《历史档案》2003年第4期，第28页。

> 嗣后若仍有凶暴者，不论有应死不应死之罪，伊主便置之于死，不必治罪，但将实在情节报明该管官，咨部存档；其发遣当差之犯，不守法度被该管官打死者，该管官亦免议，但将情由报部存档；若当差、为奴人等与平人斗殴被打身死者，平人从宽减等。①

道光年间，贵州地方曾出现了军流人犯把持民间殡葬之事，性质极其恶劣。据御史袁文祥奏："贵州省到配军流人犯，专为平民殡殓埋葬，该犯等挟制讹索，不许丧家雇工埋葬，辄于夜中行窃，甚则拨土开棺，剥取衣物，以致有丧之家，多以香火炷毁衣衾等物，然后入殓。"这使得清廷认识到此等人犯"挟制讹诈，开棺弃尸，残忍已极"，"不可不严行拿究"，道光帝为此寄谕贵州巡抚贺长龄，要求"嗣后民间殡葬之事，一听丧家自便，不准军流人等任意把持，藉端勒索，倘该犯等再有盗窃及发冢各案，即行严拿务获，从重加等治罪，毋许稍有玩纵，以除凶暴而靖闾阎"。②

咸丰年间，地方军流遣犯还曾出现了聚众卖烟聚赌，借开小押，广收贼赃的事件。根据御史张沣翰上奏所称：

> 陕西宝鸡县有遣犯孙三、张二、田四，卖烟聚赌，并恃强向铺户居民赊借，稍不遂意，即持械寻殴。又安徽歙县遣犯，多发各乡镇居住，藉开小押，广收贼赃，诱人赌博，重利盘剥，平时勾通差役，纠集亡命，横行无忌，平民多受其害。③

对此，直到19世纪50年代末，长期在华的美国传教士迈克哥温仍以自己在中国中部的浙江省，尤其是在其港口城市——宁波的见闻指出：

> 流刑犯还有一种与乞丐相类似的"特权"——向商店老板乞讨一些零花钱。与乞丐一样，流刑犯也形成一个团体，由该团体的首领每季度一次，或每年一次向商店老板索取。与乞丐相比，这些流刑犯里最穷的那些也都过得不错，他们每人都有自己的营生方式。几乎所有的做旧货买卖的商人都来自这些流刑犯。他们放高利贷，把手头的小额钱银借给

---

① 《清朝文献通考》卷二百三，刑考九，徒流，配没。
② 《清宣宗实录》卷二百九十一，道光十六年十一月丁亥。
③ 《清文宗实录》卷七十四，咸丰二年十月戊戌。

急需费用的穷人,并收取月利为20%的利息。这些流刑犯还收受赃物,他们与盗贼沆瀣一气,另外还与官府的捕快互相串通。他们随时准备为了钱去替人争斗,如果被雇为打手,他们又费尽心机装作有法律撑腰。虽然这些人刁钻难缠,有时还会身陷法网,或被人痛殴。几年以前,在宁波东部曾发生一场乡民反对食盐专营制度的骚乱中,就有大约20名流刑犯被杀死。这些流刑犯受雇于官府来平息这场骚乱,他们被认为比军队更有用,事实上他们的确也做得不错。①

可见,很多时候这些流放地人犯累扰民人以致形成了"特权"。他们之所以能如此,多是由于地方官"不行管束",甚至官府与人犯勾结串通,利用这些罪犯的不法行为获取好处。这使得很多人犯"即使遇到大赦,他们之中也有许多人宁愿留在当地按他们现在的方式生活,而不想回到原籍去过一种无定的生活"②。刑犯的累扰不仅仅在流放地方,在押解人犯的过程中,沿途的百姓也往往不能幸免。迈克哥温曾指出:"流刑犯在去流放地的旅途中沿途抢劫,小客栈老板及乡民们都不敢表示反抗,也许这部分是因为,负责押送的兵卒们也从中分得了一部分好处。"③

流放这一以"无害化"为目的的流远措施,虽然暂时使得当地的秩序得以维持,然而,流人对于流放途中及流放地方的累扰却一直成为清代流放一个难以克服的问题。流放人犯成了各地最不受欢迎的人群之一。一些地方在乡规中明确提出不允许此类军流人犯进入。我们今天还发现了部分清代由地方官府出面颁文刻石的"示禁碑",为我们研究这一现象提供了难得的文物史料。如福建省闽侯县南屿镇际上村口古榕树下,竖有一块石碑,刻"奉宪"二字,下竖刻"福州府侯官县正堂周示:严禁乞丐、麻风、军流(?)徒犯不许入乡□□。同治元年(1862年)腊月吉日立"。④ 另外,闽侯县竹岐乡山洋村一座庙的西墙也发现一面镶于墙中刻有"永远示禁"字样的清代石碑。该碑约600字,碑文指出,同治四年十二月,十四都桔洋、山洋、下洋等村陈义丰等乡民联合呈文报告称,近年来,该乡屡有散兵流犯、麻疯乞丐结群到乡间勒索,掠取财物,希望县府派人调查,并出示"永远严禁"令,以杜绝

---

① D. J. MacGowan, M. D. On the banishment of criminals in China. Journal of the North China Branch of the Royal Asiatic Society. 3:293-301, 1859.
② 同上。
③ 同上。
④ 《福州晚报》2006年2月20日。

祸患。为此，县府出示"永远严禁"令，告示流丐人等，只许初一、十五来乡善求，不得恃众吵扰，强讨诈索。告示自公布之日起，如有违令者，乡民可协同村保将其押送县府处理。①

虽然清代政府对于人犯管理有着严格的规定，但由于清中叶以来地方吏治腐败，受贿成风，官员对于当地流人多疏于管理，甚至"不行管束"，致使许多制度规定成为具文。对此，咸丰初年御史张沣翰曾指出："各省州县，安置军流徒犯，往往由配脱逃，潜往他处滋事；或在配所结党联盟，肆行不法，商民辄受其害。此等人犯，大率凶恶性成，如果地方官严加管束，无难消其桀骜化为善良。无如近来该管官积习相沿，漫不经心，或听其散处，或任其远扬，及至别滋事端，又复意存回护，巧为开脱。即如兵部前奏、乌鲁木齐脱逃遣犯，竟至六百七十八名之多，其未经查出者，尚不知凡几。"② 有关受贿问题，传教士迈克哥温也曾指出："被要求执行刺字的人们往往通过付一小笔钱财贿赂，就可以免除刺字带来的永久耻辱。"③

由于清政府对于军流人犯疏于管理，因此这些外来人犯不仅能够在流放地作威作福，而且还能够轻易脱逃，致使作为降死一等的流放刑罚无法起到威慑作用，一些无赖之徒视遣戍为儿戏。《清稗类钞》一书中就记载了这种情况：

> 凡冤狱不得直于本省官长，则部控，又不能直，乃叩阍。然叩阍极难，其人须伏于沟，身至垢秽，俟驾过时，乃手擎状，扬其声曰冤枉。如卫士闻之，即时捉得，将状呈上，其人拿交刑部，解回原省。或言专有一等人，代人为此，亦不须多钱，缘此等本是丐流，既得讼家钱，且解省时，沿途均官为之供食，狱结，照例充军，又可中途脱逃，为此者极多。且非此辈，则何时候驾，如何递呈，亦不能如式也。④

这里法律虽然规定代人叩阍照例充军，但还是"专有一等人，代人为此"，并且"不须多钱"，"非此辈，则何时候驾，如何递呈，亦不能如式"。俨然他们已把代人叩阍当作了一种职业。这类人并不把充军流放当作一回事，

---

① 《福州晚报》2007年12月9日。
② 《清文宗实录》卷七十四，咸丰二年十月戊戌。
③ D. J. MacGowan, M. D. On the banishment of criminals in China. Journal of the North China Branch of the Royal Asiatic Society. 3：293–301，1859.
④ 徐珂编撰：《清稗类钞》（第三册），狱讼类，中华书局1984年版，第975页。

并且很多时候还能够伺机"中途脱逃"。

以上所举数例仅是清代流放刑罚在实施过程中问题的初步观察。这类问题自清初流放制度实施之初就已经出现,尽管清廷针对不同的问题有过不同程度的调整,然而此类问题在有清一代层出不穷,不绝于书。

三、清代的官犯发遣问题

在普通流放实践暴露越来越多问题之时,作为"成案相沿"而成的官员发遣问题也逐渐暴露出来。官员作为朝廷统治集团的代表,其遣戍要经圣裁,遣戍过程一旦出现问题对于统治集团的震动也比较大。皇帝驾驭百官恩威并用,官员发遣以皇帝意志为准,历来弊端丛生。

嘉庆朝发生的秀林案向我们展示了一个较为细致的官员遣戍问题图景,是认识清代吏治腐败影响官员流放实践的一个生动事例。嘉庆十五年(1805年)二月二十七日,因参局舞弊,上交官参中,吉林"票参"最次,59斤7两5钱参中,堪用参仅1斤12两,掺有"秧参"37斤13两,带铅条泡丁参15两。宁古塔"票参"稍好,17斤12两8钱参中,堪用参8斤12两。是日,令将掺假参一律如数退回更换,如不足数,分别定价折银补款,并追究吉林将军和宁古塔副都统罪责。①

七月二十一日,吉林等处私种"秧参"并多收参余银两案发。前任吉林将军秀林侵蚀银达三万数千两之多。前任副都统达禄、伊铿额,前署将军降调副都统布兰泰侵蚀银或千余两,或数千两不等。是日,令将秀林、达禄、伊铿额、布兰泰革职问罪,交军机大臣会同刑部严查。阿勒楚喀、三姓、伯都讷副都统以及参局协领萨音保、钱保、托克通、阿青山、佐领明保、富通阿、仓官富珠礼、骁骑校穆隆阿、驿站监督萨英额,笔帖式武凌阿等均受牵涉,俱令摊赔,一并收执查处。② 至十一月十一日,原任吉林将军秀林因在吉林参案中侵吞巨款,清廷令其自尽,以示惩处。这便是当时震动一时的秀林案。

此案引发有关对于官员遣戍问题的关注,是在七月份此案案发后不久,复查出吉林将军秀林"将娶索之银,恣意交结,单内于绷武布名下,有代修造住房,资助盘费多次,并代为完缴官项,甚至馈送节礼,前后计银九百八十余两"。绷武布为喀喇沙尔、乌什等处办事大臣,前因罪发吉林效力赎罪,

---

① 参见王季平主编:《吉林省编年纪事》,吉林人民出版社1989年版,第118页。
② 参见《清仁宗实录》卷二百三十二,嘉庆十五年七月癸酉。

然而因为有秀林等人的庇护和资助，使得"其在彼，不但不当苦差，而且得任意花销，度节取乐，全无畏惧"。此事令清廷"殊为可诧"，绷武布前已弃瑕录用，嘉庆帝令"著即革职，仍行发往吉林效力赎罪，该将军等不准按期奏请，总俟朕旨意"。① 并为此谕内阁指出：

> 近来诸臣内执法者少，废法者多，大率不肯存任怨之心，而惟知蹈市恩之习。夫立法创自祖宗，百余年来，奉行勿替，朕只守成宪，诸臣即皆系佐朕执法之人，自当有善同赏，有恶共罚。况本朝法度公平，一切断罪论刑，从无过严失当之举，设使有过严失当者，诸臣亦惟当执法论奏，苟所奏得当，朕亦无不权衡末减。岂有阳奉阴违，私向罪人昵比之理？即如近日查出绷武布等获罪之后，发往吉林，彼时秀林等，竟为之代修住房，资助盘费，并且为之措缴官项，甚至馈送节礼多次。风闻各处遣戍官犯，竟有与将军并坐共食者，岂不可骇？朕于臣下所犯罪名，区别详慎，其罪不至死者，按照定律别军流。至于大臣问拟遣戍者，大率案情本重，尚不至于死，是以止坐谪戍，令其备尝艰苦，至于日后或加恩释回，或令其多住数年，或竟不准释回，皆必详审再三，归于至当。乃朕方令其折磨改悔，而该处大臣，转为经营曲庇，安其服食，便其起居，俾得花销逸乐，尽忘戍所之苦，岂非背法而行，必欲与朕意违拂乎？且人情照应，谁则能免，果系旧交戚好，现非执法之人，逢有谪戍远行，解囊资助，此亦情事之常。若秀林等正系该处执法大臣，何得与本处罪人私相交往？况其所给银两，又非己资，不过将婪索赃私，供其挥霍。盖缘伊等在彼，亦自知营私败检之事，难免人知，豫恐发往之人释回传播，既可藉此弥缝，而又结交见好，豫为他日地步，其居心岂复可问乎？②

从该上谕可以看出，清廷已经认识秀林案出现的问题并非个别现象，而是普遍发生在"各处遣戍官犯"当中，并已经达到了"可骇"的地步。对于当时官员发遣中出现的问题，嘉庆帝认识也颇为清醒，指出其"所给银两，又非己资，不过将婪索赃私，供其挥霍。盖缘伊等在彼，亦自知营私败检之事，难免人知，豫恐发往之人释回传播，既可藉此弥缝，而又结交见好，豫

---

① 《清仁宗实录》卷二百三十二，嘉庆十五年七月癸酉。
② 《清仁宗实录》卷二百三十二，嘉庆十五年七月丙子。

为他日地步"。然而，嘉庆帝对于诸臣"执法者少，废法者多"的现象又颇多无奈，并认为其危害严重：

> 此等特旨发遣之人，该处大员，尚敢如此庇护，无惑乎上行下效，各处地方官于发遣流徒常犯，皆一味博宽厚之名，全不认真管束，以致在配脱逃者，络绎不绝。如昨日广西逃遣，复来行在叩阍，成何事体？各省刑禁弛纵如此，国法安在？朕办理刑政，从不肯有意从严，天下臣民共知共见。而大臣中乃敢市恩取悦，徇私废公，则是朕之所恶，必欲庇之；国之所弃，必欲全之，将宪典竟可阻挠，罪人无所儆惧。朕岂肯以国家成法，任伊等废弛，将来势不得不大加整顿，激成猛以济宽，朕亦无如之何矣。①

最后嘉庆帝以"谆谆训诲至意"谕旨通告内外，要求诸臣工"各屏去私心，凛遵法度，勿徇情邀誉，自蹈重愆"。只是此时清王朝已经开始走向没落，地方吏治腐败，贪污成风，仅仅凭借一纸上谕的谆谆教诲是不可能遏止官犯管理中出现的上述问题的。直到是年十月，嘉庆帝还针对官员遣戍受该管官资助问题和发遣为奴之犯及发遣太监纳资赎身问题，特通谕各将军都统等，要求：

> 该管地方，凡有官常人犯，发往为奴及当差者，俱遵照定例派拨，令其服勤习苦，其纳资赎身恶习，严行禁止。经此次饬禁之后，如有再犯者，加倍治罪，查系该管大员徇私废法，从严究治；如原给之主私行卖放者，交该管官查明，一并惩处。②

可见，官员因事获罪，问拟遣戍，罚令亲尝艰苦稍赎罪愆，然多有该管将军与官犯并坐共食者，有代为修理房舍、致送节礼者，并"徇情坏法，相率效尤，恬不为怪"，这便使得"遣戍之员，转以在彼安逸，毫无苦惧"。即便普通民人发遣为奴，其人略具资财，也多"向所分之主赎身以后，即听其所往，或择地谋生，或潜行逃遁，及至点卯时查出，而所给之主，公然以业经赎身与伊无涉登覆。其太监缘事发遣为奴者，亦以赎身在彼闲散自由，且

---

① 《清仁宗实录》卷二百三十二，嘉庆十五年七月丙子。
② 《清仁宗实录》卷二百三十五，嘉庆十五年十月乙未。

有置产经营者,及释回后,反甘心犯法,情愿再遣,是以国家严惩罪人之例,竟听伊等私行卖放,以致罪人无所儆畏,以远戍之地为乐土"。①

秀林案所暴露出的秀林以贪赃所得资助交结废员绷武布的事件只是清代流放问题的一个典型代表。对此,清廷虽然在震惊之余,极力整顿并对诸臣"谆谆教诲",但显然收效并不很大。吏治腐败致使各级官僚对于流放过程的干预,在清代流放实践中频繁出现,并屡禁不止。

另外,传统社会皇权干预司法的现象对清代流放的影响也很大。封建统治者为了维护自己的统治,稳定社会秩序,需要制定一套完备的法律制度,并根据统治阶级的意志和利益,使之不仅"编著之图籍,设之于官府,而布之于百姓"②,且还要充分发挥其作用,以实现统治阶级的有效统治。因此,统治阶级在严刑峻法治理百姓的同时,也十分注重严以治吏,要求各级官吏知法、执法、守法,恪守法纪。然而,君主本身则可以不受这种法律制度的制约,可以立法、用法,也可以随意干预司法。特别是随着中央集权制度的不断加强,封建君主这方面的权力更是无可比拟,皇帝的话就是超越于一切国家法律之上的"金科玉律"。皇帝拥有最终的司法权力,可以决赏罚,断生死,"妄赏以随喜意,妄诛以快怒心"③,"人主好宽则宽,好急则急"④。可以说整个封建社会都是法治其外,人治其内的。虽然清政府对于职官犯罪有着种种明确的规定,但皇帝出于自身好恶和利益考虑,使用皇权干预司法的例子不胜枚举,这在清代的官犯发遣实践中表现尤为明显。

乾隆四十三年(1778年)的《麝香山印存》案,就是典型的代表。云南试用知县龙凤祥因贪污被流二千里发解贵州,在配所穷极无聊之中,将旧存新镌印出图章,粘贴成本,"希图送人获利"。时值贵州地方奉旨查缴违碍书籍,被查出"图章语多有狂诞不经之处",并"另有不法悖逆字迹",龙凤祥随即被严刑锁拿查问。贵州巡抚循例将案情奏闻乾隆帝御览。乾隆皇帝经过"细加搜阅"后,尽管下谕旨定性:"并无悖逆不法字句,毋庸照逆案办理",但却根据"语多傲慢",从而推断"必系疏狂浮薄之徒",遂谕示:"将来审明定案时将该犯发遣伊犁等处"。这等于先于司法审判就给案件下了定论,地方和中央司法官员就只有遵照谕旨办理,而无法依法处理了。他们依样定案

---

① 《清仁宗实录》卷二百三十五,嘉庆十五年十月乙未。
② 《韩非子》难三第三十八。
③ 《汉书》卷四九,爰盎晁错列传第一九。
④ 《旧唐书》卷七七,刘德威列传第二七。

后还不忘要颂扬"皇上准情酌法,圣训祥明","圣明洞烛"。① 清统治者还为了体现自己勤政爱民,大公无私,标榜"从不以语言文字罪人"②。但我们也知道清代是以文字狱次数多、规模大、惩处严酷而著于世的。据学者统计,清代文字狱当在 160—170 起左右,比历史上其他朝代文字狱总数还要多。③ 这些案件多系皇权专断的结果,清代的中央集权发展到了顶峰,皇权对司法的干预也达到了极致。这也说明,在封建专制主义统治之下,偶尔出现"完全不法的状态代替了'法治状态'"④也是必然的。清代官员的问罪发遣,除部分因贪赃等罪触犯刑律者,其因皇权干预而无罪流放者也不在少数。流放成为统治阶级排斥异己的一种便利工具,受到历代统治者的青睐。

第二节 清代流放体制性困境探析

通过上述清代流放实践的初步考察,我们已经观察到流放过程中存在的诸多问题。虽然清廷针对各种情况不断加以调适,但问题仍层出不穷。其实,在上述问题的表面现象之外,清代的流放还存在着更大的体制性困境。这些困境本身暴露更多的流放问题,它们才是清代流放问题不断的根源。

一、清代流放的制度困境

清代流放沿袭前代,在正刑流刑的基础上,又有闰刑迁徙、充军和发遣等诸刑。然而,流放刑罚种类繁多,律文条例之间混乱参差,给具体的流放司法实践带来了很多问题。其中,最为主要的是流放刑罚中三流和五军的等次问题。

流刑沿袭古制,分为二千里、二千五百里、三千里三等。前明无五军之名,道里远近亦无定数,清朝沿充军之名,初亦皆发边远安置,康熙年间定为五等,曰附近、曰边卫、曰边远、曰极边、曰烟瘴。雍正三年,始据兵部

---

① 龙凤祥《麝香山印存》案,《清代文字狱档》(增订本),上海书店出版社 2011 年版,第 198—202 页。
② 谢济世著书案,《清代文字狱档》(增订本),上海书店出版社 2011 年版,第 3 页。
③ 张兵、张毓洲:《清代文字狱研究述评》,《西北师大学报(社会科学版)》2010 年第 3 期,第 55 页。
④ 恩格斯:《英国状况 英国宪法》(1844 年 3 月),《马克思恩格斯全集》第 1 卷,人民出版社 1995 年版,第 702 页。

题定《中枢政考》及《邦政纪略》内发遣道里省份,定为附近二千里、边卫二千五百里、边远三千里、极边、烟瘴俱四千里①。后因卫所裁撤,"遂以附近、近边、边远、极边、烟瘴为五军,且于满流以上,为节级加等之用。附近二千里,近边二千五百里,边远三千里,极边、烟瘴俱四千里"。② 然而,"满流加附近、近边道里,反由远而近,司谳者每苦其纷歧"③。对此,清末律学家薛允升很早就指出,"古人制律,减死一等即为满流,前明以流罪为轻,而加拟充军。本朝于充军之外,又加拟为奴。迨至为奴之法穷,而仍改充军。而所谓充军者,仍与流犯无异",所以认为"何必多立此项名目"。④并进而提出"若以为满流之上罪无可加,不得不示以等差,似应专留极边足四千里安置一层,其余附近、近边及边远,极边均行删去"。⑤

之后,沈家本也在其所著《充军考》中因充军"今日情形名存而实亡","名同而实异",指出"其窒碍难通者约有数端":

> 明不以充军为流罪之加等,随事编发,故不计道里之远近,今既以军为流之加等,而流三千里者加为附近转近千里,是名为加重,实则从轻矣。新章满流即加极边,而例内附近、近边、边远皆未改定,将用新章乎?抑不用新章乎?此其窒碍者一。明不以军为本罪,笞杖徒流依律定罪而随宜编发,故尚少窒碍,今既以军为本罪矣,而笞杖徒流一概充发,遂有同律同例之罪名徒流不充军,而笞杖转充军者,轻重倒置不得其平,此其窒碍者二。名之为军,乃不属于军而管束责诸州县,既无可既无可供之役,更无可食之粮。各州县名为管束,而竟无管束之术,不过空文一纸,发充看役而已。居处听其自主,衣食听其自谋,其逃也,听之;其不逃也,听之。非州县管束之不力,势使然也。此其窒碍

---

① [清]沈家本:充军考(下),载《沈寄簃先生遗书》,中国书店海王邨古籍丛书1990年影印本,第546页。
② 《清史稿》卷一百四十三,志第一百一十八,刑法二。
③ 同上。
④ 胡星桥、邓又天主编:《读例存疑点注》卷六,名例律,徒流迁徙地方,中国人民公安大学出版社1994年版,第112页。
⑤ 胡星桥、邓又天主编:《读例存疑点注》卷六,名例律,充军地方,中国人民公安大学出版社1994年版,第122—123页。

者三。①

针对以上情况，沈氏认为清代充军"有乖用法之常经，失其初意，谓之无法。乖乎常经，谓之非法。无法非法，而二百数十年来沿袭焉，而奉以为法，不思通其变而救其弊，此事之不可解者也"②。

尽管三流五军存在诸如以上所述体制混乱的内在问题，然而"二百数十年来因仍未改"，一直固守其传统的体制。③

这种状况一直持续到光绪九年（1883年），是年十月三十日，刑部因各省军流徒犯脱逃日众，亟应变通整顿，请旨饬下各省体察地方情形妥议安置，并要求就"军犯附近、近边、边远三层，如何量加裁减"悉心通盘筹划条议具奏。旨下后各省就地方情形上疏，至十一年（1885年）除江西、广西二省外，各省均已据实覆奏。④ 显然，这是一次全国规模的对于各省安置军流徒犯的整顿。此次对于流放刑罚的整顿其力度之大、参与范围之广，在整个有清一代都是较为罕见的。面对当时全国范围内军流徒犯逃亡日众，管束不力以及流放刑罚体制混乱所造成的司法危机，清廷不得不出面加以调整。这一全国范围内的整顿为解决流放刑罚三流五军等次混乱问题提供了很好的契机。

针对解决三流五军等次的问题，各省大都承认"部议附近之军重于满流，而实则反轻，不可不变通办理"的说法，只是对于提出具体方案，各省督抚则多数囿于形势，含糊其辞。如四川总督丁宝桢在光绪九年十二月初七日所上奏疏中所陈："酌留极边四千里及烟瘴充军二项，其余附近、近边、边远三层，量加删减之处，诚为核实。惟事关数百年旧法，可否变通？应由刑部汇核办理，非臣与该司一隅之见所敢妄议。"⑤ 属理湖广总督湖南巡抚卞宝弟和湖北巡抚彭祖贤则在光绪十年（1884年）二月二十四日联名具奏"照部议舍附近、近边、边远三层，均定为满流，满流加等则定为极边充军，真所谓简

---

① [清]沈家本：充军考（下），载《沈寄簃先生遗书》，中国书店海王邨古籍丛书1990年影印本，第546页。
② 同上。
③ 同上。
④ [清]刘锦藻：《清朝续文献通考》卷二百五十一，刑考十，徒流，军遣附。由于"江西、广西二省尚未据覆奏"，经刑部督催"应由该督抚妥速奏明"来看，该二省的奏疏不久也将上奏。
⑤ [清]丁宝桢：《遵照筹议军犯情形疏》，载葛士浚辑：《清朝经世文续编》卷八十四，台北文海出版社有限公司印行，第2161页。

要而覈实"的同时,也提出"若谓数百年旧法未可变更,则请以附近之军到配加枷号若干月日,近边、边远以次递加"。① 东三省地方盛京刑部文绪、禄彭则于是年闰五月二十四日的奏疏中指出:"部臣以沿袭虚名,恐科罪有彼此参差轻重倒置之处,拟于五军内酌留极边、烟瘴二项为流罪加等地步,而删减附近、近边、边远三层,以明示区别,期于立法用法两无所妨,所论实为简要,事关变通成法,仍请由部覈定以凭遵办。"② 陕西巡抚边宝泉会同陕甘总督谭钟麟于是年九月三十日奏疏虽认为"充军之例,自边卫裁撤后,无防守巡营之劳,与流罪名异而实同,附近比较满流,反觉轻重倒置,实不可不为变通",然而仍指出"部议删减附近、近边、边远三层,酌留极边四千里及烟瘴二项,为满流加等地步,洵属简要"。③ 即便是当时的光绪皇帝,也在其朱批中指出"附近、近边、边远充军三层均改满流似亦简要",认为"不可轻率更张"。④

可以看出,虽然各地督抚针对流放刑罚的体制问题大都洞明于心,然均揣摩圣意,无人力主遽行改革。最终刑部根据各省督抚奏议的结果,亦指出:

> 今拟删去附近、近边、边远三层,律例内条目纷杂,诚多窒碍。即添加枷号不特与例改发各项重复,且军犯本罪加枷者甚多,若再行加枷,更属太重。详加斟酌附近、近边、边远三军,虽与三流道里相同,然各从本罪加等,尚系由近及远,惟军流交关之际,满流三千里加一等发附近二千里充军,则反较本罪近一千里,未免轻重倒置。现在军犯无军差可当,而各省安置军犯亦与流犯无异,欲从今日而区画军流,只有以道里远近分轻重。即谓五军罪名沿袭已久,未便全行节删,而满流加等之犯,悬绝太甚又失情法之平,应请凡系由三千里加一等者,均改发极边足四千里充军,其余均从其旧,似此量加变通,庶不必尽更成法,已足稍示区别矣。⑤

从而,一次能够很好地解决三流五军等次的契机,因清统治集团内部各

---

① 中国第一历史档案馆编:《光绪朝朱批奏折》第一一〇辑,中华书局1996年版,第85页。
② 同上书,第86页。
③ 同上书,第99页。
④ 同上书,第85页。
⑤ [清]刘锦藻:《清朝续文献通考》卷二百五十一,刑考十,徒流,军遣附。

级官员的保守和互相推诿而错失。清王朝流放刑罚体制混乱的情况依然如故，这种情况一直延续到清末修律时期。光绪二十九年（1903年），清政府着手修订法律，"刑部奏准删除充军名目，将附近、近边、边远并入三流，极边及烟瘴改为安置，仍与当差并行。自此五军第留其二，而刑名亦改变矣"①。

这次整顿的结果不仅没有最终解决三流五军的等次问题，反而更加充分地暴露了清代流放刑罚体制中管理不力的弊端，这也正是军流徒犯脱逃日众的根本原因。对于清代流放刑罚管理体制中的弊端，奉旨疏陈地方情形的各省督抚在奏疏中均有反映。如四川总督丁宝桢指出："军流徒犯既无差役以拘其身，又无月粮以糊其口，安置未有良法，主守徒存虚名，此种罪犯大率素不安分，窃盗之徒，尤多处此冻馁交加，则其循循安守势有不能"，并认为此等人犯诚如刑部所云，"有不能不逃之势，更有可以脱逃之机"。② 湖北巡抚彭祖贤也指出："就湖北一省而论，在配脱逃者，无岁不有，近年尤多。盖因光绪七年五月十四日、八月二十二日两次恭逢恩诏，各省减等人犯发配湖北者不下数百名，逃者甚多。"③ 陕西巡抚奴才边宝泉虽然认为"立法不为不周"，但也指出"无如奉行日久，有名无实，州县因处分之轻漫，无钤束各犯乏资生之计，动辄潜逃"。④

为了解决上述流放管理中的弊端，各省都提出了相应的对策，"或代为筹给口粮，或责令学习手艺及小贸营生，或分别罪犯之老壮强弱妥为安插，或拨给正佐文武衙门充当杂役及戍边捕盗等"，"各省所议，有与成例相符者；有于成例之外量加变通者；无非因地制宜，求其有济"。⑤ 然而，上述安插处置之法，并没有起到"以资补救"的作用。各省所论者多作表面文章，很少落到实处，人犯仍逃亡日众。

二、清代流放的财政困境

与此同时，由于财政性困难给流放制度带来的问题也颇为值得关注。流放刑罚给人的初步印象便是其成本的低廉，对此，当时一些西方观察者即指

---

① 《清史稿》卷一百四十三，志第一百十八，刑法二。
② ［清］丁宝桢：《遵照筹议军犯情形疏》，载葛士浚辑：《清朝经世文续编》卷八十四，台北文海出版社有限公司印行，第2160页。
③ 中国第一历史档案馆编：《光绪朝朱批奏折》第一一〇辑，中华书局1996年版，第83页。
④ 同上书，第98页。
⑤ ［清］刘锦藻：《清朝续文献通考》卷二百五十一，刑考十，徒流，军遣附。

出,"这种方式非常具有创建性,同时还不需花费多少钱财","既经济又有实效,只有天才才想得出这一招"①。然而,实际情况却并不总是如此,维持流放制度的正常运行往往要为此付出高昂的代价。

流放刑罚的花费主要包括人犯的递解和在配管理两个方面。罪犯递解的长途跋涉和管理的遥遥无期,不仅要消耗掉政府大量的人力物力,还要花费大量的财力。清政府为了维持流放的低廉成本,尽量压低各个层面的投入,这便造成清代流放由于资金不足而产生种种弊端。从而财政问题成为困扰清代流放制度难以逾越的一大问题。

如前所述,在罪犯递解过程中,政府要承担递解费用,还要提供人犯的日常饮食,在乾隆朝停止家属官为资送之前,人犯家属的生活费用也要由政府承担。这些花费包括递解差役的费用,人犯每日的口粮、盐菜钱和车价银等。

清代政府给予递解差役的费用极少。瞿同祖先生甚至考证指出:"衙役被委派押送罪犯或递送公文到另一个衙门时,不仅要自理旅差费,还要向接送的上级衙门的书吏或衙役支付陋规费。"② 但据现有史料我们能够看出参与办案的衙役还是能得到一部分办案费,尽管这笔费用很少。以光绪三十二年(1906年)巴县的案费为例。该年巴县的案费中有关递解人犯的花费中曾规定:

> 解省犯人解费,一案一犯原发解费60千文,后减为45千文,每加一犯加发40千文。解府、道军流徒犯,一案一犯发解费钱30千文,每加一犯加发20千文。解府人犯,一案一犯发解费钱15千文,每加一犯加发10千文。③

这笔费用对于押解军流遣犯长途跋涉的差役来说是微乎其微的,很难维持其日常生活,更不用说用来养活家庭了。然而,这对于清代的地方政府来

---

① [英]麦高温著,朱涛、倪静译:《中国人生活的明与暗》,时事出版社1998年版,第164—166页。
② 瞿同祖:《清代地方政府》,法律出版社2003年版,第109页。
③ 四川大学历史系藏:《巴县档案抄件》,总号:民刑,分类号:总类29。转引自史玉华:《清代州县财政与基层社会——以巴县为个案》,上海师范大学博士学位论文,2005年,第120页。

说，已经是一个极为沉重的负担了。

此外，清代差役的薪水也非常低。明代充当衙役是人们必须供服的一种徭役，但也允许人们交一笔钱代替实际服役，官府再用这笔钱去雇人代役。这种制度沿至清代，于是一种非常低的薪率便逐渐固定下来。据瞿同祖先生考证认为，清代衙役的平均年薪一般是6两银子，其最高薪水也不会超过12两。① 对此，清人傅维鳞也曾指出："一役之工食，每年多不过十二两，或七两二钱，每日不过三二分"，并认为每日薪水的这一数目"仅供夫妇一餐之用"而已。② 即便是如此低下的薪水，也往往发不到差役们的手中。有报告指出，衙役们的薪酬全部花作办公费用了，一点也没有剩下来供给他们自己及其家庭。③ 有学者甚至以清代巴县的例子指出：只有额设差役才有工食银，除民壮每年12两以外，其他每年只有6两的工食钱，每天不到29文钱的收入。大量的差役基本上是没有工食银的。④ 即使如此，却仍有不少人投充差役，主要原因在于投充正身差役后，这些人除了微薄的工食银及免除徭役外，还可以借助权势获得部分非法收入，索取应差的各种陋规费。由于州县官们已经认识到衙役们的薪水不敷生活，所以一般都容忍他们索取扰害。而那些在狭小僻远地区的捕役因无法获得此类陋规费，日子则过得像乞丐。⑤

由于清代差役薪水低微以及政府提供解费不足，从而使得解囚对于差役而言成了一项赔本苦差。在清代军流遣犯的递解过程中，差役们往往会寻求逃避这一差事或以其他方法来弥补解囚造成的损失，这便使得清代的流放过程弊端丛生。

如果不幸被轮上解囚的差事，原差有人则会雇请他人解囚上路，而自己在本县需索使费，供散役开支。时人包世臣对此曾这样描述：

> ……承办原役不过一二名，及至解犯，例须一犯二解。本役督解，势必雇请散役；又人犯到官，未经定罪收禁之前，皆须原役供给饭食；

---

① 参见瞿同祖：《清代地方政府》，法律出版社2003年版，第108—109页。
② [清] 傅维鳞：《亟更役法疏》，载贺长龄、魏源等编：《清经世文编》（上册）卷二十四，第620页。
③ [清] 徐栋辑：《牧令书》卷二，江苏广陵古籍刻印社1990年版，第56页。
④ 史玉华：《清代州县财政与基层社会——以巴县为个案》，上海师范大学博士学位论文，2005年，第120页。
⑤ 参见瞿同祖：《清代地方政府》，法律出版社2003年版，第111页。

又解役到司府时，例须一人在监伴犯，一人在外筹送囚饭，苦秽情状，非齐民所堪。故应雇之人，大约无赖匪徒，系原役按照解审正限核计，将囚饭、役食算交雇役，外加雇值若干、使费若干言明，若到上发审稽延，计日再加。本役名为督解，实不上路。①

然而，这种做法存在很大的风险，不仅存在被其他同差兵役检举揭发的风险，也可能被解差途径州县的官员发现。而一旦雇人代解的作弊行为被发现，不仅逃避差役的要被处杖刑并被革役，顶差的人也要被处杖刑。有这种作弊行为的差役是不应该存有侥幸心理的，因为一同派差的兵役如果不检举以及途径州县的官员隐匿不报的话，他们也要承担连带责任。②

对于那些不得不承担此项差事的衙役来说，为了弥补在递解人犯过程中的不足，往往会采取各种不法的手段为自己牟取私利。他们之中有人对囚犯或其家属敲诈勒索，强夺囚犯财物，否则就在解囚途中对囚犯"擅加枷锁，非法乱打"③；有人则在解囚途中纵容囚犯趁火打劫，去抢夺他人财物；有人收受囚犯或其家属的贿赂，任由囚犯雇请别人来顶替这一痛苦的过程，而囚犯本人则以比较舒适的方式前往被解往流放地；有人甚至收受贿赂，故纵囚犯脱逃，而自己躲避一阵了事。当然，上述方法都有一定的风险，清廷对于上述情况都规定了严厉的惩处措施。如为了防止兵役在解递过程中对人犯及其家属凌虐勒索，定例："凡押解兵、役驿夫人等敢于中途奸污犯人妻女者，依奸囚妇律杖一百、徒三年；押解官虽不知情，亦交该部严加议处。如押解官自犯奸污，及凌虐勒财者，交该部从重议罪。其被害犯人系流徙宁古塔等

---

① [清] 包世臣：《安吴四种》卷三十一下，载沈云龙主编：《近代中国史料丛刊》第三十辑（294），文海出版社印行，第 2170—2171 页。

② "起解人犯，每名选差的役二名管押，兵丁二名护送。若兵役派不足数，及雇人代解，许兵、役互相禀报本管官，知会原派衙门查究补派，若兵、役知而不举，将兵、役，及承派之书吏、弓兵，俱杖一百，革役。其经由前途文武各官，按批查点，有缺少及代解等弊，即详报督抚，将原派官弁参处。其缺少顶替之兵、役，照承差起解囚徒雇人代送律，杖六十，革役。如前途各官隐匿不报，别经发觉，题参议处。"参见田涛、郑秦点校：《大清律例》卷二十二，兵律，邮驿，承差转雇寄人，法律出版社 1999 年版，第 362 页。

③ "凡部发递解，及外省解部并解别省军、流、徒罪发回安插人犯，佥差官员务选有家业正役解送。如解役在途教唆人犯通同抢夺者，俱照白昼抢夺律例治罪。"参见田涛、郑秦点校：《大清律例》卷三十六，刑律，断狱上，凌虐罪囚，法律出版社 1999 年版，第 566 页。

处者，许赴盛京户部控告；系解京及解各省者，许赴刑部并所在官司控告。"① 但是，只要兵役们串通一气，那么被发现的概率就可以降低很多。

许多地方官也深知递解差役经费困难的实际情况，对于他们沿途勒索的种种做法，也往往采取不闻不问的做法。清人傅维鳞针对此种情况曾发出感叹："即如一流徙也，势必用两解役，无论南方数千里，即近而数百里，此两役之资斧自备乎？需索乎？盖必是需索之物。此两解役又当流徙，需索而不问，是纵蠹也。需索而问之，又将安所底止？"② 从而要求亟须变更役法，以改变目前的状况。

尽管多数地方官对解役需索进行纵容，但各地方州县仍时常发生衙役们因不愿承当解囚差事而互相推诿的事件。道光十三年（1833 年）八月宝坻县的皂壮快三班就与捕班发生解囚纠纷，捕班说解囚是皂壮快"三班"的差事，而三班又申辩说自己是属"里三班"，"向系办理值班、上宿、银文、字据和春秋祭祀"，解囚只解"命案人犯"，解贼盗犯应是捕班的事。他们要求知县给他们断明职责，知县最终断明"命案人犯"由三班递解，贼盗犯由捕班递解，按犯类分工。③ 其实，"命案人犯"内也有贼盗人犯，贼盗人犯内也有命案人犯，要明确分工有时是相当困难的。这里由于解囚作为一项"无利可图"的苦差，各衙役自然要纷纷推托逃避了，正如那些"一差到手，便为利薮"的美差大家纷纷争办一样。可见，流放的财政困境在流放实施之初便已经凸显无疑了。

在递解过程中政府还要提供一部分费用以维持人犯的日常生活，这笔费用包括人犯每日的口粮、盐菜钱和车价银等。要先期预算出每省每年在罪犯递解中的费用是不现实的，因为每年罪犯的数量不总是变动不居的。每省都要预先垫付这一费用和开支，年底所有像这样的费用都要上报给刑部和户部，各省都要从专用款项中弥补所有的短缺，许多省大都是从耗羡中来满足这一费用的。

最初，在每省递解流放人数较少的情况下，其花费也是有限的。如乾隆

---

① 田涛、郑秦点校：《大清律例》卷三十六，刑律，断狱上，凌虐罪囚，法律出版社 1999 年版，第 566—567 页。
② ［清］傅维鳞：《亟更役法疏》，载贺长龄、魏源等编：《清经世文编》（上册）卷二十四，第 620 页。
③ 中国第一历史档案馆藏：《顺天府档案》，第 54 号。转引自吴吉远：《清代地方政府的司法职能研究》，中国社会科学出版社 1998 年版，第 301 页。

十五年（1750年）据江苏巡抚雅尔哈善疏称，"该年江苏省罪囚口粮，在常平仓谷内动给，其盐菜钱文，于耗羡内每年留银二百二十二两零支销，第各属罪囚多寡不同，盐菜钱按日给发，每较原定之数不敷，嗣后应按年核计罪囚多寡，据实请销。应如所请，将罪囚不敷盐菜钱，列在有定款无定数项下，在存公银内动支"①。可见，时江苏省每年罪囚"盐菜钱文，于耗羡内每年留银二百二十二两零支销"。由于每年罪囚多寡不同，盐菜钱统一在一个固定数目上，必然造成"每较原定之数不敷"，因此该巡抚请求"嗣后应按年核计罪囚多寡，据实请销"，"不敷盐菜钱，列在有定款无定数项下，在存公银内动支"。这里罪囚应包括临时监押和递解两部分人犯，但也可以看出当时所需花费并不是很高。

  清廷规定"动用耗羡钱粮数在五百两以上者"，要"奏明办理"。② 现根据从第一历史档案馆所得到的湖南巡抚奏报《递解军流遣犯动用耗羡银两数目事》，得到该省从嘉庆十四年（1809年）至二十三年（1818年）递解军流遣犯口粮钱米折银与监犯花费对照表如下：

表5-1　湖南省奏报递解军流遣犯动用耗羡银两数目表

年份	递解口粮钱米折银	监犯口粮折银	监犯药饵用银	总数	责任者	出处
嘉庆十四年	386两9钱4分	7855两4分3厘	800两	9041两9钱8分3厘	湖南巡抚景安	军机处录副奏折嘉庆朝档号03—1837—008；缩微号134—0010
嘉庆十五年	461两8钱8分1厘	8914两8钱6分7厘	219两1钱5分9厘	9595两9钱7厘	湖南巡抚景安	档号03—1837—040；缩微号134—0073
嘉庆十六年	450两7钱2分2厘	9751两6钱3分5厘	869两4钱1分4厘	11071两7钱7分1厘	湖南巡抚广厚	档号03—1837—075；缩微号134—0158

---

① 《清高宗实录》卷三百七十八，乾隆十五年十二月壬申。
② 嘉庆十五年三月二十二日，湖南巡抚景安奏报《递解军流遣犯动用耗羡银两数目事》，军机处录副奏折（嘉庆朝），档号03—1837—008；缩微号134—0010。

续表

年份	递解口粮钱米折银	监犯口粮折银	监犯药饵用银	总数	责任者	出处
嘉庆十七年	431两2钱9分9厘	10724两5钱5分	868两1钱3分2厘	12023两9钱8分1厘	湖南巡抚广厚	档号03—1837—111；缩微号134—0258
嘉庆十八年	678两1钱5分9厘	10286两3钱6分2厘	605两4钱7分5厘	11569两9钱9分6厘	湖南巡抚广厚	档号03—1838—029；缩微号134—0348
嘉庆十九年	819两1钱7分2厘	11136两1钱4分9厘	940两9钱2分5厘	12896两2钱4分6厘	湖南巡抚广厚	档号03—1838—054；缩微号134—0411
嘉庆二十三年	585两4钱	9891两	1049两7钱	11626两1钱	湖南巡抚吴邦庆	档号03—1839—026；缩微号134—0619

从上表湖南省的例子我们可以看出，每年针对罪因的花销中，用于递解的费用并不占很大比例。通过统计我们也会发现，每年的递解费用均不足该年针对罪因总花销的10%，大致集中在4%至6%之间，在5%上下徘徊。由于材料所限，我们无法知道上述几年湖南省流放人犯和监犯的人数，因此无法进行个案的比较。但从总数来看，当时财政对于流放的投入应该说是比较低的。

尽管清代政府对于流放的投入成本不大，但随着流放人犯的增多和流放距离的加增，尤其是清代向遥远边疆流放的实施，这一花费也日益成为清朝政府的沉重负担。我们以清代向新疆发遣为例加以说明。自乾隆年间新疆开辟以来，各省均有遣犯发往新疆。对于遣犯的递解，我们按照制度规定的每日行一站，一站五十里的行程，每日的花销按照盐菜钱五文，粟米八合三勺来计算，车价银则按每六人一辆车，每百里花费一两二钱另算，列成下表：

表 5-2 遣犯发遣行程、供支车辆、口粮估算表（以嘉峪关至各遣戍地为限）

地区	嘉峪关—伊犁	嘉峪关—乌鲁木齐	嘉峪关—吐鲁番	嘉峪关—喀喇沙尔	嘉峪关—库车	嘉峪关—阿克苏	嘉峪关—叶尔羌	嘉峪关—乌什	嘉峪关—喀什噶尔	嘉峪关—和阗	嘉峪关—哈密	嘉峪关—巴里坤	嘉峪关—辟展
距离	一万一千里	三千一百里	二千六百二十里	三千四百八十里	四千四百四十里	五千一百三十里	六千四百三十五里	五千三百七十里	六千七百八十五里	七千一百里	一千四百七十里	一千八百里	二千三百八十里
行程（每日一站为五十里、一站、一站）	220日	62日	52日	69日	89日	120日	129日	107日	137日	142日	29日	36日	47日
盐菜钱（人每日五文）	1100文	310文	260文	345文	445文	600文	645文	535文	685文	710文	145文	180文	235文
粟米（八合三勺一人每日）	18斗2升6合	5斗1升4合6勺	4斗3升1合6勺	5斗7升2合7勺	7斗3升8合7勺	9斗9升6合	10斗7升7勺	8斗8升8合1勺	11斗3升4合1勺	11斗7升8合6勺	2斗4升9勺	2斗8升18合8勺	3斗9升1勺

续表

地区	嘉峪关—伊犁	嘉峪关—乌鲁木齐	嘉峪关—吐鲁番	嘉峪关—喀喇沙尔	嘉峪关—库车	嘉峪关—阿克苏	嘉峪关—叶尔羌	嘉峪关—乌什	嘉峪关—喀什噶尔	嘉峪关—和阗	嘉峪关—哈密	嘉峪关—巴里坤	嘉峪关—辟展
车价银（六人一辆、每百里一两二钱）	132两	37两2钱	31两2钱	40两8钱	52两8钱	61两2钱	76两8钱	63两6钱	81两6钱	85两2钱	16两8钱	21两6钱	27两6钱

注：本表系收集《哈密志》卷二十、卷二十二，"食货志"及七十一著《军台道里表》相关记载制成。

  表中略去了遣犯在内地各省的递解花销，仅仅以从嘉峪关到各遣戍地点的路程加以统计。即便如此，我们仍然能够看出这一花销相对来讲是比较巨大的。这里巨大的花费主要在车价银方面，而盐菜钱和口粮粟米由于被限制在一个很小的范围内，花费仍然不多。从中可以看出因距离遥远而致使费用剧增的现象很是明显。如发往伊犁的遣犯，仅仅车价银的花费就在一百两以上。对此，19世纪来华的美国人迈克哥温也曾指出："每名流犯流放到伊犁，约花费100两银子，这些银子由帝国政府支付。"①

  在罪犯递解过程中，各州县逐程接替，其经费支出是由接递州县先行垫付。然而，各地的花费并不是均衡的。一般来说，离边疆越近，当地政府在递解过程中的花费也会越大。有以下几个原因造成了边外地区费用的提高：一是离内地越远，县城与县城的距离就越远，这势必造成递解费用的提高；二是地域和气候的差异也会导致粮食价格的不同，以及铜银换算率的变化，从而导致边地费用的提高。最后最大的因素则是出了内地之后，政府的马车相对不可得到（只有当政府的车辆不够时才雇佣车辆）和当地通过税增加，

---

① D. J. MacGowan, M. D. On the banishment of criminals in China. Journal of the North China Branch of the Royal Asiatic Society. 3：293 – 301, 1859.

这势必增加当地政府递解人犯的负担。① 另外，由于内地省份各州县较为富庶，花费又较少，有能力承担此项经费。但边疆各省州县均属贫瘠之地，花费又有所增大，很难承担筹垫车辆、口粮等巨大的开支，因此产生了递解州县假借帮贴解运罪人车价之名，向路过商民课税的现象。如据《哈密志》记载："岁征出关路过商民贩货铁辋车，每辆税银三两；木辋车，每辆税银二两，其税银该哈密应作为帮贴接运罪人车价"，"岁征赴巴里坤、吐鲁番两路，无论商民运货铁辋车、木辋车，每辆征银均系二两，亦系哈密应交该差役添助接运罪人车价"。② 对此，民国年间即有学者通过与监狱刑比较，对发遣流放提出批评："人犯之在监，所需不过口粮；作业苟能进行，尚有余利，可资补助。实行改遣，则军队押护，舟车运送，所费既已增加；而且家属携带，沿途消费，更难预计。"③ 仅从运输一端就认为流放刑罚费用浩繁，殊不经济。

另外，人犯在流放地的管理也需要花费一定的费用。清律规定："流犯初到配所，照从前乾隆二年（1737年），九卿议复福抚卢焯条奏，军犯等犯，如果年逾六十，不能力食者，照例拨入养济院内给与孤贫口粮。或未至六十，而已成笃疾，亦应一体拨给。其挟资习艺者，听其自为谋生，交地保管束。其少壮军犯，各犯实系贫穷又无手艺者，初到配所，各该管官按其该犯妻室子女，每名照孤贫给与口粮，自到配所日起，一年为止。所给口粮，于州县存公项下报销。"④ 对于军流人犯给予口粮者一般按照"一名日给仓米一升，谷则倍之"的原则配给，少壮而又实系贫穷无手艺者要配给一年，对于其六十岁以上及年未六十而已成残废笃疾者，交养济院收管，则要终生留养。对于发往边疆的遣犯，种地者要分给土地，官为借给牛、粮籽；当差者也要按月支给口粮。

然而，由于政府经费不足，人犯在流放地管理多流于形式，从而逃亡严重。对此，我们从清末律学家沈家本对于充军的批评可见一斑：

> 名之为军，乃不属于军而管束责诸州县，既无可既无可供之役，更无可食之粮。各州县名为管束，而竟无管束之术，不过空文一纸，发充

---

① Waley‑Cohen, Joanna. Exile in Mid‑Qing China: Banishment to Xinjiang, 1758‑1820. Yale University Press, 1991, p126.
② [清]钟方：《哈密志》卷二一，食货志四，杂课，1937年铅印本。
③ 戴裕熙：《流刑制度之研究》，国立武汉大学第三届毕业论文，1934年，第19—20页。
④ [清]佚名：《钱谷指南》卷三，乾隆朝刻本，载郭成伟、田涛点校整理：《明清公牍秘本五种》，第473页。

看役而已。居处听其自主,衣食听其自谋,其逃也,听之,其不逃也,听之。①

可以看出,清代流放制度的复杂设计和低成本运转隐患重重,不仅不能起到节约成本的作用,而且使得流放实践过程充满问题。其中主要问题有二:一是制度条文往往不能够落到实处,成为具文;二是贪污腐败盛行,执法过程中徇私舞弊现象极为严重。著名历史学者黄仁宇先生曾指出:传统中国的组织制度包括法制的特色,一是长期稳定,二是价格低廉。譬如:"满清末年政府全年的收入,从来不逾白银1亿两,以中国人口计和以世界的标准计,这都是一个很小的数目。因为组织之简单、技术之肤浅,可以使一个泱泱大国以小农作基础,人数亿万,可以不雇律师,不设专业性法官,一直维持到鸦片战争。"② 正因为传统中国的政府组织制度有长期稳定和价格低廉的特色,它就不能承受高成本的制度性设计,无论这种制度被设计得多么完备,听起来多么美好。素以体系完善和成本低廉而著称的流放制度,其流放费用已成为政府的不能承受之重,而对于罪犯的惩戒效果也并不很佳,越来越遭到人们的非议。

---

① [清]沈家本:充军考(下),载《沈寄簃先生遗书》,中国书店海王邨古籍丛书1990年影印本,第546页。
② 黄仁宇:《近代中国的出路》,台湾联经出版事业公司1995年版,第72—73页。

第六章

清代流放制度的终结

清代流放虽然存在着诸如上述的许多问题,但是清廷通过随时制定法规,修订条例以查漏补缺,不断进行各方面的调整,流放制度仍能够在自己的世界中行用而游刃有余。然而,清代中后期以后,随着社会形势的变迁和西方法律文化的东来,中国传统的刑罚制度,尤其是流放制度,面临着国内社会变化和西方法律文化的双重挑战,越来越不合时宜。新的世界形势,也使得流放制度很难再通过体制内的调整来度过危机。清统治者为了适应形势需要进行的近代调适中,有关刑罚的改革逐渐超出"传统的范畴",开始了"传统外(体制外)的变化"。在这一变化中,流放刑罚逐渐遭到遗弃,走向了它的终结。

第一节 国内社会形势的影响

流放从对于降死一等重犯的惩治出发,往往把罪犯流往偏僻荒芜之地,"特令其备尝艰苦,俾知悔过自新"①。然而,近代以来,随着社会历史的发展,交通越来越发达,用以隔离人犯的流放地已不再让人感到遥远。② 随着国内区域经济的变迁,原来属于烟瘴之地的流人聚居区,也逐渐发展起来,并不再荒凉困苦,甚至有些地区的发展程度还很高,超过了流人的原籍之地。如广东、福建等濒海之地,原来因其荒凉,多作为流放之地,近代以来随着西方势力东来带动沿海经济的发展,人口繁衍日众。传统的流放制度如果还因循旧的规定,势必很难起到惩治罪犯的作用。就是一向被认为是烟瘴之地

---

① 《清仁宗实录》卷八十五,嘉庆六年七月丙戌。
② 这种困境在流入五刑刚刚几百年后的北宋时代便已经出现了。北宋熙宁年间,大臣曾布就指出:"古者乡田同井,人皆安土重迁。流之远方,无所资给,徒隶困辱,以至终身。近世之民,轻去乡井,转徙四方,固不为患⋯⋯"参见《宋史·刑法志》。

的云南、贵州、四川等地，近代以来也已经成为开化之地。逐渐发展的社会已经不再适合流放制度的具体实施了。

同时清末以来不断的社会动荡，使得流放赖以存在的社会条件遭到破坏，这一时期的流放制度虽经清政府的竭力调整，仍基本上处于停顿状态。

道光六年（1826年），新疆地区发生张格尔叛乱事件，发遣新疆的制度一度瘫痪。同年十一月，直隶总督那彦成奏清政府对于新疆发遣中断后的情况进行变通，指出："拟遣新疆各犯，现在各省截留，指日军务告竣，仍应照例发配。遣犯愈积愈多，夷民杂处，久之滋事扰害，驱之不可，激之生变，莫若变通于先，庶不虞拥挤，现在各省亦不致有羁留积滞之患。"① 后经军机大臣会同刑部议准，发往新疆条例中"改发极边足四千里充军者三十三条；发云贵两广极边烟瘴充军者二十四条；发各省驻防者二条；改回内地按犯籍发配者一条；暂行监禁者十六条；仍循旧例者九条"②。从而应发新疆人犯，被变通监禁或发往极边烟瘴和各省驻防。

咸丰元年（1851年），国内爆发了由洪秀全领导的太平天国起义。起义军的势力迅速扩展，二年（1852年）九月以后，占领武汉、九江、安庆、芜湖等地。咸丰三年（1853年）二月初十，起义军攻下南京，将南京改称天京，定为国都。起义造成了南北道路受阻，这也致使发往南方极边烟瘴地区的人犯无法按例发往。对此，咸丰二年（1852年）奏准："嗣后应将例内实发烟瘴各犯，均以极边足四千里为限，免刺'烟瘴改发'四字，如有脱逃，仍照实发四省人犯脱逃本例，改发新疆种地当差，俟军务告竣，仍照旧例办理。"③ 四年（1854年）清廷又奏准："各省道路梗阻，所有应发极边四千里充军之犯，酌量变通，改发陕甘安置，俟道路疏通，再行照旧编发。"④ 然而，同治元年（1862年），陕甘地区也爆发了回民起义，发往该地的人犯也被迫改发黑龙江地区。⑤ 直到同治三年（1864年），太平天国起义被镇压下去。清廷才于次年宣布："各省道路疏通，所有由烟瘴改发极边足四千里并例内本应发极边足四千里充军各犯，仍照本例发往各省安置，以符旧制，毋庸

---

① 《清宣宗实录》卷一百十，道光六年十一月丁未。
② 同上。
③ 光绪《大清会典事例》卷七百二十一，兵部，发配，军流，外遣。
④ 同上。
⑤ 同治元年（1862年）奏准：现审案内，问拟遣军人犯监禁过多，所有烟瘴改发极边足四千里并例内本应发极边足四千里充军及发遣新疆各犯，均暂行改发黑龙江酌量安插。参见光绪《大清会典事例》卷七百二十一，兵部，发配，军流，外遣。

改发黑龙江安插。"①

国内的太平天国起义刚刚被镇压下去，流放恢复旧制伊始，新疆地区又一次爆发了各族人民反清大起义，推翻了清朝在当地的统治，按例应发新疆的遣犯只好中止发遣。在这种情况下，清朝不得不再一次变通旧例。同治九年（1870年）续纂："暂行监禁八条，俟新疆道路疏通，再行照例发往。又改发极边烟瘴充军，仍以足四千里为限，到配后锁带铁杆、石墩二年者十一条。又，照前改发到配锁带铁杆、石墩一年者十四条。"② 对于此种变化，《清朝续文献通考》指出：

> 若军流遣犯，审判定罪虽由刑部，而定地则由兵部按照《道里表》与犯人原籍度量远近，交驿递送。当年军事未靖，驿路多梗，又不得不酌量变易。有从前应发新疆之犯，因西路不通，改发黑龙江。后又因黑龙江罪犯拥挤，复改发四省烟瘴地方。惟烟瘴充军究较关外遣罪轻一等，如遣罪改发烟瘴充军，又似重罪处以轻法，不合例义，然又别无远地可以改发，故复定有到配再加枷号数月，及锁带铁（杆）石墩一年、二年之法。其中头绪太多，骤看似觉繁重，其实因时制宜、斟酌远近轻重之阔，皆有深意存焉，此所以为一代良法也。③

这种情况一直持续到光绪十年（1884年）新疆平靖，正式建省后，为了解决屯田劳力不足的问题，在招募开垦的同时，刘锦棠呈请清政府批准人犯发往新疆助垦。次年，部议将直隶、山东、山西、河南、陕西、四川、甘肃七省秋审绞罪减流人犯发往新疆助屯以实边徼，这也可以看作是原来人犯发遣实边的继续。

为了提高屯田的成效，光绪十三年（1887年），刘锦棠以原民屯制度为基础制定了《新疆屯垦章程》，章程将屯田的遣犯与民屯中的农民一起安置，并要求遣犯尽可能携带家眷，在新疆安家，安心从事农业生产。规定："原犯为奴罪名者，定限五年，原犯当差者，定限三年，果能安分出力，即编入本地民册，给地耕种纳粮。"第一批人犯陆续解到1064名，分别安置在迪化、昌吉、阜康、奇台等地。光绪十五年（1889年）大赦天下，所有发遣新疆人

---

① 光绪《大清会典事例》卷七百二十一，兵部，发配，军流，外遣。
② 具体条例参见光绪《大清会典事例》卷七百四十三，刑部，名例律徒流迁徙地方三。
③ [清]刘锦藻：《清朝续文献通考》卷二百五十一，刑考十，徒流，军遣附。

犯均被奏准赦免，"量予恩施，无论该犯是否已满升科年限，钱粮全征与否，凡到配在本年三月十五日以前者，即准一律免罪入籍为民，遇事照平民办理……以期永远实边荒，俾臻富庶"①。

然而，清政府虽然在新疆遣犯屯垦方面下了很大功夫，给予一定的优惠政策，但实际实施效果并不见佳。至光绪二十年（1894年）陶模抚新时，断然呈清政府停止改发新疆助屯人犯。为此，陶模在奏折中指出：

> 乃臣到任以来，叠据各属禀报，逃亡仍复不少，成本相无属虚悬，在屯者惮于耕耘，迄无成效，甚至欺压平民，窝藏奸宄，斗殴抢劫之案，层见叠出。欲兴屯田，而其弊如此。良田遣犯不尽耕耘，语以稼穑之艰难，或非所素习，此辈本属败类，欲令熏蒸为良善，更有所不能。斯即勉就钤束，不至潜逃，而以此无赖之徒，聚居边塞荒旷之地，当不仅虚掷帑项，贻误屯田，为可虑也。臣与藩臬司，再司筹商，以为欲救其弊，莫如将前项人犯，概行停解，就本地之民力垦未种之田亩。上年，臣覆奏编修胡景桂条陈折内有招无业缠民，设法安插之议。诚以缠民世居边缴，身与地习，即心与业安，招一户可收一户之效，各属老户生长繁育。历有年，所拟择壮丁较多者，酌量加拨地段，主伯亚旅本属一家，地既议增，力必倍备，是一户更得两户之用。如此办理，就地可以取材，公款无须多费，而逃亡亏本各弊不禁自绝，富庶亦可渐臻。②

折上后得到了清廷的允准。发遣人犯对屯田无益，反而成为当地社会的不安定因素，被谕令停止发往。由于维吾尔人世世代代都居住在这里，适应当地的气候和环境，能够安心生产，要求改为招纳本地无业维吾尔人安置屯垦。对此，当时的俄国观察者们也指出："边疆平靖之初，中国政府曾试图循旧例将刑事流放犯强迫遣送到这里，但这些犯人来到后恶习不改，所有这一措施有害无益，于是根据新疆巡抚陶模的奏表，于1892年停止向西域流放犯

---

① ［清］刘锦棠：《刘襄勤公（毅斋）奏稿》卷十二，载沈云龙主编：《近代中国史料丛刊》第二十四辑，文海出版社印行，第1515页。
② ［清］陶模：《陶勤肃公（模）奏议》卷三，载沈云龙主编：《近代中国史料丛刊》第四十五辑，文海出版社印行，第10—11页。

人，而代之以鼓励农民移植。"① 至此，西北、东北等流放地已经停止发往，而内地各省的流放也名存实亡。在全国范围内，流放刑罚已经基本处于停滞状态。

在此种形势下，一些军流迁徙之法，不得不改为监禁，从而使得监禁逐渐从用刑向行刑的方式转变。

如前所述，早在道光以及同治年间，就曾因新疆变乱，道路阻隔，定例有人犯监禁之举措。光绪九年（1883年），因地方军流徒犯，迭次脱逃，由刑部奏定，"获军流徒脱逃来京，如系积惯窃贼、著名匪徒，或系天津锅伙匪徒，或系强窃抢夺及凶恶棍徒案内人犯，除拿获例应正法外，其罪止加等调发及枷号、鞭责，仍发原配者，无论脱逃次数，先交直隶州县监禁十年，限满再定地发配"。②

光绪十年（1884年），又因逃案日众，若尽系禁于直隶各府县，恐积久监狱不免拥挤，便规定"嗣后京城不法棍徒，情节较重之案，刑部随案声明，到配后即于配所监禁，俟十年后由有狱官察看情形，如实知改悔，再予查办"。③

光绪十三年（1887年），奏定《变通暂行监禁遣犯章程》指出，前因同治朝新疆变乱，有"应发回城为奴遣犯八条，因情罪轻重，仍令暂行监禁，俟新疆道路疏通，再行发往，奏准纂入例册，遵行在案。嗣新疆军务平靖，办理屯垦需人，光绪十年间据新疆巡抚刘锦棠奏请，将暂行监禁各犯先行发往，经臣部以此等人犯寥寥无几，且系邪教会匪断难使之归农，惟是此等人犯，前因道路未通，暂行监禁，现又以无裨屯政，仍停发遣，势必令其永远监禁老死囹圄，亦非矜恤庶狱之道。臣等公同商酌，拟将应发回城为奴遣犯内八条，均仿照《免死强盗章程》，自定案时起监禁二十年，限满后改发极边烟瘴充军，以足四千里为限，到配锁带铁杆二年。俟新疆地方大定，能以安插此项遣犯，再行规复旧制。如此量为变通，既与寻常由遣改军之犯，不致漫无区分，而监禁各犯，亦无虞久羁瘐毙矣"④。

光绪二十年（1894年），复议定"嗣后一切军流各犯脱逃来京，其罪止

---

① ［俄］尼·维·鲍戈亚夫连斯基著，新疆大学外语系俄语教研室译：《长城外的中国西部地区》，商务印书馆1980年版，第29页。只是这里作者把停止向新疆发遣犯人的奏议提早了两年，其实应该是两年后的1894年。
② ［清］刘锦藻：《清朝续文献通考》卷二百五十一，刑考十，徒流，军遣附。
③ 光绪《大清会典事例》卷七百九十四，刑部，刑律贼盗，亲属相盗，恐吓取财。
④ ［清］刘锦藻：《清朝续文献通考》卷二百五十一，刑考十，徒流，军遣附。

加等调发及枷号鞭责者，军犯到配拟监禁十年，流犯酌拟监禁五年，至流犯逃后复犯罪在徒流以上者，亦拟酌加监禁十年，于拿获结案时，咨交直隶总督转发各府县，分别监禁，俟限满，再行发配"，并进一步指出"其各省军流逃犯，亦照此年限办理"。① 至此，内地一切军流各犯脱逃，都要加监禁五年、十年的处理了。

光绪二十九年（1903年），经刑部议准，对于强盗、抢夺、会匪棍徒等项事犯，即由配所按照广东巡抚李兴锐奉准通行之《变通军流人犯新章》，分别监禁，免其杆礩、枷号，嗣监禁期满后，再行收习艺所工作。②

光绪三十年（1904年），甚至有五城练勇局侍郎陈璧奏《五城案犯军流徒三项罪名改为监禁》一折，要求京城军流徒犯均改为监禁。③ 此议虽遭刑部驳斥，但也说明清末以来时势变迁，军流遣刑不敷行用，而监禁之法逐渐代替军流遣刑的趋势。

第二节 国外法律文化的挑战

随着时代发展，至清代末期，形势大变，"华夷隔绝之天下，成为中外会通之天下"（薛福成语）。西势东渐，流放制度又不得不面对外来西方法律文化的挑战和冲击，其弊端更是暴露无遗。

东西方之间，由于地理的隔阂，长期以来独立发展，彼此充满了想象，在法律制度方面也是如此。欧洲启蒙运动初期，由于中世纪的处罚方式仍占统治地位，一些文人学者针对时弊，极力推崇中国的制度，认为中国的刑罚充满了宽容精神，盛赞中国刑法的"软强制"（soft coercion）④。然而，不久伴随着欧洲社会在经济、文化等方面的变化，刑事政策方面也逐渐发生了重大的变化。一批代表新生资产阶级利益的启蒙思想家，在抨击封建独裁统治的过程中，提出了民主、自由、平等、天赋人权等口号，并确立了资产阶级法律的基本理论。他们不遗余力地批判中世纪身份的、擅断的、残酷的、神

---

① [清] 刘锦藻：《清朝续文献通考》卷二百五十一，刑考十，徒流，军遣附。
② 同上。
③ 同上。
④ [德] 余凯思：《"把愚昧者、无赖和懦夫改造成正派人"：清末监狱的产生》，《清史译丛》第五辑，中国人民大学出版社2006年版，第113页。

学的刑法，力图将法律从神权束缚下解放出来。① 至 18 世纪中期，以贝卡利亚、边沁、费尔巴哈等为代表的刑事古典学派法学家通过宣传资产阶级法律思想，提出了罪刑法定、罪刑相适应和刑罚人道主义三大刑法原则，直接影响了西方的刑事政策。正如法国学者米歇尔·福柯所说，"这是刑事司法的一个新时代"，"旧的法律被废弃，旧的惯例逐渐消亡。各国各地纷纷酝酿或制定'现代'法典"。②

19 世纪，法律理论家们所提出的刑罚是以防止犯罪为唯一目的的学说受到广泛认同，欧洲率先推出了国家刑罚的新方案，传统残酷的刑事制度得以重构和改造。③ 从而，西方国家在法律制度方面走向近代化，刑事诉讼得到改良，法律制裁也更加人道化。西方国家刑罚的近代化是一种以自由刑为刑罚制度的中心代替过去的身体刑和流放刑等残酷刑罚的过程。这一过程从 16 世纪后期开始直到 19 世纪已经基本完成。

而中国直到 20 世纪初期，仍在沿用传统的五刑体系的封建法律制度。经过法律改良后的西方对中国法律的印象迅速发生转变，中国的刑罚开始被当作残酷、愚昧和落后的象征。在 19 世纪，有关描绘中国刑罚的图片和文字开

---

① 这批思想家主要包括格劳秀斯、霍布斯、伏尔泰、狄德罗、孟德斯鸠等，其刑法思想贡献可参见马克昌主编《近代西方刑法学说史略》，中国检察出版社 1996 年版，第 1—28 页。

② [法] 米歇尔·福柯著，刘北成、杨远婴译：《规训与惩罚：监狱的诞生》，生活·读书·新知三联书店 2003 年版，第 7 页。这一时期，尽管欧洲已经出现了"刑罚的放宽过程"，但多数国家的刑罚仍相当残酷，对此，福柯曾以《达米安案件》进行了生动的描述：1757 年 3 月 2 日，达米安因谋刺国王而被判处死刑，罪犯"被送到格列夫广场。那里将搭起刑台，用烧红的铁钳撕开他的胸膛和四肢上的肉，用硫磺烧焦他持着弑君凶器的右手，再将熔化的铅汁、沸滚的松香、蜡和硫磺浇入撕裂的伤口，然后四马分肢，最后焚尸扬灰"（第 3 页）。事实上，直到 20 世纪初，英国刑法中依然保持着对犯人进行的鞭笞之刑。参见宝道：《中国刑法典之修正》附录《世界各地刑法关于身体之规定》，《中华法学杂志》1934 年第 5 卷第 5 期，载王健编《西法东渐——外国人与中国法的近代变革》，中国政法大学出版社 2001 年版，第 175—176 页。

③ 这一学说的核心即教育刑论，是近代西方资产阶级刑法理论中取代古典报应刑论的重要理论，是近代刑法学、犯罪学日益发展，研究领域日益开阔的产物。被冠以"近代刑法学之父"的德国人李斯特（Franz VonLiszt，1851—1919 年）为代表的刑事社会学派（犯罪学上称之为"犯罪社会学派"）的理论基本概括了该学说的要义：社会学观点被适用于刑法学、犯罪学，强调犯罪的社会因素，主张刑罚的目的在于剥夺罪犯犯罪的可能性，并着眼于矫正、教育、治疗罪犯，使之改恶迁善，复归社会，从而维护、保全社会，反对"报应刑论"，提倡"社会防卫论"，注重刑罚个别化，教育个别原则。这一理论产生于 19 世纪与 20 世纪之交，风靡近代，其影响也扩及中国，向报复主义、重刑主义支配下的陈旧刑制，以及苦辱刑罚为目的的监管制度进行挑战。

始大量出现，相关主题的明信片和通草水彩画等形象素材一度竟相当畅销。①这些素材的传播无疑更使作为"他者"的中国法律落后和野蛮的形象被固定化。

西方列强自打开中国大门之后，就借口清朝法律的野蛮落后，为西方国家的公民寻求治外法权，即要求清政府对于在华外国人的司法事务向有关母国出让主权，侨民由该国的领事或设在中国的司法机构依其本国法律裁判，又称之为"领事裁判权"。这一制度，确立于1843年7月22日在香港公布的《中英五口通商章程及税则》及随后签订的《虎门条约》，并在其后签订的一系列不平等条约中得以扩充。如《中英五口通商章程》第十三款关于"英人华民交涉词讼"规定："凡英商禀告华民者，必先赴管事官处投禀，候管事官先行查察谁是谁非，勉力劝息，使不成讼。间有华民赴英官处控告英人者，管事官均应听诉，一例劝息，免致小事酿成大案。……倘遇有交涉词讼，管事官不能劝息，又不能将就，即移请华官公同查明其事，既得实情，即为秉公定断，免滋讼端。其英人如何科罪，由英国议定章、法律发给管事官照办。华民如何科罪，应治以中国之法。"② 该条款即为英国在华建立领事裁判权制度之滥觞。其后第二次鸦片战争中订立的《中英天津条约》（1858年6月26日）使这一制度趋于完善。之后，欧美各国相继与清廷订立商约，纷纷援引所谓"最惠国待遇"条款，攫取领事裁判权。到1918年，在中国享有此特权的国家，遍及欧、亚、美三洲，共计有英、美、法、挪、俄、德、葡、丹、荷、西、比、意、奥、匈、日、秘、巴、墨、瑞典、瑞士等二十国。③

历史上，中国在与"蛮夷"交往中向来就有"无为而治"，放任他们自己管理自己的传统。然而，清政府逐渐意识到，领事裁判权的建立并非如任"夷狄"自治这样简单，而是在丧失了完整的司法权的同时，自己固有的法律也日益受到外来法律文化的冲击，由此造成的问题越来越严重。西方国家的

---

① 笔者见到的相关材料，如 The punishments of China, illustrated by twenty-two engravings; with explanations in English and French.（《中国的刑罚：通过22个版画进行展示，配有英文和法文的说明》，该书笔者曾先后发现有1801年、1804年、1808年三个版本，可见当时受欢迎的程度）；国内出版物参见中山大学历史系、广州博物馆编《西方人眼里的中国情调》（中华书局2001年版）、程存洁《十九世纪中国外销通草水彩画研究》（上海古籍出版社2008年版）等，均收录有相关刑罚的图片。
② 褚德新、梁德编：《中外约章汇要（1689—1949）》，黑龙江人民出版社1991年版，第84—85页。
③ 参见曹全来：《国际化与本土化——中国近代法律体系的形成》，北京大学出版社2005年版，第39—40页。

传教士、商人和旅行者生活在一个几乎没有王法的世界，就连部分中国人也逃避中国司法的制裁。在沿江、沿海由外国人管理的地界（租界、租借区里），各国的法律也被应用于居住在那里的中国人。① 清政府开始无奈地发现，它对于自己越来越多的领土和百姓正在丧失部分司法权。不仅如此，这还直接导致在中国大地上一种双重法律文化的产生。在这种情况下，大量西方的法律制度和观念被输入中国，对于中国传统的法律制度和观念有着极大的冲击。流放作为传统法律刑罚的主要组成部分之一，也遭遇到了极大的挑战，变得越来越不合时宜。

一方面，清代流放制度受到了西方国家刑罚体系的冲击。欧美除了个别国家如法国、俄国等，一般都没有流放刑罚的设置。即使是实施流放刑罚的法国和俄国，他们的流放一般也都是把罪犯流往国家的某个特殊地区，有着比较明确的目的地。法国一般流往新殖民的海岛，俄国主要流往寒冷的西伯利亚。被流放者主要是政治犯，这些都与中国传统的流放刑罚不同。清代的流放制度不仅人数众多，品类复杂，还由于制定了《三流道里表》和《五军道里表》，整个国家几乎到处都有流人的影子。流放的路线如果勾勒出来，就成为一个巨大的网状结构，覆盖全国。同时由于流放条文繁复，执行起来也困难重重，到了清代末期，对于三流和五军在配犯人的管理也基本上废弛。这一时期，流放惩治罪犯的作用不仅不能得到很好的落实，而且流放本身已经堕落成一种"以邻为壑"的制度，备受人们的非议。

另一方面，清代流放制度受到了西方国家刑罚理念的挑战。在传统的刑事司法中，国家惩罚就是实现正义的唯一选择，因而国家对于罪犯惩罚往往通过附加肉刑和公开示刑以实现报复和威慑。清代的流放制度，虽说在封建法系中被自诩为一种"仁慈"的刑罚，"流刑之意，盖为犯罪本重，不忍刑杀，特施格外之仁，流之远方，终身不返"，然其在实施的过程中附加刺字、枷杖等刑的做法，其"用意不外乎报复主义之一种刑事制裁而已"②。清代流放从审判、佥发到在配管理，都无不处在人民的日常生活中，帝国随处可见的流人也随时向人们展现着国家的威慑力。民国时期即有学者指出，流刑"全以威吓为目的，严刑峻法，其残忍无所不用其极，允称野蛮之刑罚；其受人道主义者之讥议，不为过当；其不合现代改善主义刑事潮流，亦自不待

---

① 参见展恒举：《中国近代法制史》，台湾商务印书馆1973年版，第97—98页。
② 蒯晋德：《论流刑与移囚制度》，《法政杂志》1914年第2卷第7号，第3页。

言"①。近代以来，随着刑事立法原则向感化主义转变，刑罚的目的不再仅仅局限于报复和威吓，而开始着重于对刑犯的教育和纠正。② 由于清代司法管理的粗疏，流放制度远远没有实现统治阶级所期望的把刑犯"日久化为愿朴良民"③的初衷。相反，倒是处处暴露出流放人犯寝坏当地风俗的弊端。可以说，流放制度作为威吓时代刑罚的产物，自不能适应新时代的需要。

第三节　清末法制改革和流放制度的废除

在国内社会变迁和外来法律文化的双重影响下，流放制度至清末已经弊端重重，行将走向它的末路。随着国内政治形势的变化，清政府最终被迫开启了一场法律体制的变革，也正是在这场变革过程中，流放刑罚受到了重大影响，走向了它的终结。

"祖宗成法不可改变"是清朝统治者奉行的传统政策，以此来约束百官和士大夫不得妄议改制更张。鸦片战争以来，中国在与西方的战争中一败再败，内忧外患不断，国势颓危。这促使一些开明的官僚和士大夫不断探索救国图强之道。林则徐"睁眼看世界"，提出了"探访夷情，知其虚实"的主张；魏源从中外力量的对比中提出了反传统的"师夷长技以制夷"的口号，这在当时确如石破天惊，振聋发聩。之后，在洋务派与早期改良派的著述中，显露出了由师夷器物文化转向师夷制度文化的迹象。至19世纪末发生的戊戌变法，则进一步将中西文化的结合集中在政治体制的改革与法律体系的变动上。然而，这场变法维新运动刚刚展开几个月便由于以慈禧太后为首的顽固势力的阻挠而失败了。中国的机遇总是得而复失，一错再错。

庚子年（1900年）义和团运动，中国复遭八国联军蹂躏，被迫与其签订

---

① 戴裕熙：《流刑制度之研究》，国立武汉大学第三届毕业论文，1934年，第13页。
② 有学者曾把刑罚的进化过程分为复仇时代、威吓时代、博爱时代与科学时代四个阶段。此时的西方已经步入了博爱时代，而清末中国的刑罚仍处于威吓时代。参见邱兴隆、许章润：《刑罚学》，中国政法大学出版社1999年版，第15—25页。对此，时人已经有较为清醒地认识，如山东巡抚袁树勋在《奏刑律实行宜分期筹备折》（宣统元年闰二月初一日朱折）就曾指出"臣闻刑法之沿革，先由报复时代进于峻刑时代，由峻刑时代进于博爱时代"，并进而认为："我国数千年来相承之刑律，其为峻刑时代，固无可讳，而外人则且持博爱主义，驯进于科学主义，其不能忍吾国以峻刑相残也，非惟人事为之，亦天道使然也。"参见故宫博物院明清档案部编：《清末筹备立宪档案史料》（下册），第865页。
③ 《清高宗实录》卷五百九十九，乾隆二十四年十月戊戌。

丧权辱国的《辛丑条约》，陷入了一场更大的危机之中。这促使国人对于中国的体制越来越丧失信心，当时的社会精英们把眼光投向西洋，希望能够通过向西方学习，引进外国的制度和观念，从而达到自强和求富的目的。

顽固的慈禧太后也迫于严峻的形势，不得不把被她亲手扼杀的变法维新的旗帜重新捡拾起来，宣告要实行"新政"。光绪二十六年（1901年）十二月十日，清廷颁布了著名的"变法"上谕，指出"世有万禩不易之常经，无一成不变之治法。穷变通久，见于《大易》，损益可知，著于《论语》。盖不易者，三纲五常，昭然如日星之照世；而可变者令甲令乙，不妨如琴瑟之改弦……大抵法积则敝，法敝则更"，并认为"晚近之学西法者，语言文字、制造器械而已，此西艺之皮毛，而非西学之本源也。居上宽，临下简，言必信，行必果，服往圣之遗训，即西人富强之始基。中国不此之务，徒学其一言一话一技一能，而佐以瞻循情面，肥利身家之积习。舍其本源而不学，学其皮毛而又不精，天下安得富强耶？总之法令不更，锢习不破，欲求振作，须议更新"，要求臣下"各就现在情弊，参酌中西政治"，在变法上"各举所知，各抒所见"。①

图6-1 薛允升像 薛允升（1820—1901），字云阶，陕西长安人。曾任刑部尚书，时人公认的律学巨擘，被后人称为"传统法学的殿后人物"，所著《读例存疑》等作品，把传统律学的研究推向了新的高峰，其思想与主张成为清末修订法律的重要根据。

面对"上谕"，由于观望者多呼应者少，清政府不得不于光绪二十七年（1901年）三月初三，下谕成立"督办政务处"，并再次谕旨催促各臣工速奏"变法"事宜。为了响应朝廷的"变法"上谕，五月二十七日、六月初四、五日两江总督刘坤一、湖广总督张之洞连续上奏《变通政治人才为先遵旨筹议折》《遵旨筹议变法谨拟整顿中法十二条折》《遵旨筹议变法谨拟采用西法

---

① ［清］朱寿朋：《光绪朝东华录》（四），中华书局1958年版，第4601—4602页。

十一条折》，此即有名的《江楚会奏变法三折》，倡言变法。① 随后，清末的十年"新政"徐徐拉开了序幕，而法律改革正是其中的重要内容之一。

光绪二十八年（1902年）二月二十三日，袁世凯、刘坤一、张之洞三总督根据朝廷谕旨，向清廷联衔上疏，举荐刑部左侍郎沈家本、出使美国大臣伍廷芳主持修律，并建议聘请外国法律专家协助修律。慈禧太后采纳张之洞等人推荐，于四月初六发出上谕："现在通商交涉，事益繁多，著派沈家本、伍廷芳，将一切现行律例，按照交涉情形，参酌各国法律，悉心考订，妥为拟议，务期中外通行，有裨治理。俟修定呈览，候旨颁行。"② 从此变法修律进入实际操作阶段，中国法律近代化的历史进程开始起步。

是年，清廷派吕海寰、盛宣怀为商约大臣，指示他们在谈判时提出废除领事裁判制度的请求，英国表示同意。八月初四，双方签订《中英续议通商行船条约》第12条明文规定："中国深欲整顿律例，以期与西方各国律例改同一例，英国允愿尽力协助，以成此举。一俟查悉中国律例情形，及其审判办法及一切相关事宜皆臻妥善，英国即允弃其治外法权。"③ 之后，与美国、法国、日本、葡萄牙等国签订的条约均有同样的规定。④ 清朝统治者以及具有改良愿

图6-2 沈家本像 沈家本（1840—1913），字子惇，别号寄簃，吴兴（今浙江湖州）人，近代中国著名法学家、法制改革家和法律思想家。清末奉命主持修订法律，遵循"参考古今、博稽中外"之精神，先后完成了一系列民刑法律的制定工作，成为"媒介中西方法制的一个冰人（媒人）"，被誉为"中国法制现代化之父"。

---

① 有关《江楚会奏变法三折》的研究参见李细珠《张之洞与〈江楚会奏变法三折〉》，《历史研究》2002年第2期，第42—53页。
② ［清］朱寿朋：《光绪朝东华录》（五），中华书局1958年版，第4864页。
③ 王铁崖：《中外旧约章汇编》（第二册），生活·读书·新知三联书店1957年版，第109页。
④ 参见展恒举：《中国近代法制史》，台湾商务印书馆1973年版，第100页。

望的官僚被这一虚假许诺迷惑,希望通过修律收回领事裁判权,这也是促成清政府草率改革的主要动因之一。① 清廷"修律"举动与收回领事裁判权密切相关,对此,《清史稿·刑法志》也指出:"自此而议律者,乃群措意于领事裁判权。"②

光绪三十年(1904年),清政府成立修订法律馆,任命沈家本与出使美国的伍廷芳为修订法律大臣,正式开始了长达数年的修律活动。清廷改革的最初基调是:"择西法之善者,不难舍己从人;救中法之弊者,统归实事求是"。③ 既要"参酌各国法律","采彼所长,益我所短",又要维护中国"数千年相传"的"三纲五常"。国内要求修律的呼声的日益增多和修律实践活动的展开,这势必对传统的流放刑罚产生巨大的影响。

早在光绪二十八年(1902年)十一月,护理山西巡抚赵尔巽以遣军流徒弊病甚多,奏请"仿汉时输作之制,饬下各省,通设罪犯习艺所,以后将命盗杂案遣军流徒各罪犯,审明定拟后,即在犯事地方,收所习艺,不拘本籍外省,分别年限之多寡,以为工役之轻重"。在奏折中赵尔巽指出,流放罪犯有"三失""四弊",主要指:罪犯流放到边远地区,路途遥远,押解费用甚巨,州县亏累;罪犯逃亡以后,难以捕回;罪犯到达目的地,也无役可充;罪犯在边远地区结成团伙,危害当地百姓;罪犯死亡之后,家属难以收尸,归骨无望。因此他提议应成立罪犯习艺所,使罪犯在本地收所习艺,并详细论证了创办习艺所的"十益":"拘系本地,众知儆惕,一也;管束有所,不致逃亡,二也;见闻不广,习染不深,三也;各营工役,使生善心,四也;力之所获,足以自给,五也;与人隔绝,不滋扰害,六也;系念乡土,易于化导,七也;护解无庸,经费可省,八也;本籍保

---

① 针对清末修律与英国允诺放弃领事裁判权的关系问题,李俊曾在其博士论文指出:"清廷谕令修律在先,而中英商约谈判加入相关改法修律条款在后,因而说中英商约谈判中列强表示有条件放弃领事裁判权一事,导致了清廷改法修律的启动这种立论是难以成立的。"(参见李俊:《晚清审判制度变革研究》,中国政法大学中国法制史博士论文,2000年,第56页。另高汉成更以详尽的史料论证指出,领事裁判权问题始终只是晚清主持改革者推进法律变革的手段。事实上,晚清法律改革作为清末新政的一部分,也是服从和服务于新政这一整体政治局势的,它本身并没有自己额外的起因和目的。(参见高汉成:《晚清法律改革动因再探——以张之洞与领事裁判权问题的关系为视角》,《清史研究》2004年第4期)。此二说均言之成理,但废除领事裁判权对于清末修律的促进作用仍是不容质疑的。
② 《清史稿》卷一四二,志第一一七,刑法一。
③ 《清德宗实录》卷四百八十六,光绪二十七年八月癸丑。

释，的确可靠，九也；即或疾病死亡，仍获首邱，法中有恩，十也。"① 该折经刑部议准，颁布上谕，"徒犯毋庸发配，按照年限，于本地收所习艺。军、流为常赦所不原者，照定例发配，到配一律收所习艺。流二千里限工作六年，二千五百里八年，三千里者十年。遣军照满流年限计算，限满释放，听其自谋生计，并准在配所入籍为民。若为常赦所得原者，无论军、流，俱无庸发配，即在本省收所习艺。工作年限，亦照前科算。自此五徒并不发配，即军、流之发配者，数亦锐减矣"②。

次年（1903年）四月初三日，朝廷议复赵尔巽奏折，颁布《各省通设罪犯习艺所章程》，肯定罪犯习艺所"系属安插军流徒第一良法"，命各省筹建通设，规定"将命盗杂案遣军流徒各种罪犯，审明定拟后，即在犯事地方收所习艺，不拘本省外省，分别年限之多寡，以为工役之轻重"。③ 同时，刑部奏准删除充军名目，将附近、近边、边远并入三流，极边及烟瘴改为安置，仍与当差并行。自此五军第留其二，而刑名亦改变矣。

光绪三十二年（1906年）刑部改为法部后，就军流人犯收所习艺问题，再发《法部咨各省申明遣军流到配收所习艺章程文》，做了进一步补充。在具体司法实践中，法部颁定了《处置配犯新章》九条，将徒、流、军、遣数刑合并为徒刑，使罪犯收所习艺制度化。

流放制度的这一变化，具体体现在其后删定而成《大清现行刑律》中。光绪三十四年（1908年）正月二十九日，修订法律大臣沈家本等人向清政府上呈《奏请编定〈现行刑律〉以立推行新律基础折》，指出"现在新律之颁布尚须时日，则旧律之删订万难再缓，拟请踵续其事，以竟前功"，并提出酌拟办法四则：一、"总目宜删除也"；二、"刑名宜厘正也"；三、"新章宜节取也"；四、"例文宜简易也"，要求对于旧律进行删改。④

宣统二年（1910年）五月，《大清现行刑律》颁布，总计30篇，共389条律文，1327条例文，并附有《禁烟条例》及《秋审条例》。作为新旧刑律的过渡，《大清现行刑律》对五刑名目做了较大修正，其中流刑规定："军罪虽删，仍于死刑之次，增入遣罪；安置之次，增入流罪。"原有的五刑为罚金、徒刑、流刑、遣刑、死刑所取代。这里最大的变化就是将遣刑从流刑中

---

① 参见［清］朱寿朋：《光绪朝东华录》（五），中华书局1958年版，第4967—4969页。
② 《清史稿》卷一百四十三，志第一百十八，刑法二。
③ 《刑部议复护理晋抚赵奏请各省通设罪犯习艺所折》，《大清法规大全》法律部，第1895—1897页。
④ 故宫博物院明清档案部编：《清末筹备立宪档案史料》（下册），第851—853页。

分出来，正式成为降死一等的法定刑。遣分二等，一是极边足四千里及烟瘴地方安置，一是发新疆当差，犯人不论工作与否，俱收各省习艺所，织带编筐，工作十二年后释放。其犯三流及极边或烟瘴地方安置者，核其所犯罪名，如系常赦所不原，即按《道里表》定地发配，到配一律收所习艺，流二千里者，限工作六年；二千五百里者，限工作八年；三千里者，限工作十年；极边及烟瘴地方安置者，工作十二年，限满俱释放。有不愿回本籍者，并准在配所地方入籍为民。如系常赦所得原，无论流置，俱无庸发配，即在本籍或犯事地方收所习艺工作，年限照前科算，限满即行释放。犯至外遣者，到配工作十二年，限满仍令种地当差，不准回籍。①

至此，流放制度的变化主要表现在三个方面：第一，取消了附加刑的并罚。杖一百的取消，使流放犯不再皮肉受罪，刺字的废止也减轻了犯人的心理负荷。同时还废止了缘坐，使得许多犯人家属免遭离乡背井、贬降为奴的苦难。这是近代西方资本主义国家刑法中"刑罚止及一身"原则在清律中的体现。第二，法律面前人人平等的资产阶级思想也开始被引入清末法律之中。这具体表现在旗人犯罪免除流放，奴婢不再作为社会最底层享受不公正的法律待遇等。第三，简化了过去纷繁复杂、彼此矛盾的流放形式。而且将流放犯拘禁在固定的场所服刑劳作，不仅将刑罚作为惩治手段，同时也包含了改造犯人，给以生活出路的思想。所有这些，都可以说是中国封建制刑罚体系向近代资产阶级刑罚体系过渡的起步。

这里流放刑罚虽然仍在传统的体制内进行改革，但已经融入了西方的因素。其中，最为重要的是对于西方惩治教育思想的引入。光绪二十八年（1902年），山西巡抚赵尔巽奏准设立罪犯习艺所，收受被判处充军、流刑、徒刑等人犯，使他们接受农业、手工业等职业训练。这是我国对于罪犯惩治教育实践的开始。次年，刑部仿照赵尔巽的做法进行监狱改良，开始在各地设立习艺所，比较著名的有顺天府习艺所、天津习艺所和江苏省习艺所等。习艺所设教习官、教诲师、技师、看守等。有些习艺所还专设拘押女囚的女监，有的习艺所则主要收容轻犯或无业平民，类似于近代资本主义国家执行保安处分的场所。习艺所的设立，开辟了我国改造罪犯的新途径，后来的监狱制度多所沿用。也在此基础上，清政府对于监狱进行了一系列的改良工作。光绪三十三年四月十一日（1907年5月22日），修订法律大臣沈家本奏《实行改良监狱宜注意四事折》，曾指出：

---

① ［清］刘锦藻：《清朝续文献通考》卷二百五十一，刑考十，徒流，军遣附。

> 刑罚与监狱相为表里，近世各国刑法，除罚金外，自由刑居其强半，所谓自由刑者，如惩役、禁锢之类，拘置监狱，缚束自由，俾不得与世交际。盖犯罪之人歉于教化者为多，严刑厉法可惩肃于既往，难望渐被于将来，故藉监狱之地，施教诲之方，亦即明刑弼教之本义也。……虽有监狱，不过供待质待决之用，领御之方虽备，囹悔之旨缺焉。自光绪二十九年刑部议复升任山西巡抚赵尔巽条奏，凡军流以下之罪，除常赦所不原外，俱酌改入习艺所工作，已采用自由刑之规制。……方今力行新政，尔监狱尤为内政外交最要之举，虽中外条目纷繁，骤难力臻美备，而缔构之初，宜注意者厥有四事……一、改建新式监狱也。西儒有言曰：觇其国监狱之实况，可测其国程度之文野。一、养成监狱官吏也。一、颁布监狱规制也。一、编辑监狱统计也。①

从中可以显见当时改良监狱受到西方惩治教育思想的重大影响。到宣统三年（1911年）四月，从中央到地方，各地兴建的模范监狱陆续落成，中国旧式监狱得到了一定程度的改良。

西方惩治教育思想的引入和国内新式监狱的设立，对于传统的流放刑罚产生了极大影响，作为报复和威吓时代产物的流放愈加显得不合时宜。只是作为中国传统封建法系的一种重要刑罚，流放仍有着顽强的生命力。从《大清现行刑律》来看，除了常赦所得原者在本籍或犯事地方收所习艺外，其常赦所不原者仍予以实发，同时遣罪亦入正刑，流放刑罚还有扩张的趋势。

光绪三十年（1904年），五城练勇局侍郎陈璧上《五城案犯军流徒三项罪名改为监禁》一折，奏言指出：

> 五城词讼徒罪以上均送刑部审讯，由部按律定拟。军流发遣之犯，由兵部顺天府递至配所。自京县起，按县佥差递解，长途跋涉，稽核为难，且驿站之废弛，差役之偷滑，已成积习。而犯罪至军流徒者，类多凶狡不逞之徒，潜逃贿脱、百弊丛生，故起解者不乏人，到配者无一、二。幸而获免，绝无悔心，或复寻仇，或逞凶构衅，即使控告到官，再配再逃，视为常技，罪不至死，其恶实有浮于死者，非变通办理，何以

---

① 故宫博物院明清档案部编：《清末筹备立宪档案史料》（下册），中华书局1979年版，第831—833页。

惩凶徒，而儆效尤。拟将军流徒罪名改为监禁，其禁年之多少，准罪之轻重为衡，年满发入工艺厂习艺，革其非心，更课以生计。

该侍郎以京师五城递解军流发遣案犯"百弊丛生"，奏请军流遣犯遵照已定"徒犯留于本地作工，免其外发"例一体监禁。结果却遭到刑部奏驳，指出："军流择其情轻者，亦留本地；其凶恶情重者，仍照旧例发往远方，虽与旧法不合，然尚未至尽废。今该侍郎不思辇毂之下，理宜肃清，妄自陈奏拟将京师所问军流徒犯均免发遣，一概留于本地监禁，无论人多拥挤监狱不能容留，即设所令其工作，而聚千百罪犯于京城，一旦有变，后患何堪设想"，并进一步认为："流徒之法，原欲使犯罪之人不能安居乡里，若概不发配，则是一家共犯而父兄子弟，转得圜扉聚处，无离别遣徙之忧，必更有乐于犯法者，立法适以长奸，闾阎愈将不靖。且查各省每年办结军流徒犯，奏咨到部者，不下千余名，监禁不能一年释放，积三五年则多至数千名，再积三五年，则多至万余名，愈积愈多，非但监不能容，抑且防范难周。"从中可以看出，流放制度的存废，不仅关系到政治和文化的层面，还要求有一整套相应措施的相互配合。即便仅仅是将京师地区的流放从形式上废除，也不得不从各个方面加以考量。因此，刑部对于军流徒三项罪名改为监禁的设想大加鞭挞，力求为流放制度的存在进行辩护。《清朝续文通考》把刑部的这一驳奏称之为"不刊之论"，并"附录篇末，以为轻议更张者戒"。①

然而，流放刑罚行用在清末确已成为明日黄花。伴随着《大清新刑律》的制定，流放制度也将走向它的尽头。沈家本在光绪三十三年（1907年）八月《奏刑律草案告成分期缮单呈览并陈修订大旨折》中提出了制定新刑律的的"更定刑名""酌减死刑""死刑唯一""删除比附"和"惩治教育"五大原则。在"更定刑名"一原则内指出：

> 迄今交通日便，流刑渐失其效，仅俄、法二国行之，至笞、杖亦惟英、丹留为惩戒儿童之具。故各国刑法，死刑之次，自由刑及罚金居其多数。自由刑之名称，大致为惩役、禁锢、拘留三种。中国三流外，有充军、外遣二项，近数十年以来，此等人犯逃亡者，十居七八，安置既毫无生计，隐匿复虑滋事端。历来议者，百计图维，迄无良策。事穷则变，亦情势之自然。光绪二十九年刑部奏请删除充军名目，奉旨允准。

---

① ［清］刘锦藻：《清朝续文献通考》卷二百五十一，刑考十，徒流，军遣附。

只以新律未经修定，至今仍沿用旧例。是年刑部又议准山西巡抚赵尔巽条奏，军遣、流徒酌改工艺。三十一年复经臣与伍廷芳议覆前两江总督刘坤一等条奏，改笞、杖为罚金，均经通行在案。是已与各国办法无异。兹拟改刑名为死刑、徒刑、拘留、罚金四种，其中徒刑分为无期、有期。无期徒刑，惩役终身，以当旧律遣军。有期徒刑三等以上者，以当旧律三流，四等及五等，以当旧律五徒。拘留专科轻微之犯，以当旧律笞杖。罚金性质之轻重，介在有期徒刑与拘留之间，实亦仍用赎金旧制也。①

从而，流放刑罚在《大清新刑律》中没有留下自己的位置，分别为无期和有期徒刑所代替。该刑律经过数易其稿，激烈争论，终于在宣统二年十二月（1911年1月），正式公布。《大清新刑律》分总则和分则两编，总则17章，分则36章，总计411条，后附《暂行章程》5条。这是中国历史上第一部近代意义上的专门刑法典。这部近代意义上的专门刑法典将刑罚分主刑和从刑两大类，主刑分死刑、无期徒刑、有期徒刑、拘役、罚金五种，从刑分褫夺公权和没收财产两种，彻底废除了流刑和遣刑。② 从此，传统的流放制度走进了历史的陈列室。只是这部法律未能来得及实行，清政府就被辛亥革命推翻了。

辛亥革命之后，清政府不复存在了。流放这种在中国的大地上存在了数千年的刑罚也犹如一江春水向东流，一去不复返了。

---

① 故宫博物院明清档案部编：《清末筹备立宪档案史料》（下册），中华书局1979年版，第845—849页。
② 围绕《大清新刑律》的修订，曾引发了新派和旧派之间的"礼法之争"，但当时两派所争论者，主要在立法理念和具体的刑名方面，可以显见当时人们对于刑罚制度的改革观点应该是比较一致的。可参见高汉成：《签注视野下的大清刑律草案研究》，中国社会科学出版社2007年版。

余　论

在有清一代长达 268 年的历史长河中，流放制度经历了一个逐步发展、完备，不断调整到最终走向衰落的过程。

清初到清中期的一段时间，是清代流放全面继承传统，并以此为基础，不断创新和提高，其体制达到成熟的阶段。清代流放制度的成熟与完善，具体体现在流放的类型、对象及对于流放地的选择诸方面。首先，在流放类型上，清代不仅承袭了传统的流刑、迁徙、充军和边外为民等刑罚，还首创了极具特色的发遣刑罚，把惩治与实边结合起来。其次，在流放对象上，清代对于惩治对象划分极为细致，不仅区分旗人、汉人，还有男、女之别，另有官、常之分，从而使得清代的流放制度充满民族性和等级性，其中如对于官员边疆效力赎罪的规定，至今看来仍是有一定积极意义的。最后，在流放地选择上，清代逐渐形成了一套边疆与内地相互协调的流放体系。内地军流，从合理性惩治的原则首创《道里表》并坚持视表配发；边疆发遣，则把人犯的惩治和边疆的开发结合起来，二者相辅相成，彼此照应。总之，从制度层面上而言，清代的流放至清中期以后，已经逐步完善，达到了历史上的最高峰。

在司法实践层面，清代流放的一大特点是制度规定常常能够因时因地制宜，极具有调适性。即中央的制度规定用来指导地方的司法实践，而各地实践中的特殊情况也不断反过来影响中央规定，不断对其进行一定程度的修正。如金妻制度、停遣问题、人犯的调发等，都是因地方情形，而影响到中央的规定，中央进而通过修订条例进一步指导地方的司法活动。清代不断地增修条例，使得流放制度逐步趋向完善，最终形成一整套从人犯的审理判决、定配、金发、行程到配所管理的严密制度规范。通过这套制度，清廷把大量人犯充发全国各地，从而使清代的流放人数达到了历代之最。

著名学者余秋雨在《流放者的土地》一文中通过对清初科场案及文字狱

中流人的记述，感言："从宏观来说，流放无论如何也是对文明的一种摧残。"① 作家张承志在《心灵史》一书以乾隆朝甘肃循化反清起事缘坐流放为中心，也写道："流放，是国家以及任何迫害者的一种特殊残民手段。"② 他们每每提到流放，就仿佛这种刑罚到处洋溢着专制社会的虚伪和残暴，本身毫无价值可言。流放这种"仁慈"的刑罚，在今天文学作品和一般人的印象中竟是这样一副狰狞的面目。

其实，流放，作为我国古代一种长期行用的法律制度，正如本书所描述的那样，并不像统治者所宣称的那样好，但也并不像我们所想象的那样坏。中国古代法律与当代法律不同，其根本宗旨在于"平衡"社会秩序。故而，如何实现社会管理乃是其首要任务。费孝通先生曾指出中国古代社会为"乡土社会"，而把这种社会的秩序称之为"礼治秩序"。③ 流放刑罚正是在中国这种"乡土社会"环境中为适应"平衡"社会秩序的宗旨而出现的。原始社会，古人就开始把破坏氏族秩序者通过驱逐的方式流放到氏族集团之外。中国封建社会的刑罚制度，其根本目的是为了维护统治，整肃吏治。老百姓除了反抗朝廷的叛乱之外，最多还是各种形式的刑事犯罪，任何朝代、任何社会都需要打击刑事犯罪，使得百姓安居乐业；都需要惩治贪官污吏，使得政治清正廉明。封建统治者为了稳定社会秩序，大量采用流放的方式，流放破坏秩序者。普通平民触犯了一般刑律，可能被流放；贵族和官僚如果触犯了统治阶级的利益，也有可能被流放，这一切，都与一定的秩序相关。对于违犯这一秩序者，如果不想死，被驱逐到远离统治者视线之外，并加以控制，不致惹是生非，也是十分必要的。当然，封建统治者把刑罚制度作为防民之具，往往也有滥用的时候，这体现在流放制度中，就表现为流放案例的复杂性和多样性。清代流放制度在稳定社会和开发边疆的过程中，曾发挥了一定的积极作用，但其中也有如翰林院编修洪亮吉因上书指陈时弊，批评嘉庆帝，被流放伊犁；更有道光年间禁烟抗英的两广总督林则徐被无罪流放新疆。因此，正如有学者所指出的，清代流放"既有应得之罪，也有枉屈之人，流放背景各有不同，流放经历因人而异"④。流放制度，既有进步积极的一面，也有反动消极的一面。

---

① 余秋雨：《山居笔记》，文汇出版社2002年版，第56页。
② 张承志：《心灵史》，海南出版社1995年版，第131页。
③ 费孝通：《乡土中国》，生活·读书·新知三联书店1985年版，第51页。
④ 马大正：《〈清代新疆流放名人〉序》，《西域研究》1994年第2期，第95页。

流放的实施需要广阔的空间，流放制度的长期存在与我国长期大一统的格局应当密切相关。清代流放制度的高度发达，则与清代疆域空前也是分不开的。清代我们统一的多民族国家进入一个新的发展阶段。经过中国各族人民的共同努力和康雍乾三朝的锐意经营，在秦、汉、隋、唐、宋、元、明等朝发展的基础上，终于在乾隆二十四年（1759年）形成了一个北起萨彦岭、额尔古纳河、外兴安岭，南至南海诸岛，西起帕米尔高原，东至库页岛，拥有一千多万平方公里国土的空前统一的国家。① 广阔的国土和长期安定的局面，这就为流放刑罚的行用提供了一个重要的先决条件。

当然，流放制度在我国的产生和不断发展，其主要因素还在于文化方面。中国独特的宗法文化和社会结构在一定程度上维系了流放的惩治功能。正如时人所观察到的那样，对于一般人来说，"流放就意味着抢走了他们生活中的春天，剥夺了他们生命中的阳光"，"他们身心无法承受"；而传统社会作为"一荣俱荣，一损俱损"的宗法社会，遭遇流放将是对整个家族乃至宗族的巨大打击，"一个家庭成员的犯罪行为将使其家庭中的其他成员受到牵连"。② 可以说，流放为顺应古代中国刑罚的需要而产生，并且顺应中国古代刑罚的需要而存在了一千多年。正如有些学者所言："流刑沿用甚久，为中国刑罚中最普通者，此可表示该制度适合于中国社会之组织及心理。"③

然而，流放作为清代的主要刑罚之一，在其形成之初便已暴露出诸多问题。早在流徙东北的过程中，就因不能解决人犯寝坏当地风俗的问题，清中叶以后逐渐改变了仅流徙东北一隅的做法。其后，清政府遵循合理性惩治的原则把人犯充发内地各行省，又缺乏行之有效的管理措施，也给各地方州县造成了无数麻烦。迄自清末，流放刑罚更是暴露出体制本身的大量问题，又遇到了国内环境变迁和西方法律文化冲击的双重挑战，已经不再适应社会发展的需要。因此，在清末法制改革中被废除也就成为顺理成章的事情了。一种制度在完成了其应当负有的历史使命，也就走向了其历史的终结。

流放制度作为一种在中国历史上行用了数千年的重要刑罚，虽在中外各种因素的影响下，经清末法制改革而遽然废止，但作为"圣人的良法美意"，其余绪仍长期存在，几经争论。

---

① 葛剑雄、曹树基、吴松弟：《简明中国移民史》，福建人民出版社1993年版，第529页。
② ［英］麦高温著，朱涛、倪静译：《中国人生活的明与暗》，时事出版社1998年版，第164—166页。
③ 宝道：《中国刑法典之修正》，《中华法学杂志》1934年第5卷第5期，载王健编《西法东渐——外国人与中国法的近代变革》，中国政法大学出版社2001年版，第170页。

早在宣统元年五月初六日（1909年6月23日），清廷要求对已经废止了流放刑罚的《大清新刑律》进行议覆之时，河南巡抚吴重憙在《奏签注刑律草案缮单呈览并陈制律应顾立国本原折》中就提出了"流刑暂缓废止"的建议，指出：

> 总则主刑之种类，死刑之下直接徒刑，徒刑分无期、有期，俱禁之狱，定其劳役。其无期徒刑监禁逾十年以上，仍许假出狱。此系采用日本最新学说，一以防止人民熏染其习，一以不绝犯人改悔之路，意非不善。第查日本旧时刑法，徒流人犯，不分无期、有期，概移居岛地，后以发遣多不实行，始经停止。中国幅员辽阔，情势与日本不同，腹地诸省生齿日繁，犯罪人数岁益加增，边省户口畸零，地多遗利。上年东三省督臣徐世昌等，奏准军流人犯移以实边，诚为因地制宜之办法。盖此项囚徒，罪既不至于死，禁之内地督令服役，无非渐移其残忍之性，何如流诸边境，俾充垦荒开矿等苦工，较为有益。若但据学理上之解释，不凭事实上之研究，毅然废止，恐难适当。臣愚以为无期徒刑，不如改为无期流刑，其配所除东三省外，新疆、藏、蒙亦一律遣派。其情节实在凶恶者或到配后酌加监禁年限，或以兵法部勒之。其有期徒刑之最长期以下，不妨执行之于内地监狱，似此规定，庶与现行刑律不相违背。①

可以看出，时仍有人认为流放刑罚，尤其是当时行用效果较好的发遣刑依然有继续存在的必要，不可断然废止。清代发遣，人犯流放边地，除惩戒和预防犯罪之外，亦有实边戍边之考虑。遣犯在配当差、为奴，清政府也积极通过一定措施为人犯的力役实边提供便利，或勒令屯垦，或发铅、铁、铜等厂当差，使得不毛之地得到开垦，荒芜之地有了人迹，道路开始畅通，中原先进的生产技术被引进边区，边地的农业和经济均得到了进一步发展。同时，人犯中很多是来自中原地区，不少人还是文化上层人士，他们中的相当一部分久成边塞，落地生根，繁衍生息，成为当地居民的一部分。一些"流人"在当地举办教育，传播文化，赋诗吟词，著书纪事，对边疆的文化教育事业作出了可贵的贡献。遣戍人犯，本在"实边"，其中就有"戍边保土"的意图。他们虽在残酷的民族压迫下生活，但当大敌当前之时还是会履行保

---

① 故宫博物院明清档案部编：《清末筹备立宪档案史料》（下册），中华书局1979年版，第870—871页。

国的职责。如吴兆骞的《秋笳集》中便记有:"甲辰(1664年)春,幕府以老羌之警,治师东伐。令流人强壮者供役军中,文弱者岁以六金代役。于是石壕村吏,时闻怒呼,无昔日之优游矣。"① 之后,在西北地区的历次叛乱中,因当地八旗、绿营不敷使用,相关遣犯供职军伍的记载也不绝于书。可以说,边地人犯在开发边疆的同时,还有着保疆卫土的职责。为此,光绪三十三年(1907年),在发遣制度基本废止,国内一片废除流放制度的声浪中,东三省总督徐世昌与黑龙江巡抚程德全仍会衔奏请,拟复遣犯旧例,仍发黑龙江充当苦工,家属原随者听,年满编入农籍,并认为如此"内地可省解配之劳,边疆则可得殖民之益",乃是借鉴沙俄的做法用遣犯实边。②

针对流放刑罚所具有的这一实边卫土的功效,因此仍有人希望它能够继续保留,即使在流放制度被废除后也不断设法加以恢复,可以说,流放制度的影响依然存在。

"中华民国"成立以后,采用了经过修订的《大清新刑律》,定名为《"中华民国"暂行新刑律》,一直使用至1928年《"中华民国"刑法》颁布实施才失去效力。该《暂行新刑律》没有相关流放的规定。然而,袁世凯担任大总统时期,因为监狱人满为患,不少学者认为徒刑的广泛运用虽然顺应了世界最新刑事政策的潮流,但在当时的中国难以全面推广,还是传统的遣与流更符合中国国情,可以校正徒刑执行中的弊病。③ 至"民国"三年六月初八(1914年7月30日),袁氏遂以教令第110号公布《徒刑改遣条例》尝试恢复流刑,条例原令如下:

> 世界刑法惟吾国之流刑为最古,遣与流制虽各异而按诸刑事政策与移民政策,究亦名异而实同。清季修订《新刑律》,始一律定为徒刑,易以拘禁。盖以最新刑事政策,义取感化,服定役于监狱,易发其迁善改过之心,正不必屏诸远方,俾其自甘暴弃,揆当时立法之用意,陈义非不甚高,而不谓行之数年,其结果乃适与相反。狱政尚未修明,则多数

---

① [清]吴兆骞撰,麻守中校点:《秋笳集》卷八,《戊午二月十一日寄顾舍人书》,第265页。
② 中国第一历史档案馆藏:《宫中朱批奏折》档号04—01—08—0008—009,东三省总督徐世昌、暂署黑龙江巡抚程德全奏为拟请酌复遣犯旧例并妥筹黑龙江省变通办法事,光绪三十三年十一月初二日。
③ 相关讨论可参见董康:《匡救司法刍议》,《庸言》1914年第2卷第1、2号合刊,第8—9页;梁启超:《条陈改良司法意见留备采择呈》,《庸言》1914年第2卷第4号,第4—5页。

杂居，既难于实施教化，设备多仍旧贯，则分房未易，更不免妨害卫生。积是种种原因，遂使在狱者，几成学习犯罪之地，因之出狱者，适为奖励犯罪之媒，为害公安，所关甚巨。加以事变而后，盗贼横行，反狱重案，既时有所闻，管狱各官，每穷于防护，法久生弊，亟宜酌量变通。本大总统为执行刑律起见，特别制定徒刑改遣条例，以济监狱执行之穷。嗣后凡属于本条例第一条所列徒刑各犯，均一律酌改发遣，并准其编入各该遣地户籍，近可以为疏通监狱之谋，远可以收充实边防之效，于刑事政策、移民政策两有裨益。①

《徒刑改遣条例》共11条，将无期徒刑及大量犯有内乱罪、外患罪、妨害国交罪、逮捕监禁人脱逃罪、放火决水罪、伪造货币罪、伪造文书印文罪、发掘坟墓罪、强盗罪、略诱再犯、窃盗再犯、诈欺取财再犯等十几种重罪而被判五年以上有期徒刑者改为发遣。发遣地点为吉林、黑龙江、新疆、甘肃、川边、云南、贵州、广西等边远地区。在距离上，改遣犯人，须出本省足三千里，但新疆得于天山南北两路互相调发，四川得发遣川边。改遣犯人，许携带家属，旅费自任，但犯人无力自任旅费者得酌给资助。改遣犯人到配所后，由检察官或地方行政官监督，得令服狱外之定役，并编入该处户籍，但依其情形，仍拘置监狱。关于改遣的程序：应改遣犯人，自判决确定后，由检察厅或知事报告高等审判厅长或司法筹备处长、审判处处长，详请最高行政长官咨报司法部。宣告之刑期消灭后，愿回本籍者，禀由发遣地最高级行政长官给凭回籍。无期徒刑逾20年有悛悔实据者，由发遣地最高级行政长官咨请司法部，俟回报后，准其给凭回籍。②

此条例的颁行，缘于政治会议的提议，意在采纳传统流刑、发遣刑惩儆囚徒，疏通监狱。但由于手续烦琐，路途遥远，国内局势尚不稳定，各省实际操作多有不便。徒刑改遣基本处于停滞状态，但在袁世凯政府时期，其条例并未在法律上被废止。直到袁世凯因称帝丑剧失败病亡后，黎元洪政府才以大总统申令的方式，在1916年7月18日宣布"徒刑改遣条例及施行细则"等均即废止。③ 最终，民国初年这次恢复流刑的尝试以草草收场而落下帷幕。

此后，进入20世纪30年代也由于内地司法紊乱，各地监狱设备简陋，

---

① 《大总统令（制定徒刑改遣条例）》，《政府公报分类汇编》1915年第15期，第29页。
② 《大总统令（制定徒刑改遣条例）》，《政府公报分类汇编》1915年第15期，第30—31页。
③ 《大总统废止徒刑改遣条例等申令》，《政府公报》1916年7月19日，第194号。

罪犯充塞，又有欲恢复流刑，将人犯发往新疆等地移垦实边之议。① 最终因为对于恢复流刑之举褒贬不一，阻力较大，此举无果而终。②

流放制度被废除之后，屡有恢复之议，这也并非历史的偶然。我们从当时司法人士对这一举动的批评中也许能够得到一些启示：

> 中国的流刑，可以说是起源很早。古代的传说，谓虞舜流宥五刑，流共工于幽州，放驩兜于崇山，大约就是流刑的一种。不过在魏晋以前，虽然流放刑的例子很多，流刑总还没有列为五刑之一，后魏刑名，才有死、流、徒、鞭、杖五种名目。此后历代的刑名中，都有流刑一种。……国民政府刑名，虽然刑是定为五种，但已经没有流刑的名目了，直到现在又听到恢复流刑的呼声。我们研究刑罚史的人，对于这种现象，并不觉得稀奇，因为数千年的制度，本不是一下就可使他消灭的。只看汉文帝废除肉刑之后，历代主张恢复的人，真是不可胜数，在朝廷中提出这个问题来讨论，至少已有十次。现在肉刑总算是历史上的名辞了，主张恢复肉刑的人大约是不会有了。然而流刑的废止，不过是近二十年的事，所以有人希望他复活。③

---

① 其中最引人注意的是，当时民国政府法律顾问，法学家宝道的议论，"是以中国旧刑法之流刑制度（体刑除外），与现代镇压改过之刑法原理，并无不相容之处"，"流刑制度之废止，除因该制度过于陈旧，及欲施用外国新刑罚外，别无其他理由。虽社会情形变迁，尚难证明不能用此制度以调和之，及不能恢复之也"，并为疏通监狱计，倡议政府恢复流刑。宝道：《中国刑法典之修正》，《中华法学杂志》1934年第5卷第5期，载王健编《西法东渐——外国人与中国法的近代变革》，中国政法大学出版社2001年版，第170—171。
② 李剑华：《犯罪社会学》，上海会文堂新记书局1937年版，第229—230页。
③ 吴景超：《论恢复流刑》，《独立评论》1933年第66号，第11页。

附录

清代流放大事年表

天聪七年（1633年）

后金赫图阿喇城守将,捉获明朝盗参者,命斩所俘百总一人,以十八人赏从行军士,余三十人发尚阳堡。

天聪九年（1635年）

四月,驻防揽盘岫岩、喀迩喀玛、贾木苏、锡翰,沿海边缉访,获捕鱼船二只,汉人二十一名,杀一人,生擒二十人来献,命即以所获人发尚阳堡居住。十二月,又有驻守揽盘边城萨哈连及哨探官南都,往皮岛蹑踪,获捕貉汉人六名,送至鞠讯之,发尚阳堡安置。

天聪十年（1636年）

宁完我,原属贝勒萨哈廉家人。因通文史上擢置文馆,参预机务,授二等甲喇章京,准袭六次,赐庄田奴仆。大军征燕京,令完我留守永平,以好博,为李伯龙、佟整所首。审实,上宥其罪。然以其素行不检,屡诫谕之,不改。复与大凌河归附甲喇章京刘士英博,为士英家人所首。谕罪,革世职。凡钦赐诸物,俱没入,解任,仍给与萨哈廉为奴。籍刘士英家,发尚阳堡为民。

崇德元年（1636年）

四月,皇太极改元崇德,定国号为"清"。清军多次侵入明境,俘获者众,多沦为奴仆。

崇德三年（1638年）

八月,礼部承政、甲喇章京汉人祝世昌上疏俘获中良人之妻不可令其为娼妓,被下旨切责,以"护庇汉人,与奸细无异"罪,刑部拟死,皇太极命免祝世昌、祝世荫死,发遣席北地方安置。

顺治元年（1644年）

清军入关。七月初八日，摄政王多尔衮颁布《清摄政王多尔衮安民令旨》曰："自今以往，嘉与维新。凡五月初二日昧爽以前，不拘在京在外，事无大小，已发觉未发觉，已结正未结正，悉行宥免，如违旨兴讼者，即以所告之罪罪之。官司听受者并治。"

顺治三年（1666年）

《大清律集解附例》刊成，顺治帝赐御制序。

顺治四年（1647年）

清廷以广东初定颁布"恩诏"，重申"卫军已改屯丁，永不勾补，官吏人等谪戍到卫者，悉放回原籍"。僧函可作私史，案发流徙沈阳。

顺治十年（1653年）

李呈祥以条陈部院衙门，应裁去满官，专用汉人，流徙宁古塔。

顺治十一年（1654年）

定凡窝家（指窝藏逃人之家）不准断给为奴，并家属人口，充发盛京。凡现任汉文武官员，并有顶戴闲散官员、进士、举人、贡生、监生及休致回籍闲居各官，窝隐逃人者，止将本身并妻子流徙尚阳堡。

李裀论严治逃人之弊，免官，安置尚阳堡。陈名夏论留发复明衣冠，论斩，其子掖臣流徙关外。

顺治十二年（1655年）

定改发宁古塔之例，宁古塔地方严寒，发往人犯易致毙命，给事中魏裔介奏请于辽东地方量其远近，酌罪轻重流之，不必专发宁古塔。从之。

定发尚阳堡之例，凡一应流罪皆照律例所定地方发遣，其解部流徙者改发尚阳堡。

季开生上疏极谏买江南女子入宫，下刑部狱，杖赎流徙尚阳堡。

魏琯论窝藏逃人庚毙，应请减等治罪，坐夺官流徙辽阳。

顺治十三年（1656年）

定旗人犯军流徒罪折枷之例，军罪枷三月；流罪枷两月；徒罪枷一月，仍责以应得鞭数。

顺治十四年（1657年）

南北闱科场案发，流徙者众。

顺治十五年（1658年）

内大臣巴图鲁公鳌拜等，会审广东雷州道王秉乾，以地方僻远，希图规避，贿嘱内监吴良辅，彻回另选，得实，拟立斩。得旨：王秉乾著免死，革职，籍没，鞭一百，发宁古塔给披甲人为奴。

顺治十六年（1659年）

刑部问拟充军人犯，咨送兵部，发兵马司羁候，照依《邦政纪略》内开载卫所，定卫发遣。附近充军者，发二千里；边卫充军者，发二千五百里；边远充军者，发三千里；极边充军者，发四千里；烟瘴充军者，发烟瘴地方，亦四千里。如无烟瘴地方，照极边例发遣。

顺治十七年（1660年）

"席北虽属国地方，然在边外"，故规定"今后有应徙席北者，俱改徙宁古塔"。

顺治十八年（1661年）

清廷颁布流犯认修城楼工赎罪例。

议准旗人犯徒一年者枷二十日；一年半者枷二十五日；二年者枷三十日；二年半者枷三十五日；三年者枷四十日。流二千里者枷五十日；二千五百里者枷五十五日；三千里者枷六十日。旗人犯附近充军折枷七十日；边卫七十五日；边远八十日；极边烟瘴九十日。

康熙元年（1662年）

定此后窝藏逃人邻佑及干连人犯流徙地点，由宁古塔改为尚阳堡。

康熙二年（1663年）

定流犯身死妻子免遣之例。

康熙三年（1664年）

宁古塔将军巴海以老羌之警，治师东征，令流人供役军中，或以金代役。

康熙四年（1665年）

定外省流遣人犯起解限期。凡起解流遣限期，除解部发落入官人犯照定例行外，若在各省地方，军流人犯以刑部咨文到日计限一月即行起解，该犯限日行五十里，若三千里限二月；二千五百里限五十日；余准是。俱限内至发遣处所。其有应追赃项，限内不能追完起解者，该督抚先行题明。如地方官迟延不起解及押解中途迟延者，并照违限例治罪。

康熙六年（1667年）

清廷下令停止流徙尚阳堡、宁古塔流人认修城楼赎罪例。

康熙九年（1670年）

清廷鉴于流徙尚阳堡、宁古塔罪人，冬季遣戍，"贫者殊多"，"冻毙于路"，故令此后自十月至次年正月及六月，俱勿发遣。

康熙十九年（1680年）

清廷再次颁布流人（十恶重罪除外）认工赎罪例。

定军流分别发配之例。先是十八年议定，凡军流及免死拟流者俱发乌拉地方；其照常流罪，发奉天等处地方。至是左都御使郝浴奏请，死罪减等者，仍照例发遣乌拉；其余军流俱充发奉天等处。从之。

康熙二十一年（1682年）

改定发乌拉之例。奉谕：乌拉地方，风气严寒，由内地发遣安插人犯，水土不习，难以资生，念此辈虽干宪典，但既经免死，原欲令其全生，若仍投畀穷荒，终归踣毙，殊非法外宽宥之初心，以后免死人犯，俱发往尚阳堡安插；其应发往尚阳堡人犯，改发辽阳安插；至反叛案内应流人犯，仍发乌拉地方当差，不必与新披甲人为奴。

康熙二十五年（1686年）

定军犯定配之例。犯充军人犯，在京兵部定卫，在外巡抚定卫，仍钞招知会兵部；其问边外为民者，钞招送户部。

康熙二十八年（1689年）

命察流犯发遣之弊。奉谕流徙人犯遇有势力者，每羁禁不严，及至发遣，又辗转迁延；其贫苦无力营求者，即肆行凌虐濒于死亡。向来此弊甚多。嗣后如遇有势力之人，即行发遣，不得迟延；其贫困之人，毋许凌虐致毙。著户、刑二部堂官，不时稽察，如有前项情弊，指参从重治罪。

康熙三十五年（1696年）

以征厄鲁特，清廷允关东流人捐马赎罪，致使"戍籍为之一空"。

康熙四十一年（1702年）

定盆妻人犯在配身故家属回籍之例。先是二十八年兵部奉谕：军罪人犯身故无子其孤寡之妇仍留配所，情实可矜著令回籍。至是顺天府尹钱晋锡疏请，嗣后流犯在配身故者，妻子俱准回原籍。从之。

定稽查流犯脱逃例。刑部议准黑龙江、宁古塔发遣人犯逃者甚众,皆由该管官不行查察之故。应令各该将军、打牲总管等将每月收领若干、逃走者若干、拿获者若干、未获者若干查明造册咨部,至年终将总数具奏,按其逃走之多寡,治伊主及各该管官之罪。

康熙四十七年（1708年）

定充发人犯在配殴死人者,即行正法。

严流犯逃后犯法之例。奉谕：凡减等流徒者,俱系死罪豁免之人,理当安静守分,若仍不改过,逃回作恶,情殊可恶。嗣后流所逃回不犯罪者仍照例完结。外逃后又复犯罪不论罪之轻重,并将旧案查出,立时正法,著为令。

康熙五十二年（1713年）

定发遣人犯俱发三姓地方之例。

康熙五十四年（1715年）

准格尔部策妄阿喇布坦遣军犯哈密,清廷与准噶尔的战事重起,"效力赎罪诸人,可分在各满洲、蒙古、绿旗兵内",令其从征。这是清廷首次决定往西北遣戍人犯之始。

康熙五十六年（1717年）

定强盗为从者,免死发往黑龙江等处为奴。

康熙五十七年（1718年）

改发黑龙江、三姓地方例。发往黑龙江三姓地方之人,俱因凶恶发遣,人犯日多,必致生事,停其发往,著后发喀尔喀科布多、乌兰固木地方,令其开垦耕种。

雍正二年（1724年）

总理事务王大臣议奏,布隆吉尔地方,现在修筑城垣,请将直隶、山西、河南、山东、陕西五省军罪犯人除贼盗外,尽行发往该处,令其开垦。从之。

雍正三年（1725年）

修订律例,《大清律集解》书成,"刊布中外,永远遵守"。其中,"军官军人犯罪免徒流"条为"军籍有犯",又另立"犯罪免发遣"条于此律之前。又奏准,天文生乃日官之属不合与工乐户、妇人同条,特增律文于此条之前。并将附律定例钦天监官为事一条附后。又将律目"边远充军"改为"充字地方",将军犯发配根据明代《邦政纪略》一书略做编定。

改定配之例。上以盛京为开基之地,宁古塔、黑龙江、三姓等处,俱为接壤，向来遣犯安插于此，日积渐多，恐引诱渐染废坏风俗，且将来发遣之人多于本地兵丁，亦有未便，因命嗣后遣犯分发内地边远之区，令地方官严加管束。

雍正四年（1726年）

定汉军人犯发遣之例。大学士八旗都统九卿遵旨议覆满洲、蒙古营生之道与汉民迥异。有犯军流罪者，概行发遣，恐难以图存。请仍照旧例枷责完结，其汉军人等有犯军流罪者，一体照例发遣。

改定刨参人犯发遣之例。奉谕：偷刨人参遣犯发黑龙江等处，则与伊等犯罪之处相近，凶犯不知惩戒。嗣后偷参发遣之犯，系满洲蒙古发往江南荆州、西安等处有满洲驻防之省城当苦差；系汉人汉军发往烟瘴地方当苦差。

雍正五年（1727年）

定土司家口迁徙安插之例。九卿遵旨议覆云南、贵州、四川、广西、湖广五省改土为流之土司有犯斩绞重罪者，其家口应迁于远省安插。犯军流罪者，应迁于近省安插，饬令地方文武官稽查，不许疏纵生事。从之。

定奉天遣犯发配之例。奉谕：奉天习俗不好，凡犯罪发遣之人，若发往相近边地，必致逃回生事。嗣后犯法应枷责发遣者，著解送来京，照例枷责，满日发与西安、荆州等处满洲驻防兵丁为奴。

雍正六年（1728年）

严遣犯不法之例。谕：披甲人查书夫妻父子弟妹及叔祖母九人，俱被赏伊为奴之犯纪二杀死，甚可骇异，凡免死发遣为奴之犯皆禀性凶恶，遣发之后，往往恣意妄行，不服管束。嗣后若仍有凶暴者，不论有应死不应死之罪，伊主便置之于死，不必治罪，但将实在情节报明该管官，咨部存档；其发遣当差之犯，不守法度被该管官打死者，该管官亦免议，但将情由报部存档；若当差、为奴人等与平人斗殴被打身死者，平人从宽减等，则凶恶之徒有所畏惧，不敢为非矣。

雍正八年（1730年）

兵部武库司在雍正三年"充军地方"的基础上，谨按直省各府份附近、边卫、边远、极边、烟瘴详核道里远近，编列著为《军卫道里表》。

雍正九年（1731年）

定流犯年逾六十者，拨入养济院给以口粮。

改定流犯脱逃之例，凡流犯脱逃分别原犯流罪及免死减等为流者，按脱逃次数递加治罪。原犯流罪者，初次脱逃，照例枷号两个月，责四十板，加徒役三年；二次枷号三个月，责四十板，加徒役四年；三次发遣边卫充军。若系免死减等流犯，初次脱逃者，枷号两个月，责四十板加徒役四年；二次发边卫充军；三次照军犯三次脱逃例，拟绞监候。

雍正十一年（1733年）

清廷再定发黑龙江罪犯，其中满洲、汉军人等，仍发黑龙江，其他则照新例发北路军营。

雍正十二年（1734年）

按察使何师俭便条奏《为请定三流道里事》，请求朝廷按照《军卫道里表》视表配发的标准制定《三流道里表》，得允，并饬刑部律例馆负责编修。

雍正十三年（1735年）

奉旨从前发往各处安置人犯，有情罪尚情，而在外已过三年，能安静悔过者，该督抚开明所犯情罪，具奏请旨。

乾隆元年（1736年）

为防止黑龙江、宁古塔、吉林乌喇等处之人"渐染恶习，有关风俗"，清廷重申，此后满洲有犯法者，仍发黑龙江等处，其汉人犯发遣之罪者，改发各烟瘴地方。

定披甲人凌虐遣犯并免除职官生监为奴之例。令黑龙江、宁古塔等处查明现在为奴人犯内，有曾为职官及举贡、生、监出身者，一概免其为奴，于戍所编入旗、营，出户当差。出示晓谕披甲人等，如仍有图占犯人妻女因而毙其命者，照律治罪。而为奴人犯，亦不得诬告或挟制其主，否则按诬告家长律治罪。

乾隆二年（1737年）

定遣犯佥发改发之例。规定：犯有强盗免死减等等9项遣犯，有妻室子女者，照旧例佥发宁古塔、黑龙江等处，给披甲为奴；如无妻室子女者，照乾隆元年新例，改发云南、贵、四川、两广等极边烟瘴与烟瘴少轻地方。

又覆准，闽省收到军流人犯，令各州县安插，如军犯年逾六十，不能自食其力，拨入养济院，按名给以孤贫口粮；年未六十，已成笃疾者，亦准拨给。若本犯挟有微资，习有艺业者，听其各自谋生，交地保管辖。其少壮军犯实系贫穷，又无艺业者，初到配所，该管官就近酌量安插管束，仍按本犯妻室子女，每名每日照孤贫给以口粮，自到配日为始，以一年为率，所给口粮各州县于存储仓谷项下动用报销。迨至一年后，本犯习于风土，不难自食其力，且年力强壮，尚可使用，各州县有驿递之所，即令充当夫役，一例给以工食，毋许胥役克扣滋扰。该管官仍于每月朔日按名点验。

乾隆五年（1740年）

修订律例，《大清律例》书成，完成了清代最为系统、最具代表性的成文法典。

乾隆七年（1742年）

覆准各直省收到军犯，无论有卫、无卫，均照闽省之例办理。其应给口粮，各州县有存储仓谷者，照仓谷项下开销，无存储仓谷者，于存公项下报销。

乾隆八年（1743年）

第一部《三流道里表》制定完成。

鄂尔泰等纂修的六册十八卷本《钦定军卫道里表》完成。

清廷始决定废止佥妻之法。

乾隆十一年（1746年）

颁行恩旨直省军流人犯内，已过十年者，查明省释回籍，其有在配年久，自能谋生，不愿回籍者，仍听其自便。

乾隆十二年（1747年）

覆准贵州各属苗多民少，充军人犯聚集太多，与苗人日相处往来，所关匪细，嗣后各省应发贵州军犯，径解巡抚衙门，就地方情形通融安插；他省有苗民杂处之州县亦照此例行。又覆准，各省发遣广西军犯，统于所属州县内照该犯应配道里远近酌量安置，不得拨发土司所属地方，致生事端。又，太平府属之宁明州，庆远府属之东兰州，镇安府属之天保县、归顺州、奉议州五处，烟瘴极重，免其分拨安置。

乾隆十六年（1751年）

奉天地方，为国家留都，根本重地，不便安插军流罪犯，嗣后各省军流均按照《军卫道里表》及《三流道里表》分别等次改发别省。

乾隆十九年（1754年）

顺天直隶各州县，畿辅重地，不便安置军流罪犯，今仍照旧表，凡各省发顺天、直隶各州县军犯俱停止编发。

乾隆二十三年（1758 年）

清军继平定天山北路阿睦尔撒纳之乱后，进入天山南路讨伐大小和卓木。是时，新疆东部的兵屯连获丰收，取得巨大成功。在此情况下，御史刘宗魏首倡向新疆东部兵屯地区发遣遣犯，以补充屯田劳动力。

乾隆二十四年（1759 年）

奏准流犯家属除例应缘坐者，仍照旧例办理外，其余一应军流遣犯，家属毋庸金配。如有愿随者，听，不得官为资送。

乾隆二十七年（1762 年）

《军卫道里表》复经奏明重加修辑。

乾隆二十八年（1763 年）

议准广东、广西、云南、贵州四省，应发烟瘴人犯，不必拘泥里数，改发极边，均于隔远本省之烟瘴省份，互相递发，交该督抚酌拨安置。

乾隆三十一年（1766 年）

定例废止原遣犯身故，家属回籍，地方官按程给与口粮之例，规定本犯身故，妻子情愿回籍者，亦不与资送。

例应发往乌鲁木齐等处人犯内，除伊妻实系残废笃疾，或年逾六十，及该犯父母老病应留侍养者，取具地方官切实印结，准其免金外；其余一概金妻发配，如有情愿携带子女者，一体官为资送；其军流内改发乌鲁木齐等处人犯，有情愿携带妻子者，亦一并官为资送。

议准发遣乌鲁木齐等处人犯，有家属者，查系原犯死罪减等发遣者，定限五年；原犯军流改发及种地当差者，定限三年，如果并无过犯，编入民册。

乾隆三十二年（1767 年）

因新疆人犯过多，经军机大臣议，将前定条款内摘留六条，仍发遣新疆，其余积匪猾贼等十六条，俱改发内地。

各处卫所系专司挽运漕粮，并不收管军犯，经兵部奏明，将"边卫充军"改为"近边充军"。此后，充军人犯便全部交由地方州县管理，《大清律例》也相应做了修改，将"定卫发遣"改为"定地发遣"。

乾隆三十三年（1768 年）

昌吉发生遣犯叛乱事件，遭清廷镇压。

乾隆三十五年（1770 年）

覆准军流徒罪人犯俱以奉文之日，为始定限两月起解，如无故逾限不行发解者，将州县官降一级调用，未经行催之上司，罚俸六月。

乾隆三十六年（1771 年）

前因一罪而分军籍、民籍，军籍则发充军，民籍则发为民，今卫所久经裁汰，均属州县管辖，其所犯之罪既同，自不宜复有军民之分，刑部议准将原例所开情罪相同而分别军、民定拟者，则将"为民"字样删除，一体改发充军。

定佥发军流人犯，听各省巡抚均匀拨发州县安插例。刑部奏定各省佥发军流人犯，俱按照《军流道里表》内应发省份照改发遣犯之例，毋庸指定府州，悉解巡抚衙门，听该抚按其所犯罪名，仿照《军流道里表》酌量州县大小、远近，均匀拨发起解省份，将解发军流人犯，于起解之先，预行咨明，该抚先期定地，饬知入境首站州县，随到随发，毋使壅积。

乾隆三十七年（1772 年）

经浙江按察使郝硕奏准，定军流徒罪起解不得过百日例。规定：凡军流徒罪以奉文日为始定限两个月起解，如实系患病逾限不能起解，准将缘由详明督抚咨部查核，其病限不得过百日，若过限不行解者，将州县官及未经行催之上司，分别议处。

乾隆四十年（1775 年）

"京城满洲、蒙古、汉军现食钱粮当差服役之人及外省驻防之食钱粮当差者，如犯流徒等罪，仍照旧鞭责外，其居住庄屯旗人及各处庄头并驻防之无差使者，犯该流徒罪名，俱照民人一例发遣。

各省递解军流人犯因每日支给口粮米一升，与免罪入伍遣犯减支盐菜不符，且较之军营各项兵丁口粮数目更属过优，自应酌减"，要求"所有每日支给米一升之山西等十一省，俱改为每日以八合三勺支给"。

乾隆四十三年（1778 年）

定江苏省太仓州属之崇明县孤峙海心，又系产盐之地，停止安插军流人犯。

乾隆四十四年（1779 年）

乌鲁木齐都统奏巴里坤屯田缺额，经军机大臣奏请，将三十二年（1767年）由新疆改发内地之十六条，仍发新疆，分别当差为奴。

兵部尚书公福隆安等奉敕重辑《军卫道里表》，以从前五等人犯系发卫所充军，是以定为《军卫道里表》，今军犯俱交州县收管，卫所专司挽运漕粮，并不收管军犯，因改名《五军道里表》，至是复加增修，书成刊布。以后军犯发配均按《五军道里表》视表配发。

乾隆四十六年（1781年）

甘肃循化发生回民事件，遭镇压，新教被禁止。回民罪犯被改发云贵极边烟瘴之地。

乾隆四十八年（1783年）

伊犁将军以该处屯犯愈积愈多，奏请仍发内地，经刑部议奏，将三十二年（1767年）原定六条及强盗窝主造意不行又不分赃等五条，计共十一条，仍发新疆，其余积匪猾贼等项十一条，并四十七年（1782年）广西巡抚朱椿条奏抢夺伤人非致命，金刃伤轻平复一条，共十二条，概停发新疆，改发内地。

乾隆四十九年（1784年）

修辑《三流道里表》告竣，计分一省为一本，敬缮黄册共十九本，装潢成帙，恭呈御览，伏候钦定发下。

乾隆五十四年（1789年）

鉴于新疆遣犯人数过多，清廷决定此后问拟发遣各要犯，分别发往打牲乌喇、黑龙江之索伦、达斡尔、珲春等处为奴当差。

嘉庆四年（1799年）

议准发遣新疆人犯脱逃正法之例。原为边地，甫经勘定，不得不从严惩治。今新疆久隶版图，沾濡圣化，已与内地无异，发往人犯与发遣黑龙江等处情罪相同，请嗣后发遣新疆人犯脱逃亦照黑龙江之例，由死罪减等者仍行正法，其余遣犯被获即在配所用重枷枷号三月，杖责管束。

嘉庆十年（1805年）

谕此后发遣新疆为奴人犯，复于配所杀人，如此情节凶恶者，即著按律正法，一面具奏，毋庸先行请旨。

嘉庆十四年（1809年）

《五军道里表》再次修订完成，首附凡例十六条，分辑十八卷，敬缮黄册三十八本，恭呈御览，伏候钦定发下，以便遵循。

定烟瘴充军除例应改发极边四千里者，俱照表载省份编发外，其应指发烟瘴人犯，仍照例发往云南、贵州、广西、广东四省，俱一四千里为限。至各省地方，如有距烟瘴省份载四千里之外者，惟计至烟瘴地方安置；不拘四千里之数；其距烟瘴省份在四千里之内者，仍按计四千里覆定地方，以存限制。至籍隶烟瘴四省人犯，例应于隔远之烟瘴省份调发。广东省与云南省互调；广西省与贵州省互调。其邻近烟瘴省份之湖南、福建、四川三省，应发往烟瘴人犯，湖南省发往云南；福建省发往贵州；四川省发往广东，均不拘四千里之数，解交各该巡抚衙门酌拨安置。

嘉庆十六年（1811年）

从嘉庆八年开始，历时八年《三流道里表》重加修订告竣，附例十三则。

嘉庆十七年（1812年）

鉴于吉林、黑龙江遣犯过多，今年已积至数千名以外，不易管束，"甚或渐染风俗"，故决定将在彼年久者，分别改发烟瘴极边，到配未久者改发新疆。

嘉庆十八年（1813年）

墨尔根城遣犯在韩自有、石方山、马伏龙等人领导下，举行"纠众行劫"起义，遭到镇压，31人被擒。在墨尔根城流人起义打击下，清廷被迫下令"所有此次刑部酌拟改发新疆为奴之犯，其现在配所者，应令仍留吉林、黑龙江，毋庸改发。嗣后有应拟发配吉林、黑龙江为奴罪名者，再照刑部新拟条款，改发新疆"。

嘉庆二十四年（1819年）

外省发遣官常各犯及发往军台效力赎罪废员与军流徒罪人犯，于文到之日，均限一个月即行起解，毋任逗遛。各该督抚将各犯起解月日专咨报部，如有迟逾，即行指参。倘实因患病，逾限不能起解者，地方官验看属实，加具并无捏饰印甘各结，详明督抚起限，亦不得过两个月。

嘉庆二十五年（1820年）

恩诏照前例将各省军流人犯，查明到配三年。实在安静守法，及年逾七十者，释放回籍。同时，又根据臣工《到配未及三年查办片奏》，将到配未满三年人犯，与到配已满三年之犯，一体覆其情节轻重，分别查办，以昭平允之处，尤为旷典。

谕令要求各直省发遣官员与在京官员一体，于奉到谕旨之日，即勒令起解，不许片刻停留。

清廷鉴于吉林、黑龙江"近年发遣人犯过多"，决定将发吉、黑人犯原例16条，概行停止，改为以9条发云、贵、两广极边烟瘴充军，以7条改发新疆，给官兵为奴。从此，东北流人真正日益减少。

道光元年（1821年）

议准凡内地回民犯罪应发往回疆，及回民在新疆地方犯至军流例应调发回疆者，俱实发云贵两广极边烟瘴充军。

道光六年（1826年）

道光六年，新疆地区发生张格尔叛乱事件，发遣新疆的制度一度瘫痪，遣犯被迫被调剂内地各省，奏准："改发极边足四千里充军者三十三条；发云贵两广极边烟瘴充军者二十四条；发各省驻防者二条；改回内地按犯籍发配者一条；暂行监禁者十六条；仍循旧例者九条"。

道光十年（1830年）

九月，鉴于张格尔卷土重来，阿克苏形势紧张，清廷命库车、喀喇沙尔两城遣犯84人，"给发盐米、乌拉马匹"，派官带赴阿克苏"并力防堵"。十一年三月，此84人因"防堵有力"而被赦回。

道光十一年（1831年）

九月，以喀什葛尔、英吉沙尔上年守城、打仗出力，清廷释回遣犯、军犯34名。

道光十七年（1837年）

十月二十四日，定《逃走太监治罪章程》。内有云：太监逃至河南、山东、山西及东三省者，枷号一年，发往黑龙江，给官员为奴，遇赦不赦。逃往别州县，离本籍五百里以外，枷号六个月，发往打牲乌拉，给官员为奴，三年释回。

十二月初七日，定《发遣宗室章程》：此后发往东三省之宗室，酌量给予房间，或归入宗室营居住，应食钱粮半分，照例支给。

道光二十年（1840年）

云南军犯拥挤，所有例内应发云贵两广极边烟瘴情重十八条，仍照例实发四省；其余各项应发云贵两省极边烟瘴人犯，无论例内载明改发、实发，均以极边足四千里为限。

道光二十四年（1844年）

嗣后呈送发遣在逃被获之犯，如讯明实因思亲起见，又有闻丧哀痛情状，与平佑一犯情事相同者，即免其逃罪，仍发原配安置，不准释回。其逃回后，自行投首及亲属代首者，遇犯亲病故，准其察看情形，若系闻丧哀痛，免其发回原配，仍照不应重律，杖八十。

道光二十七年（1847年）

嗣后遇有本例应发四省烟瘴人犯，无实发、改发字样者，均照定例以极边足四千里为限。

咸丰元年（1851年）

国内爆发了由洪秀全领导的太平天国起义。起义造成了南北道路受阻，致使发往南方极边烟瘴地区的人犯无法按例发往。

咸丰二年（1852年）

嗣后应将例内实发烟瘴各犯，均以极边足四千里为限，免刺"烟瘴改发"四字。如有脱逃，仍照实发四省人犯脱逃本例，改发新疆种地当差，俟军务告竣，仍照旧例办理。

咸丰四年（1854年）

各省道路梗阻所有应发极边四千里充军之犯，酌量变通，改发陕甘安置，俟道路疏通再行照旧编发。

闰七月二十七日，清廷决定此后发遣新疆、黑龙江、吉林等地官犯，无论已、未到戍，可以捐请改发附近内地。但此章程，次年三月停止。

同治元年（1862年）

陕甘地区爆发回民起义，奏准现审案内，问拟遣军人犯监禁过多，所有烟瘴改发极边足四千里并例内本应发极边足四千里充军及发遣新疆各犯，均暂行改发黑龙江酌量安插。

同治三年（1864年）

新疆地区又一次爆发了各族人民反清起义，推翻了清朝在当地的统治，按例应发新疆遣犯只好中止发遣。

覆准边远、近边人犯，如遇道途梗阻，即由附近州县分别留禁，毋庸改发，俟道路疏通，即行起解。

嗣后妇女有犯军流徒罪，除情节较轻者仍照例收赎，并所犯应行实发例有正条，仍照定例办理外，如从前虽未犯案，若犯系积匪并窝留窃盗多名案犯，该军罪以上及屡次讹诈，照凶恶棍徒拟军者，均拟实发驻防为奴；犯该徒罪，情节较轻者，仍准收赎。此外，有情节重者，亦即此例实发。

同治四年（1865年）

奏准各省道路疏通，所有由烟瘴改发极边足四千里并例内本应发极边足四千里充军各犯，仍照本例发往各省安置，以符旧制，毋庸改发黑龙江安插。

同治七年（1868年）

咨准各省应发陕甘人犯，由该督抚按照《道里表》相等酌量四千里无军务省份暂行改发，俟道路疏通，仍照旧例办理。

同治八年（1869年）

奏准嗣后各省应发新疆官犯，毋庸改发黔省，其在途未入黔境各官犯，亦一体截留，均暂行改发黑龙江，俟新疆道路疏通，仍照旧例办理。

同治九年（1870年）

修订《大清律例》，是年条例数达到1892条。

变通新疆发遣条例，规定："暂行监禁八条，俟新疆道路疏通，再行照例发往。又改发极边烟瘴充军，仍以足四千里为限，到配后锁带铁杆、石墩二年者十一条。又，照前改发到配锁带铁杆、石墩一年者十四条。"

光绪元年（1875年）

奏准山东省递解军流人犯，向例每名每日给口粮制钱十二文，由各州县随时垫发，按照季首银价，年终造册请销。自咸丰九年覆减二成，以致军流中途糊口无资，嗣后免扣二成，以示矜恤。

光绪九年（1883年）

刑部因各省军流徒犯脱逃日众，亟应变通整顿，请旨饬下各省体察地方情形妥议安置，并要求就"军犯附近、近边、边远三层，如何量加裁减"悉心通盘筹划，条议具奏。

光绪十年（1884年）

新疆正式建省。筹议改发内地之犯，现因新疆平靖，设立郡县，招募开垦，照旧发往种地当差。

光绪十一年（1885年）

经部议将直隶、山东、山西、河南、陕西、四川、甘肃七省秋审绞罪减流人犯发往新疆助屯以实边徼。

光绪十三年（1887年）

新疆巡抚刘锦棠等人制定《新疆屯垦章程》，犯民同章办理，发遣办法改变。

奏定《变通暂行监禁遣犯章程》，指出："此等人犯，前因道路未通，暂行监禁,现又以无裨屯政,仍停发遣,势必令其永远监禁老死囹圄,亦非矜恤庶狱之道。臣等公同商酌拟将应发回城为奴遣犯内八条,均仿照《免死强盗章程》,自定案时起监禁二十年,限满后改发极边烟瘴充军,以足四千里为限,到配锁带铁杆二年。俟新疆地方大定,能以安插此项遣犯,再行规复旧制。如此量为变通,既与寻常由遣改军之犯,不致漫无区分,而监禁各犯,亦无虞久羁瘐毙矣。"

光绪二十年(1894年)

鉴于遣犯无益屯政,新疆巡抚陶模奏请停止向新疆流放人犯,而代之以鼓励农民移植的实边政策。

嗣后一切军流各犯脱逃来京,其罪止加等调发及枷号鞭责者,军犯到配拟监禁十年,流犯酌拟监禁五年,至流犯逃后复犯罪在徒流以上者,亦拟酌加监禁十年,于拿获结案时,咨交直隶总督转发各府县,分别监禁,俟限满,再行发配。其各省军流逃犯,亦照此年限办理。

光绪二十六年(1901年)

清政府颁布"变法诏",要求大臣们就变法事宜"各抒所见"。两江总督刘坤一、湖广总督张之洞连续上奏《江楚会奏变法三折》,倡言变法,清末的变法修律徐徐拉开了序幕。

光绪二十八年(1902年)

清政府委任沈家本、伍廷芳为修订法律大臣,主持修律相关事宜。清末变法修律进入实际操作阶段,中国法律近代化的历史进程开始起步。

十一月,山西巡抚赵尔巽奏请各省通设罪犯习艺所。经刑部议准,徒犯毋庸发配,按照年限,于本地收所习艺。军、流为常赦所不原者,照定例发配,到配一律收所习艺。流二千里限工作六年,二千五百里八年,三千里者十年。遣军照满流年限计算,限满释放,听其自谋生计,并准在配所入籍为民。若为常赦所得原者,无论军、流,俱无庸发配,即在本省收所习艺。工作年限,亦照前科算。自此,五徒并不发配,即军、流之发配者,数亦锐减矣。

光绪二十九年(1903年)

四月初三日,朝廷议复赵尔巽奏折,颁布《各省通设罪犯习艺所章程》并通令各省设立罪犯习艺所。

经刑部议准:对于强盗、抢夺、会匪棍徒等项事犯,即由配所按照广东巡抚李兴锐奉准通行之《变通军流人犯新章》,分别监禁,免其杆礅、枷号,嗣监禁期满后，再行收习艺所工作。

刑部奏准删除充军名目，将附近、近边、边远并入三流，极边及烟瘴改为安置，仍与当差并行。自此五军第留其二，而刑名亦改变矣。

光绪三十年（1904年）

修律机关修订法律馆成立，确定"参酌古今，博辑中外""会同中西"为修律的基本指导思想，着手对于《大清律例》的删修工作。

五城练勇局侍郎陈璧奏《五城案犯军流徒三项罪名改为监禁》一折，要求京城军流徒犯均改为监禁，遭刑部驳斥。

光绪三十一年（1905年）

《大清律例》删修完成，共删除条例345条，但并未超出历代修例的范畴。

沈家本、伍廷芳联衔上奏《删除律例内重法折》，得允准，原有凌迟、枭首、戮尸被斩决、绞决代替，连坐"悉予宽免"，刺字"概行革除"。

光绪三十二年（1906年）

沈家本等上奏《虚拟死罪改为流徙折》，建议将司法实践中并不执行的死罪条目予以删除，分别改为流刑、徒刑，并提出改变死刑执行方式，不再公开场所行刑，得允颁行。

光绪三十三年（1907年）

修订法律馆重组，沈家本再次被任命为修律大臣，聘用日本冈田朝太郎博士，并挑选熟悉中西法律人员担任编纂，会同修订新律。

八月二十九日，《大清新刑律草案》初稿告成，引发以沈家本为代表的法理派同以张之洞为代表的礼教派之间的斗争，草案不得不进行反复修改。

东三省总督许世昌与黑龙江巡抚程德全会衔奏请，拟复遣犯旧例，仍发黑龙江充当苦工，家属原随者听，年满编入农籍，意图借鉴沙俄的做法用遣犯实边。但这一建议虽得到批准，但是随着新定刑律的颁行，并未实行。

光绪三十四年（1908年）

沈家本等人向清廷上《奏请编定〈现行刑律〉以立推行新律基础折》，重启对于《大清律例》的删修工作。

宣统元年（1909年）

修律大臣沈家本奏，妥议化除满汉畛域，请将旗人犯遣军流徒各罪，照民人实行发配，删除旧例折枷各条。允准。

法部郎中吉同钧论《中外徒刑重轻异同说略》，指出：我国地广人稀，而东西边外，一片荒芜，宜采用俄法，将徒犯仿流、遣之制，一律推广，移置边外，使之开垦实边。未果。

河南巡抚吴重熹奏请允准徐世昌"准军流人犯，移（东三省）以实边"之建议，认为"无期徒刑，不如改为无期流刑"。

宣统二年（1910年）

五月，颁布《大清现行刑律》，作为新旧刑律的过渡，它对五刑名目做了较大修正，其中流刑规定："军罪虽删，仍于死刑之次，增入遣罪；安置之次，增入流罪。"原有的五刑被罚金、徒刑、流刑、遣刑、死刑所取代。

十二月（1911年1月），颁布《大清新刑律》，但并未真正施行。这部近代意义上的专门刑法典将刑罚分主刑和从刑两大类，主刑分死刑、无期徒刑、有期徒刑、拘役、罚金五种，从刑分褫夺公权和没收财产两种，彻底废除了流刑和遣刑。

宣统三年（1911年）

二月初六日，清廷决定，凡应发遣新疆、军台人员，一律改发巴藏，效力赎罪，并谨拟《官犯改发巴藏章程》十二条，如议行。

十月，辛亥革命爆发，清廷覆亡，流放制度也走向了历史的终结。

参考文献

一、基本史料

文献部分

清官修:《历朝实录》,中华书局 1986 年影印本。

赵尔巽等撰:《清史稿》,中华书局 1976 年点校本。

[元] 马端临:《文献通考》,中华书局 1986 年影印本。

乾隆朝官修:《清朝文献通考》,上海商务印书馆 1936 年版。

[清] 刘锦藻编纂:《清朝续文献通考》,上海商务印书馆 1936 年版。

雍正《大清会典》,沈云龙主编:《近代中国资料丛刊三编》第七十八辑,文海出版社有限公司。

嘉庆《大清会典》,沈云龙主编:《近代中国资料丛刊三编》第六十四辑,文海出版社有限公司。

清德宗(昆冈等奉)敕撰:光绪《大清会典》,中华书局 1991 年影印本。

清德宗(李鸿章奉)敕撰:光绪《大清会典事例》,中华书局 1991 年影印本。

中科院文献中心藏:《大清律集解附例》,内题名《钦定大清律》,即雍正三年《大清律集解》四函 20 册。

中科院文献中心藏:《大清律例总类》,雁门郎汝琳、石珊增辑,道光三十年刊。

田涛、郑秦点校:《大清律例》,法律出版社 1999 年版。

[清] 王明德:《读律佩觿》,法律出版社 2001 年版。

[清] 沈之奇:《大清律辑注》,法律出版社 2000 年版。

政学社印行:《大清法规大全》,考正出版社 1972 年影印本。

刘俊文点校:《唐律疏议》,中华书局 1983 年版。

薛梅卿点校:《宋刑统》,法律出版社 1999 年版。

怀效锋点校:《大明律》,法律出版社 1999 年版。

[清] 鄂尔泰等纂：《钦定军卫道里表》，乾隆八年武英殿刻本。

《钦定五军道里表》，同治十二年夏月江苏书局重刊本。

《三流道里表》，同治十一年孟冬月湖北谳局新镌。

《三流道里表》，同治十一年冬月江苏书局重刊。

[清] 吴翼先：《新疆条例说略》，乾隆六十年重镌，味余书屋藏版。

[清] 吴坛撰，马建石、杨育棠主编：《大清律例通考校注》，中国政法大学出版社1992版。

[清] 薛允升：《读例存疑》，光绪三十一年京师刊本。

胡星桥、邓又天主编：《读例存疑点注》，中国人民公安大学出版社1994年版。

[清] 沈家本：《沈寄簃先生遗书》，中国书店海王邨古籍丛书1990年影印本。

[清] 沈家本撰，邓经元，骈宇骞点校：《历代刑法考》，中华书局1985年版。

[清] 沈家本：《刺字集》，江苏书局重刊本。

[清] 刑部制定：《刺字条例》，长白嵩昆清光绪二十一年黔南抚署。

[清] 同治朝镌刻：《刺字统纂》，棠荫山房藏板。

[清] 祝庆祺、鲍书芸、潘文舫、何维楷编：《刑案汇览》三编，北京古籍出版社2004年版。

刘海年、杨一凡总主编：《中国珍稀法律典籍集成》丙编（第三册），《沈家本未刊稿七种》，科学出版社1994年版。

杨一凡，田涛主编：《中国珍稀法律典籍续编》（第五册），《顺治三年奏定律》，黑龙江人民出版社2002年版。

杨一凡、田涛主编：《中国珍稀法律典籍续编》（第七册），《乾隆朝山东宪规等六种》，黑龙江人民出版社2002年版。

中国社会科学院边疆史地研究中心编：《清代理藩院资料辑录》，全国图书馆文献缩微中心1988年版。

中国社会科学院中国边疆史地研究中心编：《清代新疆稀见史料汇辑》，全国图书馆文献缩微复制中心1990年版。

[清] 蒋良骐：《东华录》，中华书局1980年版。

[清] 朱寿朋：《光绪朝东华录》，中华书局1958年版。

[清]《福建省例》，台湾文献史料丛刊第七辑，台湾大通书局1987年版。

[清] 贺长龄、魏源等编：《清经世文编》，中华书局1992年影印本。

［清］葛士浚辑：《清朝经世文续编》，文海出版社有限公司印行。

［东汉］许慎：《说文解字》，中华书局1963年影印版。

郭成伟、田涛点校：《明清公牍秘本五种》，中国政法大学出版社1999年版。

王希隆：《新疆文献四种辑注考述》，甘肃文化出版社1995年版。

本社编：《清代文字狱档》（增订本），上海书店出版社2011年版。

中国人民大学法律系法制史教研室编：《中国近代法制史资料选编》（第二分册），1980年内部发行。

文集部分

［北宋］洪迈：《容斋三笔》，吉林文史出版社1994年版。

［元］陶宗仪：《南村辍耕录》，中华书局1959年版。

［清］谈迁：《北游录》，中华书局1960年版。

［清］昭梿：《啸亭杂录》，中华书局1980年版。

［清］和瑛：《三州辑略》，成文出版社1968年。

［清］魏源：《圣武记》，中华书局据古微堂原刻本校刊。

［清］松筠：《钦定新疆识略》，北京大学图书馆藏道光年间刊本。

［清］赵祖铭：《清代文献迈古录》，大众文艺出版社2003年版。

［清］宋筠等修：《盛京通志》，乾隆元年刻本。

［清］西清：《黑龙江外记》，清光绪广雅书局刻本。

［清］赵舒翘撰，张秀夫主编：《提牢备考》，法律出版社1997年版。

［清］刘锦棠：《刘襄勤公（毅斋）奏稿》，沈云龙主编：《近代中国史料丛刊》第二十四辑，文海出版社印行。

［清］陶模：《陶勤肃公（模）奏议》，沈云龙主编：《近代中国史料丛刊》第四十五辑，文海出版社印行。

［清］包世臣：《安吴四种》，沈云龙主编：《近代中国史料丛刊》第三十辑，文海出版社印行。

［清］吴兆骞撰，麻守中校点：《秋笳集》，上海古籍出版社1993年版。

《黑龙江述略》，黑龙江人民出版社1985年版。

《龙江三纪》，黑龙江人民出版社1985年版。

郭熙楞：《吉林汇征》，1917年铅印本。

徐珂编撰：《清稗类钞》，中华书局1984年版。

蔡申之：《清代州县故事》，沈云龙主编《近代中国史料丛刊》第五十辑，文海出版社1960年版。

任青、马忠文整理：《张荫桓日记》，上海书店出版社2004年版。

周轩、修仲一编注：《纪晓岚新疆诗文》，新疆大学出版社第2006年版。

修仲一、周轩编注：《洪亮吉新疆诗文》，新疆大学出版社第2006年版。

修仲一、周轩编注：《祁韵士新疆诗文》，新疆大学出版社第2006年版。

周轩、刘长明编注：《林则徐新疆诗文》，新疆大学出版社第2006年版。

档案部分

中国第一历史档案馆藏：

《朱批奏折》

《军机处录副奏折》

《刑部档案》

《内阁刑科题本》

《顺天府档案全宗》

四川省档案馆编：《清代巴县档案汇编》（乾隆朝），北京：档案出版社1991年版。

哈恩忠编选：《乾隆朝管理军流遣犯史料（上）》，《历史档案》2003年第4期。

哈恩忠编选：《乾隆朝管理军流遣犯史料（下）》，《历史档案》2004年第1期。

谢小华编选：《乾隆朝甘肃屯垦史料》，《历史档案》2003年第3期。

中国人民大学清史研究所、中国第一历史档案馆编辑部合译：《盛京刑部原档》，群众出版社1985年版。

季永海、刘景宪译：《崇德三年满文档案译编》，辽沈书社1988年版。

故宫博物院明清档案部编：《清末筹备立宪档案史料》，中华书局1979年版。

中国第一历史档案馆编：《光绪朝朱批奏折》第一一〇辑，中华书局1996年版。

二、论著

谢国桢：《清初流人开发东北史》，开明书店1948年版。

谢国桢：《明末清初的学风》，上海书店出版社2004年版。

李兴盛：《增订东北流人史》，黑龙江人民出版社 2008 年版。

李兴盛：《中国流人史》，黑龙江人民出版社 1996 年版。

李兴盛：《中国流人史与流人文化论集》，黑龙江人民出版社 2000 年版。

李兴盛：《江南才子塞北名人吴兆骞传》，黑龙江人民出版社 2000 年版。

李兴盛：《江南才子塞北名人吴兆骞年谱》，黑龙江人民出版社 2000 年版。

李兴盛：《江南才子塞北名人吴兆骞资料汇编》，黑龙江人民出版社 2000 年版。

周轩：《清宫流放人物》，紫禁城出版社 1993 年版。

周轩、高力：《清代新疆流放名人》，新疆人民出版社 1994 年版。

周轩：《清代新疆流放研究》，新疆大学出版社 2004 年版。

蔡枢衡：《中国刑法史》，中国法制出版社 2005 年版。

徐朝阳：《中国刑法溯源》，商务印书馆 1934 年版。

张溯崇：《清代刑法研究》，台湾华冈出版社 1974 年版。

王希隆：《清代西北屯田研究》，兰州大学出版社 1990 年版。

范忠信编：《梁启超法学文集》，中国政法大学出版社 2000 年版。

程树德：《九朝律考》（下册），台湾商务印书馆 1965 年版。

吴艳红：《明代充军研究》，社会科学文献出版社 2003 年版。

郑秦：《清代法律制度研究》，中国政法大学出版社 2000 年版。

苏亦工：《明清律典与条例》，中国政法大学出版社 2000 年版。

韦庆远、吴奇衍、鲁素著：《清代奴婢制度》，中国人民大学出版社 1982 年版。

瞿同祖：《清代地方政府》，法律出版社 2003 年版。

陈顾远：《中国法制史》，商务印书馆 1959 年版。

陈顾远：《中国文化与中国法系——陈顾远法律史论集》，中国政法大学出版社 2006 年版。

那思陆：《清代中央司法审判制度》，北京大学出版社 2004 年版。

张晋藩、郭成康：《清入关前国家法律制度史》，辽宁人民出版社 1988 年版。

张晋藩：《中华法制文明的演进》，中国政法大学出版社 1999 年版。

张晋藩：《中国法律的传统与近代转型》（第二版），法律出版社 2005 年版。

王健编：《西法东渐——外国人与中国法的近代变革》，中国政法大学出版社2001年版。

吴吉远：《清代地方政府的司法职能研究》，中国社会科学出版社1998年版。

经君健：《清代社会的贱民等级》，浙江人民出版社1993年版。

黄宗智：《清代的法律、社会与文化：民法的表达与实践》，上海书店出版社2001年版。

魏道明：《始于兵而终于礼：中国古代族刑研究》，中华书局2006年版。

孙家红：《清代的死刑监候》，社会科学文献出版社2007年版。

李凤鸣：《清代州县官吏的司法责任》，复旦大学出版社2007年版。

费孝通：《乡土中国》，三联书店1985年版。

费孝通：《江村农民生活及其变迁》，敦煌文艺出版社1997年版。

王东平：《清代回疆法律制度研究》，黑龙江人民出版社2003年版。

邱兴隆、许章润：《刑罚学》，中国政法大学出版社1999年版。

马克昌主编：《近代西方刑法学说史略》，中国检察出版社1996年版。

王铁崖：《中外旧约章汇编》（第二册），生活·读书·新知三联书店1957年版。

谢振民：《中华民国立法史》（下册），中国政法大学出版社2000年版。

郑天挺：《清史探微》，北京大学出版社1999年版。

黄仁宇：《近代中国的出路》，台湾联经出版事业公司1995年版。

褚德新、梁德编：《中外约章汇要（1689—1949）》，黑龙江人民出版社1991年版。

曹全来：《国际化与本土化——中国近代法律体系的形成》，北京大学出版社2005年版。

孙文良、张杰：《1644中国社会大震荡》，江苏教育出版社2005年版。

中山大学历史系、广州博物馆编：《西方人眼里的中国情调》，中华书局2001年版。

程存洁：《十九世纪中国外销通草水彩画研究》，上海古籍出版社2008年版。

[美] D. 布迪，C. 莫里斯著，朱勇译：《中华帝国的法律》，江苏人民出版社1998年版。

[美] 魏斐德著，陈苏镇，薄小莹等译：《洪业：清朝开国史》，江苏人民出版社1995年版。

[美] E. A. 霍贝尔著，周勇译，罗致平校：《初民的法律——法的动态

比较研究》，中国社会科学出版社 1993 年版。

［美］罗伯特·F. 莫菲著，吴玫译：《文化和社会人类学》，中国文联出版公司 1988 年版。

［美］许烺光著，王梵、徐隆德合译：《祖荫下：中国乡村的亲属，人格与社会流动》，台湾编译馆主译，南天书局发行。

［英］麦高温著，朱涛倪静译：《中国人生活的明与暗》，时事出版社 1998 年版。

［英］S. 斯普林克尔著，张守东译：《清代法制导论——从社会学角度加以分析》，中国政法大学出版社 2000 年版。

［法］米歇尔·福柯著，刘北成、杨远婴译：《规训与刑罚：监狱的诞生》，生活·读书·新知三联书店 2003 年版。

［日］有高岩：《清代满洲流人考》，《三宅博士古稀祝贺论文集》，1929 年版。

［日］织田万著，李秀清、王沛点校：《清国行政法》，中国政法大学出版社 2003 年版。

［日］大庭脩著，林剑鸣等译：《秦汉法制史研究》，上海人民出版社 1991 年版。

［俄］尼·维·鲍戈亚夫连斯基著，新疆大学外语系俄语教研室译：《长城外的中国西部地区》，商务印书馆 1980 年版。

Waley – Cohen, Joanna. Exile in Mid – Qing China：Banishment to Xinjiang, 1758 – 1820. Yale University Press，1991.

三、论文

马新：《中国历史上的流放制度》，《文史知识》1992 年第 3 期。

薛菁：《论北朝的流刑制度》，《福建师范大学学报》2004 年第 4 期。

齐涛：《论唐代流放制度》，《人文杂志》1990 年第 3 期。

李毅：《论唐代的流刑及其执行情况》，《西安外国语学院学报》1999 年第 3 期。

郭东旭：《宋代刺配法述论》，《宋史研究论文集》，河北教育出版社 1989 年版。

陈高华：《元代的流刑和迁移法》，《中国史论集》天津古籍出版社 1994 年版。

冯修青：《元朝的流放刑》，《内蒙古大学学报》1991年第4期。

曾代伟：《蒙元流刑考辨》，《内蒙古社会科学》2004第5期。

吴艳红：《关于元代出军的两个问题》，《中国史研究》1999年第3期。

吴艳红：《明代流刑考》，《历史研究》2000年第6期。

张铁纲：《清代流放制度初探》，《历史档案》1989年第3期。

王云红：《论清代的"呈请发遣"》，《史学月刊》2007年第5期。

张永江：《试论清代的流人社会》，《中国社会科学院研究生院学报》2002年第6期。

周轩：《清代流放热河人物略谈》，《承德民族师专学报》1994年第4期。

梁志忠：《清初发往黑龙江的遣犯》，《黑龙江文物丛刊》1984年第2期。

梁志忠：《清前期发遣吉林地区的流人》，《史学集刊》1985年第4期。

叶志如：《清代罪奴的发遣形式及其出路》，《故宫博物院院刊》1992年第1期。

佟永功、关嘉禄：《清朝发遣三姓等地赏奴述略》，《社会科学辑刊》1983年第6期。

刘选民：《清代东北三省之移民与开垦》，《史学年报》2卷第5期。

张璇如：《清初封禁与招民开垦》，《社会科学战线》1983年第1期。

齐清顺：《清代新疆遣犯研究》，《新疆社会科学研究》1984年第1期。

齐清顺：《清代新疆遣员研究》，《西域史论丛》第三辑，新疆人民出版社1990年版。

齐清顺：《清代"废员"在新疆的"效力赎罪"》，《清史研究》2001年第3期。

叶志如：《从罪奴遣犯在新疆的管束形式看清代的刑法制度》，《新疆大学学报》1989年第4期。

吴元丰：《清代乾隆年间伊犁遣屯》，《西域研究》1991年第3期。

瞿同祖：《清律的继承与变化》，《历史研究》1980年第4期。

尤韶华：《明清充军同异考》，《法律史论集》第二卷，法律出版社1999年版。

苏钦：《清朝对边疆各民族实行的"换刑制"》，《法学杂志》1993年6期。

苏钦：《清律中旗人"犯罪免发遣"考释》，《清史论丛》1992年第九辑。

林乾：《清代旗、民法律关系的调整——以"犯罪免发遣"律为核心》，《清史研究》2004年第1期。

王宏治、李建渝：《〈顺治律〉补述》，《法制史学研究》第一辑，中国法制出版社 2004 年版。

周学锋：《略论清代新疆的佥妇问题》，《新疆大学学报（哲学社会科学版）》2010 年第 1 期。

江庸：《五十年来中国之法制》，申报馆编《最近之五十年》，商务印书馆 1923 年版；近载《清华法学》第八辑，清华大学出版社 2006 年版。

刘陆民：《流刑之沿革及历代采用流刑之基本观念》，《法学丛刊》1933 年第 2 卷第 2 期；近载《法律文化研究》第六辑，中国人民大学出版社 2011 年版。

蒯晋德：《论流刑与移囚制度》，《法政杂志》1914 年第 2 卷第 7 号。

蒯晋德：《〈徒刑改遣条例〉摘疑》，《法政杂志》1914 年第 2 卷第 9 号。

百川：《清末军流徒刑执行方法之变迁与吾人应有之认识》，《法学杂志》1925 年 3 卷第 1 期。

吴景超：《论恢复流刑》，《独立评论》1933 年第 66 号。

钟达宏：《我国刑罚变迁之纵的研究》，《民钟季刊》1935 年第 2 期。

刘选民：《清代东北三省移民与开垦》，《史学年报》第 2 卷第 5 期。

桑兵：《晚清民国的知识与制度体系转型》，《中山大学学报（社会科学版）》2004 年第 6 期。

顾诚：《卫所制度在清代的变革》，《北京师范大学学报（社会科学版）》1988 年第 2 期。

刘道胜：《清代基层社会的地保》，《中国农史》2009 年第 2 期。

陈郁如：《埋葬银性质之研究——以乾隆时期刑科题本中"调奸本妇致本妇羞忿自尽类型案件"为研究》，中国法律文化网，http：//www.law-culture.com/showNews.asp？id=11699。

邱澎生：《法学家的形成：略谈明清时代影响司法审判的三类"法学"》，2004 年度台湾"中央研究院"史语所"审判：理论与实践"研读会。

吴志铿：《清代的逃人法与满洲本位政策》，台湾《"国立"台湾师范大学历史学报》，第 24 期，1996 年 6 月。

谭其骧：《历史上的中国和中国历代疆域》，《中国边疆史地研究》1991 年第 11 期。

陈惠馨：《重建清朝的法律帝国：从清代内阁题本刑科婚姻奸情档案谈起——以依强奸未成或但经调戏本妇羞忿自尽案为例》，台北《法制史研究》，2004 年第 5 期。

［德］余凯思：《"把愚昧者、无赖和懦夫改造成正派人"：清末监狱的产生》，《清史译丛》第五辑，中国人民大学出版社 2006 年版。

［日］川久保悌郎著；郑毅、孔艳春摘译，那志勋校：《清代向边疆流放的罪犯——清朝的流刑政策与边疆（之一）》，《吉林师范学院学报（社会科学版）》1986 年第 2 期。

［日］川久保悌郎著；梁志忠摘译：《清末吉林省西北部的开发》（三），《黑河学刊》1986 年第 2 期。

［日］滋贺秀三：《中国上古刑罚考——以盟誓为线索》，《日本学者研究中国史论著选译》（第八卷）"法律制度"，中华书局 1992 年版。

［日］岛田正郎：《清律之成立》，《日本学者研究中国史论著选译》（第八卷）"法律制度"，中华书局 1992 年版。

［日］茂木敏夫：《清末"中国"的确立与日本》，《近代中国的国家形象与中国认同》，上海古籍出版社 2003 年版。

D. J. MacGowan, M. D. On the banishment of criminals in China. Journal of the North China Branch of the Royal Asiatic Society. 3：293 – 301, 1859.

William Miller, Albemarle Street, The punishments of China, illustrated by twenty – two engravings: with explanations in English and French. London: 1801.

四、学位论文

戴裕熙：《流刑制度之研究》，国立武汉大学第三届毕业论文，1934 年。

廖中庸：《清朝官民发遣新疆之研究（1759—1911）》，台中私立东海大学历史所硕士论文，1988 年。

吴佳玲：《清代乾嘉时期遣犯发配新疆之研究》，台湾政治大学民族研究所硕士论文，1992 年。

温德顺：《清代乾嘉时期关内汉人流移东北之研究》，台湾政治大学边政学系硕士论文，1993 年。

刘炳涛：《清代发遣制度研究》，中国政法大学中国法制史硕士论文，2004 年。

李俊：《晚清审判制度变革研究》，中国政法大学中国法制史博士论文，2000 年。

张士尊：《清代东北移民与社会变迁：1644—1911》，东北师范大学中国古代史博士论文，2003 年。

史玉华：《清代州县财政与基层社会——以巴县为个案》，上海师范大学博士学位论文，2005 年。

后　记

有人把求学的生活比作贵族的生活，对我而言，读博无疑是我人生最后的贵族时光。我极度怀念那段时光：怀念那时的身无半亩，心忧天下；怀念那时的同学之谊，教授恩情；更怀念那段奔波于各图书馆，遨游于书海的快乐时光。无忧无虑读书的日子总是让人难忘。曾记得那时，经常早晨映着朝阳，傍晚沐着余晖，骑辆破自行车穿梭于北京师范大学至档案馆的路上，经过小西天、路过积水潭、绕过什刹海、到达皇城根，一路上有好风景，一路上车多人也多，而当时我竟都没有在意过。如今，负笈京城读书的岁月已然成为一种回忆，这部书稿则是对那段生活的最好记录。拙作即将付梓，也许结果并非完美，但毕竟可以对我当年的求学生涯做一总结了。

这本书是在我博士学位论文的基础上修订完成的。当初选择清代流放作为研究对象，理由其实很简单。一是源于个人对法律史学的兴趣，想在相关领域寻找一个议题。为此，我毅然放弃了继续在硕士论文基础上进行拓展的打算。二是我发现清代和民国法律民事方面的研究较多，而刑事方面的研究相对比较薄弱，尤其是刑罚史还很不深入。另外，我还注意到人们熟悉的清代人物纪晓岚、洪亮吉、林则徐、张荫桓、刘鹗等都曾是流放人物。而对于流放制度，竟少有现成的研究成果，这最终促使我确定了博士论文的选题。当然，这个过程也很感谢我的导师王开玺教授。没有他的悉心指导和开明包容，也许就不会有这本书。

学习的教益来自老师的教诲。导师王开玺老师和蔼仁厚，长者风度，不仅在学术上引领我登入堂奥，而且一直以来在生活上对于我倍加关爱，是严师，更像慈父。我能够感受到王老师对我的期许，这将是我以后学术道路不断前行最大的动力。北京师范大学历史学院的龚书铎老师、史革新老师、孙燕京老师、李帆老师、李志英老师、王东平老师、张昭军老师均在不同程度上给予我启迪和帮助。我从各位老师身上所学到的不仅是为学，更有为人与处世。毕业数年，已物是人非，龚老师和史老师竟先后仙逝，我将永远怀念他们。

在博士论文答辩过程中，中国人民大学何瑜教授，首都师范大学迟云飞教授，中央财经大学郝秉键教授，均在不同程度上提出了宝贵的意见。各位老师对论文的肯定，让我坚定了自己的学术信念；各位老师对论文的建议，更开阔了我的视野，让我明确了论文修订完善的方向。

感谢黑龙江社会科学院李兴盛老师。李老师长期以来致力于中国流人史的研究，作为前辈，他不仅对我的选题给予了充分支持，还无私寄赠了大量相关资料。在和李老师的交往中，我为李老师朴实的学风和坚韧的学术精神所震撼和感染。拙作出版之际，蒙李老师百忙中拨冗赠序以为鼓励，也让我感动不已。

感谢牡丹江市文化局秦学先生和黑龙江知名作家徐景辉先生。二位对于我写作给予肯定的同时，也提供了相关东北流放的宝贵讯息，给我很大启发。

感谢新疆大学周轩老师。和周老师的交往有一见如故的感觉，周老师为人的谦和大气和为学的谦虚严谨让我印象深刻。拙作修订过程中，周老师所寄赠的相关资料和作品，给予我极大的帮助。

感谢北京师范大学法学院赵秉志老师。赵老师自拙作成稿后就一直很关注其出版事宜，曾阅读文稿给予修订意见，并热心提供推荐意见。

河南科技大学作为我的工作单位，坐落于美丽的历史文化名城洛阳。这里各位领导和同事的支持、帮助以及良好的文化氛围，让本书的出版有了更加坚实的基础。其中，人文学院院长薛瑞泽教授和法学院院长杨连专教授对我研究工作给予了最多的鼓励和支持，特致以诚挚的谢意。

我想把最后的感谢留给我的父母和妻女。正是有了他们，我的生活充满了浓浓的爱意。父母的期望与支持一直是我前进最为强大的动力；爱妻段笑蓉和爱女王天然的陪伴和一路成长，让我感受到了家的甜蜜，让我明白了男人的责任与担当。我今天所得到的一切，自然也有他们的一份贡献。也正是在去年的这个时候，我是病房里边陪父亲边校订书稿，而今书稿即将付梓，父亲却已经永远离开我们了。父亲是一位农民，不太懂得什么是学术，但他对我读书以来所做的一切都无私地加以支持。仅以此书来纪念我的父亲。

修撰文稿宛如孕育生命，历经时间打磨最终总是要面世示人的。这一过程也让我深切地体会到了岁月如刀与人世枯荣。未来也许只有能经受时间检验的文字才是不朽的。我将以此不断鞭策自己，在学术的道路上，更加努力地工作。作为学习生涯的作品，一定存在诸多不足，也期待得到诸位专家的批评指正，这个邮箱（legalhistory@126.com）将长期为您保留。

王云红